Hartmut Zantke

Das Familienvermögen erhalten

Wie schütze ich mein Vermögen dauerhaft vor dem Zugriff des Staates?

Vermeiden Sie Steuern, Pflegeheim, Erbenstreit!
Immobilien vererben oder zu Lebzeiten übertragen?
Testament
Erbvertrag
Familienstiftung
Familiengesellschaft
Nachfolge-Generationenvertrag
General- und Vorsorge-Vollmacht mit Betreuungsklausel
Patientenverfügung
Organspende

Sozialkartei-Verlag Stuttgart

Sozialkartei-Verlag GbR
Seestraße 21, D-71229 Leonberg,
Telefon: 07152 / 936868
info@sozialkartei-verlag.de
www.sozialkartei-verlag.de

ISBN: 978-3-9821952-1-6

4. Auflage

©2020 Sozialkartei-Verlag GbR

Das Werk einschließlich aller seiner Teile ist urheberrechtlich geschützt. Jede Verwertung, die nicht ausdrücklich vom Urheberrechtsgesetz zugelassen ist, bedarf der vorherigen Zustimmung des Verlages. Das gilt insbesondere für Vervielfältigungen, Bearbeitungen, Übersetzungen, Mikroverfilmungen und die Einspeicherung und Verarbeitung in elektronischen Systemen.

Satz: Esser printSolutions GmbH, D-Korntal-Münchingen
Druck & Verarbeitung: Esser printSolutions GmbH, D-Korntal-Münchingen
Printed in Germany

Vorwort

Wenn Sie dieses Buch lesen, dann haben Sie einen wichtigen Schritt für den dauerhaften Erhalt Ihres Familienvermögens auch in den nächsten Generationen getan: Sie haben die Hemmschwelle aller Menschen vor dem eigenen Tod überschritten. Wenn Sie diese Angst überwinden, dann werden Sie feststellen, dass sich die Vermögensübertragung auf die Ihnen nachfolgende Generation ganz rational planen lässt.

Fehlt es an einer frühzeitig geplanten Vermögensübertragung, dann stellt sich bei Ihnen früher oder später das ungute Gefühl ein, nicht alles für die Regelung Ihrer Vermögensnachfolge und Ihre wirtschaftliche Sicherung im Alter und bei Krankheit getan zu haben. Dieses ungute Gefühl nimmt mit der Zeit nicht ab, es verstärkt sich vielmehr und kann Sie noch bis in die letzten Stunden Ihres Lebens verfolgen.

Die Vermögensübertragung von der älteren auf die jüngere Generation muss detailliert geplant werden. Nur dann werden Sie im Alter gesichert sein und es wird die beste Gewähr dafür geboten, dass Ihr Familienvermögen erhalten bleibt und Streit in Ihrer Familie vermieden wird.

Das vorliegende Buch ist kein juristisches Fachbuch. Deshalb habe ich es auch nicht für Fachleute, z.B. für Juristen, Steuerberater und Notare geschrieben. Vielmehr soll es dem Laien einen Weg zum dauerhaften Erhalt seines Familienvermögens aufzeigen, wie ihn schon seit unvordenklichen Zeiten besonders der Adel, die Bauern und das Bürgertum gegangen sind.

Mit der vorliegenden 4. Auflage habe ich wesentliche Teile des Buchs neu überarbeitet und auf den neuesten Stand gebracht.

Stuttgart, den 01.08.2020

Inhaltsverzeichnis

Vorwort	Seite	1
Einführung		11
Überblick		29

Abschnitt A
Die Vermögensübertragung durch Vererben   68

I.	**Die gesetzliche Erbfolge**	68
1.	**Das gesetzliche Verwandten-Erbrecht**	69
2.	**Das gesetzliche Ehegatten-Erbrecht**	70
2.1	Der Güterstand	72
3.	**Das Erbrecht des Staates**	73
II.	**Die letztwillige Verfügung (Testament, Erbvertrag)**	74
1.	**Voraussetzung: Die Testierfähigkeit**	74
2.	**Das Testament**	75
2.1	Allgemeines	75
2.2	Das handschriftliche Testament	77
2.3	Das notarielle Testament	79
2.3.1	Hinterlegung	80
2.3.2	Erbschein	80
2.4	Das Behindertentestament	81
2.5	Das Ehegatten- oder gemeinschaftliche Testament	84

2.6	Das Nottestament	Seite	85
2.7	Der Widerruf und die Aufhebung		86
2.8	Die Auslegung		88
2.9	Die Anfechtung		88
3.	**Der Inhalt einer letztwilligen Verfügung**		89
3.1	Die Bestimmung von Erben		89
3.2	Die Anordnung von Vermächtnissen		91
3.3	Die Anordnung von Auflagen		92
3.4	Die Erbausgleichung		93
3.5	Die Anordnung von Vor- und Nacherbschaft		93
3.6	Die Einsetzung von Ersatzerben		94
3.7	Die Enterbung eines gesetzlichen Erben		94
3.8	Die Anordnung der Testamentsvollstreckung		95
3.9	Den Pflichtteil entziehen		96
3.10	Die Teilungsanordnung		97
4.	**Der Erbvertrag**		99
5.	**Das Erbrecht der EU**		101
6.	**Verjährung, Fristen**		102
III.	**Nachteile der letztwilligen Verfügung vermeiden**		104
	Allgemeines		104
1.	**Die Erbengemeinschaft**		104
2.	**Das Pflichtteilsrecht**		107
3.	**Das Berliner Testament**		111
4.	**Erbrechtliche Probleme der Patchwork-Familie**		115

| IV. | Zusammenfassung | Seite | 117 |

Abschnitt B
Die Vermögensübertragung zu Lebzeiten 120

    Allgemeines 120

I. Grundsätze für die lebzeitige
    Vermögensübertragung 123

1. Geldvermögen 123
2. Immobilien 123
3. Unternehmen und Unternehmensanteile 123

II. Vorteile der lebzeitigen Vermögensübertragung 124

III. Bedenken gegen die lebzeitige
    Übertragung von Vermögen 126

IV. Der Kaufvertrag 131

V. Der Schenkungsvertrag 132
1. Die „Gemischte Schenkung" 133
2. Schenkung unter Auflagen 134
3. Anfechtung der Schenkung 135
4. Die Kettenschenkung 135

VI. Zuwendungen an Ehegatten 137

| VII. | Der Ausstattungsvertrag | Seite | 138 |

VIII.	Der Vertrag der vorweggenommenen Erbfolge	142
1.	Allgemeines	142
2.	Begriff der vorweggenommenen Erbfolge	144
3.	Übertragung von Vermögen an Minderjährige	148

Abschnitt C

Vertragliche Regelungen zum Erhalt des Familienvermögens 150

Allgemeines 150

I.	Die Stiftung	151
1.	Allgemeines	151
2.	Die gemeinnützige Stiftung	153
3.	Die Familienstiftung	155
4.	Die Unternehmensstiftung	158

II.	Die Familiengesellschaft (Familienpool)	159
1.	Allgemeines	159
2.	Ziele der Familiengesellschaft	163
3.	Gesellschaftsform, Gesellschaftsvertrag	165
4.	Steuern reduzieren	168
5.	Das Vermögen eines Unternehmens sichern	172

III.	Der Nachfolge-Generationenvertrag	175
1.	Allgemeines	175
2.	Motive und Ziele des Nachfolge-Generationenvertrages	179
3.	Vorbehaltsrechte des Übertragenden	196

3.1	Nießbrauch	Seite	196
3.2	Wohnungsrecht		203
3.3	Steuerliche Behandlung des Nutzungsrechts		205
3.4	Sicherung von Nutzungsrechten		206
4.	Gegenleistungen des Empfängers		208
4.1	Verpflichtung des Empfängers zur Versorgung, Wart und Pflege		208
4.1.1	Allgemeines		208
4.1.2	Umfang der Pflegeverpflichtung		214
4.1.2.1	Die Nachbarschaftshilfe		219
4.1.2.2	Die Sozialstation		220
4.1.2.3	Grüne Damen und Herren		221
4.1.2.4	Osteuropäische Haushaltshilfen		222
4.1.3	Sicherung der Pflegeverpflichtung		224
4.1.4	Entfallen der Pflegeverpflichtung		226
4.1.5	Erbrechtlicher Ausgleich für Pflegeleistungen		226
4.2	Versorgungszahlungen		227
4.2.1	Leibrente		227
4.2.2	Dauernde Last		228
4.3	Verzicht auf Geldforderungen		229
4.4	Übernahme von Verbindlichkeiten		229
4.5	Zahlung von Gleichstellungsgeld		232
4.6	Altersversorgung der künftigen Erben		234
4.7	Erbrechtliche Leistungen		235
4.8	Übernahme der Beerdigungs- und Grabpflegekosten		237
4.9	Vereinbarung von Unterhaltszahlungen		239
5.	Dauer der Gegenleistungen		240
6.	Absicherung der Gegenleistungen		241
7.	Rückrufsrechte		242
7.1	Das gesetzliche Rückforderungsrecht		242
7.2	Das vertragliche Rückforderungsrecht		243
8.	Auflagen und Bedingungen		246
9.	Ersatz von Aufwendungen und Leistungen des Empfängers		250
10.	Übertragung von belasteten Immobilien		251
11.	Die Drittbegünstigtenklausel		252
12.	Die Adoption		255
13.	Die nichteheliche Lebensgemeinschaft		257

			Seite	
14.	Die Patchwork-Familie			259
15.	Störung bzw. Wegfall der Geschäftsgrundlage			261
16.	Zusammenfassung			262
	Anhang zu Abschnitt C			360

IV	Der Vorsorge-Erbvertrag	268

Abschnitt D
Wohin mit Ihnen, wenn Sie zum Pflegefall werden? 271

Die Versorgung, Wart und Pflege 273

1.	Betreutes Wohnen	274
2.	Das Altenheim	275
3.	Das Mehr-Generationenhaus	275
4.	Das Pflegeheim	276
5.	Die private Pflegeversicherung	290
6.	Die staatliche Pflegeversicherung	291
6.1	Das Pflegestärkungsgesetz	294
6.2	Pflege im Heim	296
6.3	Pflegegeld und Pflegesachleistungen	297
6.4	Ambulantisierung	298
7	Die Unterhaltspflicht der Kinder gegenüber den Eltern	298
8	Menschliche Probleme bei Pflegebedürftigkeit	302
9	Staatliche Sozialleistungen: Nachrangigkeit der Sozialhilfe, Zugriff des Sozialleistungsträgers auf Ihr Vermögen	304

Abschnitt E
Steuern 314

I.	Schenkung-/Erbschaftsteuer	314
1.	Allgemeines	314
2.	Steuerklassen	326
3.	Freibeträge	327
4.	Erbschaft-/Schenkungsteuersätze	329
5.	Bewertungsverfahren bei Grundbesitz	330
6.	Besteuerung selbstgenutztes Wohneigentum	334
7.	Landwirte	335
8.	Vermögensübertragung an Schwiegerkinder	335
9.	Unternehmen-Vermögen	336
10.	Das gemeinsame Konto	339

II.	Steuern sparen	341
1.	Allgemeines	341
2.	Vorschläge	342
2.1	Zuwendungen auf mehrere Empfänger verteilen	342
2.2	Gute steuerliche Gründe für die Ehe	344
2.3	Vermögen unter Ehepartnern verteilen	347
2.4	Vergütung für Versorgung und Pflege teilweise steuerfrei	348
2.5	Steuerfreie Übertragung des Familienwohnheims	349
2.6	Übernahme der Schenkungsteuer durch den Übertragenden	350
2.7	Bei Nießbrauch in übertragenes Vermögen investieren	351
2.8	Pflichtteil als Gegenleistung	352
2.9	Auf Umwegen schenken	353
2.10	Zehn-Jahresfrist beachten	355
2.11	Steuern reduzieren beim „Berliner Testament"	356
2.12	Schulden werden bei Erbschaft-/Schenkungsteuer berücksichtigt	357
III.	Ertragsteuern	358
IV.	Grunderwerbsteuer	359

Abschnitt F
Vollmachten, Betreuung 362

Allgemeines 362

1. Die General-Vollmacht 362
2. Die Vorsorge-Vollmacht 366
3. Die staatliche Betreuung 371
4. Betreuungsverfügung 379

Abschnitt G
Die Patientenverfügung 383

Abschnitt H
Die Organspende 393

Abschnitt I
Schlusswort 402
Literaturauswahl 403
Stichwortregister 404

Einführung

Engagement, Fleiß, Zuverlässigkeit und Unternehmertum haben in Deutschland die Familienvermögen erschaffen. Diese Werte zu erhalten, zu vermehren und verlustfrei auf nachfolgende Generationen zu übertragen, ist eine verpflichtende Aufgabe, die jeder Vermögensinhaber erfüllen sollte. Vor dem Entschluss, ob Sie Ihr Vermögen auf den Tod durch Vererben oder schon zu Lebzeiten ganz oder teilweise auf die nächste Generation übertragen, sollten Sie ein Gespräch mit den künftigen Erben über die beiderseitigen Interessen und Ziele bei der Vermögensnachfolge führen. Hierdurch wird die Akzeptanz der von Ihnen gewünschten Regelungen erhöht und Streit vermieden. Dieses wichtige Generationengespräch wird meistens unterlassen mit der Begründung, dass der Vermögensübergang bereits gesetzlich geregelt sei. Die Vermögensinhaber sind oft der Auffassung, dass die Erben ihren Tod abwarten sollen, erst dann können sie ihr Vermögen bekommen. Hier wird aber übersehen, dass das Vererben die schlechteste Möglichkeit der Vermögensübertragung ist und die gesetzliche Erbfolge zu einer „entsetzlichen" Erbfolge führen kann.

Bei Ihnen werden die eigene wirtschaftliche Sicherheit, der Erhalt Ihres Familienvermögens, sowie Ihre Versorgung für den Fall, dass Sie sich selbst nicht mehr ohne fremde Hilfe versorgen können, entscheidend sein. Bei den Empfängern stehen die Übernahme und der Erhalt Ihres Vermögens im Vordergrund. Gemeinsame Interessen sind die Erhaltung des Familienvermögens, die Vermehrung des Vermögens, die Vermeidung von Steuerbelastungen sowie ein Zugriff des Sozialhilfeträgers (Sozialamt) und sonstiger Gläubiger.

Das Erbrecht selbst bietet Ihnen keine empfehlenswerte Lösung an. Es gewährt Ihnen lediglich für die Vermögensübertragung auf den Tod ein umfangreiches Instrumentarium individueller Gestaltungsmöglichkeiten.

Das Steuerrecht ist für den Erhalt des Familienvermögens von großer Bedeutung. Dabei geht es nicht nur um die Erbschaftsteuer. Zu spät werden meistens die verdeckten Auswirkungen bei anderen Steuerarten, insbesondere bei der Einkommensteuer, erkannt. Hier sollten vor allem Gewinnrealisierungen vermieden werden.

Das Sozialrecht ist heute oft gefährlicher für den Erhalt Ihres Vermögens als das Steuerrecht. Wenn Sie nicht über ausreichendes Einkommen und Barvermögen verfügen, um eventuell eine zehnjährige Pflege bezahlen zu können, dann sollten Sie intensiv versuchen, Ihr jetziges Vermögen vor dem Zugriff des Staates zu schützen.

Bedenken Sie, dass Sie nach heutigem Recht bei Pflegebedürftigkeit zuerst Ihr wesentliches Vermögen verwerten müssen, bevor Sie staatliche Hilfe, z.B. Sozialhilfe, erhalten.

Wenn Sie **nicht jetzt** Vorsorge vor einem Zugriff des Staates treffen, so wird ein wesentlicher Teil Ihres Vermögens verbraucht, wenn Sie pflegebedürftig aufgrund Alter, Krankheit oder Unfall werden sollten.

Bei der Planung von Vermögensübertragungen auf die künftigen Erben, sei es durch letztwillige Verfügung auf den Tod oder sei es zu Lebzeiten, z.B. durch vorweggenommene Erbfolge, müssen immer die persönlichen und familiären Verhältnisse an erster Stelle stehen. Haben Sie auf dieser Basis Ihre Entscheidung getroffen, wer Vermögen von Ihnen erhalten soll und wie viel, dann muss die Durchführung Ihrer Entscheidung nach optimalen steuerlichen Gesichtspunkten und unter Berücksichtigung des geltenden Sozialrechts erfolgen.

Der Laie ist hierzu nicht in der Lage. Er bedarf der Unterstützung durch einen qualifizierten Fachmann. Wer hier am falschen Ende spart, ist meist schlecht beraten. Es gibt nur wenige Berater, die spezialisiert sind auf das Erbrecht, Familienrecht, Gesellschaftsrecht, Steuerrecht und Sozialrecht und die diese Rechtsgebiete **miteinander verzahnen** können. Die Notare kennen sich oft sehr gut im Erbrecht aus, ihnen fehlen aber überwiegend die erforderlichen Kenntnisse im Steuerrecht, Familienrecht, Gesellschaftsrecht und Sozialrecht. Die Steuerberater kennen sich oft sehr gut im Erbschaftsteuerrecht aus, sind aber keine Spezialisten im Erbrecht, Familienrecht und Sozialrecht.

Eine gesetzliche Regelung zum Erhalt des Familienvermögens gibt es nicht. Jedoch sind in dem Bürgerlichen Gesetzbuch (BGB), im Grundstücksverkehrsgesetz und in der Grundstruktur der Nordwestdeutschen Höfeordnung Hinweise auf früher übliche Regelungen enthalten. Der Autor, der sich seit Jahrzehnten mit der Übertragung von Vermögen auf die nächsten Generationen beschäftigt, hat die hierzu seit Menschengedenken üblichen vertraglichen Regelungen zum Erhalt des Familienvermögens und der Absicherung sowohl der alten wie auch der jungen Generation der heutigen Zeit angepasst. Diese Anpassung der früher bewährten Regelungen an die heutige Zeit ist durch die dramatischen gesellschaftlichen Umwälzungen erforderlich geworden. Zwei Weltkriege und Inflationen haben große Vermögen vernichtet und Bevölkerungsschichten durcheinandergebracht. Denken wir nur an die Millionen von Flüchtlingen aus dem heute zu Polen gehörenden Ostgebiet, die alten Bevölkerungsstrukturen in Ost- und

Westdeutschland aufgebrochen und völlig verändert haben. Hinzu kommen Millionen von Gastarbeitern und Immigranten sowie deren nachfolgende Generationen aus anderen Kulturen, die nach dem zweiten Weltkrieg in die Bundesrepublik eingewandert sind und heute einen Teil der Bewohner Deutschlands darstellen. Während es früher selbstverständlich war, dass alte, kranke, arbeitsunfähige Familienangehörige in der Familie versorgt wurden, ist dies heute vor allem in den Städten kaum noch möglich. Zum einen hatten früher die Eltern meistens zahlreiche Kinder, die bei der Versorgung von Familienangehörigen mithalfen, zum anderen hatten die Töchter selten einen Beruf erlernt, heirateten und wurden Hausfrauen. Es war für sie selbstverständlich, ihre Eltern, Großeltern und andere Verwandte zu versorgen, wenn diese sich nicht mehr allein versorgen konnten. Nur ausnahmsweise kamen alte Menschen in Altersheime. Hinzu kommt, dass die Menschen in Deutschland heute wesentlich älter werden als früher. Zu Beginn des 20. Jahrhunderts betrug die Lebenserwartung der Frauen in Deutschland 48 und die der Männer 45 Jahre. Heute liegt sie bei über 83 und 78 Jahren.

Das Rentenalter beginnt zurzeit bei Frauen und Männern mit 66 Jahren. Hier muss gefragt werden, wer die steigenden Rentenlasten in Deutschland tragen soll. Im Jahr 1950 wurden bei einer Bevölkerung in Ost- und Westdeutschland (Bundesrepublik Deutschland und damalige DDR) bei einer Bevölkerung von ca. 69 Millionen Einwohnern noch 1,1 Millionen Kinder geboren, während 2019 bei einer Bevölkerung in der Bundesrepublik von über 83 Millionen Einwohnern nur noch 787.500 Kinder geboren werden. Immer weniger Deutsche sind in Zukunft berufstätig und müssen mit ihren Steuern und Abgaben nicht mehr berufstätige Menschen wirtschaftlich versorgen. Zu den versorgungsbedürftigen Menschen gehören auch die Arbeitslosen, die keine Arbeit finden oder aufgrund von Krankheit arbeitsunfähig sind. Aber auch Menschen, die nicht arbeiten wollen und es sich in sozialen Netzwerken bequem machen, gehören dazu. Selbst, wenn in Zukunft mehr Kinder in Deutschland geboren werden sollten, fehlt schon heute eine arbeitsfähige Generation, die die nicht arbeitende Bevölkerung wirtschaftlich versorgen muss. Es gibt wissenschaftliche Untersuchungen die belegen, dass die Altersrenten der heute 35-Jährigen bis 40-Jährigen auf die heutige Kaufkraft bezogen nur noch etwas über dem Standard eines heutigen Hartz IV-Beziehers liegen werden. Der Staat hat diese Problematik zu spät erkannt und erst jetzt festgestellt, dass private Altersvorsorge und Betriebsrente erforderlich sind, damit nicht heute berufstätige Menschen im Alter zu Sozialhilfeempfängern werden. Um die private Altersvorsorge zu unterstützen hat der Staat unter anderem die sogenannte Riesterrente eingeführt. Die staatlichen Hilfen zur privaten Altersversorgung werden bei der ständig wachsenden Inflation und der Tatsache, dass die Einkommen seit 2002 (der Umstellung von DM auf Euro) nur unwesentlich gestiegen sind und somit die Berufstätigen immer weniger Geld für ihre Altersversorgung zur Verfügung haben, nicht ausreichen. Fachleute sind darüber einig, dass eine Verarmung eines großen Teils der deutschen Bevölkerung besonders der späteren Rentner nicht mehr aufzuhalten ist. Auch die Frage, wie die deutschen Staatsschulden, die in der Corona-Krise stark gestiegen und weiter wachsen werden, abgebaut werden sollen, die unsere Kinder und Enkelkinder zusätzlich finanziell schwer belasten werden, ist ungeklärt. Die tatsächlichen Staatsschulden, nach dem Freiburger Finanzwissenschaftler B. Raffelhüschen beträgt die Gesamtverschuldung Deutschlands einschließlich der verdeckten Schulden in den Sozialversicherungen 5,7 Billionen EUR, (Stand 07/2012) werden wohl nur durch eine starke Inflation in vertretbarem Umfang gesenkt werden können. Hinzu kommen Milliardenverluste des Staates und der Wirtschaft durch die Corona-Krise. Die Aufgabe der „schwarzen Null" und die hohe Kreditaufnahme des Staates wird Deutschland auf Kosten von dringenden Investitionen noch mehr verschulden.

Die traditionelle Familie, bei der der Ehemann durch Berufstätigkeit das Geld verdient, die Ehefrau Kinder bekommt und die Familie als Hausfrau versorgt, ist eine Seltenheit geworden.

Die jüngere berufstätige Bevölkerung besteht heute überwiegend aus Singles, junge Menschen leben zusammen ohne zu heiraten, wollen sich zunächst selbst verwirklichen und das Leben genießen. In solche Lebensgemeinschaften passen keine Kinder. Oft entsteht der Kinderwunsch erst dann, wenn bei der Frau die biologische Uhr abgelaufen ist. Wenn aber eine Familie, ob verheiratet oder nicht Kinder haben will, dann beschränkt sich dieser Kinderwunsch überwiegend auf **ein** Kind, die sogenannte Ein-Kind-Familie entsteht. Mindestens zwei Kinder je Familie wären aber erforderlich, um den Bevölkerungsstand in Deutschland auf dem heutigen Niveau zu halten. Zwar könnte aufgrund fallender Geburtenzahlen die schrumpfende Bevölkerung durch massenhafte Zuwanderung ausgeglichen werden, jedoch würde diese Möglichkeit Deutschland negativ verändern, die Deutschen würden sich in ihrem eigenen Land, das Land ihrer Vorfahren, nicht mehr wohlfühlen. Jeder, der mit offenen Augen die deutsche Gesellschaft betrachtet, wird feststellen, dass der in der Nachkriegszeit erwirtschaftete Wohlstand der Bevölkerung abgebaut wird, auch die Mittelschicht verarmt stetig. Immer weniger junge Menschen in Deutschland können sich ein Vermögen erarbeiten, von dem sie als Rentner leben können. Andererseits gibt es eine kleine Anzahl von Deutschen, die immer reicher werden und zwar überwiegend nicht durch Arbeit, sondern durch Finanzgeschäfte. Man kann zu den deutschen Gewerkschaften stehen wie man will, aber in einem Punkt haben sie sicherlich Recht: In Deutschland lohnt sich immer weniger die berufliche Arbeit. Die Inflation, die Steuern und Sozialabgaben fressen zunehmend den Arbeitslohn der Berufstätigen auf. Wie schon jetzt die hohe Zahl der deutschen Auswanderer zeigt, ist für viele Fachkräfte der Standort Deutschland wirtschaftlich uninteressant geworden. Die Betroffenen gehen in Länder, in denen die steuerliche Belastung und die Abgaben wesentlich niedriger sind. Ein solches Wechseln von einem Land zum anderen ist in der Europäischen Union, aber auch von Deutschland in die Schweiz, die USA, Kanada und Australien durch die Globalisierung problemlos geworden. Die Anziehungskraft Deutschlands für ausländische Fachkräfte ist unter anderem aufgrund der hohen Steuern und Abgaben stark gesunken. Die meisten Zuwanderer wandern direkt in die deutschen Sozialsysteme ein, da sie keine Fachkräfte sind und Hilfsarbeiter in Deutschland fast nicht mehr benötigt werden.

Nicht vergessen werden darf die hohe Scheidungsquote in Deutschland. Im Scheidungsfall kommt es zur Vernichtung von Vermögen, wenn ehevertraglich keine hinreichenden Regelungen getroffen worden sind. Es gilt dann der gesetzliche Güterstand der Zugewinngemeinschaft. Derjenige Ehegatte, der während der Ehe mehr Vermögen auf seinen Namen erwirtschaftet hat, muss an den anderen Ehegatten im Scheidungsfall einen Ausgleich bezahlen. Damit besteht die Gefahr, dass dem zur Zahlung verpflichteten Ehegatten das Geld fehlt, wenn sein Vermögen im Wesentlichen aus Immobilien oder einem Unternehmen besteht. Diese haben oft hohe Werte und können damit zu hohen Ausgleichsansprüchen für den betreffenden Ehegatten im Scheidungsfall führen, die dann nur durch einen Verkauf von Vermögensgegenständen erfüllt werden können. Ist der zur Zahlung verpflichtete Ehegatte auf einen schnellen Verkauf angewiesen, wird er mit erheblichen Wertverlusten rechnen müssen.

Durch den Zugewinnausgleich besteht auch die Gefahr, dass ein erheblicher Teil des Vermögens in fremde Familien fließt, somit das von den Eltern und Großeltern auf die nächste Generation übertragene Vermögen immer kleiner wird.

Bedenken Sie auch, dass das Erbrecht dazu führt, dass nach der gesetzlichen Erbfolge bei Kinderlosigkeit in einer Ehe Ihres Kindes das Schwiegerkind einen erheblichen Teil Ihres Vermögens erbt, das dann in eine fremde Familie geht. Zwar steht es jedem frei z. B. durch Abschluss eines Ehe- und Erbvertrages dafür zu sorgen, dass Vermögen nicht über den Zugewinnausgleich oder das Erbrecht in eine fremde Familie abfließt, jedoch haben nur wenige Deutsche einen entsprechenden Ehe- und Erbvertrag. Wer schließt schon vor oder nach der Eheschließung mit seinem Ehepartner einen Ehe- und Erbvertrag, mit welchem sein in die Ehe gebrachtes und während der Ehe ererbtes bzw. geschenkt erhaltenes Vermögen einschließlich Wertsteigerung bei Scheidung oder Tod vor einem Zugriff des Ehepartners geschützt wird? Vor der Ehe will man nicht an eine Scheidung denken und den künftigen Ehepartner durch den Vorschlag des Abschlusses eines Ehevertrages verärgern, nach der Eheschließung denkt man an den Schutz seines Vermögens durch Abschluss eines Ehevertrages meistens erst dann, wenn es zu spät ist. Steht eine Ehescheidung im Raum, dann ist der andere Ehepartner nicht mehr bereit, einen Ehevertrag zu seinen Ungunsten zu schließen.

Sehr unangenehm ist es, an die Errichtung einer letztwilligen Verfügung (Testament, Erbvertrag) zu denken, muss man sich dann doch mit dem Gedanken an den Tod beschäftigen. Welcher Deutsche unter 50 Jahren hat schon ein Testament oder einen Erbvertrag errichtet, wenn selbst die meisten älteren Bürger keine letztwillige Verfügung und sich nicht entschieden haben, wer ihr Vermögen erbt und wie viel der einzelne Erbe bekommen soll. Ist eine letztwillige Verfügung nicht vorhanden, so gilt die gesetzliche Erbfolge, die überwiegend den Nachlass des Verstorbenen so regelt, wie dieser es gerade nicht wollte. Die gesetzliche Erbfolge ist damit immer nur ein Notnagel, da der Staat beim Fehlen einer letztwilligen Verfügung regeln muss wer das Vermögen des Verstorbenen erhält und die Nachlassschulden bezahlt.

Oft kann eine letztwillige Verfügung nicht mehr errichtet werden, weil diese unangenehme Angelegenheit immer weiter vor sich hergeschoben wird bis man aufgrund von hohem Alter oder von Krankheit dazu nicht mehr in der Lage ist.

Bei der lebzeitigen Übertragung sind die familiären, steuerlichen und wirtschaftlichen Gegebenheiten bekannt und Sie können unter dem Gesichtspunkt des Erhalts Ihres Vermögens den Übergang auf die nächste Generation regeln. Familiäre, steuerliche und gesellschaftspolitische Änderungen können bereits heute eingeplant und der Übertragungsvertrag hierauf eingerichtet werden. Jedoch wollen sich die meisten Bürger zu Lebzeiten von größeren Vermögenswerten nicht trennen, die künftigen Erben sollen ihren Tod abwarten.

Bisher konnte mir keiner derjenigen, die die Vermögensübertragung zu Lebzeiten ablehnen, die Vorteile einer Vermögensübertragung auf den Tod, sei es nach der gesetzlichen Erbfolge oder aufgrund Errichtung einer letztwilligen Verfügung, darlegen. Die oft insbesondere von Juristen aufgestellte Behauptung, mit der Übertragung von Vermögenswerten zu Lebzeiten würden Sie sich „das Hemd ausziehen und Ihr Vermögen verlieren" ist nicht nur rechtlich und wirtschaftlich falsch, sondern auch hochgefährlich für den Erhalt Ihres Familienvermögens und des Familienfriedens. Offensichtlich wollen sich die meisten meiner juristischen Kollegen auf die sich ständig ändernden gesellschaftlichen, politischen, wirtschaftlichen und familiären Verhältnisse nicht einstellen. Bei der Vermögensübertragung von der alten auf die junge Generation leben sie immer noch in einer längst vergangenen Zeit in der es üblich war, das Familienvermögen zu vererben. Dementsprechend ist auch heute noch die juristische Ausbildung ausgerichtet, die bei dem Übergang des Vermögens von der alten Generation auf die nächste Generation das Erbrecht in den Vordergrund stellt. Wollen Sie Ihre Nachfolge frühzeitig regeln, dann geraten Sie fast immer an Berater, die Ihnen Vorschläge für eine erbrechtliche Lösung unterbreiten und die lebzeitige Vermögensübertragung aus Unwissenheit ablehnen.

Der Inhalt dieses Buches beschränkt sich im Wesentlichen auf die Übertragung von Privatvermögen. Fragen, die sich bei der Übertragung von Unternehmen und von Betriebsvermögen auch in steuerlicher Hinsicht (Stand 2020) ergeben, werden deshalb nachfolgend nur überschlägig beantwortet.

In den kommenden Jahren stehen allein in Deutschland zahlreiche mittelständische Unternehmen vor dem Generationenwechsel. Als Unternehmer müssen Sie sich möglichst frühzeitig mit der Frage beschäftigen, wie nach ihrem Ausscheiden aus dem Geschäftsleben das in vielen Jahren erwirtschaftete Vermögen erhalten werden kann.

Hier raten besonders die Fachleute zu Recht von einer erbrechtlichen Lösung ab und empfehlen die lebzeitige Übertragung des Unternehmens auf den Nachfolger. Der Übergang des Unternehmens im Erbfall auf die Erben führt regelmäßig zu erheblichen Vermögensverlusten, häufig auch zur Liquidation oder Insolvenz. Die Erben sind meistens mit dem Unternehmen nicht vertraut, haben nicht die Voraussetzungen für die Weiterführung des Unternehmens und nur Interesse an dem Vermögenswert. Gerade bei kleinen und mittelständischen Unternehmen ist jedoch die Geschäftsführung durch den Unternehmer entscheidend. Er prägt mit seiner Persönlichkeit das Unternehmen. Fällt er aus, dann ist er nur selten durch einen der Erben seines Unternehmens zu ersetzen. Ist keiner der Erben willig und fähig das Unternehmen weiterzuführen und findet sich auch kein Käufer, der das Unternehmen im Sinne des ausgeschiedenen Unternehmers weiterführt, dann wird das Unternehmen oft zerschlagen oder liquidiert, im schlechtesten Fall geht es in die Insolvenz.

Immer wieder erlebe ich, dass Unternehmer zwar den Übergang ihres Privatvermögens zu Lebzeiten regeln, jedoch sich von ihrem Unternehmen nicht trennen können und deshalb ein lebzeitiger Übergang auf einen geeigneten Nachfolger nicht zustande kommt. Spreche ich Unternehmer auf das Problem des Übergangs seines Unternehmens auf den Nachfolger an, dann höre ich häufig: „Sie haben ja Recht, dieses Problem ist mir voll bewusst und ich muss es demnächst regeln". Das „demnächst" zieht sich dann aber oft solange hin, bis kein geeigneter Nachfolger mehr gefunden wird oder der Unternehmer verstorben ist. Und das kommt bei Unternehmern vor, die rechtlich und steuerlich beraten sind und manchmal auch bei Vorträgen und Seminaren z.B. der Industrie –und Handelskammer oder des Unternehmerverbandes waren.

Eine wichtige Frage muss gestellt werden:

Warum haben wir in Deutschland ein Eigentumsrecht, das auch noch grundgesetzlich geschützt ist? Den meisten Sozialisten ist das Privateigentum ein Dorn im Auge. Ihr Ideal ist die

Gleichheit. Linke Politiker fordern, die Vermögen großer Familienunternehmer zu enteignen. Sie halten ihr Eigentum für grundgesetzwidrig. Die Mehrheit der Deutschen weiß jedoch nach aller historischer Erfahrung mit der DDR, dass das sozialistische Gleichheitsverlangen zur Verarmung des Volkes führt. **Das Eigentumsrecht ist das Fundament unserer demokratischen und marktwirtschaftlichen Ordnung.** Ohne das gesetzlich zugesicherte Recht, die Früchte wirtschaftlicher Aktivitäten zu behalten, entfällt der Leistungsanreiz. Wer würde noch Investitionen aus seinem Vermögen tätigen und Arbeitsplätze schaffen, wenn er damit rechnen muss, sein Vermögen durch Enteignung zu verlieren? Damit in einem Land Wohlstand geschaffen und vermehrt wird, braucht es die Eigentumsgarantie des Staates, die auch über den Tod hinaus gilt. Jeder der Eigentum erwirbt, will dieses auch für seine Nachkommen erhalten. Die Erfahrung zeigt, dass der Großteil der Vermögenden nicht nur aus Gewinnstreben handelt, sondern vielmehr in der Absicht, sein Vermögen auch in den nächsten Generationen zu erhalten. Diese Auffassung trifft auch auf die meisten Unternehmer zu, die einen Betrieb aufbauen, um ihn einem Nachfolger möglichst aus der Familie zu übergeben. Dieses generationsübergreifende Denken trägt zu einer langfristigen Planung in der Wirtschaft bei. Sozialisten sehen dies natürlich anders. Für sie sind die Erben ob von Privat- oder Geschäftsvermögen Schmarotzer, denen ohne Verdienst ein Vermögen zufällt. Sicherlich ist es niemandes Verdienst, in eine wohlhabende Familie hineingeboren zu werden und Vermögen zu erben, ohne zum Aufbau dieses Vermögens beigetragen zu haben. Wenn man jedoch die Vermögensübertragung auf die Nachfolger aus der Sicht des Erblassers betrachtet, dann fällt die ethische Beurteilung des Erbens ganz anders aus. Hier muss gefragt werden, mit welchem Recht der Staat dem Bürger am Ende seines Lebens einen erheblichen Teil seines Vermögens wegnimmt? Der

Erblasser hat sein Familienvermögen aufgebaut, deshalb auf Konsum verzichtet und grundsätzlich mit versteuertem Geld Vermögen gebildet.

Der Zugriff des Staates mit der Erbschaft-/Schenkungsteuer ist somit eine Doppel-, häufig eine Dreifachbesteuerung, die man besser als Teilenteignung bezeichnen kann. Diese Teilenteignung gefährdet den Weiterbestand auch von Unternehmen und damit Arbeitsplätze. Wer diese Tatsache anzweifelt, der sollte zurückblicken in unsere Vergangenheit, nämlich auf das Ende des sozialistischen Staates DDR.

Das zurzeit geltende Erbschaft-/ Schenkungsteuerrecht verschont Unternehmen vor übermäßigen Belastungen durch Erbschaft-/Schenkungsteuer, wenn harte Auflagen erfüllt werden. Wenn Erben von Unternehmen von zu hoher Erbschaft-/Schenkungsteuer verschont werden, der unersättliche Staat aber nicht weniger, sondern mehr Steuern einnehmen will, dann müssen diejenigen mehr Steuern zahlen, die kein Unternehmen, sondern eine Immobilie oder sonstiges Vermögen übertragen erhalten. Zwar beträgt der heutige Freibetrag von Kindern je 400.000 EUR nach jedem Elternteil, jedoch bedeutet dies angesichts der deutlich höheren Immobilienbewertung für viele keine große Entlastung. Für Geschwister, Nichten und Neffen, Cousinen und Cousins und andere Verwandte wurden die Steuersätze erheblich erhöht, die Freibeträge aber nur gering angehoben. Besonders Nichtverwandte trifft die Erbschaft-/Schenkungsteuer voll: Der Eingangssteuersatz beträgt 30%. Nachdem eine zunehmende Zahl der Deutschen kinderlos bleibt, fallen immer mehr Erben unter den Eingangssteuersatz von 30%. Dies ist vom Staat gewollt um Substanz des zu Lebzeiten oder auf den Tod übertragenen Vermögens abzugreifen. Auf diese Weise kann langfristig eine erhebliche Umverteilung des Vermögens von oben nach unten vollzogen werden. In zunehmenden Fällen muss eine geerbte Immobilie zur Bezahlung der Steuer verkauft werden. Langfristig gesehen bewirkt deshalb die Erbschaft-/Schenkungsteuer eine volkswirtschaftlich schädliche Kapitalvernichtung.

Bei den jetzigen sehr niedrigen Steuersätzen und sehr hohen Freibeträgen wird es nicht bleiben. Nach dem Willen einiger Parteien sollen die Erbschaft-/Schenkungsteuern stark erhöht werden. Ziel ist es, eine schnellere Umverteilung von oben nach unten zu erreichen. Damit wird der derzeit günstige Gestaltungsspielraum bei der Übertragung von Unternehmensvermögen negativ verändert. Es muss damit gerechnet werden, dass die Übertragung von Vermögen durch Vererben und Verschenken steuerlich wesentlich höher belastet wird. Das Familienvermögen in den nächsten Generationen zu erhalten, wird deshalb in Zukunft immer schwieriger werden.

Wer glaubt, dass es in seiner Familie keinen Erbstreit geben könne, der irrt. Die Erfahrung zeigt uns nämlich, dass weder ein kleines noch ein großes Vermögen, noch eine besonders harmonische Familie vor einem Erbenstreit schützt. So kann Streit in einfachen Verhältnissen um den wertlosen Schrank genauso erbittert geführt werden wie in einer wohlhabenden Familie die Auseinandersetzung um das Mehrfamilienhaus. Oft sprechen Geschwister, die gemeinsam am Grabe der Mutter getrauert haben, schon wenige Tage später nur noch über Anwälte miteinander. Der Grund für diese Verhaltensweisen, die sich auch in meiner Kanzlei zahlreich nachweisen lassen, liegt weniger an dem Wert der Nachlassgegenstände oder großer Geldgier der Angehörigen. Vielmehr scheint der Tod von Vater oder Mutter bei vielen Kindern oft unbewusst als letzte Chance gesehen zu werden, endlich „Gerechtigkeit" durchzusetzen. Unzufriedenheit von Familienmitgliedern, die zu Lebzeiten der Eltern durch deren Autorität überdeckt worden ist, kommt dann zum Ausbruch. Abneigungen, die sich zwischen Geschwistern oftmals seit der Kindheit im Verborgenen entwickelt haben, werden dann offen ausgelebt. Weist dann noch z.B. der Schwiegersohn die Tochter darauf hin, dass sie gegenüber ihren Geschwistern schon immer benachteiligt worden ist und jetzt endlich mal ihre Rechte geltend machen soll, dann bricht der bis zum Tod des Vaters oder der Mutter unter der Decke gehaltene Streit offen aus. Dabei haben die Eltern doch meistens versucht, es allen Kindern recht zu machen und sie gleich zu behandeln. Sie haben es aber versäumt, frühzeitig die Weichen für eine streitfreie Vermögensübertragung zu stellen. Die meisten Eltern gehen irrtümlich davon aus, dass der Staat mit seinen Gesetzen die Erbfolge sehr gut geregelt hat und dadurch Streit unter den Erben ausgeschlossen wird. Diese Ansicht trifft jedoch selten zu. Das Gesetz unterscheidet nämlich nicht unter erfolgreichen Kindern und solchen, die es im Leben zu nichts bringen, an einer Krankheit leiden oder charakterliche Mängel haben. Auch unterscheidet das Gesetz nicht zwischen dem Kind, das sich liebevoll um die Eltern kümmert und einem Kind, das mit den Eltern nichts mehr zu tun haben will. In dem gesetzlichen Erbrecht werden nämlich Erben grundsätzlich gleich behandelt.

Die veränderten gesellschaftlichen Verhältnisse machen es notwendig, dass Sie sich für den Erhalt Ihres Vermögens immer wieder mit der nachfolgenden Frage auseinandersetzen sollten: Was geschieht mit meinem Vermögen, wenn ich plötzlich geschäftsunfähig werde oder sterben sollte?

Jeder von uns, insbesondere im fortgeschrittenen Alter, kann aufgrund eines Unfalls, Herzinfarktes oder Schlaganfalles von einer Minute zur anderen geschäftsunfähig werden oder sterben. Haben Sie deshalb schon folgende Fragen geklärt:

- Wer soll mein Vermögen erhalten?

- Was muss ich tun, damit mein Vermögen nicht nur jetzt, sondern auch in der nächsten Generation erhalten bleibt? Soll ich mein Vermögen vererben oder einen Teil schon zu Lebzeiten übertragen, eine Stiftung oder eine Familiengesellschaft gründen?

- Wie kann ich meinen letzten Lebensabschnitt für mich und meine Familie wirtschaftlich absichern?

- Was soll ich machen, wenn ich mich selbst nicht mehr versorgen kann? Soll ich für eine häusliche Pflege vorsorgen oder mein Leben in einem Pflegeheim beschließen? Wie kann ich meine Einweisung in ein Pflegeheim vermeiden?

- Soll ich jemanden bevollmächtigen für den Fall, dass ich nicht mehr selbst entscheiden kann und wen soll ich als Bevollmächtigten einsetzen?

- Was kann ich tun um eine staatliche Betreuung (meine Entmündigung) zu vermeiden?

- Soll ich eine Patientenverfügung errichten für den Fall, dass ich selbst nicht mehr entscheiden kann, ob im Sterbezustand alles getan werden soll, damit ich weiterlebe? Welche Anweisungen soll ich den behandelnden Ärzten für den Fall geben, dass ich mich unwiderruflich im Sterbezustand befinde?

- Soll ich Organe spenden? Wenn ja, nur an Familienangehörige oder auch an Fremde? Wenn ich mich als Organspender zur Verfügung stelle, ist mir dann bewusst, dass mir Organe entnommen werden, obwohl ich nur Hirntod bin?

Diese Fragen wird jede Person anders beantworten. Die Antworten hängen bei jedem von seiner Persönlichkeit, seinem Alter, dem Gesundheitszustand und seinem Beruf ab. Je älter Sie sind, umso mehr drängt sich auch die Frage auf, wer unter welchen Bedingungen der Nachfolger Ihres Vermögens werden soll. Wenn Sie verantwortungsbewusst sind, dann sollten Sie auch schon in jungen Jahren die vorstehenden Fragen nicht verdrängen, sondern für sich beantworten. Niemand denkt gern an seinen Tod. Je jünger und lebenslustiger Sie sind, umso mehr werden Sie den Gedanken an den Tod, der unweigerlich auf Sie zukommt, verdrängen.

Noch nie in den letzten Jahrzehnten war das Familienvermögen so sehr gefährdet wie heute. Die familiären, wirtschaftlichen und gesellschaftlichen Verhältnisse haben sich vor allem aufgrund der ständig steigenden Lebenserwartung und des starken Geburtenrückgangs nachhaltig verändert. Immer mehr Deutsche leben in nichtehelichen Lebensgemeinschaften und bekommen keine Kinder. Hohe Scheidungsziffern, in Großstädten bis zu 40%, die Gefahr von Arbeitslosigkeit und Arbeitsunfähigkeit, der ständige Ausbau des Sozial- und Steuersystems mit Zugriff des Staates auf unser Vermögen führen dazu, dass das Familienvermögen zunehmend aufgebraucht wird. Die meisten Deutschen nehmen diese Veränderungen zwar wahr, ziehen jedoch keine Konsequenzen. Nach wie vor wird in Deutschland das Vermögen überwiegend vererbt. Die wenigsten Deutschen wollen wahrhaben, dass sie mit dem Vererben von Vermögen grundsätzlich **jede Kontrolle über das Familienvermögen verlieren** und die große Gefahr besteht, dass es in der nächsten, spätestens in der übernächsten Generation verloren geht. Viele resignieren in Anbetracht der sich überstürzenden Veränderungen in der Welt und belassen es derzeit bei dem Althergebrachten, nämlich dem Vererben ihres Vermögens.

Es gilt der Grundsatz: **Vererben vernichtet Vermögen!**

Eine kurze Gebrauchsanweisung möglichst mit einem Vertragsmuster zur Sicherung Ihres Familienvermögens auch in Ihren nachfolgenden Generationen kann ich Ihnen nicht bieten. Dafür ist das Thema zu kompliziert. Deshalb habe ich versucht, Ihnen die komplexe Materie so darzustellen, dass Sie nicht schon nach zehn Seiten entmutigt das Buch beiseitelegen und für sich sagen, „das ist ja wieder nur ein Buch für Fachleute und nichts für mich".

Das folgende Kapitel in einer (hoffentlich!) auch für juristische und steuerliche Laien verständlichen Sprache gibt Ihnen einen kurzen „Überblick" über den wesentlichen Inhalt dieses Buches. Wenn Sie sich für Einzelheiten interessieren, dann finden Sie auf den am rechten Rand angegebenen Seiten detaillierte Informationen. Das Stichwortverzeichnis und das ausführliche Inhaltsverzeichnis können Ihnen bei der Suche nach Antworten auf Ihre Fragen ebenfalls helfen.

Überblick

Seite

Abschnitt A

I.

Die Übertragung von Vermögen auf den Tod durch gesetzliche Erbfolge

Wenn Sie keine letztwillige Verfügung (Testament, Erbvertrag) errichtet haben, dann erfolgt die Übertragung Ihres Vermögens nach dem Gesetz,
1. **dem Verwandten-Erbrecht** und
2. **dem Ehegatten-Erbrecht**.

Nicht Sie, sondern der Staat bestimmt, welche Personen Ihr Vermögen zu welchen Bedingungen erben.

68

Zu 1.: Das gesetzliche Verwandten-Erbrecht

69

Grundsatz: Es erbt von Ihnen immer zuerst diejenige Person, die mit Ihnen blutsmäßig oder durch Gesetz verwandt ist.

Blutsmäßig am nächsten verwandt mit Ihnen sind Ihre Abkömmlinge (eheliche und nichteheliche Kinder und deren Nachkommen).

Nach dem Gesetz verwandt mit Ihnen sind die von Ihnen adoptierten Kinder.
Haben Sie keine Abkömmlinge, dann erben Ihre anderen Verwandten (z.B. Eltern, Geschwister, Nichten, Neffen usw.).
Haben Sie keine Verwandten, dann erbt der Staat Ihr Vermögen.

Zu 2.: Das gesetzliche Ehegatten-Erbrecht 70
(bei gesetzlichem Güterstand der Zugewinngemeinschaft)

- Haben Sie Abkömmlinge, dann erben Sie als überlebender Ehegatte nur 1/4, erhalten aber zusätzlich als Zugewinnausgleich pauschal ein weiteres 1/4, zusammen somit 1/2.
- Haben Sie <u>keine</u> Abkömmlinge, dann erben Sie als überlebender Ehegatte 1/2 und erhalten zusätzlich pauschal 1/4 als Zugewinnausgleich, insgesamt somit 3/4.
- Der verbleibende Erbteil von 1/4 geht an die Verwandtschaft ihres verstorbenen Ehegatten. Dies führt fast immer zu Streit in der Erbengemeinschaft.

Gütertrennung und **Gütergemeinschaft** haben 72 große wirtschaftliche Nachteile. Haben Sie einen solchen Güterstand, dann sollten Sie diesen umgehend aufheben und den gesetzlichen Güterstand der **Zugewinngemeinschaft** einführen.

II.

Die Übertragung von Vermögen auf den Tod durch letztwillige Verfügung 74

Wenn Sie selbst bestimmen wollen und nicht der Staat bestimmen soll, wer Ihr Vermögen erbt, dann müssen Sie eine letztwillige Verfügung errichten, nämlich
1. **ein handschriftliches Testament** oder
2. **ein notarielles Testament** oder
3. **einen Erbvertrag**.
4. <u>**Sonderformen der letztwilligen Verfügung:**</u> **Behindertentestament, gemeinschaftliches Testament, Nottestament.** 85

Voraussetzung für die Errichtung einer letztwilligen Verfügung ist Ihre **Testierfähigkeit** (Zurechnungsfähigkeit). Ehegatten und eingetragene Lebenspartner können ein Testament auch zusammen als **"gemeinschaftliches Testament"** errichten. 74

Sollen Ihre Anordnungen in der letztwilligen Verfügung durchgesetzt werden, dann müssen Sie einen Testamentsvollstrecker einsetzen.

Zu 1.: Das handschriftliche Testament 77

müssen Sie mit einer eindeutigen Überschrift (z.B. Testament oder letztwillige Verfügung) von Anfang bis Ende handschriftlich schreiben und unterschreiben. Es hat große Vorteile: Sie können es ohne Aufwand jederzeit abändern oder neu errichten, es ist immer sofort verfügbar, es fallen keine Kosten an. Es ist genauso rechtswirksam wie ein notarielles Testament. Sie können es zur Sicherheit bei dem Nachlassgericht **hinterlegen**. 80

Zu 2.: Das notarielle Testament 79

sollten Sie dann errichten, wenn Sie
- nicht (mehr) schreiben oder lesen können,
- mit einer Anfechtung des Testaments rechnen müssen,
- ein größeres Vermögen übertragen wollen.

Nachteil: Es fallen Beurkundungskosten an, steuerliche und sozialrechtliche Beratung fehlen.

Zu 3.: Der Erbvertrag 99

Mit einem Erbvertrag können Sie die Einzelheiten des Vererbens Ihres Vermögens zusammen mit Ihren künftigen Erben (auch fremden Personen) **vertraglich** vor einem Notar regeln.

Zu 4.: Sonderformen: Das Behindertentestment 81

Ist Ihnen bekannt, dass ca. 10 Millionen Menschen in Deutschland behindert sind, davon über 7 Millionen schwerbehindert?

Mit dem Behindertentestament kommt das von dem Behinderten geerbte Vermögen bzw. dessen Pflichtteil nur ihm zugute, es wird vor dem Zugriff des Staates geschützt.

Das von dem Behinderten nicht verbrauchte Vermögen fällt nach seinem Tod wieder an die Familie zurück, das Familienvermögen bleibt grundsätzlich erhalten!

III.

Nachteile der letztwilligen Verfügung vermeiden 104

Wenn Sie sich entscheiden, Ihr Vermögen mit Testament oder Erbvertrag zu vererben, somit Ihre Vermögensnachfolge selbst zu regeln und nicht vom Staat gesetzlich regeln zu lassen, dann versuchen Sie vor allem zu vermeiden:

1. **Die Nachteile der Erbengemeinschaft**
2. **Pflichtteilsansprüche**
3. **Das Berliner Testament**

Zu 1.: Die Erbengemeinschaft 104

entsteht automatisch wenn mehrere Erben vorhanden sind. Sie führt fast immer zu Unfrieden und Streit unter den Erben.

Die wichtigsten Nachteile der Erbengemeinschaft sind:

- Jedem Erben gehört alles, nur gemeinschaftliche Verfügungsbefugnis, **grundsätzlich**: Einstimmigkeit erforderlich,

- Vorkaufsrecht des Miterben am Anteil des anderen Miterben,
- Anspruch auf Auseinandersetzung der Erbengemeinschaft durch gerichtliche Zwangsversteigerung!
- Verwaltung des Nachlasses nur gemeinschaftlich, alle Erben müssen mitwirken, grundsätzlich Einstimmigkeit erforderlich.

Beispiel:
Der Erbonkel vererbt sein Bürogebäude im Wert von 1 Mio. EUR an 15 Erben.

- 14 Erben wollen das Gebäude z.B. verkaufen oder vermieten.
  1 Erbe mit einem Erbanteil von 1/15 stimmt dagegen.
  Ergebnis: Das Gebäude kann nicht verkauft bzw. vermietet werden. Die 14 Erben können ihre Absichten nicht durchsetzen.

Damit kann jeder Erbe alle Aktivitäten der Erbengemeinschaft blockieren und die Zwangsversteigerung des geerbten Vermögens betreiben.

Zu 2.: Das Pflichtteilsrecht 107

Pflichtteilsberechtigte des Verstorbenen (Erblasser) sind:

1. seine Abkömmlinge (Kinder, Enkel, Urenkel),
2. der Ehegatte/eingetragener Lebenspartner,
3. die Eltern des Erblassers, wenn keine Abkömmlinge vorhanden.

Der Pflichtteilsanspruch entsteht ausschließlich wenn einer der vorstehenden gesetzlichen Erben enterbt wird, nicht durch Erbausschlagung!
(Ausnahmen §§ 2306, 2307, 1371 BGB)

- Höhe des Pflichtteils: **1/2** des gesetzlichen Erbteils (vgl. S. 31)
- nur Geldanspruch, der sofort fällig ist

Der Pflichtteil hat für Erben, insbesondere den überlebenden Ehegatten, große wirtschaftliche und familiäre Nachteile.

Deshalb dringende Empfehlung: 109
Keinen der oben genannten Erben enterben.

Zu 3.: Das „Berliner Testament"

111

Beispiel:

„Hiermit setzen wir uns gegenseitig zu ALLEINERBEN (alleinige Erben) ein. Erben nach dem Tode des Letztversterbenden von uns beiden sind unsere Kinder Kerstin und Helmut zu gleichen Teilen."

Nachteile:

112

- Ihre Abkömmlinge werden nach dem Erstversterbenden enterbt und damit pflichtteilsberechtigt,
- es können mindestens zwei Steuerfälle anfallen,
- Ihre Abkömmlinge verlieren die Freibeträge nach dem zuerst sterbenden Elternteil, wenn sie nicht innerhalb von drei Jahren den Pflichtteil gegen den Überlebenden der Eltern geltend machen,
- der Überlebende von Ihnen ist grundsätzlich an das Berliner Testament gebunden,
- für unternehmerisches Vermögen ungeeignet für die Fortführung des Unternehmens.

Falls Sie ein Berliner Testament errichtet haben, sich somit gegenseitig zu Alleinerben einsetzen und damit Ihre Abkömmlinge enterben und ihnen und sich selbst wirtschaftlichen Schaden zufügen, dann sollten Sie dieses Testament umgehend aufheben und durch ein neues, familiengerechtes von einem Fachmann erstelltes Testament ersetzen.

IV.

Da keiner von uns den Zeitpunkt seines Todes kennt, können wir auch nicht die zum Zeitpunkt des Todes vorhandenen familiären, wirtschaftlichen und steuerlichen Umstände voraussehen und unsere letztwillige Verfügung hierauf einrichten. 117

Die künftigen rechtlichen familiären und wirtschaftlichen Änderungen können Sie mit einer noch so guten letztwilligen Verfügung nicht in den Griff bekommen.

Je schneller sich unsere Lebensverhältnisse ändern, umso größer wird das Risiko, das Familienvermögen durch Vererben zu verlieren.

Aus den nachfolgenden typischen Beispielen anhand einer Immobilie ersehen Sie, wie hoch das Risiko des Verlustes Ihres Familienvermögens durch Vererben mit dem über 116 Jahre alten Erbrecht in den letzten Jahrzehnten geworden ist:

Beispiel 1:

Sie vererben eine Immobilie. Nach Ihrem Tod wird Ihr Erbe arbeitslos oder arbeitsunfähig. Zunächst erhält er Arbeitslosengeld I (ALG I), anschließend Arbeitslosengeld II (ALG II), jedoch nur dann, wenn er grundsätzlich bis auf ein kleines Schonvermögen sein Vermögen verbraucht hat. Dies bedeutet, dass Ihr Erbe oft die Immobilie verkaufen, den Kaufpreis bis auf ein kleines Schonvermögen verleben muss und erst anschließend Arbeitslosengeld II (frühere Sozialhilfe) erhält.

Ihre vererbte Immobilie, ein wesentliches Familienvermögen, ist weg.

Beispiel 2:

Sie sind Eigentümer einer Immobilie und werden pflegebedürftig. Sie kommen in ein Altenheim/Pflegeheim. Ihr monatliches Einkommen (z.B. Rente, Zins- und Mieteinnahmen) sowie Ihr Barvermögen reichen auf Dauer nicht aus, um die hohen auf Sie entfallenden Pflegeheimkosten bezahlen zu können. Zwar bezahlt dann das Sozialamt Ihren fehlenden Anteil an den Pflegeheimkosten, kann aber als Ausgleich Ihre Immobilie auf den Staat überleiten oder nach Ihrem Tod die für Sie bezahlten Kosten gegen die Erben geltend machen.

Ihre Immobilie fällt direkt oder indirekt an den Staat.

Beispiel 3:

Sie vererben Ihre Immobilie an Ihr Kind. Nach dessen Tod erbt der Ehegatte Ihres Kindes (Ihr Schwiegerkind) oder sein Lebensgefährte die Immobilie.

Ihr wesentliches Familienvermögen geht in eine völlig fremde Familie über.

Beispiel 4:

Sie vererben Ihre Immobilie an Ihren Ehegatten. Dieser kann die anfallende Erbschaftsteuer oder den sofort fälligen Pflichtteil an ein enterbtes Kind nicht bezahlen und muss deshalb die Immobilie schnell verkaufen (Notverkauf).

Die Immobilie, ein wesentlicher Vermögenswert, ist weg.

Beispiel 5:

Sie vererben Ihre Immobilie an Ihr Kind. Nach Ihrem Tod wird die Ehe Ihres Kindes geschieden. Ihr Kind muss an den geschiedenen Ehepartner den Zugewinnausgleich, Vermögensausgleichsbetrag,

Scheidungskosten bezahlen und hierzu die von Ihnen geerbte Immobilie (oft weit unter Wert) verkaufen.

Auch hier ist ein wesentlicher Teil Ihres Familienvermögens verloren.

<u>Beispiel 6:</u>

Ihr Ehegatte stirbt und Ihr Sohn Paul erbt die Hälfte des von Ihnen bewohnten Hauses. Damit befindet sich Ihr Sohn zusammen mit Ihnen in einer Erbengemeinschaft. Paul hat ein nichteheliches Kind, das in der Familie seiner Mutter lebt. Er hat zu diesem Kind keinen Kontakt. Ihr Sohn Paul stirbt. Damit erbt sein nichteheliches Kind den 1/2 Miteigentumsanteil an Ihrem Haus. Das Kind wird vertreten durch seine Mutter, die nun in der Erbengemeinschaft mit Ihnen sitzt und mitbestimmen kann. Da sie kein Interesse an der Aufrechterhaltung der Erbengemeinschaft mit Ihnen hat, wird sie deren Auseinandersetzung verlangen. Stimmen Sie dem Verkauf des von Ihnen bewohnten Hauses nicht zu, dann wird die Mutter des nichtehelichen Kindes die Zwangsversteigerung des Hauses betreiben, Sie verlieren Ihr Haus.

Durch einen richtig gestalteten **lebzeitigen Übergabevertrag** wäre Ihr Vermögen erhalten geblieben.

Beispiel 7:

Ihr Ehepartner ist verstorben. Sie haben eine Tochter und einen Sohn. Nach Ihrem Tod erben Ihre beiden Kinder als gesetzliche Erben je 1/2 Ihres Vermögens. Ihre Tochter und deren Ehemann haben Schulden. Die Bank pfändet deshalb den Erbteil Ihrer Tochter und lässt das in dem Nachlass befindliche Zweifamilienhaus zwangsversteigern. Damit wird ein erheblicher Teil Ihres Vermögens verschleudert.

Wenn Sie rechtzeitig einen Vertrag der **vorweggenommenen Erbfolge** mit Ihren Kindern geschlossen hätten, so wäre das Familienvermögen erhalten geblieben.

Beispiel 8:

Sie sind Eigentümer einer Eigentumswohnung. Ihr Ehepartner ist verstorben. Sie haben ein Kind. Sie werden pflegebedürftig und können zu Hause nicht versorgt werden. Deshalb kommen Sie in ein Alten-/Pflegeheim. Da Ihre Einkünfte (z.B. gesetzliche Rente, Betriebsrente, Zinseinnahmen) zur Bezahlung der Pflegeheimkosten nicht ausreichen, müssen Sie staatliche Hilfe (Sozialhilfe) in Anspruch nehmen. Nach Ihrem Tod verlangt das Sozialamt von Ihrem Kind die an Sie während der letzten 10 Jahre bezahlten Sozialleistungen zurück und pfändet deshalb das Erbe Ihres Kindes. Die Eigentumswohnung wird verkauft oder zwangsversteigert und der Erlös fällt an den Staat. Ihre an Ihr Kind vererbte Eigentumswohnung ist weg.

Wenn Sie rechtzeitig mit Ihrem Kind einen **Nachfolge-Generationenvertrag** geschlossen hätten, würde die Eigentumswohnung auch über Ihren Tod hinaus im Eigentum Ihres Kindes verbleiben.

Die Beispiele zeigen:
Das Vererben von Vermögen hat heute nur Nachteile. Das Familienvermögen geht in den meisten Fällen schon in den nächsten zwei Generationen verloren.

Zusammenfassung:

Die Übertragung von Vermögen auf den Tod erfolgt:

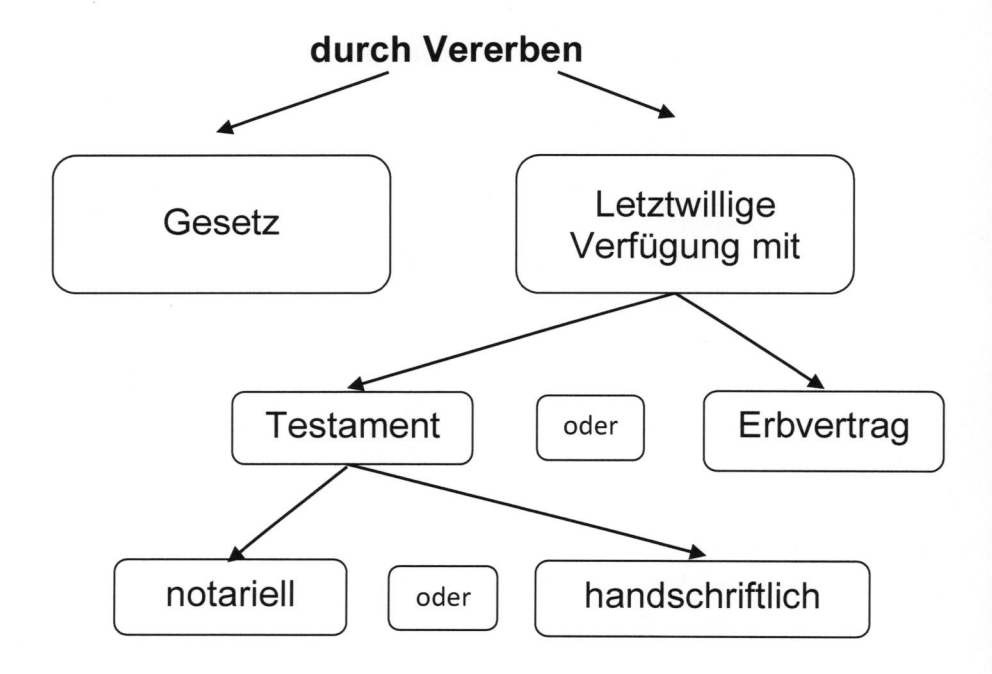

durch Vererben

- Gesetz
- Letztwillige Verfügung mit
  - Testament *oder* Erbvertrag
  - Testament: notariell *oder* handschriftlich

Abschnitt B

Die Übertragung von Vermögen zu Lebzeiten 120

Spätestens jetzt muss gefragt werden:
„Gibt es denn überhaupt eine Möglichkeit, das Familienvermögen für die nächsten Generationen zu erhalten?"

Systembedingt hat das Vererben gegenüber einer gut geplanten lebzeitigen Vermögensübertragung nur Nachteile. Grund hierfür ist vor allem, dass sich nur äußerst selten der Tod eines Menschen und damit der Erbfall voraussehen lässt. Damit ist es auch nicht möglich, eine letztwillige Verfügung auf das bei dem Erbfall herrschende Recht (z.B. Steuerrecht, Sozialrecht, Gesellschaftsrecht, Erbrecht) und insbesondere auf die familiären Verhältnisse auszurichten.

In den meisten Fällen ist die Rechtslage und sind die familiären Verhältnisse zum Zeitpunkt des Erbfalls völlig anders, als Sie es sich bei der Errichtung Ihrer letztwilligen Verfügung vorgestellt haben. Hinzu kommt, dass nach Ihrem Tod die letztwillige Verfügung nicht mehr geändert werden kann. **Jeder Irrtum von Ihnen, jede Änderung der Rechtslage und der Familienverhältnisse nach**

Ihrem Tod können schwerwiegende Folgen für den Erhalt des Familienvermögens haben.

Ihr Familienvermögen kann für Ihre nächsten Generationen nur dann erhalten werden, wenn Sie rechtzeitig, nämlich jetzt zu Ihren Lebzeiten, somit zu einem Zeitpunkt, an dem Sie voll geschäftsfähig sind und die Rechtslage sowie die familiären Verhältnisse kennen, die Vermögensübertragung planen und vornehmen.

I.

Für die lebzeitige Übertragung von Vermögen auf Ihre nächsten Generationen gelten folgende Grundsätze:

123

1. Geldvermögen

(z.B. Bargeld, Wertpapiere, Bausparguthaben) sollten Sie niemals verschenken, da Sie es vielleicht später selbst dringend benötigen, z.B. bei Pflegebedürftigkeit. Dagegen ist die Übertragung von Geldvermögen auf eine von Ihnen gegründete Familienstiftung oder einer Familiengesellschaft oder mit einem Nachfolge-Generationenvertrag auf die nächsten Generationen zu empfehlen, das Familienvermögen bleibt erhalten, Steuern werden gespart und Erbenstreit wird vermieden.

2. Immobilien

sollten Sie niemals verschenken oder vererben, sondern vor allem mit einer auf Ihre persönlichen Familienverhältnisse abgestimmten
- Familienstiftung oder
- mit einer Familiengesellschaft oder
- mit einem Nachfolge-Generationenvertrag

auf Ihre künftigen Erben übertragen.
Hohe Steuern, Vermögensverluste und Erbenstreit werden vermieden, Ihr Familienvermögen bleibt dauerhaft erhalten.

3. Unternehmen, Unternehmensanteile 172
- Unternehmensvermögen sichern -

Sollten Sie immer nur zu Lebzeiten übertragen, da die Vererbung eines Unternehmens sehr häufig zu hohen Steuern und zu Erbenstreit und damit zur Liquidation oder Insolvenz des Unternehmens führt.

4. sonstiges Vermögen

zum Beispiel Antiquitäten, Hausrat, Sammlungen können Sie abhängig von der von Ihnen gewünschten Verteilung auf Ihre Nachfolger durch Vererben oder zu Lebzeiten übertragen.

Hier kommt es allein darauf an, ob Sie sich emotional von den Objekten vor Ihrem Tod juristisch trennen können. Das wirtschaftliche Eigentum können Sie lebenslang auch bei einer lebzeitigen Übertragung auf Ihre Erben durch Vereinbarung eines Vorbehaltsnießbrauchs behalten.

Abschnitt C

Vertragliche Regelungen zum Erhalt des Familienvermögens

150

Wenn Sie Ihr Vermögen ganz oder teilweise ohne hohe Steuern, Vermögensverluste und Erbenstreit auf die nächsten Generationen zum langfristigen Erhalt übertragen wollen, dann können Sie dieses Ziel **nicht** mit einem Testament oder Erbvertrag erreichen, sondern nur mit lebzeitiger Übertragung, insbesondere mit

I. einer Stiftung,
II. einer Familiengesellschaft
III. einem Nachfolge-Generationenvertrag.

Ihre Bedenken gegen die lebzeitige Übertragung von Vermögenswerten auf Ihre künftigen Erben, nämlich dass Sie
- Ihr übertragenes Vermögen für immer verlieren,
- über Ihr Vermögen nicht mehr frei verfügen können,
- finanziell von dem Empfänger oder dem Staat (Sozialhilfeträger) abhängig werden,

sind bei richtiger Vertragsgestaltung einer Familienstiftung, einer Familiengesellschaft oder eines Nachfolge-Generationenvertrages **juristisch und wirtschaftlich völlig unbegründet.**

Zu I.

Die Stiftung 151

- Eine **gemeinnützige Stiftung** ist ausschließlich 153 dann zu empfehlen, wenn Sie Ihr Vermögen **nicht** an Verwandte oder sonstige Personen vererben, sondern lebzeitig oder nach Ihrem Tod in eine Stiftung überführen wollen, die das Vermögen grundsätzlich für immer sichert und gemeinnützige Ziele verfolgt.

Die gemeinnützige Stiftung hat große steuerliche Vorteile, jedoch ist eine Rückführung Ihres Vermögens in Ihre Familie für immer ausgeschlossen.

- Eine **Familienstiftung** ist ausschließlich zur Si- 155 cherung des Familienvermögens geeignet, langfristige steuerliche Vorteile hat sie nicht.

Sie dient keinem gemeinnützigen oder öffentlichen Zweck, sondern allein der Erhaltung der Substanz Ihres Vermögens über Generationen, dem Schutz Ihres Familienvermögens vor Gläubigern und der Vermeidung von Streit unter den Erben.

Das Vermögen der Familienstiftung unterliegt in Zeitabständen von je 30 Jahren der Erbersatzsteuer. **Freibetrag:** jeweils 410 000 EUR.

Zu II.

Die Familienvermögensverwaltungsgesellschaft (Familienpool, Familiengesellschaft)   159

ist für den langfristigen Erhalt eines größeren Vermögens (z.B. Mietimmobilien, Unternehmen) geeignet und sehr zu empfehlen.

Sie können Gesellschaftsanteile und damit Teile Ihres Vermögens auf Familienmitglieder übertragen **ohne** Ihren lebenslangen Einfluss auf Ihr Vermögen und anfallende Gewinne zu verlieren. Das Familienvermögen bleibt auch in den nächsten Generationen erhalten.

Zu III.

Der Nachfolge-Generationenvertrag   175

Die Bezeichnung "**Generationenvertrag**" ist kein gesetzlicher Begriff. Er wird fast ausschließlich im

Rentenrecht als fiktiver "Solidar-Vertrag" zwischen den Generationen verwendet:

Die junge Generation zahlt Beiträge in die Rentenversicherung, die davon an die alte Generation Renten bezahlt.

Der „Nachfolge-Generationenvertrag" ist ein spezieller Vertragstyp für die lebzeitige Nachfolgeregelung zwischen der alten und der jungen Generation. Mit ihm werden die in der Bevölkerung seit Menschengedenken üblichen Regelungen zum Erhalt des Familienvermögens und der Absicherung der alten **und** der jungen Generation der heutigen Zeit angepasst.

Mit einem auf Ihre Familienverhältnisse abgestimmten Nachfolge-Generationenvertrag erbringen Sie gegenüber Ihrem künftigen Erben (dem **Empfänger**) nicht nur **einseitig** Leistungen wie beim Vererben oder Verschenken Ihres Vermögens, sondern Sie erhalten zu Lebzeiten von dem Empfänger auch Gegenleistungen, auf die Sie später dringend angewiesen sein können. **Alle rechtlichen und familiären Vorteile der lebzeitigen Vermögensübertragung (z.B. einer Immobilie) sind in dem Nachfolge-Generationenvertrag enthalten.** Er wird seit Jahrzehnten in der Praxis erfolgreich verwendet.

Zu den Gegenleistungen des Empfängers Ihres Vermögensgegenstandes gehören insbesondere: 208

- Ihre umfassende **wirtschaftliche** und **persönliche** Betreuung in Ihrer Wohnung in Ihrer gewohnten Umgebung für den Fall, dass Sie sich selbst nicht mehr allein versorgen können und auf fremde Hilfe angewiesen sind. Damit wird regelmäßig Ihre Einweisung in das Altenheim/Pflegeheim vermieden.

  Der Empfänger Ihres Vermögensgegenstandes muss die Dienstleistungen für Sie **nicht selbst ausführen**, sondern soll diese von **Fachpersonal** oder anderen **geeigneten Personen** erbringen lassen. **Aufgabe des Empfängers ist vor allem die Organisation und Überwachung der von ihm beauftragten Personen.** Hierbei anfallende Kosten tragen Sie selbst und nicht der Empfänger.

Der Nachfolge-Generationenvertrag hat für Sie u.a. folgende große Vorteile gegenüber dem Vererben und Verschenken von Vermögen:

- Das hochkomplizierte Erbrecht, eine Erbengemeinschaft, Erbstreitigkeiten und hohe Erbschaftsteuern werden in Ihrer Familie aber auch

bei einer **nichtehelichen Lebensgemeinschaft** 257
und einer Patchwork-Familie vermieden. 259

- Ihr Familienvermögen bleibt erhalten, der Vermögensübergang an von Ihnen nicht gewünschte Personen z.B. an Schwiegerkinder und deren Familien, wird ausgeschlossen.

- Der Zugriff des Staates auf das von Ihnen über- 304
tragene Vermögen (z.B. eine Immobilie) wird bei Inanspruchnahme von staatlichen Leistungen z.B. bei Pflegebedürftigkeit (Sozialhilfe) oder Arbeitslosigkeit (ALG II, Hartz IV) eingeschränkt oder ganz ausgeschlossen, da die Übertragung mit Nachfolge-Generationenvertrag grundsätzlich **keine Schenkung** ist bzw. Ihr **vertragliches** 243
Rückrufsrecht den rechtlichen Zustand vor der Übertragung wieder herstellen kann.

Eine **Schenkung** kann das Sozialamt ohne Ihre 304
Zustimmung verwerten (z.B. durch Zwangsversteigerung Ihrer Immobilie), wenn sich der Staat z.B. an den Kosten für das Pflegeheim oder der häuslichen Pflege beteiligen muss oder Leistungen bei Arbeitslosigkeit (ALG II, Hartz-IV) erbringt.

- Der Nachfolge-Generationenvertrag berücksichtigt bereits jetzt künftige Änderungen Ihrer wirtschaftlichen und familiären Verhältnisse.

- Die Drittbegünstigtenklausel sorgt dafür, dass Ihr übertragenes Vermögen (z.B. eine Immobilie) auch nach Ihrem Tod vor Zugriffen des Staates und sonstigen Gläubigern auf Ihren Nachfolger geschützt wird.   252

- Freibeträge bei der Schenkungsteuer werden optimal genutzt.

- Freibeträge können mehrfach, zur Zeit alle 10 Jahre, erneut in Anspruch genommen werden, beim Vererben jedoch nur einmal.   353

- Ihr lebenslanges Nutzungsrecht, (Nießbrauch, Wohnungsrecht) kann kapitalisiert und steuerlich geltend gemacht werden, anfallende Steuern werden damit reduziert.   199

- Die Vergütung für die Pflege durch einen engen Familienangehörigen ist bis zur Höhe des Pflegegeldes steuerfrei.   346

- Doppel- und Dreifachbesteuerung (z.B. durch das "Berliner Testament") wird vermieden.

- Der Wertzuwachs der Immobilie ist nach der Übertragung steuerfrei. Wenn Sie z.B. heute eine Eigentumswohnung im Wert von 100.000 EUR übertragen, die in zehn Jahren z.B. 150.000 EUR wert ist, dann ist die Wertsteigerung von 50.000 EUR steuerfrei.

- Beim Vererben und Verschenken von Vermögen an den **Partner, mit dem Sie nicht verheiratet sind,** fallen hohe Steuern an, da der Steuersatz zwischen 30% und 50% liegt und der Steuerfreibetrag nur 20.000 EUR beträgt. 257
Beim Vererben und Verschenken von Vermögen an Kinder aus **Patchwork-Familien** können große erbrechtliche, familienrechtliche und steuerliche Probleme auftreten. 259

- Mit einem Nachfolge-Generationenvertrag können diese erbrechtlichen und steuerlichen Nachteile sowie Streit unter den Erben regelmäßig vermieden werden.

Die Übertragung von Immobilien mit Nachfolge-Generationenvertrag sichert:

- Ihr lebenslanges „wirtschaftliches Eigentum" durch einen speziellen **Nießbrauch** oder **Wohnungsrecht** 206
  ⇨ abgesichert durch Eintragung im Grundbuch

- Ihre Versorgung und Pflege in Ihrer eigenen Wohnung in vertrauter Umgebung und dadurch Vermeidung des Altenheims/Pflegeheims
  ⇨ **abgesichert** durch Eintragung im Grundbuch   223

- Ihr lebenslanges **vertragliches Rückrufsrecht:**   243
- Bei Rückruf der übertragenen Immobilie werden Sie auch wieder juristischer Eigentümer (Volleigentümer) wie vor der Übertragung der Immobilie und können damit wieder machen was Sie wollen
  ⇨ **abgesichert** durch Eintragung im Grundbuch

Bei Ihnen ändert sich wirtschaftlich und steuerlich durch die Übertragung unter Vorbehaltsnießbrauch mit Nachfolge-Generationenvertrag nichts.
Sie bleiben nämlich **lebenslang wirtschaftlicher Eigentümer** des übertragenen Vermögens, können dieses bei Verstoß des Empfängers gegen die von Ihnen gewünschten Auflagen und Bedingungen **steuerfrei zurückrufen** und damit wieder **frei über Ihr Vermögen verfügen**.

Die alte Generation und die junge Generation helfen sich gegenseitig zum Wohl aller Beteiligten.

Sie stehen nach dem Abschluss des Nachfolge-Generationenvertrages besser da als vorher, denn Sie erhalten u.a. von dem Empfänger Gegenleistungen, insbesondere die Verpflichtung zur Organisation und Überwachung Ihrer Versorgung, Wart und Pflege, die Ihre Unterbringung in einem Pflegeheim verhindern kann, Ihr Familienvermögen bleibt erhalten und Sie haben die Gewissheit, alles Wichtige für sich und Ihre Familie zu Ihren Lebzeiten und für die Zeit nach Ihrem Tod geregelt zu haben.

Die Behauptung, mit der Übertragung von Vermögenswerten zu Lebzeiten würden Sie sich "das Hemd ausziehen und Ihr Vermögen verlieren", ist nicht nur rechtlich falsch, sondern auch hoch gefährlich für den Erhalt Ihres Familienvermögens und des Familienfriedens.

IV.

Der Vorsorge-Erbvertrag 268

Wenn Sie sich nicht entschließen können, schon zu Lebzeiten Vermögenswerte, insbesondere Immobilien, mit einem Nachfolge-Generationenvertrag oder einer Familiengesellschaft auf Ihre künftigen Erben zu übertragen, dann empfehle ich Ihnen anstelle eines Testaments mit Ihrem künftigen Erben einen **Vorsorge-Erbvertrag** zu schließen.

Der Vorsorge-Erbvertrag kann nicht wie der Nachfolge-Generationenvertrag oder eine Familienstiftung oder eine Familiengesellschaft den Erhalt des Familienvermögens für die nächsten Generationen sichern. Der Vorsorge-Erbvertrag ist jedoch einem Testament um ein Vielfaches überlegen:

Ihr künftiger Erbe muss nicht mit dem Risiko leben, von Ihnen jederzeit ohne Begründung enterbt zu werden und Sie haben die Sicherheit, dass Ihr Erbe als Gegenleistung für Sie die **Organisation und Überwachung Ihrer Versorgung und Pflege in Ihrer Wohnung** übernimmt für den Fall, dass Sie sich selbst nicht mehr allein versorgen können. Hierdurch können Sie meistens das Altenheim/Pflegeheim vermeiden.

Abschnitt D

Wohin mit Ihnen, wenn Sie zum Pflegefall werden?   271

Das Versprechen Ihrer Kinder oder anderer Personen, Sie für den Fall von Krankheit und/oder hohen Alters in Ihrer Wohnung zu versorgen und zu pflegen, erfolgt meistens aus Anstand oder moralischer Verpflichtung, manchmal auch im Hinblick auf das zu erwartende Erbe.   302

Oft höre ich von künftigen Erben, meist Kindern, Enkeln oder sonstigen Verwandten: „Es ist doch für mich selbstverständlich und auch meine moralische Pflicht, für meine Eltern und Verwandten später zu sorgen, dazu brauche ich keinen Vertrag!" Auf dieses Versprechen können Sie sich nicht verlassen, denn es ist **juristisch und familiär wertlos.**

Wenn Sie Ihren letzten Lebensabschnitt zu Hause in Ihrer gewohnten Umgebung und nicht in einem Altenheim/Pflegeheim verbringen wollen, dann gibt es nur **eine** wesentliche Möglichkeit:
Ihr künftiger Erbe muss sich in einem Vertrag als Gegenleistung für die Übertragung von Vermögen (z.B. einer Immobilie) ausdrücklich zu der Organisation und Überwachung Ihrer Versorgung und Pflege verpflichten.

Nur dann haben Sie einen rechtlich durchsetzbaren Anspruch zu Hause versorgt zu werden und es können Erbschaftsteuer, Erbenstreit, Pflichtteilsansprüche und der Zugriff des Sozialamtes auf das Vermögen von Ihnen und Ihren künftigen Erben regelmäßig vermieden werden.

Die Kosten der Pflege ab 01.01.2017

Eine der wichtigsten Neuerungen zum 01.01.2017 ist die Umstellung von den bisherigen drei Pflegestufen auf fünf Pflegegrade. Dabei werden die Pflegegrade nicht wie bisher die Pflegestufen anhand von zeitlichem Bedarf für exemplarische Tätigkeiten ermittelt, sondern anhand eines Punktesystems. Für Personen die bereits zum 31.12.2016 über eine Pflegestufe verfügten, gilt dieses Punkteverfahren jedoch nicht, stattdessen werden diese in einen der fünf Pflegegrade automatisch übergeleitet. Der Demenz wird in Zukunft deutlich mehr Beachtung geschenkt. Das neue System des vollstationären Heimentgelts besagt, dass jeder Bewohner in einer bestimmten Einrichtung, gleich welchen Pflegegrades, den gleichen Beitrag für die Pflege bezahlen muss. Das alte Verfahren wird wie folgt umgestellt: Der Eigenanteil eines Pflegeheimbewohners bzw. seiner Angehörigen wird in Zukunft in jedem der Pflegegrade gleich hoch sein, d.h., man bezahlt für Pflegegrad 1 genauso viel dazu wie für den Pflegegrad 5. Eine Höherstufung hat damit keine unmittelbaren Auswirkungen mehr auf den betroffenen Bewohner und seinen Eigenanteil.

Die Kosten des Pflegeheims können Ihre Rente und Ihre Ersparnisse sehr schnell aufzehren.
Das Sozialamt übernimmt dann zwar die von Ihnen nicht bezahlten Pflegeheimkosten, fordert diese aber von Ihnen und Ihrer Familie zurück. Besitzen Sie eine Immobilie, dann kann diese auf den Staat übergeleitet werden: Ihre Immobilie ist weg. Die Kosten für eine häusliche 24-Stunden-Betreuung durch legale deutsche Pflegekräfte betragen je nach Pflegegrad und Aufwand zwischen 6.000 EUR und 12.000 EUR monatlich.

Eine zu empfehlende Alternative sind ausländische Haushaltshilfen (z.B. Polen, Rumänien, Italien, Spanien) legal von der Arbeitsagentur vermittelt. Sie kosten zur Zeit monatlich zwischen 1.500 EUR und 1.800 EUR. In diesem Betrag sind Steuern und gesetzliche Versicherungen enthalten. Kost und Logis sind von Ihnen zu tragen. Von der Pflegekasse erhalten Sie hierzu Pflegegeld in Höhe von monatlich mindestens 316 EUR und für Sachleistungen durch anerkannte deutsche Pflegekräfte monatlich mindestens 689 EUR. Die Kosten der medizinischen Versorgung bezahlt Ihre Krankenkasse.

Abschnitt E

Erbschaft- und Schenkungsteuer
(Stand 2017)

314

Freibeträge

Empfänger (Erbe/Beschenkter)	Freibetrag in Euro
STEUERKLASSE I	
Ehepartner, Lebenspartner	500 000
Kinder, Stief- und Adoptivkinder	400 000
Kinder (Enkel) verstorbener Kinder	400 000
Enkel	200 000
Eltern, Großeltern (nur im Erbfall)	100 000
ST.-KL. II	
Eltern u. Großeltern (bei Schenkung)	20 000
Geschwister, Nichten, Neffen	20 000
Schwiegereltern u. Schwiegerkinder	20 000
ST.-KL. III	
Alle übrigen Erwerber (auch der nichteheliche Lebensgefährte, Verlobte, Sonstige)	20 000

Steuersätze

Steuersatz in Prozent	Wert des Erbes (nach Freibetrag) in Euro
STEUERKLASSE I	
7	bis 75 000
11	bis 300 000
15	bis 600 000
19	bis 6 Mio.
23	bis 13 Mio.
27	bis 26 Mio.
30	über 26 Mio.
ST.-KL. II	
15	bis 75 000
20	bis 300 000
25	bis 600 000
weiter aufsteigend	
bis 43	ab 26 000 000
ST.-KL. III	
30	bis 6 Mio.
50	ab 6 000 001

Abschnitt F

Die General- und Vorsorge-Vollmacht

Für den Fall, dass Sie später nicht mehr fähig sein sollten, rechtswirksame Willenserklärungen abzugeben, sollten Sie umgehend folgende Urkunden errichten:

- General-Vollmacht, 362
- Vorsorge-Vollmacht, 366
- Betreuungsverfügung. 379

Das Betreuungsgericht muss Ihnen gemäß § 1896 BGB einen Betreuer bestellen, wenn Sie aufgrund einer Krankheit oder körperlichen, geistigen oder seelischen Behinderung Ihre Angelegenheiten ganz oder teilweise nicht mehr selbst besorgen können und deshalb fremde Hilfe benötigen.

Wenn Sie diese staatliche Betreuung (entspricht der früheren Entmündigung) vermeiden wollen, ist Ihnen dringend zu empfehlen, für eine Person Ihres Vertrauens eine General- und Vorsorge-Vollmacht mit Betreuungsklausel zu errichten. Ihr Bevollmächtigter kann anstelle eines von dem Betreuungsgericht eingesetzten **Berufsbetreuers** für Sie umfassend tätig werden.

Abschnitt G.

Die Patientenverfügung 383

Mit der Errichtung einer Patientenverfügung treffen Sie eine der wichtigsten Entscheidungen in Ihrem Leben: Sie entscheiden nämlich über Ihr Leben und Ihren Tod. Mit einer schriftlichen detaillierten Patientenverfügung bevollmächtigen Sie keine andere Person, sondern Sie treffen für sich persönlich die Entscheidung, keine lebensverlängernden Maßnahmen durchführen zu lassen, wenn Sie Ihren Willen aufgrund Krankheit, Unfall oder Alters nicht mehr selbst äußern können. Einen Hinweis auf Ihre Patientenverfügung sollten Sie immer bei sich tragen!

Nach dem Gesetz zur Patientenverfügung von 2009 hat ein von dem Betreuungsgericht eingesetzter Berufsbetreuer oder Ihr Bevollmächtigter zusammen mit dem behandelnden Arzt Ihre Anweisungen in der Patientenverfügung zu prüfen. Entsprechen diese Ihrer aktuellen Lebens- und Behandlungssituation, dann hat sich der behandelnde Arzt an Ihre Anweisungen zu halten. Haben Sie **keine** Patientenverfügung, dann entscheidet Ihr Betreuer bzw. Bevollmächtigter zusammen mit dem Arzt unter Beachtung Ihres **mutmaßlichen**

Willens, notfalls entscheidet das Betreuungsgericht.

Vorsicht ! ! ! Nach dem Gesetz gelten Ihre Anweisungen "unabhängig von der **Art und dem Stadium** Ihrer Erkrankung". Dies kann von Ihnen nicht gewollt sein. Deshalb beschränke ich eine Patientenverfügung **immer nur auf den Fall**, dass Sie sich **unabwendbar im unmittelbaren Sterbeprozess** befinden und diese Tatsache von Ärzten Ihres Vertrauens (z.B. Hausarzt) zusammen mit den behandelnden Ärzten und Ihrem Bevollmächtigten festgestellt worden ist.

In der Patientenverfügung können Sie auch bestimmen, ob Sie mit einer **Organspende** einverstanden sind. Ihr Einverständnis sollten Sie nur erklären, wenn Sie zuvor mündlich und schriftlich ausführlich darüber aufgeklärt worden sind, dass Ihnen die Organe schon bei einem „Hirntod" entnommen werden, Sie somit biologisch und klinisch noch leben. Ein wirklicher toter Mensch kann keine Organe mehr spenden, da mit Eintritt des Todes seine Organe unbrauchbar werden.

Allgemeine Hinweise zum Überblick

Die wesentlichen Möglichkeiten zur Übertragung von Vermögenswerten auf die nächsten Generationen habe ich Ihnen im **„Überblick"** dargelegt. Nunmehr werde ich diese Möglichkeiten nachfolgend detailliert besprechen.

In einigen Kapiteln werden Sie Textwiederholungen aus vorhergehenden Kapiteln feststellen. Diese Wiederholungen sind von dem Autor gewollt, um Verweisungen auf vorhergehende Kapitel zu vermeiden. **Gerade für Nicht-Fachleute ist es wichtig, das in einem Kapitel behandelte Problem möglichst vollständig ohne Verweisungen lesen zu können.**

Beginnen wir mit der in Deutschland üblichen Vermögensübertragung auf den **Todesfall**, und zwar mit der **gesetzlichen Erbfolge**:

Abschnitt A

Die Vermögensübertragung durch Vererben

I.
Die gesetzliche Erbfolge

Das deutsche „Bürgerliche Gesetzbuch" **(BGB)** regelt, **wer** das Vermögen eines Verstorbenen erhält, wenn dieser nicht eine sogenannte „letztwillige Verfügung" (Testament oder Erbvertrag) errichtet hat. Hinterlässt der Verstorbene (Erblasser) mehrere Erben, dann regelt das BGB auch, wie groß der **Anteil** des einzelnen Erben an der Erbengemeinschaft ist. Der Gesetzgeber musste die Erbfolge gesetzlich regeln für den Fall, dass der Verstorbene (Erblasser) selbst seine Vermögensnachfolge nicht geregelt hat, denn irgendeine Person muss das vorhandene Vermögen des Erblassers erhalten bzw. vorhandene Schulden bezahlen.

Die gesetzliche Erbfolge hat Einfluss auf den Pflichtteil, der nahen Verwandten und Ehepartnern grundsätzlich dann zusteht, wenn der Erblasser zwar eine letztwillige Verfügung errichtet, aber seine gesetzlichen Erben enterbt hat. Der Pflichtteil besteht in diesem Fall in der **Hälfte** des Wertes des gesetzlichen Erbteils.

Bei dem gesetzlichen Erbrecht sind zu unterscheiden:

1. das Verwandten-Erbrecht,
2. das Ehegatten-Erbrecht und
3. das Erbrecht des Staates.

1. Das gesetzliche Verwandtenerbrecht

Das deutsche gesetzliche **Verwandten-Erbrecht** ist ein sogenanntes Blutserbrecht: Es bestimmt die Erben aus dem Kreis Ihrer Verwandten. Mit Ihnen sind Personen gesetzlich verwandt, die von Ihnen blutsmäßig abstammen, somit die Abkömmlinge (Kinder, Enkel, Urenkel usw.), aber auch Ihre anderen Verwandten z.B. Eltern, Großeltern, Geschwister, Onkel/Tante, Neffe/Nichte, Cousine/Cousin usw. Nach dem Gesetz vom 01.01.1977 gehören zu den „Verwandten" auch Ihre adoptierten Kinder, die damit den blutsmäßigen Abkömmlingen gleichgestellt sind. Zur Regelung der Rangfolge teilt das Gesetz die Verwandten in Erbenordnungen ein. Das Gesetz unterscheidet - immer aus Ihrer Sicht - folgende Ordnungen:

1. Ordnung: Hierzu gehören Ihre Abkömmlinge. Zu den Abkömmlingen gehören alle von Ihnen abstammenden Personen, somit die ehelichen Kinder, nichtehelichen Kinder, adoptierten Kinder und jeweils auch deren Abkömmlinge (Ihre Enkelkinder, Urenkel usw.).

2. Ordnung: Hierzu gehören Ihre Eltern (Vater, Mutter) und deren Abkömmlinge, somit Ihr Bruder, Schwester, Neffe/Nichte, Großneffe/Großnichte usw. Wenn zur Zeit Ihres Todes (Erbfall) beide Eltern noch leben, dann erben deren Kinder (Ihre Geschwister) nichts. Lebt von Ihnen jedoch nur noch der Vater oder die Mutter, dann erbt der überlebende Elternteil die eine Hälfte von Ihrem Nachlass, die andere Hälfte wird auf die Abkömmlinge des verstorbenen Elternteils (Ihre Geschwister) aufgeteilt.

Hat Ihr verstorbener Vater bzw. Mutter keine Kinder (haben Sie somit keine Geschwister), dann erbt der überlebende Elternteil allein (Diese Regelungen sind schwer zu verstehen, aber erforderlich).

3. Ordnung: Hierzu gehören Ihre Großeltern (Großvater, Großmutter) sowie deren Abkömmlinge, nämlich Onkel, Tante, Cousine usw.

4. Ordnung: Hierunter fallen Ihre Urgroßeltern und deren Abkömmlinge, zu denen der Großonkel, die Großtante usw. gehören.

5. fernere Ordnungen: Hierzu gehören Ihre entfernteren Voreltern und deren Abkömmlinge.

Für das Ordnungssystem gilt folgender Grundsatz: **Es erbt immer zuerst diejenige Person, die mit Ihnen am nächsten verwandt ist.** Wenn Sie z.B. eine Tochter und deren Kinder (Enkel) hinterlassen, so schließt die überlebende Tochter Ihre Enkel aus, auch wenn diese mit Ihnen eng verwandt sind.

Ihr Nachlass wird in den verschiedenen Ordnungen unterschiedlich verteilt. Innerhalb der ersten Ordnung gilt das sogenannte **„Stammesprinzip"**. Bei der 2. und 3. Ordnung gilt das sogenannte **„Erbrecht nach Linien"**.
Ist Ihnen bekannt, dass nach dem BGB auch erbberechtigt ist, wer zum Zeitpunkt des Erbfalles noch **nicht** geboren aber bereits gezeugt ist?

2. Das gesetzliche Ehegatten-Erbrecht

Da der Ehegatte nicht mit dem verstorbenen Ehegatten blutsmäßig verwandt ist, musste der Gesetzgeber für ihn ein eigenes Erbrecht schaffen. Dieses setzt eine zum Zeitpunkt des

Todes bestehende Ehe voraus. War bereits ein Scheidungsantrag durch den Erblasser anhängig und hätte dieser auch Erfolg gehabt, bzw. hat der Erblasser gegenüber dem Familiengericht der Ehescheidung zugestimmt, dann kommt der überlebende Ehegatte als Erbe nicht in Betracht.

Die Höhe des Erbteils Ihres Ehegatten bestimmt sich

- nach dem Personenkreis, der neben Ihrem Ehegatten noch erbberechtigt ist und
- dem Güterstand, in dem Sie sich zum Zeitpunkt des Erbfalls befunden haben.

Da grundsätzlich davon ausgegangen wird, dass die Ehegatten einen gemeinsamen Haushalt hatten, stehen der Witwe bzw. dem Witwer der Hausrat und die Hochzeitsgeschenke zu.

Jetzt wird es kompliziert, aber Sie sollten es wissen:

Sind neben Ihnen als überlebender Ehegatte noch gesetzliche Erben der ersten Ordnung, somit Abkömmlinge, erbberechtigt, so erben Sie **nur 1/4** des Nachlasses Ihres verstorbenen Ehegatten. Wenn neben Ihnen gleichzeitig noch gesetzliche Erben der zweiten Ordnung vorhanden sind, somit Eltern, Geschwister, Nichten, Neffen usw. **oder** sind Großeltern von Ihnen neben Ihnen erbberechtigt, so **erhöht** sich Ihr Erbteil **um 1/4**, somit insgesamt **auf 1/2** des Nachlasses. Gegenüber allen sonstigen Verwandten von Ihnen erben allein Sie den gesamten Nachlass.

2.1 Der Güterstand

Korrigiert wird das gesetzliche Ehegattenerbrecht durch die sogenannte **„erbrechtliche Lösung",** nämlich durch den Güterstand, in dem Sie zum Zeitpunkt des Erbfalles gelebt haben wie folgt

- wenn Sie zum Zeitpunkt des Erbfalles im **Güterstand der Gütertrennung** lebten, dann wird der Nachlass bei Vorhandensein von einem oder zwei erbberechtigten Kindern Ihres verstorbenen Ehegatten zwischen diesen und Ihnen zu gleichen Teilen aufgeteilt.

- Lebten Sie zum Zeitpunkt des Erbfalles im **Güterstand der Gütergemeinschaft,** dann bleibt es bei der rein erbrechtlichen Regelung. Da Ihnen bei der Gütergemeinschaft immer bereits die Hälfte des Vermögens des Erblassers gehört, jedenfalls soweit es das Gesamtgut betrifft, wird sichergestellt, dass Sie auch ohne Korrektur wertmäßig mehr erhalten als vorhandene erbberechtigte Abkömmlinge.

- Haben Sie keinen Gütervertrag geschlossen, lebten somit im gesetzlichen **Güterstand der Zugewinngemeinschaft**, dann erhöht sich Ihre Erbquote **pauschal um 1/4** und zwar unabhängig davon, in welcher Höhe der verstorbene Ehegatte einen Zugewinn erwirtschaftet hat. Neben den gesetzlichen Erben der ersten Ordnung erhalten Sie somit **insgesamt 1/2, nämlich 1/4 Erbquote und 1/4 pauschaler Zugewinnausgleich. Neben** den gesetzlichen Erben der zweiten Ordnung oder den erbberechtigten Großeltern erhalten Sie **3/4**, nämlich die **erhöhte Erbquote von 1/2 und wiederum 1/4 pauschal** als Zugewinnausgleich. Das **verbleibende 1/4 Erbteil** fällt an die sonstige Verwandtschaft des verstorbenen Ehegatten. Diese rechtliche Regelung führt regelmäßig zu Streit in der Erbengemeinschaft, da der das 1/4 erbende Verwandte des verstorbenen Ehegatten in die Erbengemeinschaft mit Ihnen kommt und kein Interesse an einer Aufrechterhaltung dieser Erbengemeinschaft hat. Befindet sich zum Beispiel ein Haus in der Erbengemeinschaft, dann wird der Verwandte des Erblassers auf schnelle Auseinandersetzung der Erbengemeinschaft drängen, da ihn nicht 1/4 an dem Haus, sondern nur der **Wert seines Anteils in Geld** interessiert. Können Sie den Erbteil nicht auszahlen, dann wird es regelmäßig zur Zwangsversteigerung kommen, Sie verlieren die Immobilie.

Gütertrennung und Gütergemeinschaft haben wirtschaftliche Nachteile. Haben Sie einen solchen Güterstand, dann sollten Sie ihn umgehend aufheben und damit den gesetzlichen Güterstand der Zugewinngemeinschaft einführen.

3. Das Erbrecht des Staates

Ist der Verstorbene weder verheiratet noch hat er Verwandte, dann erbt der Fiskus des Bundeslandes, in dem der Erblasser zum Zeitpunkt des Todes gelebt hat. Der Staat ist dann gemäß § 1936 BGB der gesetzliche Erbe.

II.

Die letztwillige Verfügung

1. Voraussetzung: Die Testierfähigkeit

Voraussetzung für die Errichtung einer letztwilligen Verfügung ist die Testierfähigkeit. Eine Person, die wegen geistiger Störungen die Bedeutung einer Willenserklärung nicht zu erkennen und danach zu handeln vermag, kann keine wirksame letztwillige Verfügung errichten. Eine solche geistige Einschränkung hebt die Testierfähigkeit auf, wenn der Erblasser nicht mehr die Tragweite seiner Entscheidungen erkennen und seinen Willen frei von Einflüssen anderer Personen bilden und äußern kann.

Eine faktische Testierunfähigkeit liegt vor, wenn der Erblasser sich weder in der gesetzlich anerkannten Sprache ausdrücken noch darin lesen oder schreiben kann. Taubstumme Personen dürfen jedoch nicht benachteiligt werden. Deshalb kann der Taubstumme unter Zuhilfenahme eines Dolmetschers für die Taubstummen-Sprache im Beisein eines Notars ein Testament errichten.

Minderjährige **über 16 Jahre** sind prinzipiell testierfähig. Sie bedürfen keiner Zustimmung der Eltern oder eines gesetzlichen Vertreters. Um Beeinflussungen des Minderjährigen zu vermeiden, kann er zu seinem Schutz ein Testament nur vor einem Notar errichten.

Die Testierfähigkeit ist eine **Sonderform der Geschäftsfähigkeit.** Ob der Erblasser testierunfähig war, ist von dem Nachlassgericht bei Erteilung eines Erbscheins von Amts wegen zu prüfen. Liegt Betreuung vor, dann wird das Nachlassgericht auch das Gutachten, das früher anlässlich der Bestellung des Betreuers erstellt worden ist, zur Prüfung mit heranziehen. Wenn einem Notar Zweifel bei der Testierfähigkeit eines Beteiligten aufkommen, dann hat er diese in einer Niederschrift festzustellen. Dies bedeutet jedoch nicht, dass der Notar vor einer Beurkundung die Testierfähigkeit der Beteiligten positiv festzustellen hat. Hierzu fehlt ihm nämlich als medizinischem Laien die erforderliche Sachkunde.

Solange die Testierunfähigkeit nicht zur vollen Überzeugung des Gerichts feststeht, muss es von der Testierfähigkeit ausgehen. Damit muss derjenige, der Testierunfähigkeit behauptet, die für diese entsprechenden Tatsachen nachweisen. Dies kann geschehen durch Vorlage eines Sachverständigengutachtens eines Neurologen oder Psychiaters.

Die verbreitetste Möglichkeit ein Testament anzufechten ist die Behauptung, der Erblasser sei testierunfähig gewesen. Wenn Sie ganz sicher gehen wollen, dass dieser Fall unmöglich wird, dann sollten Sie sich **vor** der Errichtung einer letztwilligen Verfügung Ihre Testierfähigkeit von einem Arzt, möglichst einem Facharzt, bestätigen lassen.

2. Das Testament

2.1 Allgemeines

Das Testament ist die letztwillige Verfügung eines Menschen. Sie ist eine **einseitig**, d.h. ohne eine andere Person getroffene Regelung des Erblassers über sein Vermögen, die für den Fall seines Todes in Kraft tritt. Die rechtlichen Regeln über den Inhalt, die Errichtung, den Widerruf, die Auslegung und die Anfechtung eines Testaments sind Teil des im Bürgerlichen Gesetzbuch (BGB) enthaltenen Erbrechts. Das sogenannte **„Patiententestament", auch Patientenverfügung genannt,** regelt dagegen nicht das Schicksal des Vermögens nach dem Tod, sondern den Umfang der medizinischen und pflegerischen Betreuung für den Fall, dass der Patient später seinen Willen nicht mehr bilden oder äußern kann. Deshalb gelten die Formvorschriften des Testaments auch **nicht** für Patientenverfügungen.

Mit einem Testament können Sie vor allem folgende erbrechtliche Verfügungen errichten:

- Die Erbeinsetzung,
- die Enterbung,
- die Errichtung eines Vermächtnisses,
- die Bestimmung von Auflagen,
- die Teilungsanordnung,
- die Anordnung der Testamentsvollstreckung durch einen Testamentsvollstrecker,
- die Pflichtteilsentziehung oder –beschränkung.

Befinden sich Deutsche im Ausland, dann beurteilt sich vor deutschen Gerichten die Rechtsnachfolge von Todes wegen auch für Vermögen, welches sich im Ausland befindet grundsätzlich nach **deutschem** Erbrecht. Bei **Ausländern** wird grundsätzlich deren Heimatrecht angewendet, es sei denn, ihr Heimatrecht erklärt das deutsche Recht für maßgeblich. Nach dem deutschen internationalen Privatrecht können Ausländer, die einen Erben eingesetzt haben, für in Deutschland gelegenes Grundvermögen auch das deutsche Erbrecht wählen.

In einem Testament können Sie auch sonstige Verfügungen treffen, z.B. über die Bestattung oder die Bestimmung eines Betreuers für hinterlassene Kinder.

2.2 Eigenhändiges (handschriftliches) Testament

Ein Volljähriger kann ein Testament auch durch eine eigenhändig geschriebene und unterschriebene Erklärung errichten. Dies bedeutet, **dass die Erklärung „von A bis Z" einschließlich der Unterschrift handgeschrieben** sein muss. Die Angaben von Zeit und Ort der Errichtung des Testaments sind für die Rechtswirksamkeit eines Testaments zwar **nicht** zwingend vorgeschrieben, jedoch dringend **zu empfehlen**. Die Erklärung muss vom Erblasser selbst in seiner üblichen Schreibweise geschrieben werden, so dass anhand der Handschrift seine Identität nachgeprüft werden kann. Ort und Zeit eines eigenhändigen Testaments können maschinengeschrieben sein.

Die Art und Weise der Errichtung eines handschriftlichen Testaments ist unerheblich. So kann ein Testament in der üblichen Form mit der Überschrift „Testament" oder „letztwillige Verfügung" oder aber auch in Briefform verfasst sein. Es ist auch möglich, das eigenhändige Testament in jeder fremden Sprache zu verfassen, wenn diese Sprache von anderen Personen verstanden wird. Es ist sogar möglich, ein eigenhändiges Testament in Stenografie zu verfassen, wenn die Urheberschaft des Erblassers zweifelsfrei festgestellt werden kann. Zwingende Voraussetzung für ein handschriftliches Testament ist, dass die Unterschrift an dem **Ende der Urkunde** steht, da sie Abschlussfunktion hat und dem Leser beweisen soll, dass das Testament an dieser Stelle endet. Nicht erforderlich ist, dass die Unterzeichnung mit Vor- und Nachnamen erfolgt. Die Unterzeichnung mit einem Spitz- oder Kosenamen wie z.B. „Deine Mutti" oder „Dein Hase" sind möglich, wenn die **Identität des Unterzeichners eindeutig** festgestellt werden kann.

Nach der Statistik wird jedes zweite eigenhändige Testament angefochten. Dies hat zur Folge, dass nur ca. 30% aller eigenhändigen Testamente am Ende auch rechtswirksam sind. Der Erfahrung nach sind nur ca. 3% der Testamente rechtlich vollständig korrekt. Gründe für die Unwirksamkeit eines handschriftlichen Testaments sind vor allem: maschinengeschrieben, nicht unterschrieben, undatiert oder falsch datiert, der Erblasser ist aus dem Testament nicht ersichtlich, widersprüchliche Formulierungen, Widerspruch zu einem vorhergehenden Testament, Verstoß gegen gesetzliche Bestimmungen. Aus dem Vorhergehenden ergibt sich die dringende Empfehlung, dass Sie sich bei der Errichtung eines Testaments von einem Fachmann beraten lassen. Ein Testament ohne steuerliche, sozialrechtliche und gegebenenfalls gesellschaftsrechtliche Beratung führt sehr häufig dazu, dass mit dem Testament das Gegenteil von dem erreicht wird, was Sie eigentlich wollen. Mit einem schlecht formulierten Testament können Sie Erbenstreit und nicht gewollte Steuern verursachen.

Vorteile des rechtswirksamen handschriftlichen Testaments sind vor allem:
- sofort verfügbar,
- jederzeit abänderbar,
- keine Kosten.

Nachteile sind:
eventuell Erbschein und sichere Aufbewahrung erforderlich.

2.3 Das öffentliche (notarielle) Testament

Das öffentliche Testament wird errichtet, indem der Erblasser **vor** einem Notar seinen letzten Willen erklärt oder ihm eine **offene** oder **verschlossene** Schrift mit der Erklärung übergibt, dass diese seinen letzten Willen enthält. Die offene oder verschlossene Erklärung des Erblassers kann auch maschinengeschrieben oder mit Computer-Ausdruck und auch in einer fremden Sprache dem Notar übermittelt werden.

Damit die Gefahr einer späteren Anfechtung des öffentlichen Testaments verringert wird, ist der Notar verpflichtet, in der Urkunde die Testier- und Geschäftsfähigkeit des Erblassers festzustellen. Hat der Notar Zweifel an der Testier- bzw. Geschäftsfähigkeit, dann hat er dies in der Urkunde festzustellen. Der Notar hat auf Wunsch des Erblassers bei der Beurkundung des Testaments bis zu zwei Zeugen hinzuzuziehen. Der Notar ist verpflichtet, den Erblasser bei der Abfassung des Testaments **umfassend** zu beraten. Damit soll der letzte Wille unmissverständlich und juristisch richtig erklärt werden. Die Pflicht zur Beratung entfällt dann, wenn der Erblasser dem Notar eine verschlossene Schrift übergibt und damit auf die Beratung des Notars verzichtet.

Nachteile des öffentlichen Testaments sind zum einen die anfallenden Kosten, zum anderen dass der Notar steuerlich und sozialrechtlich nicht beraten muss. Gemäß § 19 BeurkG hat er lediglich darauf hinzuweisen, dass eventuell Grunderwerbsteuer, Erbschaftsteuer und/oder Spekulationssteuer anfallen kann. Eine fehlende steuerliche und sozialrechtliche Beratung kann bei den Erben zu erheblichen Vermögensverlusten führen. In der Bevölkerung wird oft die Ansicht vertreten, dass das notarielle Testament wirksamer ist als das handschriftliche Testament. Diese Ansicht ist falsch: Ein richtig errichtetes handschriftliches Testament ist genauso rechtswirksam wie ein notarielles Testament.

2.3.1 Hinterlegung

Öffentliche Testamente werden von dem Notar stets in die **amtliche Verwahrung** des Nachlassgerichtes gegeben. Sie sind somit sicher vor Verlust. Auch **eigenhändige** Testamente können sicher verwahrt werden, wenn sie beim Nachlassgericht in amtliche Verwahrung gegeben werden. Das Nachlassgericht wird dann beim Geburtsstandesamt des Erblassers einen Hinweis auf das verwahrte Testament anbringen lassen. Bei der Beurkundung des Sterbefalls erhält das Geburtsstandesamt eine Kontrollmitteilung und überprüft, ob sich ein Eintrag über eine Testamentsverwahrung am Geburtseintrag befindet. Ist dies der Fall, verständigt das Standesamt das Nachlassgericht. Durch die amtliche Verwahrung eines handschriftlichen Testaments fallen geringe Pauschalkosten an.

2.3.2 Erbschein

Der Erbschein ist eine amtliche Urkunde die feststellt, wer Erbe ist und welchen Verfügungsbeschränkungen er unterliegt. Der Erbschein stellt auf das Datum des Erbfalls ab und dient der Sicherheit der Erbenstellung im Rechtsverkehr. Er wird auf Antrag von dem zuständigen Nachlassgericht erteilt. Die Rechtstellung des Erbscheins endet mit seiner Einziehung durch das Gericht bzw. durch seine Kraftloserklärung oder durch Rückgabe. Ein Erbschein ist in zahlreichen Fällen zum Nachweis der Erbenstellung erforderlich, z.B. bei Umschreibung des Eigentums im Grundbuch von dem Erblasser auf den Erben.

Das öffentliche Testament kann einen Erbschein überflüssig machen, dessen Kosten sehr hoch sein können. Das öffentliche Testament ersetzt bei dem Grundbuchamt den Erbschein. Wenn ein notarielles Testament vorgelegt wird, wird regelmäßig auf einen Erbschein verzichtet.

2.4 Das Behindertentestament

Ist Ihnen bekannt, dass ca. 10 Millionen Menschen in Deutschland behindert sind, davon über 7,6 Millionen (9,3% der gesamten Bevölkerung) schwerbehindert (Stand 31.12.2015)?

Als Behinderten-Testament wird eine Verfügung von Todes wegen verstanden, durch die einem behinderten Kind unter Berücksichtigung sozialhilferechtlicher Bestimmungen unmittelbare Vorteile seitens der Eltern zugewendet werden sollen. Zweck dieser Verfügung ist es, dem behinderten Erben (meist das gemeinsame Kind) trotz seiner Erbschaft die volle staatliche Unterstützung durch Gewährung von Sozialhilfeleistungen zu erhalten, ohne dass das ererbte Vermögen hierfür eingesetzt werden muss. Die Rechtsprechung hat sich in vielen Entscheidungen mit der möglichen Sittenwidrigkeit auseinandergesetzt und eine Sittenwidrigkeit des Behinderten-Testaments ausgeschlossen.

Die Kosten für die Pflege behinderter Menschen, sei es in einem Heim oder zu Hause, mit personalintensiver Bereitschaft rund um die Uhr sowie die individuelle Therapie und Betreuung betragen zurzeit monatlich zwischen 4.000 EUR und 6.000 EUR. Für die Finanzierung der Pflegekosten von behinderten Menschen sind zunächst die Pflegeversicherung und die Betroffenen selbst zuständig. Reichen die Leistungen der Versicherung und die Zuzahlungen des Behinderten nicht aus, dann werden zunächst die unterhaltspflichtigen Verwandten zur Zahlung herangezogen. Sind auch diese nicht leistungsfähig, dann bezahlt der Staat über die Sozialhilfe die anfallenden Kosten. In der Regel teilen sich die Pflegeversicherung und der Staat (Sozialhilfe) die Finanzierung der Pflege von Behinderten, da diese fast nie ein eigenes Einkommen oder Vermögen haben.

Was geschieht jedoch, wenn ein Behinderter Vermögen erbt oder den Pflichtteil erhält?

Aufgrund der Nachrangigkeit des zuständigen Sozialhilfeträgers muss der Behinderte für die Zuzahlungen zu den Pflegekosten sein eigenes Vermögen einsetzen. Ausgenommen ist hiervon lediglich das Schonvermögen: Hausrat, einige tausend Euro und ein kleines Wohneigentum, dass der Behinderte selbst oder seine Angehörigen bewohnen. Das gesamte darüber hinaus gehende Vermögen des Behinderten muss für die Zahlung der eigenen Pflege verwendet werden.

Mit Recht befürchten Eltern von behinderten Kindern, dass ihr Vermögen nach ihrem Tod für die Finanzierung der Pflegekosten ihres behinderten Kindes in kurzer Zeit aufgebraucht wird.

Regeln die Eltern in dieser Situation ihre Vermögensnachfolge nicht durch eine spezielle letztwillige Verfügung, dann tritt die gesetzliche Erbfolge ein. Das Kind muss das geerbte Vermögen bis auf einen geringen Freibetrag vollständig verwerten, ehe es Leistungen der Sozialhilfe bekommen kann. Das führt dazu, dass der Erbteil für den Lebensunterhalt des Kindes verbraucht wird, ohne dass es zu einer spürbaren Verbesserung seiner Lebensumstände kommt. Diese sozialhilferechtliche Konsequenz ist für die Eltern eines behinderten Kindes nicht hinnehmbar.

Durch die **Enterbung** des Kindes wird jedoch das Familienvermögen nicht geschützt, da das behinderte Kind Anspruch auf den Pflichtteil, somit die Hälfte des gesetzlichen Erbteils hat. Auf diesen Pflichtteil greift dann der Sozialhilfeträger zu. Zunächst werden hiervon die bereits von dem Sozialhilfeträger bezahlten Leistungen verwendet, ein eventuell verbleibender Betrag wird für künftige Pflegekosten einbehalten.

Die einzig richtige Lösung gegenüber einer Enterbung des Behinderten stellt die Errichtung eines „Behindertentestaments" dar. Mit diesem kann das Familienvermögen erhalten und dem behinderten Kind geholfen werden. So kann zum Beispiel das behinderte **Kind als Vorerbe** eingesetzt und **andere Familienangehörige** (z.B. Geschwister oder Enkel) **als Nacherben** bestimmt werden. Bei dieser Lösung ist die Anordnung einer Dauertestamentsvollstreckung für die gesamte Lebenszeit des Behinderten erforderlich. Jeweils nach Bedarf des Behinderten und der familiären Situation übertragen die Eltern dem Testamentsvollstrecker die Aufgabe, dem Behinderten als Vorerben bestimmte Leistungen aus dem Nachlass zu gewähren. Dadurch ist es möglich, die Lebensqualität des Behinderten wesentlich zu verbessern, da der Testamentsvollstrecker aus dem Erbe zusätzliche Pflege und Therapien sowie andere im Einzelfall für den Behinderten wichtige Entscheidungen treffen und finanzieren kann.

Oft wird empfohlen, über ein Behindertentestament dem eigenen Kind ein kleines Vermögen zu vererben. Damit werden jedoch die Vorteile eines richtigen Behindertentestaments nicht erreicht, da die Nacherbschaft mit Testamentsvollstrecker dann als nicht angeordnet gilt. Die gesamte Konstruktion der Vor- und Nacherbschaft wird damit unwirksam und der von den Eltern beabsichtigte Schutz des Familienvermögens wird nicht erreicht.

Die Frage, ob der Schutz von privatem Vermögen durch ein Behindertentestament moralisch vertretbar ist, hat der Bundesgerichtshof im Jahr 1993 in einer Grundsatzentscheidung beantwortet. Die Richter erkannten nämlich ein „billigenswertes Interesse" für ein Behindertentestament an, wenn es bestimmte Regelungen enthält.

Das vorgenannte Urteil und auch die nachfolgenden Urteile sind sehr erblasser- und familienfreundlich.

Ein Behindertentestament ist äußerst kompliziert, es kommt auf **jedes Wort und jede Satzstellung** an. Deshalb warne ich ausdrücklich vor Standardtexten, die Sie zum Beispiel von Nichtfachleuten erhalten oder aus dem Internet ausdrucken können. Sie werden diese Standardtexte nicht Ihrer besonderen familiären und finanziellen Situation anpassen können. Das Behindertentestament wird nur dann wirksam und kann die von Ihnen angestrebten Ziele erreichen, wenn es von einem Fachmann zu Lebzeiten des behinderten Kindes und **vor** dem Versterben eines Elternteils entworfen worden ist.

2.5 Das Ehegatten- oder gemeinschaftliche Testament

Ein Testament kann grundsätzlich nur durch den Erblasser selbst errichtet werden. Eine Ausnahme gilt bei der Errichtung eines Testaments durch Ehegatten oder Lebenspartner einer gleichgeschlechtlichen Lebenspartnerschaft. Diese können auch ein **gemeinschaftliches** Testament errichten. Das deutsche Recht sieht bei der Errichtung eines gemeinschaftlichen eigenhändigen Testaments bei der Abfassung Erleichterungen vor: Es reicht aus, wenn ein Ehegatte bzw. Lebenspartner das Testament eigenhändig schreibt und unterschreibt und anschließend der andere Ehegatte bzw. Lebenspartner dieses Testament lediglich unterschreibt. Bitte beachten Sie, dass bei einem gemeinschaftlichen Testament nach dem Tod Ihres Partners Verfügungen, die Sie mit Ihrem Ehepartner bzw. Lebenspartner **für sich bindend** haben wollten, von Ihnen nicht mehr widerrufen werden können. Typisch hierfür ist das sogenannte „Berliner Testament". Hier haben sich beide Ehegatten beim Tode des Erstversterbenden gegenseitig zum Alleinerben eingesetzt und gleichzeitig verfügt, dass nach dem Tode des Überlebenden dessen Nachlass an bestimmte Personen, z.B. gemeinsame Kinder fallen soll. Bei diesem Testament kann der Überlebende seine Verfügungen nicht mehr widerrufen, er ist an sie gebunden.

Übersehen wird häufig, dass der überlebende Ehegatte bei Verfügungen unter Lebenden **grundsätzlich frei ist.** Er kann nicht nur mit seinem eigenen Vermögen, sondern auch mit dem **geerbten** Vermögen zu seinen Lebzeiten grundsätzlich tun und lassen was er will. Beeinträchtigt er jedoch mit Schenkungen die Schlusserben (die im gemeinschaftlichen Testament eingesetzten Erben des Letztsterbenden), dann können diese nach dem Tode des Letztsterbenden von dem Beschenkten die Herausgabe des Geschenks verlangen, aber **nur dann**, wenn nachgewiesen wird, dass die Schenkung gemacht worden ist, um den Schlusserben zu beeinträchtigen.

2.6 Das Nottestament

Die Errichtung eines Nottestaments ist nur zulässig, wenn Ihnen aufgrund von Todesgefahr oder wegen des Aufenthalts an einem abgesperrten Ort die Errichtung eines öffentlichen Testaments nicht möglich ist, z.B. bei einer Reise auf einem Schiff. Es ist nicht erforderlich, dass Sie aufgrund der Situation kein eigenhändiges Testament errichten können. Das Bürgerliche Gesetzbuch (BGB) kennt drei Formen von Nottestamenten, nämlich:
- Nottestament vor dem Bürgermeister,
- Nottestament vor drei Zeugen,
- Nottestament auf See.

Ihren letzten Willen müssen Sie höchstpersönlich erklären, der Widerruf Ihrer Erklärung ist jederzeit möglich. Im Übrigen gelten für Nottestamente die gleichen Grundsätze wie bei einem öffentlichen und bei einem eigenhändigen Testament. Ein Nottestament gilt als nicht errichtet, wenn seit Ende der Notsituation drei Monate verstrichen sind und der Erblasser noch lebt.

2.7 Der Widerruf bzw. die Aufhebung eines Testaments

Als Erblasser sind Sie berechtigt, Ihr Testament ohne Angabe von Gründen ganz oder teilweise aufzuheben. Für die Aufhebung, den Widerruf oder Abänderung Ihres Testaments sind Sie niemandem gegenüber rechenschaftspflichtig. Grundlage für Ihre freie Entscheidung, wem Sie Vermögen vererben, ob Sie überhaupt Vermögen vererben und ob Sie ein Testament aufheben oder abändern, ergibt sich aus der Testierfreiheit des Erblassers gemäß § 2253 BGB. Bei einem Einzeltestament kann die Aufhebung einseitig erfolgen, bei dem gemeinschaftlichen Testament müssen beide Ehepartner die Aufhebung gemeinsam erklären.

Ein Testament wird dadurch widerrufen, dass Sie eine neue letztwillige Verfügung errichten und entweder ausdrücklich den Widerruf des vorgehenden Testaments erklären oder eine neue Regelung treffen, die mit dem vorgehenden Testament in Widerspruch steht. **Das jüngere Testament hat immer Vorrang vor dem älteren.** Deswegen ist auch die Angabe von Tag und Ort der Testamentserrichtung sehr wichtig. Fehlen Tag und Ort, dann kann oft bei Vorhandensein von mehreren handschriftlichen Testamenten nicht mehr festgestellt werden, welches Ihr letztes Testament ist. Es ist nämlich durchaus möglich, dass Ihr jüngeres Testament das ältere **nur**

ergänzen soll. Wird Ihr Testament von Ihnen vernichtet, dann wird es unwirksam. Wird ein Testament von Ihnen nachträglich verändert, ohne widersprüchlich zu werden und ist die von Ihnen gewollte Veränderung klar ersichtlich, dann bleibt es wirksam.

Das **öffentliche** Testament wird dadurch widerrufen, dass Sie es aus der amtlichen Verwahrung zurücknehmen oder später ein handschriftliches Testament errichten. Zu Ihrer Sicherheit sollten Sie jedoch in dem späteren handschriftlichen Testament das öffentliche Testament sowie alle anderen eventuell von Ihnen errichteten letztwilligen Verfügungen widerrufen. Durch die Rücknahme eines **handschriftlichen** Testaments aus der amtlichen Verwahrung wird dieses **nicht** widerrufen.

Wenn ein Ehepartner oder eingetragener Lebenspartner eine wechselseitige Verfügung in einem gemeinschaftlichen Testament widerrufen will, dann ist dies nur zu Lebzeiten **beider** Ehe- oder Lebenspartner in notariell beurkundeter Form möglich. **Nach dem Tod** eines Ehe- oder Lebenspartners ist der Überlebende an die wechselseitigen Verfügungen des gemeinschaftlichen Testaments gebunden. Will er sich hieran nicht mehr halten, dann muss er die Erbschaft ausschlagen.

Um Nachteile des Überlebenden bei wechselseitigen Verfügungen zu vermeiden, sollten Sie sich in einem gemeinschaftlichen Testament für den Überlebenden von Ihnen die Möglichkeit zu **Änderungen** vorbehalten.

Wechselbezüglich sind diejenigen Verfügungen, von denen anzunehmen ist, dass ein Ehe- oder eingetragener Lebenspartner sie nicht ohne die Verfügung des anderen getroffen hätte.

2.8 Die Auslegung des Testaments

Ihr Testament ist so auszulegen, wie es Ihrem **wirklichen** Willen entspricht, auch wenn dieser nur andeutungsweise zum Ausdruck gekommen ist. Bei dem Testament gibt es nämlich keinen Empfänger der Erklärung und damit auch keinen Geschäftspartner, der davor geschützt werden müsste, dass Sie etwas anderes gemeint haben als Sie objektiv zum Ausdruck bringen.

2.9 Die Anfechtung des Testaments

Die Anfechtung eines Testaments richtet sich nach den speziellen erbrechtlichen Vorschriften des Bürgerlichen Gesetzbuchs (BGB). Zu Lebzeiten des Erblassers ist eine Anfechtung ausgeschlossen, da er sein Testament jederzeit frei abändern oder aufheben kann. Anfechtungsgründe sind zunächst der Erklärungsirrtum, der Inhaltsirrtum sowie Drohung und/oder Täuschung. Abweichend von den sonstigen Rechtsgeschäften berechtigt auch ein Motivirrtum zur Anfechtung. Ein Motivirrtum kann nach dem Gesetz z.B. dann vorliegen, wenn der Erblasser einen Pflichtteilsberechtigten übergangen hat, von dem er bei der Errichtung des Testaments nichts wusste oder der erst nach der Errichtung entstanden ist.

3. Der Inhalt einer letztwilligen Verfügung

Mit einer letztwilligen Verfügung (Testament, Erbvertrag) können Sie grundsätzlich völlig frei bestimmen, wer Ihr Vermögen nach Ihrem Tod bekommen soll. Hierbei haben Sie vor allem folgende Möglichkeiten, erbrechtliche Anordnungen zu treffen:

1. einen oder mehrere Erben einsetzen,
2. Anordnung von Vermächtnissen,
3. Anordnung von Auflagen,
4. Erbausgleichung verfügen,
5. Vor- und Nacherbschaft anordnen,
6. einen Ersatzerben einsetzen,
7. einen gesetzlichen Erben enterben,
8. Anordnung von Testamentsvollstreckung,
9. den Pflichtteil entziehen,
10. Teilungsanordnungen,
11. Benennung einer Person für die Vertretung minderjähriger Erben.

3.1 Die Bestimmung von Erben

Mit Ihrer letztwilligen Verfügung können Sie eine Person oder mehrere Personen, mit denen Sie verwandt oder nicht verwandt sind, juristische Personen, z.B. Gesellschaften, Stiftungen als Erben einsetzen. Sie können auch anordnen, welcher Erbe wie viel erhält, somit Quoten für den einzelnen Erben festsetzen. Sie können auch ein Kind, das bei Eintritt des Erbfalles noch nicht geboren ist, zum Erben benennen. Tiere sind jedoch nicht erbfähig. Wichtig ist, dass Ihre Erben im Testament bzw. Erbvertrag immer eindeutig zu identifizieren sind. Berücksichtigen Sie auch, dass mehrere Erben grundsätzlich nicht einzelne Gegenstände erben, sondern dass Ihr Vermögen bei Ihrem Tod auf die Erben **als Ganzes,** somit mit Aktiva und Passiva, übergeht. Damit erhält jeder Miterbe nur einen von Ihnen zu bestimmenden **Bruchteil** Ihres Nachlasses. Sie können auch **einzelne Gegenstände** Ihres Vermögens einem bestimmten Erben durch ein **Vermächtnis** oder durch eine **Teilungsanordnung** zuwenden.

Beispiele:

- „Zu meinem Alleinerben setze ich meine Tochter Sabine ein."
  Mit dieser Erbeinsetzung haben Sie alle anderen in Betracht kommenden gesetzlichen Erben enterbt und auf den Pflichtteil gesetzt.

- „Zu meinem Erben bestimme ich meinen Enkel Michael und meine Schwester Maria zu gleichen Teilen."
  Maria hätte nach der gesetzlichen Erbfolge nicht geerbt, da sie nur Erbin 2. Ordnung ist und mit dem Enkel Michael noch ein Erbe der ersten Ordnung vorhanden ist.

- „Zu meinen Erben setze ich ein: meinen Sohn Klaus zu 1/3, seine beiden Töchter Klara und Maria zu je 1/6 sowie meine Patentante Frieda zu 1/3."
  Nach der **gesetzlichen** Erbfolge ist die Patentante Frieda nur Erbin 2. Ordnung, ebenso wie die Enkelinnen, weil sie von dem Sohn Michael als Erbe 1. Ordnung von der Erbfolge ausgeschlossen worden wären. Hier weichen Sie von der gesetzlichen Erbfolge ab; Sie allein bestimmen Ihre künftigen Erben.

- „Hiermit ordne ich an, dass meine Ehefrau Klara zu entscheiden hat, ob unsere Tochter Maria meine Erbin werden soll."

Diese Verfügung ist rechtlich unzulässig, weil Sie die Einsetzung eines Erben nicht einer anderen Person übertragen können.

3.2 Die Anordnung von Vermächtnissen

Die Anordnung eines Vermächtnisses bedeutet, dass dem Bedachten (Vermächtnisnehmer) ein Anspruch auf eine bestimmte Leistung gegen Ihre Erben oder gegen einen anderen Vermächtnisnehmer zusteht. Damit wenden Sie dem Vermächtnisnehmer einen bestimmten Vermögensvorteil zu.

Erhält Ihr Erbe zusätzlich ein Vermächtnis, so wird dieses als **Voraus-Vermächtnis** bezeichnet.

Beispiele:
- „Als Erbinnen setze ich meine Tochter Sabine und meine Enkelin Maria zu je 1/2 ein. Meinen Pkw soll jedoch meine Enkeltochter Maria erhalten."

    Tochter und Enkelin erben somit zu gleichen Teilen Ihren gesamten Nachlass. Ihr Enkelkind kann jedoch von Ihrer Tochter vorab – als **Voraus**vermächtnis - die Herausgabe und Übereignung des Pkws verlangen.
    Beim Vermächtnis ist zu bedenken, dass Sie damit das Pflichtteilsrecht eines von Ihnen enterbten gesetzlichen Erben nicht vermeiden können.

- „Als Alleinerbin setze ich meine Enkeltochter Maria ein. Meinen Pkw soll meine Tochter Sabine als **Vermächtnis** erhalten."
    Ihre Enkeltochter Maria erbt damit Ihren gesamten Nachlass. Ihre Tochter, die gesetzliche Erbin ist, haben Sie damit enterbt und auf den Pflichtteil gesetzt.

3.3 Die Anordnung von Auflagen und Bedingungen

Erben und Vermächtnisnehmern können Sie bestimmte **Auflagen** auferlegen und bestimmte **Bedingungen** stellen sowie auch festlegen, was geschehen soll, wenn die Auflagen bzw. Bedingungen nicht erfüllt werden.

Beispiele:
- Sie ordnen an, dass Ihre Tochter Sabine Alleinerbin wird und verpflichten diese, einen Betrag von 5.000 EUR an einen bestimmten Verein zu spenden.

- Sie ordnen an, dass Ihre Erben das Mehrfamilienhaus innerhalb von einem Jahr in Eigentumswohnungen aufzuteilen haben.

- Vererben Sie ein Grundstück, so können Sie anordnen, dass dieses bis zur Volljährigkeit Ihres Enkels nicht veräußert werden darf.

- Sie ordnen an, dass Ihre Erben Ihren Hund gut versorgen müssen.

Für den Fall, dass Ihre Auflagen und Bedingungen nicht erfüllt werden, können Sie auch anordnen:

„Wird die Auflage/Bedingung nicht erfüllt, so setze ich den Erben auf den Pflichtteil."

3.4 Die Erbausgleichung

Wenn Kinder zu den gesetzlichen Erbquoten erben sollen, dann können Sie anordnen, dass lebzeitige unentgeltliche Zuwendungen (Schenkungen) bei der Verteilung des Nachlasses auszugleichen sind. Diese Anordnung muss bereits bei der Zuwendung erfolgen (§ 2050 BGB). Die Erbauseinandersetzung erfordert immer eine Bewertung der zugewendeten Gegenstände und des Nachlasses. Deshalb führt die Erbausgleichung sehr häufig zu Streit unter den Erben und sollte nur in besonderen Fällen vereinbart werden.

3.5 Anordnung von Vor- und Nacherbschaft

In Ihrer letztwilligen Verfügung können Sie bestimmen, wer Ihr Vermögen **zunächst** erben soll (Vorerbe) und wer **nach** dem Tod dieses Erben Ihr **weiterer Erbe** (Nacherbe) werden soll. Dabei können Sie auch einen Zeitpunkt oder das Ereignis bestimmen, mit dem die Nacherbfolge eintreten soll. Treffen Sie hierzu keine Regelung, dann erbt der Nacherbe dann, wenn der Vorerbe stirbt.

> **Beispiel:**
> „Hiermit setze ich meine Schwester Sabine als Alleinerbin ein. Nach ihrem Tode sollen meine Nichten Claudia und Maria Erben sein."

Mit dieser Anordnung kann Ihre Schwester Sabine nach Ihrem Tod nur eingeschränkt über Ihren Nachlass verfügen. Sie kann zum Beispiel ein von Ihnen geerbtes Grundstück weder verkaufen noch belasten, da diese Verfügungen aus Ihrem Nachlass gegenüber den beiden Nacherben unzulässig sind.

Das gleiche gilt auch grundsätzlich für Schenkungen aus Ihrem Nachlass.

Wenn Sie derartige Einschränkungen Ihres Vorerben nicht wollen, dann können Sie diesen als **"befreiten Vorerben"** einsetzen. Er kann dann freier über den Nachlass verfügen, insbesondere Nachlassgegenstände verkaufen.

3.6 Die Einsetzung von Ersatzerben

Zu empfehlen ist, für jeden von Ihnen einzusetzenden Erben **mindestens** einen Ersatzerben zu bestimmen. Sollte nämlich der von Ihnen eingesetzte Erbe vor Ihnen sterben oder nach Ihrem Tod das Erbe ausschlagen, so sollte nicht irgendein anderer Erbe Sie beerben oder sogar der Staat, sondern eine von Ihnen bereits in Ihrer letztwilligen Verfügung bestimmte andere Person (Ersatzerbe).

3.7 Die Enterbung eines gesetzlichen Erben

Es ist allein Ihre Entscheidung, ob Sie einen oder alle Ihre gesetzlichen Erben von der Erbfolge ausschließen wollen. Dabei müssen Sie den Ausschluss nicht ausdrücklich bestimmen, wenn er sich aus dem sonstigen Inhalt Ihrer Verfügung von Todes wegen eindeutig ergibt, z.B. durch die Bestimmung: „Zum Alleinerben setze ich meine Ehefrau ein." Mit Ihrer Bestimmung, dass Ihre Ehefrau **allein** erben soll, schließen Sie automatisch alle anderen in Betracht kommenden Erben aus, somit auch Ihre Kinder und Enkelkinder.

3.8 Anordnung von Testamentsvollstreckung

In Ihrer Verfügung von Todes wegen können Sie einen oder mehrere Testamentsvollstrecker ernennen oder auch anordnen, dass durch eine bestimmte Person ein Testamentsvollstrecker bestimmt wird. Der Testamentsvollstrecker hat z.B. die Aufgabe, Ihren Nachlass zu verwalten und die Auseinandersetzung des Nachlasses bei einer Erbengemeinschaft in Ihrem Sinne vorzunehmen. Die von Ihnen bestimmte Person ist nicht verpflichtet, das Amt des Testamentsvollstreckers anzunehmen. Deshalb sollten Sie immer in Ihrer letztwilligen Verfügung einen Ersatztestamentsvollstrecker bestimmen.

In vielen Fällen ist die Anordnung einer Testamentsvollstreckung unbedingt erforderlich, so zum Beispiel, wenn ein Kind behindert ist, Kinder überschuldet oder minderjährig sind, wenn die Familie zerstritten ist oder wenn Kinder aus Patchwork-Familien vorhanden sind.

Der Testamentsvollstrecker hat nach dem Gesetz während der Dauer der Testamentsvollstreckung eine sehr starke rechtliche Stellung. Zwar ist er nicht Eigentümer Ihres Nachlasses, kann aber fast wie ein Eigentümer über das Nachlassvermögen verfügen. Ihm gegenüber haben die Erben oder Vermächtnisnehmer eine schwache Stellung. Zwar sind diese Eigentümer, können aber nicht ohne Zustimmung des Testamentsvollstreckers über Teile oder den ganzen Nachlass verfügen. Das Verwaltungsrecht liegt allein in den Händen des Testamentsvollstreckers, der weitreichende Vermögensverfügungen ohne Zustimmung der Erben treffen darf.

Für die Ausgestaltung der Testamentsvollstreckung sollten Sie detaillierte Vorgaben machen, damit Streitigkeiten über die

Aufgaben des Testamentsvollstreckers von vornherein vermieden werden.

3.9 Pflichtteilsentziehung

Als Erblasser können Sie nur aus bestimmten Gründen dem Pflichtteilsberechtigten den Pflichtteil (Erklärung siehe Seite 107 ff.) entziehen. Die Pflichtteilsentziehung kann nur durch eine Verfügung von Todes wegen (Testament, Erbvertrag) erfolgen. Der Grund für die Entziehung des Pflichtteils muss bei der Errichtung der letztwilligen Verfügung noch bestehen und von Ihnen ausführlich begründet werden. Die Beweislast trägt derjenige, der sich auf die Entziehung beruft. Dies wird regelmäßig diejenige Person sein, die von dem Pflichtteilsberechtigten in Anspruch genommen wird.

Gemäß § 2333 BGB können Sie einem Pflichtteilsberechtigten den Pflichtteil entziehen, wenn dieser

1. Ihnen, Ihrem Ehegatten, einem anderen Abkömmling oder einer Ihnen ähnlich nahe stehenden Person nach dem Leben trachtet,
2. sich eines Verbrechens oder eines schweren vorsätzlichen Vergehens gegen Sie, Ihrem Ehegatten, einem Abkömmling oder einer Ihnen ähnlich nahestehenden Person schuldig macht,
3. die Ihnen gegenüber gesetzlich obliegende Unterhaltspflicht verletzt oder
4. wegen einer vorsätzlichen Straftat zu einer Freiheitsstrafe von mindestens einem Jahr ohne Bewährung rechtskräftig verurteilt wird und die Teilhabe des Abkömmlings an Ihrem Nachlass deshalb für Sie unzumutbar ist. Gleiches gilt, wenn die Unterbringung des Abkömmlings in einem psychiatrischen Krankenhaus oder einer Entziehungsanstalt we-

gen einer ähnlich schwerwiegenden vorsätzlichen Tat rechtskräftig angeordnet wird.

Die vorstehenden Pflichtteils-Entziehungsgründe gelten entsprechend für den Ehegatten- oder Elternpflichtteil.

Wenn Sie dem Pflichtteilsberechtigten vor der Errichtung der letztwilligen Verfügung verziehen haben, so erlischt das Recht zur Entziehung. Verzeihen Sie dem Pflichtteilsberechtigten nach der Errichtung der Verfügung von Todes wegen, so wird die den Pflichtteil entziehende Verfügung unwirksam. Jedes Verhalten, mit dem Sie zum Ausdruck bringen, dass Sie die Ihnen zugeführte Kränkung nicht mehr als solche empfinden, gilt als Verzeihung. Eine besondere Form für die Verzeihung ist nicht vorgeschrieben.
Ist ein Pflichtteilsberechtigter so stark überschuldet, dass sein späterer Erwerb des Pflichtteils erheblich gefährdet wird, so können Sie den Pflichtteil dahingehend umgestalten, dass nicht er, sondern dessen gesetzlicher Erbe nach dem Tod des Pflichtteilsberechtigten den Pflichtteil erhalten soll. Dem Pflichtteilsberechtigten steht dann nur der jährliche Reinertrag seines Pflichtteils zu. Auch in diesem Fall gilt, dass die Pflichtteilsbeschränkung unwirksam wird, wenn Sie dem Pflichtteilsberechtigten seine verschwenderische Lebensweise verziehen haben oder die den Grund der Beschränkung bildende Überschuldung nicht mehr besteht.

3.10 Die Teilungsanordnung

Als Erblasser können Sie in einer letztwilligen Verfügung anordnen, wie Ihr Vermögen unter mehreren Erben verteilt wird. Damit können Sie Streit unter den Erben bezüglich einzelner Nachlassgegenstände vermeiden. Mit der Teilungsanordnung sorgen Sie dafür, dass der **einzelne** Vermögensgegenstand im Rahmen der Erbauseinandersetzung, aber auch erst dann, auf den bedachten Miterben übergeht. **Einvernehmlich** können sich die Erben über Ihre Teilungsanordnung hinwegsetzen und eine andere Vermögensteilung vornehmen.

Wichtige Unterschiede zwischen einem **Vorausvermächtnis** (siehe Seite 91) und einer **Teilungsanordnung** sind:

- Das Vorausvermächtnis kann **vor** der Teilung des Nachlasses geltend gemacht werden, eine Teilungsanordnung dagegen nur im Rahmen der Auseinandersetzung des Nachlasses.

- Der Vorausvermächtnisnehmer kann das Vermächtnis ausschlagen und den Erbteil annehmen oder umgekehrt den Erbteil ausschlagen und das Vorausvermächtnis annehmen. Bei einer Teilungsanordnung hat der Miterbe nur die Möglichkeit, den Erbteil mit Teilungsanordnung anzunehmen oder **insgesamt** auszuschlagen.

- Im Rahmen eines Ehegatten-Testaments oder eines Erbvertrages kann ein Vorausvermächtnis Bindungswirkung erlangen, eine Teilungsanordnung jedoch nicht. Der **überlebende** Ehegatte kann somit das Vorausvermächtnis **nicht** mehr ändern, jedoch aber eine Teilungsanordnung, die auch noch nachträglich vom überlebenden Ehegatten verfügt werden kann.

Vorausvermächtnisnehmer sind gegenüber dem Miterben, zu dessen Gunsten Sie eine Teilungsanordnung verfügt haben, bevorzugt. Wichtig ist, dass Sie diese Bevorzugung auch gewollt haben.

4. Der Erbvertrag

Der Erbvertrag ist eine letztwillige Verfügung, mit der Sie sich gegenüber bestimmten Personen verpflichten, auf diese nach Ihrem Tod Vermögen zu übertragen. Im Gegensatz zur Errichtung eines Testaments müssen Sie nicht nur testierfähig, sondern auch **voll geschäftsfähig** sein. Einen Erbvertrag können Sie **nur vor einem Notar** errichten, bei der Beurkundung müssen **Sie anwesend** sein. Mit einem Erbvertrag binden Sie sich vertraglich gegenüber den anderen Vertragsbeteiligten. Haben Sie sich keinen **Änderungsvorbehalt** oder ein **Rücktrittsrecht** in dem Erbvertrag vorbehalten, dann können Sie ihn **nicht** einseitig widerrufen. Deshalb sollten Sie sich bei Abschluss eines Erbvertrages stets ein Rücktrittsrecht für den Fall vorbehalten, dass sich wesentliche Umstände bei Ihnen oder den anderen Vertragsbeteiligten ändern. Mit einem Erbvertrag können Sie alles regeln, was Sie auch in einem Testament regeln können. Insbesondere können Sie mit vertragsmäßig bindender Wirkung Erben einsetzen und Auflagen anordnen. Andere Verfügungen als Erbeinsetzungen, Vermächtnisse und Auflagen können Sie jedoch **vertragsmäßig nicht treffen.**

Im Gegensatz zu einem Testament kann der Abschluss eines Erbvertrages nur bei Vorliegen besonderer Umstände empfohlen werden. Zu diesen gehören insbesondere:

- Wenn Sie sich mit Ihren künftigen Erben (den anderen Vertragsbeteiligten) an bestimmte Regelungen vertraglich binden wollen. Dies ist zum Beispiel der Fall, wenn der andere Beteiligte Leistungen (z.B. Ihre Versorgung und Pflege) für Sie erbracht hat und Sie ihm als Gegenleistung einen bestimmten Vermögenswert vererben wollen. Hierzu verweise ich auf den „Vorsorge-Erbvertrag" (vgl. C IV, Seite 266).

- Der Abschluss eines Erbvertrages ist immer zu empfehlen, wenn Sie ein Unternehmen auf den Nachfolger **gleitend** übertragen wollen. So können Sie vertragsgemäß Teil für Teil des Unternehmens gegen Leistungen auf den Nachfolger übertragen, die endgültige Übergabe erfolgt dann erst bei Ihrem Tod.

- Sollten Sie nicht verheiratet sein, dann können Sie mit Ihrem Lebenspartner auch kein Ehegattentestament errichten. Erbrechtlich bindende Regelungen mit Ihrem Partner können Sie aber mit einem Erbvertrag anordnen.

Durch Abschluss eines Erbvertrages wird Ihr Recht, über Ihr **eigenes** Vermögen durch Rechtsgeschäft unter Lebenden zu verfügen, nicht beschränkt. Sie können also mit Ihrem eigenen Vermögen nach wie vor machen was Sie wollen. Ihr Recht zum Verschenken von Vermögen wird jedoch insoweit begrenzt, als Sie den Beteiligten des Erbvertrages beeinträchtigen. Der Vertragserbe kann nämlich, soweit bei ihm die Erbschaft angefallen ist, von dem Beschenkten die Herausgabe des Geschenks fordern und zwar dann, wenn Sie die Schenkung gemacht haben, um das Recht des Beteiligten am Erbvertrag (Vertragserbe) zu beeinträchtigen. Die Verjährungsfrist des Anspruchs des Vertragserben beginnt mit dem Erbfall und beträgt drei Jahre.

Unter den gleichen Voraussetzungen wie ein Testament kann auch ein Erbvertrag wegen Irrtums, Drohung oder arglistiger Täuschung angefochten werden. Die Anfechtung kann jedoch nur von dem Erblasser persönlich binnen Jahresfrist seit Kenntnis vom Anfechtungsgrund erfolgen. Die Anfechtungserklärung bedarf der notariellen Beurkundung. Andere Anfechtungsberechtigte im Sinne des § 2080 BGB können den Erbvertrag dann nicht mehr anfechten, wenn das Anfechtungsrecht des Erblassers aufgrund Fristablaufs oder Bestätigung bereits erloschen war.

5. Das Erbrecht der EU

Erben und Vererben in der EU wird immer komplizierter. Über eine halbe Million Erbfälle sind zur Zeit grenzüberschreitend, d.h. dass zum Beispiel der Erblasser nicht mehr in seiner Heimat lebte, seine Hinterbliebenen verstreut über ganz Europa wohnen, der vererbte Besitz im Ausland liegt oder sich auf mehrere Staaten verteilt. Die Folge sind häufig Rechtsunsicherheit und hohe Kosten. Mit der EU-Erbrechtsverordnung vom 17.08.2015 hat die EU Rechtssicherheit für grenzüberschreitende Erbfälle in Europa geschaffen. Da das Erbrecht in den Ländern der EU zu verschieden ist, versucht das EU-Parlament zur Zeit auch nicht, das unterschiedliche Erbrecht in den Mitgliedsländern zu harmonisieren. Das neue Gesetz legt fest, welches Recht eines Landes gilt und welche Gerichte oder Ämter zuständig sind. Nach dem Gesetz kann der Erblasser testamentarisch verfügen, dass bei der Abwicklung seines Nachlasses das Recht seiner Heimat, somit des Landes dessen Staatsbürger er ist, angewendet werden soll. Macht der Erblasser von dieser Möglichkeit keinen Gebrauch, dann wird automatisch das Erbrecht des Landes, in welchem er sich bei seinem Tod aufhält, angewandt.

Zur Vereinfachung des Nachlassverfahrens wird ein **„europäisches Nachlass-Zeugnis"** eingeführt. Hier handelt es sich um eine vorläufige amtliche Bescheinigung, die den Erbberechtigten und dem Testamentsvollstrecker die bürokratische Abwicklung eines Erbfalls im EU-Ausland erleichtern soll. Erbschaft- und Schenkungsteuern kann jedes EU-Land bis auf Weiteres eigenständig festsetzen. Die hierbei auftretenden Probleme sollen von der EU in einem zweiten Gesetzgebungsverfahren beseitigt werden.

6. Verjährung, Fristen

Im Erbrecht sind einige Fristen unbedingt zu beachten, nämlich

- Ausschlagung der Erbschaft gemäß § 1944 I BGB
  Die Ausschlagungsfrist beträgt grundsätzlich sechs Wochen ab Kenntnis des Anfalles der Erbschaft durch den berufenen Erben. Wenn sich der Erbe im Ausland befindet oder der Erblasser seinen letzten Aufenthaltsort im Ausland hatte, beträgt die Ausschlagungsfrist sechs Monate.

- Anfechtung der Annahme oder der Ausschlagung der Erbschaft gemäß § 1954 I BGB
  Die Anfechtungsfrist beträgt sechs Wochen. Sie richtet sich nach dem Anfechtungsgrund. Wird wegen Drohung angefochten, dann beginnt die Frist mit Beendigung der durch die Drohung herbeigeführten Zwangslage. In allen übrigen Fällen beginnt die Anfechtungsfrist mit Kenntniserlangung des Erben.

- Verjährung der Ansprüche des Erben gegenüber dem Erbschaftbesitzer gemäß §§ 2018, 2027, 260 BGB
  Der Erbe hat gegen den Besitzer des Nachlasses (Erbschaftbesitzer) gemäß den §§ 2018, 2027 BGB einen Anspruch auf Herausgabe des Nachlasses sowie auf Auskunftserteilung über den Bestand der Erbschaft. Diese Ansprüche verjähren gemäß § 195 BGB in dreißig Jahren.

- Anfechtung eines Testaments gemäß § 2082 BGB
  Die Frist für die Anfechtung eines Testaments beträgt ein Jahr. Sie beginnt mit Kenntniserlangung des Anfechtungsberechtigten von dem Anfechtungsgrund. Sind seit dem Erbfall dreißig Jahre vergangen, dann ist eine Anfechtung nicht mehr möglich (§ 2082 III BGB).

- Anfechtung eines Erbvertrages gemäß § 2283 BGB
  Die Frist für die Anfechtung eines Erbvertrages durch den Erblasser beträgt ein Jahr. Maßgeblich für den Fristbeginn ist auch hier die Kenntnis des Anfech-

tungsberechtigten von dem Anfechtungsgrund. Eine Ausnahme ist gegeben bei Drohung: Hier beginnt die Frist wie in § 1954 BGB ab Beendigung der Zwangslage.

- <u>Verjährung des Anspruchs auf Ergänzung der Erbschaft gemäß § 2287 II BGB</u>
Wenn der mit einem Erbvertrag eingesetzte Erbe durch Schenkungen des Erblassers zu dessen Lebzeiten in seiner Erbschaft beeinträchtigt wird, dann kann er von dem Beschenkten die Herausgabe der Zuwendungen verlangen. Dieser Anspruch verjährt in drei Jahren. Die Frist beginnt mit dem Anfall der Erbschaft.

- <u>Pflichtteilsanspruch gemäß §§ 2303, 2332 BGB</u>
Wird ein gesetzlicher Erbe enterbt, so kann er von den Erben den Pflichtteil verlangen. Dieser Anspruch verjährt gemäß § 2332 I BGB in drei Jahren seit Kenntniserlangung des Pflichtteilsberechtigten von dem Erbfall, spätestens jedoch nach dreißig Jahren.

- <u>Anfechtung der Ausschlagung der Erbschaft durch den Pflichtteilsberechtigten gemäß § 2308 BGB</u>
Hat ein Erbe die Erbschaft ausgeschlagen, verlangt den Pflichtteil und erfährt dann, dass er durch die Erbschaft mehr erhalten würde, dann kann er die Ausschlagung gemäß § 2308 BGB anfechten. Die Anfechtungsfrist beträgt sechs Wochen und beginnt mit Kenntniserlangung durch den Anfechtungsberechtigten.

- <u>Pflichtteilsergänzungsanspruch gegen Erben gemäß § 2325 BGB</u>
Hat der Erblasser durch Schenkungen den Pflichtteilsanspruch des Pflichtteilsberechtigten beeinträchtigt, so kann dieser von den Erben die Ergänzung seines Pflichtteils verlangen. Sind seit der Schenkung zehn Jahre vergangen, so ist die Geltendmachung der Pflichtteilsergänzung verjährt. Die Frist beginnt bei beweglichen Sachen mit Vollendung des Eigentumsübergangs und bei Grundstücksschenkungen mit der Umschreibung im Grundbuch gemäß § 873 I BGB. Zu beachten ist die Abschmelzung des Pflichtteils innerhalb der 10-Jahres-Frist.

- <u>Anspruch des Pflichtteilsberechtigten gegen den Beschenkten auf Herausgabe des Geschenks gemäß § 2329 BGB</u>
Ist der Erbe nicht verpflichtet, dem Pflichtteilsergänzungsanspruch gemäß § 2325 BGB nachzukommen, dann kann sich der Pflichtteilsberechtigte direkt an den Beschenkten halten. Dieser Anspruch verjährt gemäß § 2332 II BGB in drei Jahren, die Frist beginnt mit Eintritt des Erbfalls.

III.

Nachteile der Vererbung von Vermögen vermeiden

Allgemeines
Wenn Sie sich entscheiden, Ihr Vermögen mit Testament oder Erbvertrag zu vererben, somit Ihre Vermögensnachfolge selbst zu regeln und nicht vom Staat gesetzlich regeln zu lassen, dann versuchen Sie vor allem im Interesse der Erben und Ihres Vermögens zu vermeiden:

1. Die Nachteile der Erbengemeinschaft,
2. Pflichtteilsansprüche,
3. Das Berliner Testament.

1. Die Erbengemeinschaft

Die streitträchtigste und damit problematischste Konsequenz des **Vererbens** von Vermögen ist, dass mehrere Erben immer eine Erbengemeinschaft bilden. Alle Handlungen der Erbengemeinschaft können **nur gemeinsam und im gegenseitigen Einvernehmen** erfolgen. Diese Regelung klingt zwar menschlich verständlich, führt aber in der Praxis meistens zu großen Schwierigkeiten:

Eine Verteilung der Nachlassgegenstände unter den Erben setzt nämlich voraus, dass alle Erben die einzelnen Nachlassgegenstände gleich hoch bewerten. Dies ist fast nie der Fall und lädt vor allem Querulanten zum Streiten ein.

Ein Streit über die Werte der Nachlassgegenstände kann nur dadurch gemildert werden, dass Sie in Ihrer letztwilligen Verfügung die Nachlassgegenstände einzeln aufführen, bewerten und den einzelnen Erben zuweisen. Damit wird zwar nie auszuschließen sein, dass der eine oder andere Erbe mit dem zugewiesenen Nachlassgegenstand unzufrieden ist und lieber einen anderen Wert erhalten hätte, eine gerichtliche Auseinandersetzung über die Verteilung der einzelnen Nachlassgegenstände wird jedoch im Wesentlichen ausgeschlossen. Dass der eine oder andere Erbe Ihre letztwillige Verfügung und damit Sie als Erblasser verflucht, weil er mit Ihren Anordnungen nicht einverstanden ist, kann nur durch eine lebzeitige Vermögensübertragung, bei der die künftigen Erben mitwirken, vermieden werden. Wenn Sie dem Erben einen besonders wertvollen Gegenstand zugewiesen bzw. als sogenanntes Vorausvermächtnis vermacht haben, dann kann dieser Erbe auch zu einer Ausgleichszahlung an die Miterben verpflichtet werden um das Ziel einer gerechten Vermögensverteilung unter den Erben zu erreichen.

Wenn sich schon eine Erbengemeinschaft nicht vermeiden lässt und Unzufriedenheit unter den künftigen Erben zu erwarten ist, was fast immer der Fall ist, dann sollten Sie selbst die einzelnen Vermögensgegenstände bewerten und mit einer **Teilungsanordnung** oder mit entsprechenden **Vorausvermächtnissen** unter den künftigen Erben verteilen.

Grundsätzlich können Sie als Erblasser Ihr Vermögen verteilen wie Sie wollen. Das Gesetz schreibt nur vor, dass der auf einen gesetzlichen Erben entfallende Vermögenswert **nicht geringer** sein darf als sein Pflichtteil.

> **Beispiel:**
> Errichten Eltern ein Testament, in welchem sie sich gegenseitig zu 80 Prozent und ihr einziges Kind zu 20 Prozent ihres Nachlasses einsetzen, wollen aber ihr einziges Kind nicht enterben, dann haben sie es gesetzlich trotz-

dem enterbt und damit auf den Pflichtteil gesetzt. Der gesetzliche Erbteil des Kindes beträgt hier nämlich bei gesetzlichem Güterstand der Zugewinngemeinschaft der Eltern 50 Prozent, sein Pflichtteil die Hälfte hiervon, somit 25 Prozent. Damit liegt der Erbteil des Kindes unter dem Pflichtteil von 25 Prozent. Das Kind ist damit enterbt und kann den Pflichtteil mit Pflichtteilsergänzungsanspruch von dem überlebenden Elternteil aus dem Nachlass des Verstorbenen fordern.

Wenn Sie nicht bewusst Ihr Kind enterben wollen, dann müssen Sie ihm **mindestens** einen Erbteil vermachen, der **über dem Pflichtteil** liegt, im vorliegenden Fall somit etwas mehr als 25% (z.B. 28%). Die Quote des Pflichtteils beträgt immer die Hälfte der gesetzlichen Erbquote.

Nachteile der Erbengemeinschaft sind insbesondere:

- **Jedem Erben gehört alles,** nur gemeinschaftliche Verfügungsbefugnis, grundsätzlich: **Einstimmigkeit,**

- **Vorkaufsrecht** des Miterben am Anteil des anderen Miterben,

- **Anspruch auf Auseinandersetzung** der Erbengemeinschaft durch gerichtliche **Zwangsversteigerung!**

- Verwaltung des Nachlasses **nur gemeinschaftlich,** alle Erben müssen mitwirken, **grundsätzlich Einstimmigkeit** erforderlich.

2. Das Pflichtteilsrecht

Nur **Ehepartner** und **Abkömmlinge**, wenn letztere nicht vorhanden sind **die Eltern des Verstorbenen**, sind pflichtteilsberechtigt, und zwar dann, wenn sie durch eine letztwillige Verfügung von der Erbfolge ausgeschlossen, **somit enterbt worden sind.** Ihnen steht dann beim Tod des Erblassers ein sofort fälliger Geldanspruch in Höhe der **Hälfte ihres gesetzlichen Erbteils** zu.

Bei der Berechnung des Pflichtteils werden alle Vermögensgegenstände berücksichtigt, die Sie innerhalb der **letzten zehn Jahre** vor Ihrem Tod **verschenkt** haben. Bei Eheleuten gilt diese Begrenzung von 10 Jahren nicht.

Sind im Nachlass werthaltige Vermögensgegenstände vorhanden, die sich nicht ohne Wertverlust schnell veräußern lassen, dann wird der Erbe zu einem Notverkauf gezwungen werden, wenn er nicht ausreichend Bargeld hat um den Pflichtteilsberechtigten auszahlen zu können. Dies trifft vor allem dann zu, wenn der überlebende Ehepartner eine Immobilie geerbt hat, aber nicht über genügend Barvermögen verfügt um den Pflichtteilsberechtigten auszahlen zu können. Immer wieder erlebe ich, dass die Witwe/der Witwer das unter Mühen gemeinsam erbaute, gekaufte oder ererbte Elternhaus in kurzer Zeit unter erheblichem Wertverlust verkaufen und in eine Mietwohnung umziehen muss, um den Pflichtteil bezahlen zu können. Häufig geht auch dieser Vorgang nicht reibungslos vor sich, da Pflichtteilsberechtigte oft um den Wert des Nachlasses und damit um die Höhe des Pflichtteils streiten.

Zunächst muss der Erbe den Umfang und den Wert des Nachlasses schriftlich nachweisen, dann werden Anwälte eingeschaltet die sich darüber streiten, ob auch alle Nachlassgegenstände mit ihrem richtigen Wert angegeben worden sind.

Ist es einmal so weit, dass der Erbe und der Pflichtteilsberechtigte nicht mehr miteinander reden, sondern alles über Rechtsanwälte läuft, dann geht es nur noch um das Geld und den sich aufbauenden Hass. Solche Fälle, die immer mehr zunehmen, landen dann meist vor Gericht.

Hier geht es jetzt erst richtig los: Der Anwalt des Erben bestreitet, dass einzelne Vermögenswerte sich überhaupt im Nachlass befinden, da sie im Alleineigentum des Erben stehen. Weiterhin rechnet er den Wert der Nachlassgegenstände so weit wie möglich herunter und versucht seine Behauptung mit Gutachten nachzuweisen. Diese Taktik wird vor allem bei Nachlassimmobilien verwendet, mit der Behauptung, dass diese aufgrund Alters und schwerer Mängel praktisch nichts mehr wert seien. Der Anwalt des Pflichtteilsberechtigten sieht das aber völlig anders: Der Erbe habe Nachlassgegenstände verschwiegen, sich unrechtmäßig angeeignet, vor dem Tod seines Ehepartners noch schnell dessen Konten abgeräumt, unrichtige Wertangaben gemacht und hierzu Gefälligkeitsgutachten vorgelegt. Spätestens jetzt wird eine Auskunftsklage bei dem Gericht eingereicht und die beteiligten Rechtsanwälte können ihren bisherigen außergerichtlichen Streit fortsetzen. Hierzu hat mir einmal ein Richter nach einem Gerichtstermin gesagt: „Ein übler Ehescheidungsstreit ist ein Kinderspiel gegenüber einem Erbenstreit." Dies konnte ich ihm aus meiner Erfahrung bestätigen. Mehrmals habe ich erlebt, dass enge Verwandte in einem Nachlassstreit sich vor Gericht beschimpften, anspuckten und/oder sich nur noch mit „Sie" anredeten.

Selten wird ein Erbenstreit vor Gericht, sei es durch einen Vergleich oder durch ein Gerichtsurteil, abgeschlossen und es kehrt wieder Familienfrieden ein. Überwiegend endet ein Streit um den Nachlass mit einer Zerstörung der Familie. Dies ist besonders dann der Fall, wenn Eltern ein Kind enterben z.B. durch das unsinnige „Berliner Testament".

Zu empfehlen ist **gesetzliche Erben nicht zu enterben**. Wenn Sie unbedingt einem gesetzlichen Erben nichts vermachen wollen, dann geben Sie ihm einige Prozent mehr (ca. 5%) wie er als Pflichtteil sowieso bekommen würde. Er gilt dann nicht als Pflichtteilsberechtigter, sondern wird Erbe. Zwar befindet sich dann dieser unerwünschte Erbe in der Erbengemeinschaft, aber mit einem familiengerechten Testament können Sie seine Mitwirkung stark reduzieren.

Vererbt werden kann immer **nur das Vermögen**, das beim **Todesfall noch vorhanden** ist. Wird somit wesentliches Vermögen an den künftigen Erben schon **zu Lebzeiten** übertragen, dann wird dadurch der Nachlass reduziert, dementsprechend weniger muss an den Pflichtteilsberechtigten bezahlt werden.

Hier ist jedoch die 10-Jahres-Frist zu beachten: Vermögen das innerhalb von 10 Jahren vor dem Tod des Erblassers verschenkt worden ist, fällt grundsätzlich in den Pflichtteil (**Pflichtteilsergänzungsanspruch**) und muss somit bei der Berechnung des Pflichtteils berücksichtigt werden. Seit dem 01.01.2010 gilt das sogenannte **„Abschmelzungsmodell"**: Mit jedem vergangenen Jahr innerhalb der 10-Jahres-Frist sind 10 Prozent des verschenkten Wertes abzusetzen. Erfolgte die Schenkung z.B. neun Jahre vor dem Tod des Erblassers, dann sind 90 Prozent des Verkehrswertes des verschenkten Vermögensgegenstandes bei der Pflichtteilsberechnung nicht mehr zu berücksichtigen, erfolgte die Schenkung acht Jahre vor dem Tod des Erblassers, dann sind 80 Prozent abzusetzen usw. Das Abschmelzungsmodell ist jedoch nur dann anzuwenden, wenn der Pflichtteil **nicht belas-**

tet worden ist z.B. durch **Nießbrauch** oder **Testamentsvollstreckung**. Da eine Vermögensübertragung zu Lebzeiten oft nur gegen lebenslangen Nießbrauch, häufig aber auch Testamentsvollstreckung erfolgt, wird das Abschmelzungsmodell nur bei einfachen Übertragungen in Betracht kommen.

Unabhängig von der 10-Jahres-Frist sollte immer versucht werden, mit dem Pflichtteilsberechtigten einen **Pflichtteilsverzicht** zu vereinbaren. Dies wird meist nur möglich sein gegen Zahlung eines **Abfindungsbetrages.** Sollte ein Pflichtteilsverzicht nicht erreicht werden, dann ist die lebzeitige Vermögensübertragung mit der vorweggenommenen Erbfolge für den Empfänger trotzdem wesentlich vorteilhafter als wenn er den betreffenden Vermögenswert erben würde, da der Pflichtteil**ergänzungs**anspruch grundsätzlich schwächer ist als der Pflichtteilsanspruch. Steigt nämlich der Wert des übertragenen Vermögenswertes bis zum Erbfall, dann bleibt diese **Wertsteigerung unberücksichtigt,** weil er nur mit dem Wert zum Zeitpunkt der Schenkung dem Nachlass hinzugerechnet wird (vgl. § 2325 Abs. 2 Satz 2 BGB).

Wenn der Nachlass den Pflichtteilsanspruch nicht decken kann, so besteht nur ein Anspruch des Berechtigten gegen den **Beschenkten und nicht gegen alle Erben.** Der Beschenkte haftet jedoch nur insoweit er noch **bereichert** ist. Der Anspruch **verjährt** schon nach **drei** Jahren nach dem Erbfall. Zuwendungen, die der Pflichtteilsberechtigte von dem Erblasser erhalten hat, sind auf den Pflichtteilsergänzungsanspruch anzurechnen, so dass dieser entsprechend gemindert wird. **Anstands- und Pflichtschenkungen** sind bei dem Pflichtteilsergänzungsanspruch **nicht** zu berücksichtigen.

Falls Sie somit einen gesetzlich Erbberechtigten enterben wollen, dann ist aus den vorgenannten Gründen immer zu empfehlen, erhebliche Vermögenswerte schon **zu Lebzeiten** auf Ihren künftigen Erben zu übertragen.

Mit der **vorweggenommenen Erbfolge** können Pflichtteilsansprüche von künftigen gesetzlichen Erben verhindert bzw. verringert werden. Hierfür gibt es drei Möglichkeiten:

1. Wenn zwischen Schenkung und Tod des Übertragenden mehr als **10 Jahre** verstrichen sind, dann kann der Pflichtteilsberechtigte seinen gesetzlichen Pflichtteilsergänzungsanspruch nicht mehr geltend machen. Dies gilt auch dann, wenn der Erblasser nur einen Tag nach Ablauf der Frist stirbt.

2. Der Übertragende bzw. der Empfänger kann mit dem künftigen Pflichtteilsberechtigten einen Pflichtteilsverzicht gegen Zahlung eines Abfindungsbetrages vereinbaren.

3. Nach dem geltenden Abschmelzungsprinzip kann bei lebzeitigen Übertragungen der Wert des übertragenen Vermögensgegenstandes innerhalb der 10-Jahres-Frist erheblich gesenkt werden. Damit wird sowohl dem Erben wie auch dem Beschenkten Planungssicherheit eingeräumt.

3. Das „Berliner Testament"

Beispiel für ein „Berliner Testament":
„Hiermit setzen wir uns gegenseitig zu ALLEINERBEN (als alleinige Erben) ein. Erben nach dem Tod des Letztversterbenden von uns beiden sind unsere Kinder Kerstin und Helmut zu gleichen Teilen."

Nachteile des „Berliner Testaments" sind vor allem:

- Ihre Abkömmlinge (Kinder, Enkelkinder usw.) werden enterbt und damit pflichtteilsberechtigt,
- es können mindestens zwei Steuerfälle eintreten,
- Ihre Abkömmlinge verlieren die Freibeträge nach dem zuerst sterbenden Elternteil, wenn sie nicht innerhalb von drei Jahren den Pflichtteil gegen den Überlebenden geltend machen,
- der Überlebende von Ihnen ist grundsätzlich an das „Berliner Testament" gebunden,
- für unternehmerisches Vermögen sehr gefährlich,
- Streit um die Höhe des Pflichtteils, hierwegen oft Zerfall der Familie.

Vorteile des „Berliner Testaments" sind nicht ersichtlich.

Häufig habe ich Kinder kennen gelernt, die erstmals von dem Nachlassgericht erfahren haben, dass sie von ihren Eltern mit dem „Berliner Testament" nach dem verstorbenen Elternteil enterbt worden sind. Kinder können es nicht verstehen, insbesondere wenn sie bis zuletzt ein gutes Verhältnis zu dem verstorbenen Vater/der Mutter hatten, dass sie enterbt worden sind, obwohl die Eltern doch immer gesagt haben, dass sie alles erben werden. Kinder empfinden die Enterbung als schweren Vertrauensbruch und Makel. Sie können es nicht begreifen, wie Eltern bis zuletzt so scheinheilig gesagt haben, dass die Familienverhältnisse sehr gut sind und sie letzten Endes ihr Vermögen doch für ihr Kind geschaffen hätten. Das dramatische an dieser Situation ist jedoch, dass die meisten Eltern auf keinen Fall ihr Kind enterben wollen, im Gegenteil ihr Vermögen auf die nachfolgende Generation übergehen soll und hierfür alles tun um das Vermögen zu erhalten. Sie sind sich bei der Abfassung eines „Berliner Testaments" der rechtlichen

Situation nicht bewusst, zumal auch viele Notare und Anwälte immer noch dieses Testament empfehlen. Hier muss gefragt werden, warum die Eltern ein solches Testament errichten, mit dem sie sich gegenseitig zu alleinigen Erben einsetzen. Damit wollen sie doch meistens nur erreichen, dass der überlebende Ehepartner wirtschaftlich nicht schlechter gestellt wird. Sie gehen davon aus, dass es auch im Interesse des Kindes ist, dass der überlebende Vater/Mutter keine wirtschaftlichen Schwierigkeiten bekommt, zumal das Kind nach dem Tod des überlebenden Elternteils das gesamte noch verbliebene Vermögen der Eltern erbt. Sehr häufig geht es dem enterbten Kind nicht einmal um seinen Erbteil, den es durch das Testament seiner Eltern verliert, sondern darum, dass es von seinen Eltern übergangen, verstoßen, ja eben „enterbt" worden ist.

Der Wunsch der Eltern, mit einem Testament dafür zu sorgen, dass der Überlebende auch in Zukunft keine wirtschaftlichen Schwierigkeiten hat, ist verständlich und kann mit einem familienfreundlichen Testament erreicht werden. Hierzu gibt es die Möglichkeiten der Testamentsgestaltung, die versucht, den Überlebenden wirtschaftlich abzusichern, das Kind miterben lässt und den Familienfrieden sichert. Eltern sind selten in der Lage, eine letztwillige Verfügung juristisch, familienfreundlich, steuersparend und vermögenserhaltend selbst zu verfassen. Das können oft nicht einmal Juristen, wenn sie ihr eigenes Testament verfassen. Es gehört die große Erfahrung eines Fachmannes dazu, eine letztwillige Verfügung speziell ausgerichtet auf die künftigen Erben zu errichten. Hierzu reicht es nicht aus, sich aus dem Internet Mustertestamente ausdrucken zu lassen oder sich von einem im Erbrecht, Steuerrecht und Sozialrecht nicht spezialisierten Anwalt oder Notar ein Testament fertigen zu lassen. Diese Testamente stammen meistens aus einem Formularbuch und treffen nicht die speziellen Familienverhältnisse und die Wünsche des künftigen Erblassers. Solche völlig unpassenden, oft unsinnigen, juristisch, steuerlich und sozialrechtlich falschen Testamente sehe ich leider oft. Eine letztwillige Verfügung ist, wie schon der Name sagt, die letzte und damit wichtigste Verfügung eines Menschen über das bei seinem Tod hinterlassene Vermögen. Hierbei spielt eben nicht nur immer die Verteilung von Vermögen eine Rolle. Oft ist es dem künftigen Erblasser viel wichtiger, nicht nur Streit unter seinen Erben zu vermeiden, sondern darauf hinzuwirken, dass sein von ihm unter Einsatz seiner Arbeitskraft, zum Teil mit viel Liebe zum Detail geschaffenes Vermögen an dem er mehr oder weniger stark hängt in Hände zu geben, die den ideellen Wert des vom Erblasser geschaffenen Vermögens erkennen, in seinem Sinne verwalten, vermehren und an nächste Generationen weitergeben.

In besonderen Fällen können Sie durch ein „Berliner Testament" eine Erbengemeinschaft und damit auch eine Zerschlagung des in Ihren Nachlass fallenden Familienvermögens durch Versteigerung verhindern. Zu beachten ist hierbei jedoch, dass Sie mit dem „Berliner Testament" Ihre Kinder für den ersten Erbfall enterben. Diesen stehen dann Pflichtteilsansprüche zu und der Überlebende von Ihnen muss ausreichend verfügbares Geld haben um den Pflichtteil bezahlen zu können. Sie müssen sich auch darüber im Klaren sein, dass es beim Vererben nicht nur um die Übertragung von Vermögen, sondern in den meisten Fällen auch um die psychologische Seite des Übergangs von Vermögen auf die nachfolgende Generation geht.

Grundsätzlich gilt: Falls Sie ein Berliner Testament errichtet haben, sich somit gegenseitig zu Alleinerben einsetzen und damit Ihre Abkömmlinge enterben und ihnen wirtschaftlichen

Schaden zufügen, dann sollten Sie dieses Testament umgehend durch ein neues, familiengerechtes Testament ersetzen.

4. Erbrechtliche Probleme bei der Patchwork-Familie

Laut statistischem Bundesamt gibt es in Deutschland über 12 Mio. Familien mit Kindern, die nicht Nachkommen beider Ehegatten sind. Bei dieser modernen Lebensform, einer sogenannten **Patchwork-Familie**, kommt es regelmäßig im Erbfall mit seinem Geflecht aus Beziehungen und Ansprüchen zu erheblichen Schwierigkeiten, oft zu sehr ungerechten Vermögensverschiebungen. Wenn die Ehegatten Kinder aus früheren und aus einer gemeinsamen Ehe haben, dann ist im Erbfall mit erheblichen Komplikationen für die Erben zu rechnen.

Etwa 200.000 Ehepaare lassen sich allein in Deutschland jedes Jahr scheiden. Wenn die alleinerziehenden Eltern wieder einen Partner finden, entstehen neue Familien mit ganz eigenen Problemen.

Die Ehegatten der Patchwork-Familie sollten rechtzeitig ihr wesentliches Vermögen zu Lebzeiten auf ihre künftigen Erben übertragen. Können sie sich für eine lebzeitige Übertragung nicht entscheiden, dann sollten sie die in einem Erbfall auftretenden Fragen in einer letztwilligen Verfügung klären und festlegen, wer das Vermögen nach dem Tod eines Ehegatten erbt. Sollen nur die eigenen leiblichen Kinder, unabhängig davon, ob es einseitige oder gemeinsame Kinder sind, sollen auch die einseitigen Kinder des Ehegatten und soll auch der Partner selbst erben? Für den Erbfall ist es sehr wichtig, den überlebenden Ehegatten auch für den Fall abzusichern, dass das eigene Kind die selbstbewohnte Immobilie erbt, damit der überlebende Ehegatte nicht aus der Immobilie ausziehen muss. Zu prüfen ist auch, ob der frühere Ehegatte ebenfalls erbt oder über das erbende Kind den Zugriff auf den Nachlass erhält. Wer verwaltet das Erbe, das das eigene Kind erbt? Ist es der jetzige überlebende Ehegatte oder aber der Ex-Partner? Ist das eigene Kind, das Vermögen erbt, noch minderjährig, dann besteht die Gefahr, dass der frühere Ehepartner dieses Vermögen verwaltet und für seine eigenen Bedürfnisse nutzt. Hier sind klare Regelungen erforderlich.

Gesetzliche Regelungen für den Erbfall in einer Pachtwork-Familie gibt es nicht. Die erbrechtlichen gesetzlichen Regelungen sind auf die **klassische Familie**, bei der die Kinder bei ihren leiblichen Eltern aufwachsen, ausgerichtet. Ist die Vermögensnachfolge von den Eltern nicht geregelt, dann führen die gesetzlichen Regelungen bei einem Erbfall in der Patchwork-Familie häufig zu sehr ungerechten und von den Ehegatten nicht gewünschten Rechtsfolgen. Die Höhe des geerbten Vermögens ist damit für die Kinder einer Patchwork-Familie vom Zufall abhängig und zwar je nachdem, wer zuerst von den Ehegatten stirbt. Systembedingt sind die Kinder des überlebenden Ehegatten in der Patchwork-Familie bevorzugt. Oft geht ein Teil des Vermögens des erstversterbenden Ehegatten an die einseitigen Kinder des überlebenden Ehegatten, obwohl dies regelmäßig nicht gewollt ist. Die Ehegatten sollten sich deshalb frühzeitig festlegen, ob nur die jeweils eigenen Kinder oder aber auch Kinder eines Ehepartners aus seiner früheren Ehe erben sollen und wie viel. Wichtig ist, dass der überlebende Ehegatte stets finanziell abgesichert wird.

IV.

Zusammenfassung

Das Vererben führt regelmäßig zum Streit unter den Erben. Jeder der Erben meint, der andere habe zu viel erhalten, er sei wieder mal der Dumme. Schon das Geschwister hätte früher von den Eltern mehr erhalten als er selbst, z.B. ein teures Studium. Hier hätten die Eltern ja nicht nur für das Geschwister eine Wohnung gemietet und ihm auch genügend Geld zum Leben gegeben, sondern ihm auch noch ein Auto geschenkt. Er selbst jedoch habe eine Lehre begonnen, schon Geld verdient und deshalb von den Eltern fast nichts erhalten. Es sei doch ungerecht, wenn zu Lebzeiten des verstorbenen Elternteils einer viel erhält, und der andere wenig und dann erhält jeder beim Erben noch gleich viel. Wenn die Eltern gerecht gewesen wären, dann würde er jetzt beim Erben mehr bekommen als sein Geschwister, damit endlich auch einen Ausgleich.

Oft führt dieses oder ähnliches Denken des Erben dazu, dass es zwar keinen offenen Streit mit dem überlebenden Elternteil und seinem Geschwister gibt, doch nagt die Unzufriedenheit und die angebliche Ungerechtigkeit der Eltern an ihm und führt dazu, dass sein bisher gutes Verhältnis zu dem überlebenden Elternteil und zu seinem Geschwister merklich abkühlt, teilweise zu einem Bruch der familiären Beziehungen führt.

Hier zeigt sich wieder einmal, dass die Eltern es noch so gut meinen können, aber es beim Vererben bei mehreren Erben nie richtig machen können. Grundsätzlich wollen die Eltern keinen Streit unter den künftigen Erben haben, es ihnen möglichst allen recht machen. Das gelingt jedoch nur in seltenen Fällen. Ich habe nur wenige Erben getroffen, die mit dem Erbe und mit der Entscheidung des Erblassers zufrieden sind. Zu diesem Problem werde ich oft von Eltern gefragt, wie sie vererben sollen, damit nach ihrem Tod kein Streit unter den Erben entsteht. Eine befriedigende Antwort kann ich ihnen hierauf nicht geben, da jeder Erbe anders reagiert und es dem menschlichen Wesen entspricht, mit dem was er hat und bekommt nie zufrieden zu sein. Empfehlen kann ich dann nur, das wesentliche Vermögen schon zu Lebzeiten mit dem Einverständnis der Erben zu übertragen.

Bisher habe ich immer von mehreren Erben gesprochen, das Gesagte gilt aber vielfach auch für den Fall, dass nur **ein** Kind Erbe ist und vor allem dann, wenn der erste Elternteil stirbt. Haben die Eltern kein Testament gemacht, dann wird das Kind oft fragen, warum sie nicht testamentarisch alles geregelt haben. Es sei doch nicht richtig, dass das Kind zwar die Hälfte des Nachlasses seines verstorbenen Vaters/Mutter erbt, aber es sei ja in einer Erbengemeinschaft und könne nichts damit anfangen, solange der überlebende Elternteil noch lebt. Dies gilt besonders für ein Haus, in dem die Witwe/Witwer wohnen bleibt. Dieser könne ja sehr alt werden, und dann hätte man von dem Erbe des verstorbenen Elternteils nichts mehr. Noch schlimmer würde es werden, wenn der Überlebende lange krank ist und in ein Pflegeheim kommt. Dann müsse eventuell das Haus verkauft werden um eine langjährige Pflege bezahlen zu können. Diese Vorwürfe des Kindes, auch wenn es diese nicht gegenüber dem überlebenden Elternteil äußert, beeinträchtigen das familiäre Verhältnis. Auch hier sieht man wieder die großen Nachteile des Vererbens von Vermögen, insbesondere von Grundbesitz und Unternehmen.

Da keiner von uns den Zeitpunkt seines Todes kennt, können wir auch nicht die zum Zeitpunkt des Todes vorhandenen familiären, wirtschaftlichen und steuerlichen Umstände voraussehen und unser Testament hierauf errichten.

Die künftigen familiären und wirtschaftlichen Änderungen können Sie mit einer noch so guten letztwilligen Verfügung nicht in den Griff bekommen.

Je schneller sich unsere Lebensverhältnisse ändern, umso größer wird das Risiko, das Familienvermögen durch Vererben zu verlieren.

Bedenken Sie, dass das deutsche Erbrecht über 100 Jahre alt ist, für eine völlig andere Gesellschaft geschaffen wurde und aufgrund der heutigen familiären, steuerlichen und sozialrechtlichen Verhältnisse für den langfristigen Erhalt des Familienvermögens unbrauchbar ist.

Abschnitt B

Die Vermögensübertragung zu Lebzeiten

Spätestens jetzt muss gefragt werden. **„Gibt es denn überhaupt eine Möglichkeit, das Familienvermögen für die nächsten Generationen zu erhalten?"**

Systembedingt hat das Vererben gegenüber der lebzeitigen Übertragung nur Nachteile. Wesentlicher Grund hierfür ist, dass sich nur äußerst selten der Tod eines Menschen und damit der Erbfall und der langfristige Erhalt des **vererbten** Vermögens planen lässt.

Hinzu kommt, dass Sie nach Ihrem Tod die letztwillige Verfügung nicht mehr ändern können. **Jeder Irrtum von Ihnen, jede Änderung der Rechtslage und der Familienverhältnisse nach Ihrem Tod können schwerwiegende Folgen für den Erhalt des Familienvermögens haben.**

Nach Ihrem Tod drohen dem vererbten Vermögen besonders folgende Gefahren:

1. Vermögensverlust bei Scheidung Ihres Erben,
2. Vermögensverlust bei Tod Ihres Erben,
3. Zugriff von Gläubigern insbesondere des Staates mit höheren Steuern und Abgaben,
4. Veräußerung des vererbten Vermögensgegenstandes durch den Erben entgegen Ihrem Willen,
5. Zugriff des Sozialleistungsträgers bei gewährten Sozialhilfeleistungen,
6. Zugriff von Schwiegerkindern bei Scheidung und Tod des Kindes.

Sie müssen sich dahingehend absichern, dass Ihr übertragenes Vermögen nicht nach Ihrem Tod in die falschen Hände kommt. Beim Vererben kann die Durchführung Ihres Willens durch Einsetzung eines Testamentsvollstreckers abgesichert werden. Jedoch wird diese Absicherung, wie die Praxis zeigt, oft umgangen. Der Zugriff des Staates, von Gläubigern und Schwiegerkindern kann jedoch nicht verhindert werden.

Da keiner von uns den Zeitpunkt seines Todes kennt, können Sie auch nicht die zum Zeitpunkt Ihres Todes vorhandenen familiären, wirtschaftlichen, sozialrechtlichen und steuerlichen Umstände voraussehen und Ihre letztwillige Verfügung hierauf einrichten. Ab dem Tod gibt es keine Möglichkeit mehr zur Abänderung Ihrer letztwilligen Verfügung, somit die Umstellung auf die dann herrschenden Verhältnisse. Die dann geltenden sozialrechtlichen und steuerlichen Gesetze und familiären Umstände, so sagt es uns die Erfahrung, sind meist völlig anders, als Sie es sich als Erblasser vorgestellt und gewünscht haben.

Dagegen sind Ihnen bei lebzeitiger Vermögensübertragung die familiären, wirtschaftlichen, sozialrechtlichen und steuerlichen Gegebenheiten genau bekannt und Sie können die Übertragung zum Beispiel als Nachfolge-Generationenvertrag entsprechend gestalten.

Wer schon heute darüber nachdenkt, wie er sein Vermögen verteilt sehen möchte, spart den Angehörigen Ärger, Streit und unnötige Ausgaben, zumal in Zukunft wesentlich höhere Steuern und ungünstigere Freibeträge drohen.

Deshalb prüfen Sie sehr genau, ob Sie nicht schon jetzt zu Lebzeiten einen Teil Ihres Vermögens auf Ihre künftigen Erben übertragen, aber nicht blind, sondern sich stets die Frage stellen, ob der Empfänger mit dem Vermögen verantwortungsvoll umgeht. Grundsätzlich sollten Sie Vermögen nicht verschenken, da Sie vielleicht später von dem Beschenkten wirtschaftlich abhängig werden. Deshalb muss der Übertragungsvertrag zu Lebzeiten so gestaltet werden, dass Sie umfassend abgesichert und niemals finanziell von dem Empfänger abhängig werden.

Wer mit warmer Hand, also noch zu Lebzeiten Vermögen auf seine künftigen Erben überträgt, erfährt in der Regel lebenslang Dankbarkeit und Vertrauen.

Oft benötigt die Nachfolgegeneration das Empfangene jetzt und nicht erst zum Teil Jahrzehnte später nach dem Tod der Eltern oder eines sonstigen Erblassers.

Gerade der Aufbau einer Existenz bei jüngeren Menschen ist häufig mit teuren Investitionen verbunden, die sie nicht bezahlen können.

I.

Welches Vermögen sollte zu Lebzeiten auf die künftigen Erben übertragen werden?

Für die lebzeitige Übertragung von Vermögen auf Ihre nächsten Generationen gelten folgende Grundsätze:

1. Geldvermögen

(z.B. Bargeld, Wertpapiere, Bausparguthaben) sollten Sie nicht verschenken, da Sie es vielleicht später selbst dringend benötigen, z.B. bei Pflegebedürftigkeit. Dagegen können Sie Geldvermögen dauerhaft erhalten, Steuern sparen und Erbenstreit vermeiden, wenn Sie es in eine Familienstiftung oder in eine Familiengesellschaft einbringen. Auch der Kauf einer in sehr guter Lage befindlichen vermietbaren Immobilie mit anschließender Übertragung mit Nachfolge-Generationenvertrag auf Ihre künftigen Erben kann das Geldvermögen dauerhaft sichern.

2. Immobilien

sollten Sie niemals **verschenken** oder **vererben**, sondern mit einer auf Ihre persönlichen Familienverhältnisse abgestimmten Familienstiftung, einer Familiengesellschaft oder einem Nachfolge-Generationenvertrag auf Ihre künftigen Erben übertragen. Hohe Steuern, Vermögensverluste und Erbenstreit werden vermieden, Ihr Familienvermögen bleibt dauerhaft erhalten.

3. Unternehmen und Unternehmensanteile

sollten Sie immer nur zu Lebzeiten übertragen, da die Vererbung eines Unternehmens sehr häufig zu hohen Steuern und zu Erbenstreit und damit zur Liquidation oder Insolvenz des Unternehmens führt.

II.

Vorteile der lebzeitigen Übertragung gegenüber dem Vererben von Vermögen

Wichtig ist, das Vermögen vor dem Zugriff von Gläubigern und dem Staat zu schützen.

Es ist unschön aber wahr:

Bei der Vermögensübertragung auf den Tod, sei es durch gesetzliche Erbfolge oder mit letztwilliger Verfügung, **erbt der Staat über das Steuerrecht und/oder das Sozialrecht fast immer mit**.

Das muss nicht sein.

Wer schon heute zu Lebzeiten zum Beispiel mit einem Nachfolge-Generationenvertrag einen wesentlichen Teil seines Vermögens auf die künftigen Erben überträgt, erspart diesen Streit, Ärger, den Zugriff des Sozialhilfeträgers, unnötige Ausgaben und hohe Steuern.

Die Vorteile der lebzeitigen Übertragung sind gegenüber dem Vererben so groß, dass ich Ihnen empfehlen muss, zumindest einen wesentlichen Teil Ihres Vermögens Ihren künftigen Erben schon heute gegen die von mir in Abschnitt C III. Ziffer 4. dargelegten Gegenleistungen zu übertragen.

Die übliche Behauptung, mit der Übertragung von Vermögenswerten zu Lebzeiten würden Sie sich „das Hemd ausziehen und Ihr Vermögen verlieren", ist nicht nur rechtlich falsch, sondern auch hoch gefährlich für den Erhalt Ihres Familienvermögens und des Familienfriedens.

Die Auffassung „Was nach meinem Tod mit meinem Vermögen geschieht, ist mir gleichgültig, sollen sich doch meine Erben herumstreiten und Steuern bezahlen, mich betrifft dies dann nicht mehr" ist unverantwortlich gegenüber den nachfolgenden Generationen.

III.

Bedenken gegen die lebzeitige Übertragung von Vermögen, insbesondere gegen die Schenkung

Der Übertragung von Vermögen zu Lebzeiten, z.B. von Geld, Wertpapieren, Bausparverträgen, Immobilien, Unternehmen auf Ihre künftigen Erben stehen oft erhebliche Bedenken entgegen, insbesondere

- Ihr Bedürfnis nach materieller Absicherung der eigenen Person und des Ehegatten/gleichgeschlechtlichen Lebenspartners bei Krankheit und Pflegebedürftigkeit,

- die Angst vor dem Verlust Ihres bisherigen Lebensstandards,

- Ihre Angst, im Alter auf Kinder, fremde Personen oder den Staat finanziell angewiesen zu sein und damit die finanzielle Unabhängigkeit zu verlieren,

- die Angst vor der Trennung von Ihren Vermögenswerten nach dem Grundsatz: „mein Vermögen gehört mir, davon kann und will ich mich nicht trennen, die Erben sollen meinen Tod abwarten",

- wenn Sie das Vermögen von den Eltern und Großeltern geerbt oder geschenkt erhalten haben unter der Voraussetzung, dass Sie es nicht vor Ihrem Tod weitergeben dürfen,

- psychologische Hemmungen der älteren Generation, die sich nach dem 2. Weltkrieg ihr Vermögen hart erarbeitet hat und deshalb an dem Vermögen hängt,

- Verdrängung der Gedanken an den Tod, der auch das Vermögen nimmt.

Diese Bedenken sind bei dem Verschenken von Vermögenswerten grundsätzlich begründet. Wenn Sie z.B. eine vermietete Immobilie **verschenken** ohne sich den lebenslangen Nießbrauch vorzubehalten, dann verlieren Sie die Mieteinnahmen und mindern dadurch Ihren bisherigen Lebensstandard. Wenn Sie sich kein umfassendes vertragliches Rückforderungsrecht vorbehalten, dann verlieren Sie Ihr Eigentum und können die verschenkte Immobilie nur in Ausnahmefällen zurückfordern um sie zu verkaufen und mit dem Erlös Ihren bisherigen Lebensstandard zu halten oder erhöhen zu können.

Die genannten Bedenken halten in der Regel Menschen davon ab, Vermögenswerte schon zu Lebzeiten auf die nächste Generation zu übertragen. Sie wollen nicht das Risiko eingehen, später feststellen zu müssen, dass ihre lebzeitige Vermögensübertragung ein großer Fehler war und diesen jetzt bereuen. Die meisten Menschen hängen sehr an ihrem Vermögen und wollen dieses vermehren und nicht vermindern. Sie sind der Auffassung, dass die Erben das Vermögen erst nach Ihrem Tod erhalten sollen.

Viele, besonders ältere Menschen, die aufgrund des 2. Weltkrieges Ihr Vermögen ganz oder teilweise verloren und in der Nachkriegszeit sich durch harte Arbeit wieder Vermögen aufgebaut haben, können sich nur sehr schwer davon trennen. Wenn ich Ihnen trotzdem empfehle, einen wesentlichen Teil Ihres Vermögens zu Lebzeiten auf Ihre künftigen Erben zu übertragen, dann müssen Ihre Bedenken ohne Einschränkungen in dem Übertragungsvertrag berücksichtigt werden.

Wie jede Entscheidung hat auch die Entscheidung, nicht erst den Tod abzuwarten, sondern schon als Lebender Vermögen auf die künftigen Erben zu übertragen, Vor- und Nachteile.

„Was weg ist, ist weg",

sagt der Volksmund.

Wer garantiert z.B., dass der Vermögensempfänger ebenso tüchtig ist und genauso verantwortungsbewusst mit dem Empfangenen umgeht und dafür sorgt, dass das erhaltene Vermögen dauerhaft in der Familie bleibt?

Der Empfänger mag Ihnen noch so großzügige Versorgungsleistungen versprochen haben. Was nützt dies, wenn der Empfänger das übernommene Vermögen verwirtschaftet und die Versorgungszusage nicht einhält?

Bei einem schlecht formulierten Vertrag durch einen nicht spezialisierten Fachmann kann die Übertragung von Vermögen zu Lebzeiten die Verteilungsproblematik innerhalb der Familie unnötig vorverlagern, also vor Ihrem Tod herbeiführen. Der Streit um gerechte Verteilung beginnt, obwohl Sie es nur gut gemeint haben, schon zu Lebzeiten – und vor allem in Ihrem Angesicht.

Vor jeder Vermögensübertragung zu Lebzeiten muss deshalb sorgfältig geprüft werden, ob sie nicht den Familienfrieden stört. Deshalb prüfe ich vor der Fertigung von Übertragungsverträgen immer sehr genau die Familienverhältnisse, um feststellen zu können, welche Übertragungsart für den Übertragenden und seine Familie am besten geeignet ist.

Und schließlich noch ein wichtiger Punkt:

Wenn Sie bei einer geplanten Vermögensübertragung zu Lebzeiten auf die nächste Generation, an Verwandte, Nachbarn oder gute Freunde denken, müssen Sie sorgfältig prüfen, was Sie später selbst benötigen. Hier ist erfahrungsgemäß viel Leichtfertigkeit im Spiel. Wenn Sie nämlich an Ende Ihres Lebens in Ihrer Wohnung oder im Pflegeheim versorgt und gepflegt werden müssen, benötigen Sie hierfür sehr viel Geld. Woher wollen Sie dieses aber nehmen, wenn Sie den künftigen Erben bereits zu Lebzeiten Ihr wesentliches Vermögen übertragen haben?

Sehr wichtig ist somit, bei einem Übertragungsvertrag zu Lebzeiten abzusichern, dass Ihnen ausreichend Vermögen für Ihren bisherigen Lebensstandard verbleibt.

Unproblematisch sind in der Regel die Fälle, in denen die Eltern auf Ihre Kinder oder sonstige Personen Immobilien übertragen gegen Einräumung eines lebenslangen Vorbehaltsnießbrauchsrechts, Versorgungsrente, Wart- und Pflegeverpflichtung und insbesondere Auflagen, die Ihre Rechte absichern und ein lebenslanges Rückforderungsrecht vorsehen.

Bei einer lebzeitigen Übertragung müssen Sie somit stets zuerst an sich denken. Was nützen Steuerminderung und Vorteile für die Empfänger, wenn die eigene Verarmung droht?

Zu Beginn der Überlegungen sollte deshalb ein Kassensturz stehen: Welche regelmäßigen Einnahmequellen haben Sie, mit welchen finanziellen Belastungen müssen Sie rechnen? Es ist alles andere als angenehm, wenige Zeit später den Vermögensempfängern auf der Tasche liegen zu müssen.

Bestehen Bedenken, dass die Empfänger mit dem Vermögen nicht in Ihrem Sinne umgehen, dann sollten Sie sich das Recht vorbehalten, auch später noch mitreden zu können. Wenn Sie die Vermögensübertragung an für Sie günstige Bedingungen knüpfen, dann halten Sie die Zügel in der Hand und sichern sich ab.

IV.

Kaufvertrag

Eine weit verbreitete Möglichkeit Vermögensgegenstände zu Lebzeiten zu übertragen, bietet der Kaufvertrag.

Nach deutschem Recht besteht ein Kaufvertrag aus zwei aufeinander bezogenen, inhaltlich korrespondierenden Willenserklärungen, nämlich **Angebot und Annahme**. Der **Verkäufer** verpflichtet sich zur Übereignung der Kaufsache durch Einigung über den Eigentumsübergang und Übergabe der Kaufsache an den Käufer. Der **Käufer** verpflichtet sich zur Bezahlung des Kaufpreises und zur Abnahme der Kaufsache.

Möglich ist auch der Abschluss eines Kaufvertrages, mit dem der Verkäufer den Kaufgegenstand erst noch beschaffen oder bestellen oder noch herstellen lassen muss.

Kaufverträge können unter anderem Bedingungen, Auflagen, Rücktrittsklauseln enthalten.

Auf die Einzelheiten eines Kaufvertrages werde ich in diesem Buch nicht eingehen, da mit ihm Ihr Familienvermögen, besonders bei dem heutigen Geldwertverfall, grundsätzlich nicht gesichert werden kann.

V.

Der Schenkungsvertrag

Je nach der Motivationslage des Schenkers unterscheiden die Juristen zwischen **„reiner Schenkung"**(voll unentgeltlich), **„gemischter Schenkung"**, **„Schenkung unter Auflage"** oder **„freigiebiger Schenkung"**, und zwar jeweils nach dem, ob und wenn ja welche Gegenleistungen vereinbart werden. **Reine Schenkungen haben überwiegend Nachteile, sie sind nicht geeignet, das Familienvermögen für die nächste Generation zu sichern. Deswegen empfehle ich grundsätzlich, außer Gelegenheitsgeschenken keine Vermögenswerte zu verschenken.**

Bevor Sie einen Vermögensgegenstand verschenken, sollten Sie sich stets über die Konsequenzen einer Schenkung bewusst sein:

Haben Sie zum Beispiel Ihrem Kind eine Immobilie geschenkt und stirbt dieses vor Ihnen, dann tritt auch hinsichtlich der von Ihnen verschenkten Immobilie die Erbfolge ein. Hat Ihr Kind keine entsprechende letztwillige Verfügung (Testament, Erbvertrag) errichtet, dann fällt die von Ihnen verschenkte Immobilie zusammen mit seinem sonstigen Vermögen an die gesetzlich vorgesehenen Erben. Ist Ihr Kind verheiratet und hat **keine** Kinder, dann erbt Ihr Schwiegerkind die von Ihnen verschenkte Immobilie zu 3/4, falls Sie noch leben sollten, erben Sie das restliche 1/4. Hat Ihr Kind auch Kinder, dann erbt Ihr Schwiegerkind 1/2 und 1/2 erbt Ihr Enkelkind. Hat Ihr Kind ein Testament errichtet, dann geht sein Nachlass mit der ihm von Ihnen geschenkten Immobilie an die von Ihrem Kind bestimmten Erben. Das kann sein/e Freund/in sein oder ein Verein. Obwohl Sie dem Kind die Immobilie nur geschenkt haben, um ihm etwas Gutes zu tun, müssen Sie zu Lebzeiten mit ansehen, wie ein Fremder Eigentümer Ihrer Immobilie und damit Ihr Familienvermögen verringert wird.

1. Die „gemischte Schenkung"

Grundsätzlich unterliegt jede freigiebige Zuwendung unter Lebenden der Schenkungsteuer. Dabei ist objektiv erforderlich, dass die Leistung zu einer Bereicherung des Empfängers auf Kosten des Übertragenden führt und unentgeltlich ist. Subjektiv muss die Leistung freigiebig zugewendet werden.

Bleibt bei einer Zuwendung der Wert der Gegenleistung hinter dem Wert des Zuwendungsgegenstandes zurück, kann eine gemischte Schenkung vorliegen. Diese wird dann unwiderlegbar vermutet, wenn eine auffallende, über ein geringes Maß deutlich hinausgehende Diskrepanz zwischen Leistung und Gegenleistung vorliegt und dem Übertragenden dieser Wertunterschied bekannt sowie bewusst war. Eine gemischte Schenkung liegt regelmäßig vor, wenn die tatsächliche Gegenleistung die sonst übliche angemessene Gegenleistung um 20 – 25 % unterschreitet.

Der Bundesfinanzhof (BFH) hat in einem Beschluss vom 05.07.2018 bestätigt, dass seit 2009 keine gesonderte Berechnung des Verhältnisses zwischen dem Verkehrswert des zugewendeten Gegenstands und dem Wert der Gegenleistung erforderlich ist. Dabei sollten die Steuerpflichtigen jedoch bedenken, dass der BFH unterschiedlich vorgeht.

2. Schenkung unter Auflagen

Die Grundsätze einer gemischten Schenkung sind auch bei der Schenkung unter Auflagen anzuwenden. Diese ist dann gegeben, wenn bei einer Vermögensübergabe der Beschenkte bestimmte Auflagen zu erfüllen hat. Dabei wird unterschieden zwischen einer **Leistungsauflage** und einer **Nutzungs- oder Duldungsauflage**. Bei der Leistungsauflage muss der Beschenkte eine Leistung an eine bestimmte Person erbringen, zum Beispiel **Geldleistungen** (Rentenzahlungen, Gleichstellungsgelder, Altenteilleistungen) oder **Sachleistungen** (Übernahme von Grundstücksbelastungen, Nießbrauchs- und Wohnrecht an Immobilien). Bei der Nutzungs- oder Duldungsauflage behält sich der Schenker ein **Nutzungsrecht** (zum Beispiel Vorbehaltsnießbrauch, Wohnungsrecht) zurück oder er verlangt von dem Beschenkten, dass dieser einer anderen Person (sogenannte „**Dritte**") ein Nutzungsrecht einräumt und der Beschenkte zur Duldung verpflichtet ist. Bei der Besteuerung ist der Wert der Leistungsauflage oder der Kapitalwert der Nutzungs- und Duldungsauflage **vom Verkehrswert in Abzug zu bringen.**

Wenn eine gemischte Schenkung mit einer Schenkung unter Auflagen zusammentrifft, dann handelt es sich um einen sogenannten Mischfall.

Die Schenkung gegen Nießbrauch ist grundsätzlich abzulehnen, weil Sie Ihr Eigentum an dem geschenkten Gegenstand verlieren und Ihr Nießbrauch von Gläubigern gepfändet werden kann.

Als gemischte Schenkung ist die Grundstücksübereignung gegen Versorgungsleistungen **grunderwerbsteuerfrei, soweit sie unentgeltlich erfolgt.** Der entgeltliche Teil, der sich bei allen Rechten nach ihrem Kapitalwert bestimmt, unterliegt als Gegenleistung der Grunderwerbsteuer, soweit nicht das Verwandtenprivileg anfällt (engste Familienangehörige: Eltern, Kinder, Enkelkinder usw.).

3. Anfechtung der Schenkung

Haben Sie zum Zeitpunkt der Schenkung Schulden, die Sie aus Ihrem verbleibenden Vermögen nicht mehr bezahlen können, dann können Ihre Gläubiger unter bestimmten Voraussetzungen die von Ihnen vorgenommene Schenkung anfechten. Handelt es sich um eine **reine Schenkung, somit voll unentgeltlich**, dann beträgt die Anfechtungsfrist vier Jahre. Haben Sie einen Vertrag in der Absicht geschlossen, Gläubiger zu benachteiligen, dann kann in bestimmten Fällen die Gläubigeranfechtung bis zu zehn Jahre betragen. Erfolgt die Schenkung an eine nahestehende Person, der die Benachteiligungsabsicht bekannt war, dann kann die Anfechtung unbefristet erfolgen. Die Folge der Gläubigeranfechtung ist, dass der Gläubiger in der Zwangsvollstreckung weiterhin auf den verschenkten Vertragsgegenstand zugreifen kann.

4. Kettenschenkung

Die Kettenschenkung spart in vielen Fällen erhebliche Steuern. Sind Sie zum Beispiel verheiratet und Alleineigentümer einer Immobilie im Wert von 600.000 EUR, die den Freibetrag Ihres Kindes von 400.000 EUR um 200.000 EUR überschreitet, so ist zu empfehlen, dass Sie dem Ehepartner einen Miteigentumsanteil an dem Haus im Wert von 200.000 EUR übertragen. Später kann der Ehepartner diesen Miteigentumsanteil auf das Kind übertragen, da das Kind auch nach dem Ehepartner einen Freibetrag von 400.000 EUR hat. Bei dieser Kettenschenkung ist jedoch Vorsicht geboten: Der Ehepartner darf zum einen nicht zur Weitergabe des Miteigentumsanteils an das Kind verpflichtet werden und zwischen den beiden Transaktionen sollte unbedingt eine angemessene Zeit verstreichen, noch besser, der Ehepartner ist als Miteigentümer im Grundbuch eingetragen, damit das Finanzamt die zweite Schenkung auch anerkennt. Ideal ist es, wenn zusätzlich der Gegenstand der Zuwendung wechselt: Zum Beispiel schenken Sie Ihrem Ehepartner fest verzinsliche Wertpapiere, die dieser einlöst, dafür Aktien kauft und diese dann an das Kind weiter verschenkt.

VI.

Zuwendungen an Ehegatten

Zuwendungen an Ehegatten gehören nicht zu den klassischen Schenkungen, sondern erfolgen, weil die Ehegatten verheiratet sind. Gemäß der Rechtsprechung ist hier zu prüfen, ob mit dieser Schenkung ein „Beitrag zur Verwirklichung oder Ausgestaltung, Erhaltung oder Sicherung der ehelichen Lebensgemeinschaft" geleistet wird. Ist dies der Fall, dann spricht die Rechtsprechung von einer **ehebedingten Zuwendung**.

Steuerlich ist dies unerheblich, denn auch bei einer ehebedingen Zuwendung fällt Schenkungsteuer an.

Im Unterschied zu einer Schenkung entfallen aber die **gesetzlichen Rückforderungsrechte** wegen Verarmung des Schenkers oder grobem Undanks.

Eine ehebedingte Zuwendung kann grundsätzlich auch bei einer Scheidung der Ehe nicht zurückgefordert werden. Deshalb sollte in einem Übertragungsvertrag zwischen Eheleuten ausdrücklich geregelt werden, ob die Zuwendung **unabhängig** von dem Fortbestand der Ehe ist oder nach einer Trennung zurückgefordert werden kann. Bei einer ehebedingten Zuwendung sollten Sie immer prüfen, ob die güterrechtlichen Folgen für den konkreten Fall anzuwenden sind oder ob sie modifiziert werden müssen.

VII.

Der Ausstattungsvertrag

Die Zuwendung von Vermögen als **Ausstattung** ist in Vergessenheit geraten. Sie wird nur noch selten in Übertragungsverträgen verwendet, da bei den meisten Übertragungsverträgen keine der vom Gesetz vorgegebenen Ausstattungssituationen gegeben sind. Was ist eine Ausstattung? Die Ausstattung ist gemäß § 1624 BGB aus dem Jahr 1900 bis heute unverändert geblieben. Damit sollen die Eltern die Möglichkeit erhalten, ihren Kindern eine Ausbildung zu bezahlen, ihnen die Gründung oder Erhaltung einer wirtschaftlich selbständigen Existenz oder anlässlich der Verheiratung unentgeltlich Vermögenswerte als Ausstattung zuzuwenden. Der Gesetzgeber sieht diese Zuwendung nicht als vollkommen freiwillig, sondern als Erfüllung einer familiären, sittlichen Verpflichtung an. **Deshalb wird das von den Eltern an die Kinder als Ausstattung zugewendete Vermögen nicht als Schenkung behandelt.** Der Wert der Ausstattung muss den Vermögensverhältnissen der Eltern oder des zuwendenden Elternteils entsprechen. Für eine Ausstattung spricht zum Beispiel das Motiv, ein Kind den anderen, bereits besser bedachten Kindern gleichzustellen. Keine Ausstattung liegt vor, wenn die Eltern dem Kind Vermögen zuwenden als Gegenleistung dafür, dass das Kind unentgeltlich Arbeitsleistungen für die Eltern erbracht hat. Eine Ausstattung kann auch nicht dadurch erbracht werden, dass Eltern Arbeitsleistungen für das Kind erbringen, da keine Vermögenswerte zugewendet werden. Einen **Rechtsanspruch** auf die Zuwendung einer Ausstattung hat ein Kind **nicht**. **Da die Ausstattung keine Schenkung ist, finden auch nicht die Vorschriften der Schenkung wie z.B. der Rückforderungsanspruch bei Verarmung und das Widerrufsrecht bei grobem Undank Anwendung.** Diese Besonderheit der

Ausstattung ist wichtig in dem Fall der Verarmung der Eltern, wenn sie z.B. die Kosten eines Pflegeheims nicht bezahlen und trotzdem das verschenkte Vermögen nicht zurückrufen wollen. Wenn die Eltern keinen gesetzlichen Anspruch auf Rückforderung gemäß § 528 BGB haben, **dann kann das Sozialamt diesen Anspruch auch nicht innerhalb der 10-Jahres-Frist auf den Staat überleiten und das auf das Kind übertragene Vermögen zurückfordern.** Die Ausstattung ist also eine wichtige Möglichkeit, dem Empfänger größeren Schutz vor Forderungen des Sozialamts zu geben. Die Ausstattung kann auf verschiedene Weise gewährt werden, z.B. durch Übertragung von Vermögenswerten (Immobilien) durch Bezahlung des Kaufpreises eines Pkws zum Betrieb eines Taxiunternehmens, die Übernahme der Schulden des Schwiegerkindes. Um die Ausstattungs-Zuwendung klar von einer Schenkung zu unterscheiden, empfehle ich die unentgeltliche Ausstattungs-Zuwendung stets als solche zu bezeichnen. Aufgrund der Unterhaltspflicht der Eltern bezahlte monatliche Beträge für die Ausbildung des Kindes sind keine Ausstattung, weil sie keine Vermögenszuwendung darstellen.

In zwei Bereichen gilt für die Ausstattung auch das Schenkungsrecht, nämlich

- wenn über die eigenen wirtschaftlichen Verhältnisse **hinaus** Vermögen übertragen wird. Der über den zulässigen Wert der Ausstattung gehende Wert gilt dann als Schenkung, auf den die Vorschriften der Schenkung, somit auch das Rückforderungsrecht, bei Verarmung anzuwenden sind. Wenn z.B. Eltern, die außer ihrer Immobilie vermögenslos sind, dem Kind das Haus oder einen wesentlichen Teil des Hauses übertragen, dann entspricht die Ausstattung nicht den Vermögensverhältnissen der Eltern. Sind dagegen die Eltern Eigentümer von drei Eigentumswohnungen und wenden dem Kind eine Eigentumswohnung zu, um dessen Lebensverhältnisse zu verbessern, so entspricht dies den Vermögensverhältnissen der Eltern und es handelt sich bei der Zuwendung um eine Ausstattung.

- Für die Mängelgewährleistung einer Ausstattung gelten die Ansprüche nach dem Schenkungsrecht.

Steuerlich fallen Ausstattungen in den Vermögensbereich und sind deshalb bei Überschreitung der Freibeträge des Kindes wie eine schenkungsteuerpflichtige Schenkung zu behandeln. Das Finanzamt macht deshalb bei der Berechnung der Schenkungsteuer **keinen Unterschied zwischen einer Ausstattung und einer Schenkung.**

Erhält ein Kind Arbeitslosengeld II (ALG II), dann ist die Ausstattung bei der Berechnung des Arbeitslosengelds dann zu berücksichtigen, wenn die Ausstattung den durch das Sozialgesetzbuch III § 12 festgesetzten Höchstbetrag überschreitet. Nach dem SGB III § 12 Abs. 2 sind in jeweils angemessener Größe nicht auf das Arbeitslosengeld II zu berücksichtigen: Hausrat, Kraftfahrzeug, für die Altersversorgung bestimmte Vermögensgegenstände, ein selbst genutztes angemessenes Hausgrundstück oder eine entsprechende Eigentumswohnung sowie Sachen und Rechte, deren Verwertung offensichtlich unwirtschaftlich ist oder für die Betroffenen eine besondere Härte bedeutet.

Macht ein Ehegatte dem anderen Ehegatten während der Ehe eine Zuwendung, so wird dieser Alleineigentümer des zugewendeten Vermögens. Dieses ist im gesetzlichen Güterstand der Zugewinngemeinschaft dem Anfangsvermögen zuzurechnen, wird also bei der Berechnung des Zugewinnausgleichsanspruchs **nicht** berücksichtigt.

Im Erbrecht sind aus dem Elternvermögen die Werte ausschließlich Ausstattungszuwendungen bei der Berechnung des gesetzlichen Erbes und bei der Pflichtteilsberechnung zu berücksichtigen. Ist die Ausstattung übermäßig, dann löst sie den Pflichtteilsergänzungsanspruch aus.

Wenn der Elternteil stirbt vor der Erfüllung seines rechtsverbindlichen Versprechens dem Kind eine Ausstattung zuzuwenden, so ist dieses Versprechen zu erfüllen und zwar selbst dann, wenn das Kind den Elternteil mit beerbt.

Bei einem lebzeitigen Übertragungsvertrag ist immer zu empfehlen, zumindest einen Teil des übertragenen Vermögens **ausdrücklich als Ausstattungs-Zuwendung zu bezeichnen.** Wenn zu dieser Ausstattung durch die Eltern das Kind auch noch **entsprechende Gegenleistungen erbringt, so können die Nachteile einer Schenkung oft völlig ausgeschlossen werden.**

VIII.

Der Vertrag der vorweggenommenen Erbfolge

1. Allgemeines

Die Übertragung von Vermögen im Wege der vorweggenommenen Erbfolge ist keine Erfindung unserer Zeit. Der Wille, den Nachlass bereits zu Lebzeiten zu regeln gab es zu allen Zeiten. Auch der Wunsch, Erbstreitigkeiten zu vermeiden und die wirtschaftlichen Folgen der Übertragung auch für die Zeit nach dem Tod des Erblassers zu regeln, gibt es seit Menschengedenken. Schon im 13. Jahrhundert behandeln die Formulare der ars notaria die donatio mortis causa die Vermögensübertragung zu Lebzeiten. Vor allem in der Landwirtschaft sind Vermögensübertragungen zu Lebzeiten weit verbreitet mit dem Ziel, den Bestand des Betriebs auch in den nächsten Generationen sowie die Versorgung der Übertragenden durch die Empfänger zu sichern. Da auch der Staat an der Erhaltung lebensfähiger Landwirtschaftsbetriebe schon immer ein großes Interesse hat, gibt es in diesem Bereich eine gesetzliche Privilegierung der Übergabeverträge. Schon die Vorschrift des § 2312 des Bürgerlichen Gesetzbuchs in seiner Fassung von 1896 schützt den Nachfolger durch Verkürzung der Rechte von Pflichtteilsberechtigten und von Pflichtteilsergänzungsansprüchen.

Die Vernichtung von Vermögen durch Inflation, Wirtschaftskrisen und insbesondere der zwei Weltkriege in dem vergangenen Jahrhundert mit Vertreibung und Verlust von großen Gebieten führen zunehmend bei vielen Deutschen auch außerhalb der Landwirtschaft zu der Überlegung, ob es nicht besser sei, sein Vermögen auf die künftigen Erben schon zu Lebzeiten zu übertragen und nicht erst in einer ungewissen Zukunft durch Vererben. Hinzu kommt, dass die Lebenserwartung der Deutschen deutlich gestiegen ist und den künftigen Erben oft nicht mehr zuzumuten ist, bis zur Übergabe des Familienvermögens den Tod der Erblasser abzuwarten. Nachdem mit der gesetzlichen Rentenversicherung und privaten Lebensversicherungen ein Verbrauch des Vermögens zur Alterssicherung der Übertragenden nicht mehr in jedem Fall erforderlich ist, entfällt ein wichtiger Grund, Vermögenswerte auf die nachfolgende Generation erst später zu vererben. Im Übrigen können durch einen entsprechenden Übergabevertrag Vermögenswerte lebzeitig übertragen werden, ohne ein wirtschaftliches Risiko für die Übertragenden einzugehen. Auch der Wunsch im Alter die Belastungen mit der Verwaltung von Vermögen zu verringern und diese der jungen Generation zu überlassen, spricht für die lebzeitige Vermögensübertragung.

Das vorhandene Vermögen **möglichst verlustfrei** auf die nächste Generation zu übertragen und dieser damit den heutigen Wohlstand zu sichern, ist ein weiterer wichtiger Grund für die lebzeitige Übertragung. In den nächsten Jahren werden über 2 Billionen EUR an Geld-, Immobilien- und Sachwerten auf die nächste Generation übergehen. Besonders die höhere Lebenserwartung der Menschen und ihr Bedürfnis, auch im hohen Alter durch Versorgungsvereinbarungen abgesichert zu sein, spricht dafür, das Vermögen schon zu Lebzeiten gegen Verpflichtungen zur Versorgung, Wart und Pflege zu übertragen. Die Ängste vieler Menschen aufgrund wiederholter Leistungskürzungen im staatlichen Gesundheitssystem bei gleichzeitig steigenden Gesundheitsausgaben, geringeren Renten und Verfall der Währung zwingen dazu, schon frühzeitig mit den künftigen Erben Vereinbarungen zur häuslichen Versorgung gegen Übertragung von Vermögenswerten zu treffen.

Damit wird die künftige Erbfolge vorweggenommen und es hat sich für derartige Verfügungen im Zivilrecht der Begriff der „vorweggenommenen Erbfolge" eingebürgert.

2. Begriff der „vorweggenommenen Erbfolge"

Der Begriff der „vorweggenommenen Erbfolge" ist gesetzlich nicht geregelt. Er wird aber in neueren Rechtsvorschriften, z.B. im § 593a BGB und zahlreichen steuerlichen Vorschriften verwendet. Wenn Rechtsvorschriften von einem „Erwerb mit Rücksicht auf ein künftiges Erbrecht" sprechen, dann meinen sie den Lebenssachverhalt der vorweggenommenen Erbfolge.

Weitgehend ist sich die Literatur und Rechtsprechung der Gerichte darüber einig, dass unter „vorweggenommener Erbfolge" alle Verträge zu verstehen sind, durch die eine Person (der **Übertragende**) einer anderen Person (dem **Empfänger**) einen im Verhältnis zu seinem Gesamtvermögen erheblichen Vermögenswert mit oder ohne Gegenleistung überträgt und der Empfänger damit bereits zu Lebzeiten des Übertragenden Eigentümer dieses Vermögenswerts wird. Gelegenheitsgeschenke fallen nicht unter die vorweggenommene Erbfolge, ebenso nicht Schenkungen auf den Todesfall, die erst mit dem Tod wirksam werden sollen. Für die vorweggenommene Erbfolge ist entscheidend, dass es sich um eine geplante Übertragung eines Vermögenswertes handelt, den der Empfänger nach dem Willen des künftigen Erblassers sonst geerbt bzw. als Vermächtnis erhalten hätte. Damit ist die Motivation für die Vermögensübertragung zu Lebzeiten entscheidend für die Frage, ob es sich um eine vorweggenommene Erbfolge mit ihren erheblichen Rechtsfolgen handelt. Nicht entscheidend ist, ob der Begriff der „vorweggenommenen Erbfolge" als Überschrift oder im Inhalt eines Übertragungsvertrages verwendet wird.

Die vorweggenommene Erbfolge hat mit dem Erbrecht nichts zu tun, da es sich um ein Rechtsgeschäft unter Lebenden handelt, bei dem die künftigen Erben Vermögen erhalten, das sie sonst erst im Erbfall erhalten würden.

Damit handelt es sich nicht um Verträge auf den Tod, sondern um die lebzeitige Vermögensübertragung, auf die das Schenkungsrecht des BGB Anwendung findet. Empfänger von lebzeitig übertragenem Vermögen kann jede natürliche oder juristische Person sein. Jeder Vermögensgegenstand kann unabhängig vom Gesamtvermögen des Übertragenden übertragen werden. Mit der vorweggenommenen Erbfolge werden am häufigsten Grundbesitz, Unternehmen, Gesellschaftsanteile, Wertpapiere und sonstiges Geldvermögen übertragen.

Möglich ist, in dem Übertragungsvertrag erbrechtliche Bestimmungen aufzunehmen, die mit dem Eintritt des Erbfalls ihre Wirkungen entfalten. Dies ist z.B. dann der Fall, wenn sich der Empfänger die Zuwendung auf seinen späteren Pflichtteil anrechnen lassen muss. Häufig wird auch eine Ausgleichungsanordnung und eine Anrechnungsbestimmung für den Erbfall vereinbart.

In der Praxis werden Vermögensübertragungen zu Lebzeiten auf Empfänger vorgenommen, die das Vermögen aufgrund Gesetz oder letztwilliger Verfügung sowieso erhalten würden. **Die zahlreichen zivilrechtlichen, sozialrechtlichen und steuerrechtlichen Gestaltungsmöglichkeiten der vorweggenommenen Erbfolge sind bei einer letztwilligen Verfügung nicht möglich.**

Der große Vorteil der vorweggenommenen Erbfolge ist somit, dass die Vermögensübertragung sowohl zivilrechtlich, sozialrechtlich und steuerlich zahlreiche Gestaltungsmöglichkeiten bietet und Sie zu Ihren Lebzeiten Ihre Entscheidung überwachen und notfalls korrigieren können. Damit ist die lebzeitige Vermögensübertragung im Wege der vorweggenommenen Erbfolge grundsätzlich einer Nachlassplanung durch Testament oder Erbvertrag erheblich überlegen. Voraussetzung hierfür ist jedoch, dass der Übertragungsvertrag von einem Fachmann gefertigt wird. Formularmäßige, selbstgestrickte oder von einem Laien gefertigte Verträge können katastrophale Folgen haben, die schlimmer sind als jedes schlechte Testament. **Der weitere große Vorteil eines Übergabevertrages, ihn jederzeit aufheben oder abändern zu können, ist bei einer letztwilligen Verfügung nicht möglich, da Sie ab Ihrem Tod Ihre letztwillige Verfügung nicht mehr korrigieren können.**

Von dem **zivilrechtlichen** Begriff der vorweggenommenen Erbfolge unterscheidet sich der **steuerliche** Begriff nach dem „Vermögensübertragungen unter Lebenden **mit Rücksicht auf die künftige Erbfolge**" zu verstehen sind. Nach dem Willen der Beteiligten soll der Empfänger **unentgeltliche** Zuwendungen erhalten, die er sonst erst nach dem Tod des Übertragenden erhalten würde. **Während beim Vererben der Vermögensübergang kraft Gesetzes eintritt, erfolgt er bei der vorweggenommenen Erbfolge aufgrund einzelvertraglicher Regelungen.** Der steuerrechtliche Begriff der vorweggenommenen Erbfolge schränkt den Kreis derjenigen, die steuerliche Vorteile von der lebzeitigen Übertragung haben, erheblich ein. So haben z.B. hohe steuerliche Vorteile bei der Vermögensübertragung gegen Versorgungsleistungen nur die gesetzlich Erbberechtigten, nahe stehende Dritte haben diese Vorteile nur ausnahmsweise und unter bestimmten Voraussetzungen. Gerade der Wunsch, Steuern zu sparen, ist bei den Übertragenden oft das wichtigste Argument für eine lebzeitige Übertragung. Dieser steuerliche Aspekt wird jedoch oftmals völlig überbewertet. Viel wichtiger ist es für den Übertragenden, und darauf werde ich noch näher eingehen, seine Versorgung für den Fall zu sichern, dass er sich im Alter oder bei Krankheit nicht mehr selbst versorgen kann und auf fremde Hilfe angewiesen ist.

Der Bundesfinanzhof hat festgestellt, dass bei der vorweggenommenen Erbfolge zu unterscheiden ist zwischen **vollentgeltlicher**, **teilentgeltlicher** und **unentgeltlicher** Vermögensübertragung, mit der Folge, dass aus der vorweggenommenen Erbfolge ein außerordentlich komplexes, besser: unübersichtliches Rechtsgebiet entstanden ist.

Bei der **vollentgeltlichen** Vermögensübertragung handelt es sich um ein **Veräußerungs-/Erwerbsgeschäft, bei der Leistung und Gegenleistung wie unter Fremden nach kaufmännischen Gesichtspunkten gegeneinander abgewogen** sind (z.B. Kaufvertrag). Verkauft z.B. der Eigentümer ein Haus im Verkehrswert von 300.000 EUR, dann erhält er von dem Käufer den Kaufpreis in Höhe von 300.000 EUR. **Damit sind Leistung und Gegenleistung gleichwertig**.

Die **teilentgeltliche** Vermögensübertragung erfolgt teilweise als Schenkung, teilweise gegen Entgelt (z.B. viel zu niedriger Kaufpreis).

Die **unentgeltliche** Vermögensübertragung erfolgt ohne jegliche Gegenleistung, somit als **Schenkung**.

Zur Klarstellung, dass es sich um eine „Vermögensübertragung im Wege der vorweggenommenen Erbfolge" und nicht um eine Schenkung handelt, sollten die Leistungen des Empfängers immer als **„Gegenleistungen für die Vermögensübertragung"** bezeichnet werden. Damit haben Sie einen klagbaren Anspruch auf Erfüllung der vereinbarten Gegenleistungen des Empfängers. Sollte dieser bereits vor Vertragsabschluss Leistungen an Sie erbracht haben, so sollten diese Leistungen im Vertrag als Gegenleistungen im Hinblick auf die mit dem Vertrag erfolgte Übertragung festgehalten werden.

Während im Schenkungsteuerrecht objektiv festgestellt wird, ob eine Übertragung teilentgeltlich oder vollentgeltlich ist, entscheidet im Zivilrecht die subjektive Meinung der Vertragschließenden. Damit können Sie den Wert der Leistung und der Gegenleistung weitgehend frei vereinbaren. Liegt ein „auffallend grobes Missverhältnis" von Leistung und Gegenleistung vor, dann ist davon auszugehen, dass sich die Vertragsparteien über die teilweise Unentgeltlichkeit (Schenkung) einig waren. In dem Übertragungsvertrag sollten die Vertragsbeteiligten festlegen, ob sie ein **entgeltliches** oder **unentgeltliches** Rechtsgeschäft abschließen wollen. Diese Entscheidung sollte sich aus dem Inhalt des Vertrages eindeutig ergeben. Nicht ausreichend sind somit Vertragsüberschriften wie „Im Wege der vorweggenommenen Erbfolge" oder „Im Wege der Schenkung, soweit der Wert der Übertragung die vereinbarten Gegenleistungen übersteigt".

3. Übertragung von Vermögen an Minderjährige

Lebzeitige Vermögensübertragungen an Minderjährige bedürfen der Zustimmung des zuständigen Familiengerichts, wenn sie für den Minderjährigen **nicht lediglich vorteilhaft** sind.

Der Erwerb von **Wohnungseigentum** durch einen Minderjährigen ist auch dann, wenn kein Verwalter bestellt und keine Verschärfung der den Wohnungseigentümer kraft Gesetzes treffenden Verpflichtungen durch die Gemeinschaftsordnung feststellbar ist, **rechtlich nicht lediglich vorteilhaft** im Sinne des § 107 BGB. Deshalb bedarf es zur Annahme einer Schenkung der Zustimmung eines Ergänzungspflegers. Damit ist die Schenkung einer Eigentumswohnung an einen Minderjährigen praktisch nicht mehr möglich, da der Ergänzungspfleger in der Regel immer feststellen wird, dass die Schenkung nicht nur Vorteile für den Minderjährigen hat. Bis zur Genehmigung durch den Ergänzungspfleger bleibt der Übertragungsvertrag schwebend unwirksam, ein grundbuchmäßiger Vollzug ist dann nicht möglich (vgl. Beschluss des OLG München vom 06.03.2008).

Dagegen ist die Übertragung eines **unbelasteten** Hausgrundstücks an Minderjährige grundsätzlich auch ohne Zustimmung eines Ergänzungspflegers möglich. Es ist damit zu rechnen, dass die Gerichte künftig ebenfalls einen Ergänzungspfleger verlangen werden.

Abschnitt C

Vertragliche Regelungen zum Erhalt des Familienvermögens

Allgemeines

Ihr Familienvermögen kann für die nächsten Generationen nur dann erhalten werden, wenn Sie rechtzeitig, nämlich zu einem Zeitpunkt, an dem Sie voll geschäftsfähig sind und die Rechtslage sowie die familiären Verhältnisse kennen, die Vermögensübertragung vornehmen.

Wenn Sie Ihr Vermögen ganz oder teilweise ohne hohe Steuern, Vermögensverluste und Erbenstreit auf die nächsten Generationen zum langfristigen Erhalt des Familienvermögens übertragen wollen, dann können Sie dieses Ziel nicht mit einem Testament oder Erbvertrag erreichen, sondern nur mit lebzeitiger Übertragung, insbesondere mit

1. einer **Familienstiftung**,
2. einer **Familiengesellschaft** oder
3. einem **Nachfolge-Generationenvertrag**.

I.

Die Stiftung

1. Allgemeines

Zu den wichtigsten Stiftungen gehören:

Die öffentliche Stiftung
ist eine rechtsfähige Stiftung des **bürgerlichen Rechts**, die nicht ausschließlich private Zwecke verfolgt, sowie die rechtsfähige Stiftung des **öffentlichen Rechts**.

Die Familienstiftung
ist eine Stiftung, die nach dem Stiftungsgeschäft oder der Satzung ausschließlich oder überwiegend dem Wohl der Mitglieder einer oder mehrerer bestimmter Familien dient.

Die Unternehmensstiftung
ist eine Stiftung, zu deren Vermögen Unternehmen und/oder Beteiligungen an Unternehmen gehören.

Gestaltungsziele von Stiftungen können sein:
- Steuern sparen,
- Vermögenserhalt,
- Versorgung Angehöriger,
- Vermeidung von Erbstreitigkeiten,
- gerechte Verteilung des Vermögens,
- wirtschaftliche Unabhängigkeit des einzelnen Erben,
- Sicherung des Bestandes eines Unternehmens,
- Sicherung der Unternehmensnachfolge,
- Herbeiführung rechtlicher Nachfolgevoraussetzungen,
- Förderung gemeinnütziger Zwecke.

Bitte berücksichtigen Sie: Die Gründung einer Stiftung ist eine „Einbahnstraße", d.h. in aller Regel bringen Sie als Stifter das von Ihnen gestiftete Vermögen dauerhaft in die Stiftung ein. **Eine Rückführung aus der Stiftung in Ihr Privatvermögen ist nicht mehr möglich.**

Bei der Formulierung des Stiftungszweckes, der Höhe des Stiftungsvermögens, der Bestimmung der Destinatäre (die Begünstigten), der einzelnen Regelungen zur Vermögenserhaltung sowie der Ausgestaltung von Rechten und Pflichten der Organe der Stiftung ist dringend zu empfehlen, fachkundige Berater hinzuzuziehen. Die Ziele des Stifters müssen mit großer Sorgfalt in die Satzung eingearbeitet werden. Es ist zu empfehlen, schon im Vorfeld die Satzung mit der für die Anerkennung zuständigen Behörde und im Falle einer angestrebten Gemeinnützigkeit mit der zuständigen Finanzbehörde abzustimmen.

Die Verwirklichung des Stiftungszwecks ist nur möglich, wenn der Stiftung die erforderlichen Mittel zur Verfügung gestellt werden. Die Höhe des erforderlichen Vermögens hängt von dem jeweiligen Stiftungszweck ab. Es kann aus Vermögenswerten aller Art bestehen, so z.B. aus Immobilien (auch belastete), Kapitalvermögen, Rechten, Forderungen oder beweglichen Sachen. Spätere Zuwendungen und Aufstockungen des Stiftungsvermögens durch den Stifter oder Dritte sind jederzeit möglich. Die Verwaltung des Stiftungsvermögens erfolgt durch die Stiftungsorgane. Die Kosten der Verwaltung trägt die Stiftung. Sie sind aus deren Einnahmen zu bezahlen. Die Stiftung ist verpflichtet, sparsam und wirtschaftlich zu arbeiten, da sie der dauernden und nachhaltigen Erfüllung des Stiftungszwecks dient. Das Stiftungsvermögen ist grundsätzlich in seinem Bestand zu erhalten.

Jede rechtsfähige Stiftung muss einen Vorstand haben. Er kann aus einer oder mehreren Personen bestehen. Der Stifter kann entscheiden, ob er weitere Organe, z.B. Kuratorium, Stiftungsrat, Beirat einrichtet. Diese Organe können entscheidende, beratende oder kontrollierende Funktion haben.

Stiftungen unterliegen der Aufsicht der Stiftungsbehörden. Diese **staatliche** Aufsicht soll gewährleisten, dass der Wille des Stifters auch dann zu beachten ist, wenn er keinen Einfluss mehr auf die Stiftung nehmen kann.

2. Die gemeinnützige Stiftung

Die gemeinnützige Stiftung ist geeignet für engagierte Bürger, die einen Beitrag für die Zukunft ihres Landes leisten wollen. Gemeinnützige Stiftungen sind schon lange kein Privileg mehr von Millionären und Großkonzernen, sondern auch für viele Normalverdiener, die ihr Geld sinnvoll investieren und gleichzeitig die Steuerlast drücken wollen, geeignet. In Zeiten ständig steigender Abgabenbelastung ist dies ein überzeugendes Argument für eine Stiftung. Voraussetzung dafür, dass auch das Finanzamt ein finanzielles Engagement bei den Stiftungen anerkennt, ist der **gemeinnützige Zweck.** Dieser kann sehr weit gefasst werden: Vom Naturschutz bis zur Völkerverständigung, von der Entwicklungshilfe bis zur Heimatkunde, vom Sport bis zur medizinischen Versorgung. Zur Zeit verwalten gemeinnützige Stiftungen in Deutschland ein Gesamtkapital von über 30 Mrd. EUR.

Wenn die gemeinnützige Stiftung für Sie in Betracht kommt, dann können Sie entweder bestehende Stiftungen durch Spenden oder Zustiftungen unterstützen, oder Sie gründen eine eigene gemeinnützige Stiftung.

Mit der Stiftung können Sie über Generationen hinweg ein bleibendes Ziel verfolgen. Der von Ihnen in dem Stiftungsgeschäft und in der Satzung formulierte Stifterwille wird durch die Rechtsordnung geschützt. Ihr Wille als Stifter trägt die Stiftung und ist oberste und bestimmende Richtschnur der Stiftungstätigkeit.

Mit einer gemeinnützigen Stiftung können Sie erhebliche steuerliche Vergünstigungen beanspruchen, nämlich
- Steuerfreiheit bei der Körperschaft- und der Gewerbesteuer,
- Besteuerung der Umsätze mit dem ermäßigten Steuersatz bei der Umsatzsteuer (z.Zt. 7%), soweit nicht gesetzliche Befreiungen greifen,
- Befreiung von Grundsteuer, Erbschaft- und Schenkungsteuer,
- Befreiung von Grunderwerbsteuer bei Grundstückserwerben, die unmittelbar dem steuerbegünstigten Zweck dienen,
- Empfang steuerbegünstigter Spenden.

Durch das „Gesetz zur weiteren Stärkung des bürgerlichen Engagements" vom 06.07.2007 sind die Vorteile der gemeinnützigen Stiftung noch größer geworden, insbesondere

- der Sonderabzug von Spenden für förderungswürdige gemeinnützige Zwecke ist auf 20% und die Zuwendungen für den Stiftungsgrundstock sind auf 1 Mio. EUR, die über 10 Jahre verteilt werden können (früher 307.000 EUR), erhöht worden.

- Die Spendenbescheinigung für Beträge bis 200 EUR ist vereinfacht, der Übungsleiterfreibetrag von 1.848 EUR ist bei unverändertem Anwendungsbereich auf 2.100 EUR erhöht worden.

- Die steuerfreie Pauschale für alle Verantwortungsträger in Vereinen beträgt 500 EUR.

- Die Steuerfreigrenze für gemeinnützige Organisationen wurde auf 35.000 EUR erhöht (vorher 30.678 EUR).

Die Steuervergünstigungen erstrecken sich allerdings regelmäßig nicht auf einen wirtschaftlichen Geschäftsbetrieb einer Stiftung, es sei denn, er dient als sogenannter Zweckbetrieb in seiner Gesamtrichtung dazu, die steuerbegünstigten satzungsmäßigen Zwecke der Stiftung zu verwirklichen.

Für die Gemeinnützigkeit einer Stiftung ist es unschädlich, wenn die Stiftung **einen Teil ihres Einkommens, höchstens jedoch 1/3,** dazu verwendet, in angemessener Weise **den Stifter und seine nächsten Angehörigen** zu versorgen, ihre Gräber zu pflegen und ihr Andenken zu ehren. Die 1/3-Grenze bezieht sich auf den jeweiligen Veranlagungszeitraum.

3. Die Familienstiftung

Die Familienstiftung wird von einem Stifter zur Verfolgung eines bestimmten Ziels (dem "Stiftungszweck") gegründet. Der Stifter überführt hierzu Vermögenswerte aus seinem Privatvermögen in die Stiftung. Die Stiftung ist somit "verkörpertes Vermögen".

Die Familienstiftung ist eine Unterart der "normalen" rechtsfähigen Stiftung, die sich durch ihren Zweck von anderen Arten der Stiftung, insbesondere der gemeinnützigen Stiftung, unterscheidet: **Begünstigter einer Familienstiftung ist nicht die Allgemeinheit, sondern sind die Familienangehörigen.** Zu unterscheiden sind die Kapitalstiftung und die Anstaltsstiftung.

Die **Kapitalstiftung** begünstigt die Familienangehörigen durch finanzielle Zuwendungen, die **Anstaltsstiftung** schützt und erhält das Familienvermögen, häufig einen Familienbetrieb.

Schätzungen zufolge sind nur etwa 3% bis 5% aller Stiftungen in Deutschland Familienstiftungen. Grund hierfür ist, dass die Familienstiftung **keine steuerlichen Vorteile** hat.

Ebenso wie bei einer gemeinnützigen Stiftung kann mit einer Familienstiftung über Generationen hinweg ein bleibendes Ziel verfolgt werden. Dieses Ziel wird durch den in dem Stiftungsgeschäft und der Satzung formulierten Stifterwillen festgelegt. **Damit wird das Familienvermögen zusammengehalten, somit verhindert, dass es auf viele Erben übergeht, durch Erbstreitigkeiten aufgezehrt wird oder auch um Angehörige dauerhaft wirtschaftlich zu versorgen.**

Mit der Gründung einer Familienstiftung geht Vermögen von Ihnen auf die Stiftung über. Das Vermögen ist damit **dem direkten Zugriff der Familienangehörigen entzogen.** Die Stiftung wird geleitet von einem unabhängigen Vorstand, der die Geschäfte der Stiftung entsprechend dem von Ihnen als *Stifter* vorgegebenen Stiftungszweck leitet. Ihre Familienangehörigen sind nur Begünstigte (sogenannte "**Destinatäre**") der Stiftung. Diese erhalten in der Regel jährliche Ausschüttungen gemäß der Stiftungssatzung oder durch Beschluss des Stiftungsvorstands. Selbst dieses Recht können die Destinatäre nicht nach eigenem Gutdünken abtreten oder ihrerseits vererben. Vielmehr bestimmt die von Ihnen festgelegte Satzung die Nachfolger. **Damit können die Früchte des Stiftungsvermögens über Generationen hinweg Ihrer Familie zugutekommen.** Wenn Sie ausnahmsweise Ihren Angehörigen ein Mitspracherecht einräumen wollen, dann können Sie diese in Gremien wie einen Aufsichtsrat oder Beirat einsetzen.

Das Einkommen einer Familienstiftung unterliegt der Körperschaftsteuer und ihr Vermögen der **Erbersatzsteuer**. An Destinatäre im Inland ausgeschüttete Zahlungen müssen diese im Rahmen der Einkommensteuer versteuern.

Die Erbersatzsteuer wird alle 30 Jahre auf das Stiftungsvermögen erhoben. Die Bezeichnung Erbersatzsteuer wurde ausgewählt, da eine Stiftung nicht sterben kann. Es werden die Tarifsätze der Steuerklasse I angewendet, zur Zeit maximal 30% bei einem steuerpflichtigen Vermögen von mehr als 26 Mio. EUR. Weiter unterstellt der Gesetzgeber, dass es zwei fiktive Kinder als Erben gibt, so dass zwei Mal deren persönlicher Steuerfreibetrag – derzeit 400.000,- EUR pro Kind – vom Stiftungsvermögen abgezogen werden darf. Sind diese Voraussetzungen gegeben, dann kommen die Vergünstigungen für Betriebsvermögen auch der Familienstiftung zugute. Die Erbersatzsteuer wird nur auf inländische Stiftungen erhoben, wenn diese wesentlich im Interesse einer Familie oder bestimmter Familien errichtet sind.

Die Verwirklichung des Stiftungszwecks setzt voraus, dass Sie in die Stiftung das erforderliche Vermögen einbringen. Seine Höhe ist vom Stiftungszweck abhängig. Es kann wie bei der gemeinnützigen Stiftung aus Vermögenswerten aller Art bestehen, so z.B. aus Kapitalvermögen, Immobilien, Rechten, Forderungen oder beweglichen Sachen. Das Stiftungsvermögen können Sie oder andere Personen jederzeit aufstocken. Die Verwaltung des Vermögens obliegt den Organen der Stiftung. Die Verwaltungskosten trägt die Stiftung, sie sind aus den Einnahmen zu bezahlen. Die Stiftung ist verpflichtet, mit dem Stiftungsvermögen sparsam und wirtschaftlich umzugehen, damit der Stiftungszweck dauernd und nachhaltig erfüllt werden kann. Das Stiftungsvermögen ist grundsätzlich in seinem Bestand zu erhalten.

Wie bei der gemeinnützigen Stiftung gilt der Grundsatz: Die Errichtung einer Stiftung ist eine „Einbahnstraße", **Eine Rückführung aus der Stiftung in Ihr Privatvermögen ist nicht mehr möglich.**

Auch die Familienstiftung unterliegt der Aufsicht der Stiftungsbehörde. Die staatliche Aufsicht soll gewährleisten, dass Ihr Wille als Stifter auch dann beachtet wird, wenn Sie keinen Einfluss mehr auf die Stiftung nehmen können.

4. Unternehmensstiftung

Die Unternehmensstiftung ist für Sie nur interessant, wenn Sie sich für **immer** von Ihrem Unternehmen trennen und dieses in die Stiftung einbringen wollen.
Eine Unternehmensstiftung kann sowohl eine Familienstiftung als auch eine gemeinnützige Stiftung sein. Es handelt sich um rechtsfähige Stiftungen, zu deren Vermögen ein Unternehmen oder eine Beteiligung an einem Unternehmensträger gehört. Während eine Beteiligungsträgerstiftung Beteiligungen an einer Holding-Gesellschaft oder unmittelbar an anderen Personen- und Kapitalgesellschaften hält, betreibt eine Unternehmensträgerstiftung ein Unternehmen selbst. Die **Doppelstiftung** ist eine Sonderform der Beteiligungsträgerstiftung. Hierbei werden eine Stiftung und ein Unternehmen kombiniert, das allein der Beschaffung der von der Stiftung benötigten Finanzmittel dient. Sie kann auch darin bestehen, über den Tod des Stifters hinaus die Verwaltung eines Unternehmens seines bzw. des dauernden Einflusses seiner Familie für das Unternehmen sicherzustellen.

II.

Die Familiengesellschaft (Familienpool)

1. Allgemeines

Für eine optimale und rechtliche Gestaltung der Vermögensnachfolge reichen die Möglichkeiten des Erbrechts nicht aus, es hat gegenüber der lebzeitigen Vermögensübertragung nur Nachteile. Deshalb ist grundsätzlich zu empfehlen, dass Sie Ihr wesentliches Vermögen zu Lebzeiten auf Ihre künftigen Erben, die Ihr Vermögen ja sowieso erhalten sollen, übertragen.

Das Verschenken von Immobilien gegen Einräumung eines Vorbehaltsnießbrauchs oder Wohnungsrechts **ohne** Rückrufrecht und weitere Rechte des Übertragenden ist für Familienvermögen **nicht** geeignet. Zwar behalten die Übertragenden, meist die Eltern, hier das Recht zur lebenslangen Nutzung der Immobilien, sind jedoch bei der üblichen Gestaltung des Übertragungsvertrages nicht befugt, über die Immobilien zu verfügen, da Eigentümer die Kinder geworden sind. Regelmäßig lassen sich dann auch die Immobilien durch die Kinder nicht mehr veräußern oder beleihen, da sie mit dem Vorbehaltsnießbrauch der Eltern belastet sind. Weiterhin kann das Verschenken mehrerer Immobilien an Kinder zum Streit führen. Auch werden durch den Vorbehaltsnießbrauch an vermieteten Immobilien die Mieteinnahmen steuerlich allein den Eltern zugerechnet und eine sinnvolle einkommensteuerliche Verlagerung auf die Empfänger wird verhindert. Oft fällt auch das Vermögen durch die Aufteilung auf die Abkömmlinge auseinander, manchmal sogar an ungeliebte Schwiegerkinder. Sollen die vorgenannten Nachteile verhindert werden, dann ist zu empfehlen, das wesentliche Vermögen im Wege der vorweggenommenen Erbfolge mit Nachfolge-Generationenvertrag auf Ihre künftigen Erben zu übertragen.

Eine weitere gute Möglichkeit für den langfristigen Erhalt Ihres Vermögens bietet die Einbringung von Vermögenswerten, insbesondere Immobilien, Geldvermögen oder Betriebsvermögen bzw. -beteiligungen an solchem in eine Familiengesellschaft. Sie können damit den langfristigen Bestand Ihres Vermögens, insbesondere auch von Unternehmen sichern und unerwünschte Personen vom Eintritt in die Gesellschaft abhalten. Betriebsvermögen lässt sich steuergünstig durch die Einbringung in eine Familiengesellschaft ideal verwalten.

Mit der Familiengesellschaft können Sie sich von den starren Regeln des Erbrechts lösen, die von **Ihnen** gewünschten Regeln im Gesellschaftsvertrag aufnehmen und dementsprechend die **Vermögensnachfolge auch steueroptimal** gestalten. Bei entsprechender Vertragsgestaltung sind Ihre Ängste, durch die Vermögensübertragung zu Lebzeiten Ihr Vermögen zu verlieren, künftig finanziell von dem Vermögensempfänger abhängig zu sein und befürchten zu müssen, dass Ihr übertragenes Vermögen schutzlos künftigen Gläubigern des Empfängers ausgesetzt wird, völlig unbegründet.

Das Gesagte hört sich zunächst sehr gut an. Steuern sparen will schließlich jeder, vor allem dann, wenn erhebliches Vermögen, z.B. mehrere Immobilien, auf Ihre künftigen Erben übertragen werden soll. Die Familiengesellschaft, auch Familienpool genannt, hat die weitere Aufgabe, **Vermögen zu verwalten**. Hierzu bringen Sie Ihre Vermögenswerte in eine von Ihnen zu gründende Gesellschaft ein. Damit wird die Gesellschaft Eigentümerin des Vermögens. Anschließend beteiligen Sie Ihre künftigen Erben, meistens Familienmitglieder, an dieser Gesellschaft. Diese bekommen somit Gesellschaftsanteile, deren Höhe **allein Sie** bestimmen. Dadurch wird die Übertragung Ihres Vermögens künftig nur noch durch Ein- und Austritt von Familiengesellschaftern und die Veränderung derer Beteiligungsquoten gesteuert. Ihre künftigen Erben sind an die **von Ihnen** in dem Gesellschaftsvertrag festgelegten Regeln gebunden. Die Familienmitglieder können zu Ihren Lebzeiten, insbesondere aber auch nach Ihrem Tod über ihren Vermögensanteil nur noch im Rahmen des Gesellschaftsvertrages verfügen. Insbesondere bei Ihrem Tod regelt **nicht das Erbrecht**, wer und wie viel Ihre künftigen Erben von Ihnen erhalten, sondern der **von Ihnen** errichtete Gesellschaftsvertrag. Die Familiengesellschaft gibt Ihnen die Möglichkeit, Ihr Vermögen möglichst ungeschmälert durch Steuerbelastungen auf die nächste Generation bzw. auf die von Ihnen ausgewählten Personen zu tragen. Bei der Erbschaft- und Schenkungsteuer können Sie die Höhe der anfallenden Steuern durch die Ausnutzung von Gestaltungsspielräumen weitgehend selbst bestimmen.

Dies gilt auch insbesondere für die Einbringung von Immobilienvermögen, bei der sich der Anfall von Erbschaft-/Schenkungsteuer ganz oder in erheblichem Umfang vermeiden lässt.

Die Gesellschaftsanteile befinden sich anfangs ganz oder überwiegend in den Händen der Vermögensinhaber, meistens der Eltern. Sie werden dann von diesen schrittweise unter Ausnutzung der Erbschaft- und Schenkungsteuerfreibeträge auf die Familienangehörigen übertragen. Jeder Elternteil kann auf ein Kind steuerfrei alle 10 Jahre Vermögen in Höhe des persönlichen Freibetrages übertragen, so dass zur Zeit ein Kind von jedem Elternteil innerhalb eines Zeitraums von 30

Jahren je 1,2 Mio. EUR, von beiden Eltern insgesamt somit 2,4 Mio. EUR Vermögenswerte völlig steuerfrei erhalten kann. Bei zwei Kindern würde der Steuerfreibetrag schon 4,8 Mio. EUR betragen. Schon deshalb ist empfehlenswert, dass Eltern frühzeitig mit der lebzeitigen Vermögensübertragung an ihre künftigen Erben beginnen.

Durch diese schrittweise Weitergabe der Beteiligungen auf Kinder und Enkel lässt sich ein hohes Millionenvermögen völlig steuerneutral von der alten Generation auf die junge Generation überleiten.

Wenn der größte Teil des Vermögens nur einem Ehegatten gehört, sollte dieser einen höheren Gesellschaftsanteil zunächst auf den „ärmeren" Elternteil übertragen. Hier beträgt der Freibetrag immerhin 500.000 EUR. In einem weiteren Schritt können dann beide Elternteile Beteiligungen an der Familiengesellschaft auf die engsten Familienangehörigen, insbesondere Kinder und Enkel, übertragen.

Damit Ihre Altersversorgung gesichert ist, sollten Sie sich grundsätzlich die gesamten oder wesentlichen Teile der Einkünfte der Gesellschaft durch Gewinnbezug oder Nießbrauchsrechte an den eingebrachten Grundstücken oder an den Gesellschaftsanteilen vorbehalten. Damit stehen Ihnen die Einkünfte auch weiterhin zu, müssen aber wie bisher von Ihnen versteuert werden.

Grundsätzlich ist zu empfehlen, dass Sie sich schon bei der Gründung der Familiengesellschaft im Gesellschaftsvertrag das dauerhafte alleinige Recht zur Geschäftsführung sowie die Entscheidung über die Gewinnverteilung vorbehalten. Später können Sie jederzeit eine andere Gewinnverteilung vornehmen, insbesondere wenn die anderen Gesellschafter dadurch größere steuerliche Vorteile haben als Sie selbst.

Selbstverständlich müssen im Gesellschaftsvertrag auch Regeln getroffen werden, die die nächste Generation an einem Verkauf oder Belastung ihrer Anteile hindert. Hierzu ist vertraglich zu regeln, dass Empfänger beim Ausscheiden aus der Gesellschaft nur eine Abfindung zu einem Bruchteil des tatsächlichen Wertes ihres Anteils erhalten. Dadurch wird den Empfängern der Anreiz gegeben, dauerhaft in der Gesellschaft zu verbleiben bzw. bei ihrem Tod oder bei einem Ausscheiden aus der Gesellschaft die Anteile in der Gesellschaft zu belassen. Damit es sich auf Dauer um eine Gesellschaft handelt, an der nur enge Familienangehörige beteiligt sind, muss in dem Vertrag geregelt werden, dass Dritte, z.B. Schwiegerkinder, nicht Gesellschafter werden können.

2. Ziele der Familiengesellschaft

Bevor Sie weiterlesen, wollen Sie zunächst noch wissen, ob die Gründung einer Familiengesellschaft für **Sie** in Betracht kommt. Dies wird in der Regel dann der Fall sein, wenn die nachfolgend aufgeführten Ziele für Sie interessant sind:

- der langfristige Erhalt eines **größeren** Familienvermögens,
- die rechtzeitige und gerechte Regelung Ihrer Vermögensnachfolge,
- die Ausnutzung der Erbschaft- und Schenkungsteuerfreibeträge Ihrer künftigen Erben,
- die Aufteilung der Erträge Ihres Vermögens, z.B. Mieteinnahmen, Zinsen, auf die künftigen Erben in der Form, dass anfallende Einkommensteuer erheblich gemindert wird,
- die Verfügungsgewalt über Ihr Vermögen soll bis zu Ihrem Tod allein bei Ihnen verbleiben,
- die Vermeidung von Streit innerhalb der Familie zu Lebzeiten, aber insbesondere auch im Erbfall,

- möglichst wenig Aufwand für die Verwaltung Ihres Vermögens, auch in den nächsten Generationen,
- die Möglichkeit des Anfalls von Pflichtteilsansprüchen künftiger Erben auszuschließen,
- allein Sie über Änderungen des Gesellschaftsvertrages bestimmen können, weil Sie sich die Stimmenmehrheit vorbehalten.

Die Familiengesellschaft bietet somit sehr gute Voraussetzungen dafür, dass Ihr Vermögen dauerhaft in der Familie bleibt, ohne dass das Familienvermögen durch Steuerzahlungen, Erbstreitigkeiten oder durch den Zugriff Fremder aufgezehrt wird.

Neben wirtschaftlichen Vorteilen, die sich aus der Gründung einer Familiengesellschaft ergeben können, hat auch die schrittweise Unternehmensübergabe ertragssteuerliche Vorzüge. Durch die Progression im Einkommensteuersatz kann es nämlich vorteilhaft sein, die erzielten Gewinne (z. B. aus Mieteinnahmen und Zinsen) auf mehrere Steuerpflichtige innerhalb der Familiengesellschaft zu verteilen und somit weniger Steuern zu zahlen.

3. Gesellschaftsform, Gesellschaftsvertrag

Wenn Sie sich entschlossen haben, eine Familiengesellschaft zu gründen, dann müssen Sie sich zunächst für die Gesellschaftsform entscheiden. Hier gibt es verschiedene Möglichkeiten, z.B. die Gesellschaft des bürgerlichen Rechts (GbR), die Kommanditgesellschaft (KG), eine GmbH & Co. KG oder die GmbH. Grundsätzlich empfehle ich Ihnen zunächst eine GbR zu gründen, da dies ohne großen Aufwand und Kosten erfolgen kann. Sollte sich später herausstellen, dass Sie auch die Haftung begrenzen wollen, dann können Sie nachträglich die GbR in eine GmbH & Co. KG oder GmbH umfirmieren.

Da Sie selbst die Regeln des Gesellschaftsvertrages bestimmen, können Sie sich die Geschäftsführung vorbehalten und damit weiterhin alle „Fäden in der Hand halten". Hierdurch haben Sie die Möglichkeit, auf Ihre künftigen Erben Gesellschaftsanteile und damit Teile Ihres Vermögens zu übertragen, **ohne** den Einfluss auf Ihr Vermögen und die Gewinne zu verlieren. Sie können in dem Gesellschaftsvertrag auch Regelungen aufnehmen, die den Zusammenhalt des Vermögens sichern, z.B. durch Einschränkung von Kündigungsrechten, der Vererbung von Gesellschaftsanteilen sowie die Verpflichtung von Gesellschaftern zum Abschluss von Ehe- und Erbverträgen, deren wesentlichen Inhalt Sie im Gesellschaftsvertrag festlegen.

Im Übertragungsvertrag sollten Sie die Voraussetzungen, unter denen Sie die Übertragung von Vermögenswerten und von Gesellschaftsanteilen widerrufen können, detailliert festlegen. Reichen nämlich die Einkünfte der Gesellschaft zur Bestreitung Ihres Lebensunterhalts nicht aus, dann müssen Sie die Möglichkeit haben, durch den Widerruf der Übertragung Ihr Vermögen wieder zurück zu erhalten. Zu empfehlen ist auch, dass Sie Widerrufsrechte für bestimmte Situationen erhalten, z. B. wenn der Empfänger gegen Ihre Interessen und/oder der Gesellschaft verstößt. Nach der Rechtsprechung kann eine Übertragung von Privatvermögen jederzeit freiwiderruflich ausgestaltet werden. Anders ist es bei einem **uneingeschränkten** Widerrufsvorbehalt bei der GmbH & Co. KG. Dieser Vorbehalt führt dazu, dass keine sogenannte Mitunternehmerschaft und damit steuerliche Nachteile entstehen, da die Vergünstigungen für Betriebsvermögen bei der Schenkungsteuer keine Anwendung finden. Ansonsten sind auch bei der GmbH & Co. KG weitreichende Widerrufsvorbehalte möglich.

Schutz vor Gläubigern können Sie durch Aufnahme einer Regelung in den Gesellschaftsvertrag für den Fall treffen, dass ein Gläubiger des Empfängers in den Gesellschaftsanteil vollstrecken will. Diese Möglichkeit der Zwangsvollstreckung kann durch ein Widerrufsrecht ausgeschlossen werden. Widerrufen Sie nämlich Ihre Übertragung des Gesellschaftsanteils, dann „entziehen" Sie dem Gläubiger die Vollstreckung in den Anteil, dieser fällt an Sie zurück. Kein Gläubiger eines Gesellschafters kann in das Vermögen der Gesellschaft selbst vollstrecken, sondern immer nur in den Gesellschaftsanteil bzw. in den Abfindungsanspruch bei Auseinandersetzung der Gesellschaft. Da aufgrund gesellschaftsvertraglicher Vereinbarung der Abfindungsbetrag weit unter dem Verkehrswert des Gesellschafteranteils liegt, bleibt durch das Widerrufsrecht grundsätzlich das Gesellschaftsvermögen und damit das Familienvermögen erhalten.

Wenn Sie sich die alleinige Geschäftsführungsbefugnis und durch entsprechende Gestaltung des Gesellschaftsvertrages auch das alleinige Stimmrecht und Gewinnbezugsrecht einräumen lassen, dann können Sie völlig unabhängig von Ihrem

Kapital an der Gesellschaft Ihr Vermögen weiterhin regeln, Vermögensumschichtungen, Veräußerungen bzw. weitere Anschaffungen vornehmen, ohne die anderen Familiengesellschafter fragen zu müssen. Diese Flexibilität, also die Übertragung des Vermögens ohne die Verfügung zu verlieren, bieten Ihnen nur die Familiengesellschaft und der Nachfolge-Generationenvertrag.

Problematisch ist die Beteiligung von Minderjährigen an der Familiengesellschaft. Sie bedürfen nämlich hierzu der Genehmigung des Familiengerichts und es muss für jedes Kind ein Ergänzungspfleger bestellt werden.

Denken Sie immer daran, dass Ihnen die nächsten Angehörigen näher stehen als das Finanzamt, das Sozialamt, sonstige Gläubiger und auch die Schwiegerkinder. Die Vermögensübertragung auf die nächste Generation durch Gründung einer Familiengesellschaft, insbesondere bei größerem Vermögen, ist immer dann zu empfehlen, wenn Sie vor allem das Familienvermögen über Generationen hinweg zusammenhalten und Steuern sparen wollen.

Tritt der Erbfall ein, dann erfolgt die Übertragung der Gesellschaftsanteile eines Gesellschafters ausschließlich nach den in dem Gesellschaftsvertrag getroffenen Regelungen. Der Gesellschaftsanteil des Verstorbenen fällt **nicht** in den Nachlass und unterliegt damit auch grundsätzlich keinen Pflichtteilsansprüchen von enterbten gesetzlichen Erben. **Durch die Gründung einer Familiengesellschaft kann verhindert werden, dass Vermögensteile auf unliebsame Pflichtteilsberechtigte übergehen.** Beteiligen Sie Familienmitglieder an der Gesellschaft, so liegt keine Schenkung im **zivilrechtlichen** Sinne vor, so dass auch selbst dann keine Pflichtteilsergänzungsansprüche entstehen können, wenn Sie vor Ablauf von zehn

Jahren nach der Übertragung sterben sollten. Die Familiengesellschaft hat auch den großen Vorteil, dass im Gegensatz zur Erbengemeinschaft keiner der Gesellschafter bei Ihrem Tod die Teilungsversteigerung des Vermögens erzwingen kann. Dem Gesellschafter steht lediglich ein Kündigungsrecht zu und er erhält dann einen nach dem Gesellschaftsvertrag zu berechnenden Abfindungsbetrag, der erheblich unter dem Verkehrswert seines Anteils liegen kann. Damit wird die Zersplitterung Ihres Familienvermögens vermieden.

4. Steuern reduzieren

Ein wesentlicher Vorteil der Familiengesellschaft ist auch die Verringerung von Erbschaft- und Schenkungsteuer. Grund hierfür ist, dass in den Gesellschaftsanteilen hohe Vermögenswerte enthalten sein können, ohne dass diese in dem Wert des Anteils zum Ausdruck kommen.

Da die Einkünfte der Familiengesellschaft steueroptimal auf die Gesellschafter verteilt werden können, kann erhebliche Einkommensteuer aufgrund der Einkommensteuerprogression und durch die Nutzung der zusätzlichen Freibeträge gespart werden. Sind Kinder Gesellschafter, denen entsprechende Einkünfte zugerechnet werden sollen, dann ist zu beachten, dass ab einem bestimmten Einkommen das Kindergeld und die Versicherung in der Familienkrankenversicherung wegfallen.

Die Schenkung eines Gesellschaftsanteils an einer Familiengesellschaft ist grundsätzlich erbschaft- und schenkungsteuerpflichtig. Wenn Sie die Freibeträge der künftigen Erben voll ausnutzen, dann ist die Übertragung steuerfrei. Ein weiterer großer Vorteil der Familiengesellschaft ist, dass Sie die zu übertragenden Gesellschaftsanteile prozentual detailliert aufteilen können, was Sie bei einzelnen Vermögensgegenständen wie zum Beispiel Antiquitäten nicht können und bei der Übertragung einer Immobilie nicht wollen, damit diese nur einen Eigentümer erhält.

Wenn Sie die Vorteile der Familiengesellschaft überzeugen, dann empfehle ich Ihnen zunächst eine gewerblich geprägte Gesellschaft bürgerlichen Rechts zu gründen und in diese Ihr wesentliches Familienvermögen gegen Gewährung von Gesellschaftsrechten einzubringen. Ihre GbR kann sowohl steuerliches Betriebsvermögen besitzen (z. B. bei gewerblicher Prägung durch eine Kapitalgesellschaft als Gesellschafter) oder aber auch als rein vermögensverwaltende Gesellschaft ohne Betriebsvermögen tätig werden.

Die Bewertung von Grundstücken in der Familiengesellschaft erfolgt bei vermögensverwaltenden Gesellschaften bürgerlichen Rechts und vermögensverwaltenden Kommanditgesellschaften genauso wie sonst im Privatvermögen mit dem Verkehrswert. Jedoch können Verbindlichkeiten, die mit dem Grundstück in die Personengesellschaft eingebracht werden, wie im Privatvermögen **nur anteilig** abgezogen werden.

Liegt steuerliches Betriebsvermögen vor, z.B. durch die gewerbliche Prägung bei einer GmbH & Co. KG, so werden die eingebrachten Grundstücke ebenfalls mit dem Verkehrswert bewertet, jedoch können die Verbindlichkeiten sowohl im Erbfall als auch bei Schenkungen **voll abgesetzt** werden.

Bringen Sie in die Familiengesellschaft mit Ehegatten, Kindern, und/oder Enkeln Immobilien ein, so ist die Einbringung sowie die Übertragung von Gesellschaftsanteilen an diese grunderwerbsteuerfrei.

Sie können durch die entsprechende Gestaltung im Gesellschaftsvertrag durch den Gewinnverteilungsschlüssel höhere Einnahmen denjenigen Personen zurechnen, die über einen geringeren Steuersatz verfügen oder die Freibeträge noch nicht voll ausgenutzt haben.

Zu beachten ist, dass die Voraussetzung für die einkommensteuerliche Anerkennung einer Familiengesellschaft ist, dass der Gesellschaftsvertrag zivilrechtlich rechtswirksam ist, die vereinbarten Regelungen einem Fremdvergleich entsprechen und die getroffenen Regelungen auch tatsächlich durchgeführt werden sowie die Gewinnverteilung der Höhe nach jeweils angemessen ist. Angemessen ist die Gewinnverteilung dann, wenn sie auch unter fremden Personen üblich ist. Gründen Sie die Familiengesellschaft als GmbH & Co. KG mit dem Ziel der Haftungsbeschränkung, dann müssen die Regeln im Gesellschaftsvertrag so getroffen werden, dass alle Beteiligte Mitunternehmer sind und auch das Unternehmerrisiko mit tragen. So darf es z.B. nicht möglich sein, Gesellschaftern unter Ausschluss anteiliger Reserven zu kündigen. Bei einer Kommanditgesellschaft darf das Widerspruchsrecht des Kommanditisten nicht ausgeschlossen sein.

Da bei einer GmbH oder GmbH & Co. KG stets Betriebsvermögen vorliegt, müssen bei einer Auflösung der Gesellschaft, bei einem Verkauf an Dritte die künftigen Wertzuwächse der Vermögenssubstanz als aufgedeckte stillte Reserven versteuert werden. Bei entsprechender Gestaltung des Einbringungsvertrages gibt es die Möglichkeit, bei zum Teil schon abgeschriebenen Immobilien neues Abschreibungsvolumen zu schaffen. Die Nachteile der Versteuerung stiller Reserven entstehen nicht bei der Gründung einer Familiengesellschaft als GbR oder einer reinen Kommanditgesellschaft. Ebenso wie im Privatvermögen müssen Vermögenszuwächse nur innerhalb der Spekulationsfristen als Spekulationsgewinn versteuert werden.

Die Nachteile der Familiengesellschaft sind in den meisten Fällen, insbesondere bei der GbR, zu vernachlässigen. Der Verwaltungsaufwand ist sehr niedrig und wenn Sie sich die Stimmenmehrheit vorbehalten haben, dann können Sie auch gegen den Willen der anderen Gesellschafter Vertragsänderungen vornehmen. Wenn Sie statt der GbR gleich eine GmbH & Co. KG gründen, so fallen nicht unerhebliche Gründungskosten an, zusätzliche Kosten für die Zugehörigkeit zur Berufsgenossenschaft und der Industrie- und Handelskammer, jeweils mit Beitragspflicht, Gewerbesteuerpflicht, Bilanzierungspflicht und ggf. die Versteuerung stiller Reserven. Damit lohnt sich die Gründung der Familiengesellschaft als GmbH & Co. KG nur dann, wenn Sie zum einen erhebliches Vermögen haben, z.B. Mietshäuser mit hohen Mieteinnahmen, und die Beschränkung der Haftung der Gesellschaft gegenüber Gläubigern für Sie wichtiger ist als die Gründungs- und laufenden Kosten.

Schenkungen und Erbschaften führen sehr häufig zu einer Zersplittung des Vermögens. Anders wie bei einer Erbengemeinschaft kann bei einer Familiengesellschaft keiner der Gesellschafter die Teilungsversteigerung erzwingen. Damit verbleiben die Vermögenswerte auch im Erbfall Vermögen der Gesellschaft. Die einzelnen Gesellschafter können allenfalls die Gesellschaft kündigen.

5. Das Vermögen eines Unternehmens sichern

„Die erste Generation erstellt es, die zweite erhält es, die dritte zerschellt es".

Von dieser negativen Entwicklung sind zunehmend deutsche Familienunternehmen und –vermögen betroffen. Häufig scheitern die Unternehmen nicht an den sich immer schneller ändernden wirtschaftlichen Rahmenbedingungen, sondern vielmehr daran, dass die Übergabe der Verantwortung auf die nächste Generation zu spät erfolgt. Für die Schwierigkeiten bei der Überleitung des Familienunternehmens auf die nächste Generation ist auch verantwortlich, dass die heutige junge Generation häufig mit ideellen Werten wie Respekt, Integrität, Kontinuität, Vertrauen usw. und einem hohen Anspruch an die Qualität der Kommunikation nur wenig anfangen kann. Ideelle Werte sind gerade bei den Unternehmern, die das Unternehmen in der Nachkriegszeit unter schwierigsten Bedingungen aufgebaut haben, sehr wichtig. Zweifel an der Kompetenz des Nachfolgers und die Sorge um das eigene Ansehen und des Unternehmens führen sehr oft dazu, dass den Unternehmern das „Loslassen" von der Führung des Unternehmens sehr schwer fällt. Diese typischen Familienunternehmer übergeben deshalb nach Möglichkeit die Verantwortung für das Unternehmen und das Vermögen nur sehr ungern und meistens verspätet auf den Nachfolger.

Jede Unternehmensnachfolge ist kompliziert, weil sie das Gesellschafts-, Erb-, Sozial- und Steuerrecht berühren und diese genau aufeinander abgestimmt werden müssen. Bei der Übertragung eines Unternehmens an Angehörige sind andere Regeln zu beachten als bei der Übergabe durch Erbfolge oder durch Verkauf an Fremde. Eine Unternehmensnachfolge sollte immer zu Lebzeiten erfolgen, da nur hierbei eine frühe Einbindung des Nachfolgers mit **gleitendem Übergang** erfolgen kann. Als Übertragender können Sie für längere Zeit die Arbeit Ihres Nachfolgers kontrollieren und beratend tätig werden, ohne sich ständig mit dem Tagesgeschäft beschäftigen zu müssen. Mit der lebzeitigen Übertragung Ihres Unternehmens werden Auseinandersetzungen in der künftigen Erbengemeinschaft vermieden. Weiterhin können Sie die rechtliche und wirtschaftliche Lage Ihrer künftigen Erben, die nicht als Nachfolger Ihres Unternehmens in Betracht kommen, auch für die Zeit nach Ihrem Tod zufriedenstellend regeln.

Schwierig wird es, wenn Sie keinen Nachfolger aus der Familie finden, sei es ein Kind, Enkelkind oder entfernter Verwandter, dem Sie grundsätzlich mehr vertrauen als einem Fremden. Immer öfter kommt es vor, dass eigene Kinder kein Interesse an der Fortführung des Unternehmens der Eltern haben. Sie wollen sich selbst verwirklichen, ihren eigenen Weg gehen. Sie wollen eine andere Ausbildung haben und unabhängig von der Familie sein.

Als Unternehmer sollten Sie frühzeitig den Erhalt Ihres Familienvermögens vorbereiten und nicht erst abwarten, bis Sie aufgrund von hohem Alter oder von gesundheitlichen Beschwerden das Unternehmen nicht mehr allein führen können. In Ihre Überlegungen müssen Sie die Bereiche Familie, Vermögen und Unternehmen mit einbeziehen. Hierbei haben Sie die Fragen, was bedeutet der Familie das Unternehmen, soll es in der Familie bleiben oder verkauft werden, zu entscheiden. Haben Sie diese Fragen geklärt, können Sie die Einzelheiten zum Erhalt des Familienvermögens festlegen und damit über die Zukunft des Unternehmens entscheiden.

Wenn Sie das Unternehmen und damit einen wesentlichen Teil Ihres Familienvermögens langfristig erhalten wollen, dann kommt für Sie die Gründung einer Familiengesellschaft in Betracht. Kommt es Ihnen im Wesentlichen auf den Erhalt des Familienvermögens und nicht auf Steuersparen an, dann ist eine Familienstiftung zur Vermögensanlage gut geeignet. Für die Gründung einer gemeinnützigen Stiftung sollten Sie sich dann entscheiden, wenn Ihre Familie wirtschaftlich nicht auf Ihr Vermögen angewiesen ist. Mit einer gemeinnützigen Stiftung können Sie das Familienvermögen dauerhaft erhalten, als Stifter wesentlichen Einfluss auf das Stiftungsvermögen nehmen und ein Drittel des von der Stiftung erwirtschafteten Gewinns für sich und Ihre Familienangehörigen verbrauchen.

Falls es nicht möglich ist, das Unternehmen in der Familie zu behalten und nur noch ein Verkauf übrig bleibt, dann müssen Sie im Interesse des Erhalts des Familienvermögens rechtzeitig planen, wie Sie den Verkaufserlös langfristig anlegen.

III.

Der Nachfolge-Generationenvertrag

1. Allgemeines

Der Nachfolge-Generationenvertrag ist eine spezielle Form des Vertrages der vorweggenommenen Erbfolge, mit dem alle Vorteile der lebzeitigen Übertragung auf die nächste Generation sowohl für den Übertragenden wie auch für den Empfänger zusammengefasst werden.

Seit einigen Jahren werden in der juristischen Literatur Grundstücksübertragungen der vorweggenommenen Erbfolge typisiert nach Grundmodellen z.B. Grundstücksübertragung mit Nießbrauchsvorbehalt, Immobilienübergabe mit Wohnungsrecht und Verpflichtung zur Versorgung, Wart und Pflege, Grundstücksübertragung gegen Zahlung einer lebenslangen Rente bzw. Übernahme vorhandener Schulden. Diese „Grundmodelle" zeigen jedoch Fallgestaltungen, die nur bei ganz bestimmten Familienverhältnissen Ihren Interessen und dem Interesse der Empfänger gerecht werden.

Die Bezeichnung **„Generationenvertrag"** ist kein fester Rechtsbegriff. Das Bundesministerium für Finanzen definiert den Begriff wie folgt: „Der Generationenvertrag bezeichnet ein Umlageverfahren zur Finanzierung der gesetzlichen Rente: Die (i.d.R. nicht selbständig) arbeitende Generation finanziert mit ihren Beiträgen zur gesetzlichen Rentenversicherung die Rentner von heute. Der Generationenvertrag gilt im gegenseitigen Einverständnis, ohne dass er ausgesprochen oder schriftlich festgelegt wurde."

Der Autor benutzt die Bezeichnung **"Nachfolge-Generationenvertrag"** für seinen von ihm entwickelten, seit Jahrzehnten erfolgreich in der Praxis bewährten neuen Vertragstyp zur Regelung der wichtigsten Probleme, die mit einer lebzeitigen Nachfolgeregelung zum dauerhaften Erhalt des Familienvermögens in den nächsten Generationen auftreten können. Mit dem zwischen der alten Generation und der jungen Generation geschlossenen **Nachfolge-Generationenvertrag** können u.a. **Erbenstreit, Zugriff von Gläubigern** auf das übertragene Vermögen und hohe **Steuern** vermieden werden. Das **wirtschaftliche Eigentum** des übertragenen Vermögens bleibt lebenslang bei der alten Generation, sie kann den Rechtszustand vor Abschluss des Vertrages mit einem **steuerfreien vertraglichen Rückruf** wieder herstellen. Spezielle Regelungen vor allem des Erbrechts, des Familienrechts, des Steuerrechts, des Sozialrechts und des Gesellschaftsrechts sorgen für den **Erhalt des Familienvermögens** zumindest bis in die Enkelgeneration. Die junge Generation übernimmt als Gegenleistung unter anderem die **Verpflichtung zur Organisation und Überwachung der häuslichen Versorgung, Wart und Pflege** der alten Generation in deren gewohnten Umgebung zur **Vermeidung des Pflegeheims**.

Es handelt sich bei dem **Nachfolge-Generationenvertrag** nicht um eine "Neuerfindung", vielmehr um eine spezielle vertragliche Regelung einer in der Bevölkerung schon immer bewährten Tradition der Übergabe des Familienvermögens zu Lebzeiten auf die nächste Generation. Solche seit Menschengedenken üblichen Regelungen, insbesondere in der Landwirtschaft und dem Adel, haben dafür gesorgt, dass das Familienvermögen auch in der nächsten Generation in der Familie bleibt und vermehrt wird. Besonders in der Landwirtschaft war und ist es auch heute noch üblich, als Gegenleistung für die

Übertragung des Betriebs auf den Nachfolger eine umfassende Versorgung des übertragenden Landwirts zu vereinbaren.

Verschiedene Gegenleistungen wie Versorgung auf Lebenszeit mit Wohnrecht werden unter dem Begriff „**Leibgeding**" (auch „Altenteil", „Leibzucht" oder „Auszug" genannt) zusammengefasst. Dieser Begriff wurde bereits in früheren Landesrechten verwendet. Eine Definition des Begriffs durch die Rechtsprechung und Literatur liegt bis heute nicht vor. In dem Vertrag zur Vereinbarung des Leibgeding erhält der Landwirt als Gegenleistung für die Hofübergabe von dem Empfänger eine umfassende lebenslange Versorgung mit Wohnungsrecht.

Bei einem Leibgeding-Vertrag stehen sich Leistung und Gegenleistung wertmäßig **nicht** gleichwertig gegenüber. Die wichtigsten Gegenleistungen sind Sach- oder Dienstleistungen. Die persönlichen Beziehungen zwischen dem Übertragenden und dem Empfänger stehen im Mittelpunkt. Die Rechte des Übertragenden, z.B. Vorbehaltsnießbrauch, Reallasten, beschränkt persönliche Dienstbarkeiten, Rentenzahlungen und Rückrufsrecht sind dinglich abzusichern, das heißt die Rechte werden im Grundbuch des übertragenen Grundbesitzes eingetragen. Die Vereinbarung als Leibgeding hat erhebliche grundbuchrechtliche, kostenrechtliche und vollstreckungsrechtliche Vorteile allein schon dadurch, dass die einzelnen Rechte des Übertragenden, ohne im Einzelnen aufgeführt zu werden, unter Bezugnahme auf die Eintragungsbewilligung im Grundbuch erhebliche Kostenersparnis gegenüber den Einzeleintragungen hat. Sollte es zu einer Zwangsversteigerung des übertragenen Grundstücks kommen, dann hat der Berechtigte des Leibgedings einen besonderen Schutz gemäß § 9 I EGZVG. Grundsätzlich bleibt das ranghöher im Grundbuch eingetragene Leibgeding gegenüber dem betreibenden

Recht bei der Zwangsversteigerung des Grundstücks unberührt. Hierzu reicht aus, wenn sich der Charakter des Leibgeding hinreichend deutlich aus der im Übertragungsvertrag enthaltenen Eintragungsbewilligung ergibt. Das Leibgeding hat auch erhebliche steuerliche Vorteile.

Ob im Nachfolge-Generationenvertrag ein Leibgeding vereinbart wird, kommt auf den Einzelfall an. Regelmäßig wird das Leibgeding heute nicht ausreichen, um das Familienvermögen für die nächsten Generationen zu sichern. Immerhin ist die Entwicklung des Leibgeding die Grundlage für die Entwicklung des Nachfolge-Generationenvertrages.

Beispiel aus der Landwirtschaft

Der 60 Jahre alte Bauer überträgt zu seinen Lebzeiten seinen Landwirtschaftsbetrieb, der nachweisbar über 400 Jahre in der Familie ist, auf seinen Sohn und erhält als Gegenleistung von ihm unter Auflagen und Bedingungen das lebenslange Wohnungsrecht, kostenlose Verpflegung und eine monatliche Rente. Kommt der Sohn seinen Verpflichtungen nicht ordnungsgemäß nach, kann der Vater den Landwirtschaftsbetrieb von ihm zurückfordern, der Betrieb geht wieder in sein Eigentum über.

Alte Begriffe und Rechte wie Altenteil, Ausgeding, Ausstattung, weichende Erben, Verpflichtung zur Versorgung der alten Generation, Rückrufsrecht, Abgabenlast, Testamentsvollstreckung, wurden der heutigen Zeit angepasst und in den Nachfolge-Generationenvertrag übernommen.

2. Motive und Ziele des Nachfolge-Generationenvertrages

Wichtig ist, Ihre Altersversorgung zu sichern, Ihr Vermögen vor dem Zugriff von Gläubigern (z.B. Banken, Schwiegerkindern, dem Staat) zu schützen, das Familienvermögen für die nächsten Generationen zu erhalten, Streit unter den künftigen Erben, hohe Steuern und Ihr Abschieben in ein Pflegeheim zu vermeiden.

Da keiner von uns den Zeitpunkt seines Todes kennt, können wir auch nicht die zum Zeitpunkt des Todes vorhandenen familiären, wirtschaftlichen und steuerlichen Umstände voraussehen und die letztwillige Verfügung (Testament, Erbvertrag) hierauf einrichten. Ab dem Todeszeitpunkt gibt es keine Möglichkeit mehr zur Abänderung der letztwilligen Verfügung, somit zur Umstellung auf die dann herrschenden Verhältnisse. Die dann geltenden Sozial- und Steuergesetze sowie die familiären Umstände sind, so sagt es uns die Erfahrung, meist völlig anders, als Sie es sich als künftiger Erblasser vorgestellt und gewünscht haben.

Dagegen sind Ihnen bei lebzeitiger Vermögensübertragung die Rechtslage und die Familienverhältnisse genau bekannt und Sie können die Vermögensübertragung auf die nächste Generation entsprechend gestalten.

Wenn Sie Ihr Vermögen ganz oder teilweise ohne hohe Steuern, Vermögensverluste und Erbenstreit auf die künftigen Erben übertragen wollen, dann ist der Abschluss eines Nachfolge-Generationenvertrags zu empfehlen.

Mit einem Nachfolge-Generationenvertrag erbringen Sie gegenüber den künftigen Erben nicht nur einseitig Leistungen wie beim Vererben oder Verschenken Ihres Vermögens, sondern Sie erhalten zu Lebzeiten von dem Empfänger **Gegenleistungen**, die er, selbst wenn er sich im Ausland aufhält, erbringen kann. Die alte Generation und die junge Generation helfen sich gegenseitig, zum Wohl aller Beteiligten.

Die Motive des Übertragenden und des Empfängers zum Abschluss eines Nachfolge-Generationenvertrages sind oft völlig verschieden. Das Interesse des Übertragenden, die gewillkürte oder gesetzliche Erbfolge vorwegzunehmen und sich schon zu Lebzeiten von einem Teil seines Vermögens zu trennen, wird vor allem durch folgende Ziele bestimmt:

- Steuerung der Vermögensübertragung – wer erhält wie viel von Ihrem Vermögen,

- die Übertragung wesentlicher Vermögenswerte auf Ihre künftigen Erben mit der Absicht, das Familienvermögen auch in den nächsten Generationen zu erhalten,

- die Sicherung Ihrer Altersversorgung und Versorgung für den Fall, dass Sie sich nicht mehr ohne fremde Hilfe versorgen können,

- die Reduzierung von Pflichtteilsansprüchen z.B. durch vertragliche Abfindung von Pflichtteilsberechtigten,

- die Verhinderung des Zugriffs von Gläubigern auf das von Ihnen übertragene Vermögen,

- die Stärkung der familiären Bindung der Vertragsbeteiligten,

- die Förderung der Motivation Ihres Vermögensnachfolgers (Empfänger) zur Erhaltung der von Ihnen bereits zu Lebzeiten übertragenen Vermögenswerte,

- die Vermeidung bzw. Reduzierung von Altersarmut bei dem Empfänger,

- der Verbleib des lebenslangen **wirtschaftlichen** Eigentums bei Ihnen trotz Übergang des **juristischen** Eigentums auf den Empfänger,
- Ihre Möglichkeit der steuerfreien Rückforderung des übertragenen Vermögens und damit Herstellung des juristischen Zustands wie vor der Übertragung,
- Ihre Unternehmensnachfolge zu sichern und zu überwachen,
- die Zersplittung von Vermögen zu vermeiden (z.B. bei Erbstreitigkeiten),
- den Vermögensübergang an Fremde, insbesondere an Lebensgefährten und Ehegatten von Ihren Kindern (Schwiegerkinder) und in besonderen Fällen an Enkel zu vermeiden,
- Befreiung von der Verwaltung der übertragenen Vermögensgegenstände (vor allem Immobilien),
- Vermeidung des Zugriffs des Staates (des Sozialhilfeträgers) nach dem Sozialgesetzbuch auf das Vermögen,
- der lebzeitige Ausgleich unter den Erben und damit Vermeidung von Erbstreitigkeiten,
- Sparen von Schenkung-/Erbschaftsteuern, Ertragsteuern, Grunderwerbsteuern,
- Verbleib in Ihrer bisherigen Wohnung und Vermeidung der Abschiebung in ein Altenheim/Pflegeheim,
- lebenslang Anerkennung, Dankbarkeit und Vertrauen des Empfängers.

Der **Empfänger** hat an dem Abschluss des Nachfolge-Generationenvertrages insbesondere folgende Interessen:

- Entgegen nur der Hoffnung den Vermögensgegenstand zu erben erhält er diesen mit Sicherheit und behält diesen, wenn er nicht gegen die von ihm akzeptierten Bedingungen und Auflagen verstößt,
- er hat die Möglichkeit, über den Vermögensgegenstand mit Zustimmung des Übertragenden schon jetzt verfügen zu können und muss nicht erst seinen Tod abwarten,
- er kann schon jetzt mit Zustimmung des Übertragenden in den übertragenen Vermögensgegenstand investieren,
- er erhält mit der Vermögensübertragung eine Gegenleistung für das Eingehen von Verpflichtungen, z.B. für die Übernahme der Verpflichtung zur Versorgung, Wart und Pflege des Übertragenden,
- er kann sich auf die jetzt geltenden steuerlichen und sozialrechtlichen Bestimmungen einrichten, Steuerlasten vermindern und durch geeignete Bestimmungen den Zugriff des Sozialamtes auf den erhaltenen Vermögensgegenstand vermeiden.

Entscheidend ist, dass die unterschiedlichen Interessen des Übertragenden und des Empfängers im Ergebnis die gleiche Zielrichtung haben.

Gegenstand eines Nachfolge-Generationenvertrages können eine Vielzahl von Gestaltungen und Regelungen sein. Entsprechend vielfältig sind bei diesem Übergabevertrag die persönlichen und wirtschaftlichen Ausgangsvoraussetzungen und auch die persönlichen und wirtschaftlichen Zielsetzungen. Deshalb lassen sich für den Nachfolge-Generationenvertrag keine Fallgruppen/Standardlösungen von typisierten Verträgen bilden, es kommt immer auf den Einzelfall an.

Die Belastung, die die Verwaltung von Vermögenswerten, insbesondere von Immobilien mit sich bringt, ist oft ein wichtiges Motiv für die lebzeitige Übertragung. Oft sind ältere Menschen mit der Vermietung einer Immobilie, dem Ärger mit einem Mieter, erforderliche Reparaturen und Renovierungen und damit verbundenen Verhandlungen mit Handwerkern und deren Überwachung völlig überfordert. Deshalb wünschen sie sich von den Nachteilen des betreffenden Vermögens durch Übergabe an die jüngere Generation zu befreien. Zu warnen ist hier jedoch vor dem Verschenken des betreffenden Vermögenswertes, da hierdurch erhebliche Nachteile entstehen können.

Grundsätzlich sollten Übertragungen zu Lebzeiten immer nur so erfolgen, dass Sie die Vermögenswerte nicht vollständig aus der Hand geben, sondern mit einem speziellen vertraglichen Rückrufsrecht den juristischen Zustand vor der Übertragung ohne großen Aufwand wieder herstellen können. Dies gilt vor allem für eine von Ihnen selbst bewohnte Immobilie oder von Ihnen vermietete Immobilie, auf deren Miete Sie angewiesen sind oder in Zukunft angewiesen sein können.

Die vorweggenommene Erbfolge als Nachfolge-Generationenvertrag wird durch die Rechtsprechung tendenziell begünstigt. Auch sehr weitgehende Verpflichtungen des Empfängers als Gegenleistung für die Vermögensübertragung stehen einer Einordnung in das „mit Rücksicht auf ein künftiges Erbrecht" erworbene Vermögen nicht entgegen. Vielmehr sprechen gerade Gegenleistungen wie die Einräumung eines Wohnungsrechts, der Vorbehaltsnießbrauch, die Übernahme der Verpflichtung zur Versorgung, Wart und Pflege, die Abfindung von Geschwistern, die Übernahme von Schulden durch den Empfänger, der Kostentragung der Beerdigung und der Grabpflege für einen Vertrag der vorweggenommenen Erbfolge.

Nach ständiger Rechtsprechung wird der Wert der Gegenleistungen nach der sich aus der Sterbetafel ergebenden **statistischen** Lebenserwartung und nicht nach der **tatsächlichen** Lebensdauer des Übertragenden bewertet.

Beim **entgeltlichen** Erwerb werden Vermögenswerte, die noch im Endvermögen vorhanden sind, mit ihrem vollen Wert in den Zugewinnausgleich eingestellt. Anders ist es bei dem im Wege der vorweggenommenen Erbfolge als Nachfolge-Generationenvertrag erworbenen Vermögen, da dieses nur nach Abzug der Verbindlichkeiten dem Anfangsvermögen des Empfängers zuzurechnen ist. Damit unterliegt dieses Vermögen nur mit seiner Wertsteigerung dem Zugewinnausgleich. Der Nachfolge-Generationenvertrag stellt somit bei der Zuwendung an verheiratete Empfänger eine günstige Alternative zum entgeltlichen Erwerb dar.

Oft wollen Eltern einem Kind Vermögen zu Lebzeiten übertragen ohne dass ihre anderen Kinder benachteiligt werden. In dem Nachfolge-Generationenvertrag wird in solchen Fällen auch der Zeitpunkt der **Ausgleichszahlung** geregelt (Gleichstellungsabrede). Diese Ausgleichsansprüche unterliegen kenntnisabhängig nicht mehr einer Verjährungsfrist von 30 Jahren, sondern der Regelverjährungsfrist von 3 Jahren. Von der Regelverjährungsfrist kann nur dadurch abgewichen werden, dass sich der die Ausgleichszahlung leistende Empfänger in der notariellen Urkunde der sofortigen Zwangsvollstreckung unterwirft.

Denken Sie immer daran, dass der Familienfrieden nur gewahrt werden kann, wenn Ihre künftigen Erben in die Erbfolgeplanung rechtzeitig einbezogen werden. Das ist nicht einfach und kostet Überwindung, da keiner von uns gern an seinen Tod und damit an seine Nachfolge denkt. Aber es ist unerlässlich, wenn Sie Ihr Vermögen auch in der nachfolgenden Generation erhalten wollen. Trotz allem Bemühen bei der Errichtung Ihrer letztwilligen Verfügung werden Sie die steuerlichen, sozialrechtlichen, familiären und gegebenenfalls gesellschaftsrechtlichen Nachteile einer Vererbung von Vermögen nicht vermeiden können. Zum einen wird Ihre letztwillige Verfügung bei Ihrem Tod selten auf dem neuesten rechtlichen und familiären Stand sein, zum anderen können Sie das Testament nach Ihrem Tod nicht mehr ändern und die Erben sind hieran gebunden.

Wenn Sie auf Ihren künftigen Erben zu Lebzeiten Vermögenswerte mit einem Vertrag der vorweggenommenen Erbfolge als Generationenvertrag übertragen wollen, dann müssen folgende wesentlichen Voraussetzungen gegeben sein:

1. Nach der Vermögensübertragung dürfen Sie rechtlich und wirtschaftlich nicht schlechter, sondern müssen besser stehen als vor der Übertragung,

2. Sie (und gegebenenfalls Ihr Ehepartner) müssen das Recht behalten, das lebzeitig übertragene Vermögen wie ein Eigentümer lebenslang nutzen zu können, d.h. wirtschaftlicher Eigentümer bis an Ihr Lebensende bleiben zu können,

3. Sie müssen das Recht erhalten, jederzeit das von Ihnen übertragene Vermögen grundsätzlich steuerfrei und ohne Streit und ohne Komplikationen von dem Empfänger zurückrufen zu können,

4. der Empfänger muss sich verpflichten dafür zu sorgen, dass Sie im Fall von Krankheit, Alter, Unfall in Ihrer gewohnten Umgebung zu Hause bleiben können und nicht in

ein Alten- oder Pflegeheim gegen Ihren Willen abgeschoben werden,

5. Sie müssen sicher sein können, dass nach Ihrem Tod Erbstreitigkeiten unter Ihren künftigen Erben vermieden wird,

6. der Nachfolge-Generationenvertrag muss sicherstellen, dass das übertragene Vermögen zumindest bis in die nächste Generation erhalten bleibt und vor dem Zugriff von Gläubigern geschützt wird.

Entscheidend vor der Gestaltung des Nachfolge-Generationenvertrages ist die eingehende Klärung Ihrer Familienverhältnisse. Jeder Nachfolge-Generationenvertrag ist anders, Musterverträge gibt es nicht. Einen Normvertrag kann es nicht geben, weil die Familienverhältnisse zu unterschiedlich sind und jede Vereinbarung innerhalb des Vertrages auf Ihre speziellen Verhältnisse und die der Empfänger abgestimmt sein muss. Nur wenn dies der Fall ist und alle Vertragsbeteiligten erhebliche Vorteile erhalten, ist der Übertragende bereit, sich von einem Teil seines Vermögens zu trennen und auf den künftigen Erben zu übertragen. Ein Nachfolge-Generationenvertrag, mit dem die Eltern ihr selbst bewohntes Einfamilienhaus nur auf ihre Tochter und nicht auch auf ihren Sohn übertragen wollen, muss anders gestaltet werden als ein Vertrag, mit dem die Witwe ohne Verwandte ihr Dreifamilienhaus auf den Nachbarn überträgt gegen Übernahme ihrer Versorgung, Wart und Pflege. Die Übertragung eines Handwerksbetriebes mit dem Betriebsgebäude auf den Nachfolger gegen ein spezielles Nießbrauchsrecht, Übernahme der Versorgung, Wart und Pflege des Übertragenden und Rückrufsrecht bei Verletzung von Auflagen wird einen anderen Vertragsinhalt erfordern als die lebzeitige Übertragung von GmbH-Anteilen eines Unternehmens auf die Ehefrau und die Kinder des Unternehmers.

Ob ich Ihnen z.B. die Übertragung einer Immobilie im Wege der vorweggenommenen Erbfolge auf Ihre Kinder empfehlen kann, hängt nicht nur von Ihnen allein, sondern von allen Beteiligten einer Vermögensübertragung ab. Hierfür ist erforderlich, dass ich die von Ihnen gewünschten Ziele sowie Ihre Familien- und Vermögensverhältnisse mit Ihnen eingehend bespreche. Erst danach kann ich Ihnen einen Vorschlag unterbreiten, wie Sie Ihr Familienvermögen erhalten können ohne Ihre persönliche und wirtschaftliche Situation zu verschlechtern. Hierbei sind insbesondere die familiären, steuerlichen und sozialrechtlichen Folgen der Übertragung zu klären. Dabei darf nicht in Schablonen gedacht und hierzu ein bestimmter Vertragstyp als Grundlage genommen werden. Welcher Vertrag für Sie und Ihre Familie der richtige ist, kann nur auf der Basis des Ergebnisses der mit allen Beteiligten geführten Gespräche geklärt werden. Ihnen muss die rechtliche Tragweite der von Ihnen gewünschten und von mir vorgeschlagenen Regelung bewusst sein. Immer wieder kommt es vor, dass eine Regelung gewünscht wird, die ich aufgrund der persönlichen und wirtschaftlichen Verhältnisse der Beteiligten nicht empfehlen kann. Dann ist es meine Aufgabe, die Nachteile der gewünschten Regelung darzulegen und den Übertragenden von einer anderen Regelung zu überzeugen. Sehr oft steht der Wunsch nach einer optimalen steuerlichen und nicht nach einer familiengerechten Gestaltung an erster Stelle. Letztlich müssen aber Sie selbst entscheiden, ob Ihnen heute Steuerersparnis wichtiger ist als die Zufriedenheit der künftigen Erben. Steuerliche Gesichtspunkte sind äußerst wichtig und müssen bei jeder Vermögensübertragung berücksichtigt werden, dürfen aber nicht den Ausschlag für Ihre Entscheidung geben, wie die Vermögensübertragung erfolgen soll. Wenn

Sie sich entschlossen haben, Ihre Vermögensangelegenheiten im Hinblick auf den Übergang auf die nächste Generation zu regeln, dann werden Sie regelmäßig auch schon wissen, wer Vermögen von Ihnen erhalten soll und in welcher Höhe. Von dem Berater werden Sie dann erwarten, dass er Sie berät, welche wirtschaftlichen und familiären Folgen Ihr Entschluss haben kann und in welcher rechtlichen Form die Vermögensübertragung erfolgen sollte. Wenn wir zu dem gemeinsamen Ergebnis kommen, dass die Übertragung von wesentlichem Vermögen zu Lebzeiten erfolgen sollte, dann müssen wir die Einzelheiten des Vertrages besprechen. Wird eine Einigung erzielt, dann sollte der Vertrag auch umgehend gefertigt, mit den Beteiligten besprochen und notariell beurkundet werden. Immer wieder kommt es vor, dass die Fertigung des Vertrages, seine Besprechung oder seine Beurkundung aus persönlichen Gründen hinausgezögert wird, z.B. weil man sich doch nicht so schnell von seinem Vermögensgegenstand trennen will oder einem später noch andere Möglichkeiten eingefallen sind. Es kommt vor, dass die Übertragenden mit der Art und der Form des vorgeschlagenen Vertrages einverstanden sind, den Auftrag zur Fertigung des Vertrages erteilen, dieser Ihnen zugesandt wird und ich dann von ihnen lange Zeit nichts mehr höre. In solchen Fällen habe ich es einige Male erlebt, dass ein Todesfall in der Familie des Mandanten eintritt und damit seine Ziele zum Erhalt des Familienvermögens nicht mehr verwirklicht werden können. Typisch hierfür ist folgendes **Beispiel**:

> Seit vielen Jahren habe ich einen Unternehmer rechtlich betreut. Eines Tages erzählte er mir, dass er sich um den Bestand seines Unternehmens Sorgen mache, da weder seine Ehefrau noch seine vier Kinder in der Lage seien, sein Unternehmen fortzuführen. Er sei zwar gesund, aber geschäftlich viel unterwegs und müsse des-

halb auch mit einem Unfall und damit längerem Ausfall seiner Arbeitskraft im Betrieb rechnen. Anlass des Gesprächs sei, dass ein guter Freund von ihm auf dem Tennisplatz völlig unerwartet einen Herzinfarkt erlitten, daran gestorben sei und sich jetzt seine Familie um das Erbe streiten würde. Das wolle er seiner Familie auf keinen Fall antun und deshalb so schnell wie möglich seine Nachfolge regeln. Wir haben dann die verschiedenen Möglichkeiten des Übergangs des Unternehmens und des Privatvermögens auf seine Ehefrau und seine Kinder besprochen. Obwohl ich ihm die Nachteile des Vererbens seines Unternehmens dargelegt hatte, wollte er mit seiner Ehefrau ein Testament errichten. Eine Übertragung im Wege der vorweggenommenen Erbfolge, die ausführliche Besprechungen mit seinen Kindern erforderlich machen würden, könne später folgen. Wir sind dann so verblieben, dass er mir seine Wünsche für den Entwurf eines Testaments zukommen lässt und wir anschließend einen Besprechungstermin mit seiner Ehefrau vereinbaren. Hierauf hörte ich einige Monate von ihm nichts, weder hat er mir die Unterlagen geschickt, noch einen Besprechungstermin vereinbart. Deshalb habe ich ihn angerufen und gefragt, ob er eigentlich das Testament noch wolle. Er bejahte dies und sagte, er hätte geschäftlich sehr viel zu tun und sei bisher nicht dazu gekommen, die Unterlagen herauszusuchen und mit seiner Ehefrau über den Inhalt eines Testaments zu sprechen. Das wolle er jetzt aber sehr schnell nachholen. Wieder hörte ich einige Monate von ihm nichts bis wir eine geschäftliche Besprechung hatten. Hier entschuldigte er sich mit Arbeitsüberlastung, er sei einfach noch nicht dazu gekommen. An seiner Entscheidung, möglichst schnell ein Testament zu errichten, mit seiner Ehefrau und den Kindern zu sprechen und dann einen Übertragungsvertrag zu schließen, hätte sich aber nichts geändert. Ganz im Gegenteil, das müsse jetzt alles sehr schnell geschehen. Wieder hörte ich einige Zeit von ihm nichts, bei einem Telefonat bestätigte er mir, dass er jetzt die Unterlagen heraussuchen werde und mit seiner Ehefrau zu einer Besprechung kommen werde. Wie es weiter geht, können Sie sich wohl jetzt schon vorstellen: Zwei Monate nach dem Gespräch rief mich seine Ehefrau an und teilte mir mit, dass ihr Ehemann vor zwei Tagen an einem Herzinfarkt gestorben sei. Sie wisse nicht, was sie machen solle, der Geschäftsführer seiner Firma habe keine Anweisungen, wie er das Unternehmen weiterführen solle, ein Testament sei nicht vorhanden. Nach diesem Telefonat hat sich die Witwe bei mir nicht mehr gemeldet, dagegen vereinbarte vier Monate nach dem Tod des Unternehmers sein Sohn mit mir einen Besprechungstermin. Hier erzählte er mir, dass er sich mit zwei seiner Geschwister wegen des Erbes völlig zerstritten habe. Seine Mutter hätte den Geschäftsführer entlassen und ihren ältesten Sohn als Geschäftsführer eingesetzt. Dieser habe sich jedoch um das Unternehmen nicht gekümmert und mache jetzt nichts wie Fehler. Er bat mich, ihn gegen seine Mutter und seinen Bruder zu vertreten, was ich jedoch ablehnte. Ein Jahr nach diesem Gespräch musste das Unternehmen Insolvenz anmelden.

Ein anderes **Beispiel**:
Die Tochter Anna übermittelte mir den Wunsch ihrer im Krankenhaus liegenden Mutter für diese ein notariell zu beurkundendes Testament zu entwerfen. Hierauf besuchte ich die Mutter im Krankenhaus und sie erzählte mir, dass sie damit rechnen müsse, aufgrund ihrer schweren Operation sterben zu müssen. Sie war bei klarem Verstand und teilte mir ihre Wünsche für ein Testa-

ment mit. Ich sicherte ihr zu, den Entwurf des Testaments noch heute zu schreiben und ihr am nächsten Tag überbringen zu lassen. Wenn sie mit meinem Entwurf einverstanden sei, dann solle sie mich anrufen bzw. anrufen lassen und ein Notar würde dann umgehend zu ihr in das Krankenhaus kommen und die Beurkundung vornehmen. Das Testament habe ich gefertigt und ihr am nächsten Vormittag überbringen lassen. Nachdem ich vier Tage von ihr nichts hörte, rief ich zunächst ihre Tochter an und fragte, warum ihre Mutter nicht antworte. Die Tochter sagte mir, die Mutter habe das Testament gelesen, sie sei damit voll einverstanden, wolle aber mit der Beurkundung noch etwas warten. Meine Frage, ob die Mutter bei klarem Verstand sei, wurde von der Tochter bejaht. Anschließend habe ich zur Vorsicht die Mutter angerufen und sie gefragt, ob der Notar zur Beurkundung jetzt kommen könne. Sie bestätigte, dass sie mit dem Inhalt des Testaments einverstanden sei, genauso habe sie es haben wollen. Sie würde mich anrufen, sobald der Notar kommen solle. Bei diesem Gespräch machte die Mutter einen geistig klaren Eindruck, sie wusste genau worum es ging, beantworte auch Fragen von mir zu Einzelheiten des Testaments verständlich und überzeugend. Drei Tage später rief mich die Tochter an und teilte mit, dass ihre Mutter verstorben sei. Bis zuletzt sei sie bei klarem Verstand gewesen. Die Tochter weinte und erzählte, dass Ihr Stiefvater und ihre Stiefschwester sie aufgefordert hätten, aus dem Haus auszuziehen. Sie hätten ein altes Testament gefunden, wonach der Stiefvater und die Stiefschwester Alleinerben wären. Später kam es zu einem jahrelangen Erbstreit, die Tochter Anna erhielt den Pflichtteil und nicht wie von ihrer Mutter in dem von mir aufgesetzten Testament geplant als Vermächtnis das Zweifamilienhaus.

Nun zum dritten **Beispiel**:
Nach einem meiner Vorträge zur vorweggenommenen Erbfolge kam ein Ehepaar zu mir zur Beratung. Der Ehemann war in zweiter Ehe verheiratet und hatte aus der ersten Ehe eine Tochter, aus der jetzigen Ehe einen gemeinsamen Sohn. Zweiundzwanzig Jahre hat der Mandant von seiner Tochter aus erster Ehe nichts gehört, jetzt hätte sie einen Brief geschrieben in dem sie die Auszahlung ihres Erbes verlangt. Zunächst habe ich die Mandanten darüber aufgeklärt, dass die Tochter aus erster Ehe keinen Anspruch auf die Auszahlung eines **künftigen** Erbes nach ihrem Vater habe. Sie könne erst nach dem Tod ihres Vaters erben, die Höhe richte sich nach ihrem Erbanspruch und dem vorhandenen Nachlass. Mit dieser Auskunft zeigten sich die Mandanten sehr erleichtert, wollten aber jetzt so schnell wie möglich Vorsorge dagegen treffen, dass die Tochter aus erster Ehe das im Alleineigentum des Vaters stehende Wohnhaus im Verkehrswert von 600.000 EUR miterbt. Hierzu habe ich empfohlen, der Tochter anzubieten, gegen einen Abfindungsbetrag auf Pflichtteilsansprüche zu verzichten. Wenn die Tochter damit einverstanden sei, könnte sie von ihrem Vater enterbt werden und sie würde dann bei ihrem Tod von seinem Nachlass nichts mehr erhalten. Hiermit waren die Mandanten einverstanden und ich habe mit der Tochter über die Höhe des Abfindungsbetrages verhandelt. Auf ihr Verlangen erhielt sie von ihrem Vater eine Aufstellung über sein Vermögen. Sie verlangte dann einen Abfindungsbetrag in Höhe von 50.000 EUR. Meine Nachrechnung ergab, dass dieser Betrag mehr als berechtigt ist, da ihr gesetzlicher Erbteil allein bezüglich des Wohnhauses 150.000 EUR (1/4 des Verkehrswertes) und der Pflichtteil 75.000 EUR (1/8 des Verkehrswerts) beträgt. Deshalb empfahl ich den Man-

danten die Annahme des Vorschlags der Tochter. Diese waren jedoch nicht bereit, mehr als 30.000 EUR zu bezahlen. Hierbei blieben sie auch, nachdem ich nochmals dargelegt habe, dass der verlangte Betrag von 50.000 EUR angemessen sei und bei einer Ablehnung die Gefahr bestehe, dass die Tochter bei einem Vorversterben des Vaters in die Erbengemeinschaft mit der Stiefmutter und dem Stiefbruder kommen würde. Trotzdem hat der Vater die Forderung seiner Tochter abgelehnt mit der Begründung, er wisse nicht, welches Vermögen bei seinem Tod noch vorhanden sei und außerdem könne die Tochter auch vor ihm sterben. Meine Empfehlung, zumindest ein Testament zu errichten mit dem die Tochter auf den Pflichtteil gesetzt wird, damit sie nicht in die Erbengemeinschaft mit der Stiefmutter und dem Stiefbruder kommt und 1/2 Miteigentumsanteil seines Wohnhauses auf seine Ehefrau steuerfrei zu übertragen, wollten sich die Mandanten überlegen.

Eineinhalb Jahre später rief mich der Sohn der Mandanten an und teilte mit, dass sein Vater mit 62 Jahren an einem Tumor gestorben sei. Auf meine Frage erzählte der Sohn, dass sein Vater das von seiner Mutter jetzt allein bewohnte Einfamilienhaus hinterlassen habe. Meiner damaligen Empfehlung, 1/2 Miteigentumsanteil an seinem Haus auf die Ehefrau zu übertragen sowie ein Testament zu errichten, sei er nicht nachgekommen. Ergebnis war, dass die Tochter aus erster Ehe 1/4 Miteigentumsanteil (Wert des Anteils 150.000 EUR) an dem Haus ihres Vaters geerbt hat, es zu erheblichen Streitigkeiten in der Erbengemeinschaft kam, diese deshalb auf Antrag der Tochter aufgelöst und das Haus zwangsversteigert wurde. Der Versteigerungserlös betrug 45 Prozent des von dem Versteigerungsgericht angesetzten Verkehrswertes.

Grundsätzlich sollte eine Übertragung von Vermögen zu Lebzeiten nur dann erfolgen, wenn Sie den übertragenen Vermögensgegenstand jederzeit und zwar möglichst steuerfrei wieder zurückholen, somit den alten Zustand vor der Übertragung wieder herstellen können. Abgesehen davon, dass Sie die geschilderten Nachteile des Vererbens für Ihre künftigen Erben vermeiden und die erforderlichen Bestimmungen für den Erhalt des Familienvermögens in dem Vertrag treffen können, erhalten Sie selbst auch noch erhebliche Vorteile: Die Empfänger Ihres lebzeitigen Vermögens verpflichten sich dafür zu sorgen, dass Sie soweit es medizinisch und wirtschaftlich möglich ist in Ihrer Wohnung in vertrauter Umgebung bleiben können und nicht den letzten Teil Ihres Lebens in einem Alten- oder Pflegeheim verbringen müssen.

Ihre eigene Alterssicherung und die des Ehepartners müssen auch für den Fall, dass unerwartet hohe Ausgaben anfallen, berücksichtigt werden. Denken Sie auch daran, dass nichts die Dankbarkeit Ihrer Kinder und Enkelkinder so sehr erhöht wie die Aussicht, später von Ihnen noch weiteres Vermögen zu erhalten.

Auch wenn es für beide Seiten unangenehm ist über das Thema „Tod und Vererben" zu sprechen, sollten Sie frühzeitig, d.h. wenn Sie geistig noch in guter Verfassung sind, mit Ihren künftigen Erben über die beabsichtigte Vermögensübertragung sprechen. Allein schon ein solches Gespräch kann spätere Streitigkeiten über das restliche von Ihnen zu vererbende Vermögen vermeiden. Mit einem solchen Gespräch können Sie zum einen die Sichtweise und Interessenlage Ihrer Erben bei der Errichtung Ihrer letztwilligen Verfügung berücksichtigen, zum anderen können sich Ihre Erben darauf einstellen was sie später erwartet.

Wer seine Vermögensnachfolge demgegenüber zur geheimen Kommandosache erklärt, darf sich nicht wundern, wenn bei den Abkömmlingen aus Überraschung Enttäuschung und aus Enttäuschung Streit wird. Sicher können Sie als künftiger Erblasser letztlich allein entscheiden, was Sie unter gerechter Verteilung Ihres Vermögens verstehen. Grundsätzlich sollten Sie hierbei aber versuchen objektiv gerecht zu handeln. Selbst, wenn von drei Kindern zwei Kinder es zu Wohlstand gebracht haben, während das dritte, vielleicht unverschuldet, mittellos geblieben ist, muss nicht jedes Kind ein Drittel Ihres Vermögens erhalten. Es könnte sich anbieten, dem mittellosen Kind einen größeren Vermögensanteil zu übertragen als den beiden anderen Kindern. Wichtig ist hierbei, dass Sie mit den drei Kindern über diese Verteilungsabsicht sprechen und wenn alle Kinder mit Ihrem Vorschlag einverstanden sind, einen entsprechenden lebzeitigen Übertragungsvertrag abschließen. Möglich ist auch, dass Sie dem mittellosen Kind, das vielleicht dauernd arbeitslos ist und Hartz IV bezieht, nicht einen Vermögenswert übertragen, der dann sehr schnell aufgebraucht ist oder von dem Staat kassiert wird, sondern ihm eine dauerhafte Möglichkeit zur Verbesserung seiner Lebenssituation geben. Möglich wäre z.B. die Einräumung eines lebenslangen Wohnungsrechts. Es gibt viele Möglichkeiten dafür zu sorgen, dass nicht der Staat **über** ein mittelloses Kind Vermögen von Ihnen erhält, und trotzdem Ihr mittelloses Kind besser gestellt wird als bisher.

3. Vorbehaltsrechte des Übertragenden

Bei der Vermögensübertragung mit Nachfolge-Generationenvertrag sollten Sie stets die Einräumung eines **Nutzungsrechtes** verlangen.

In dem Übergabevertrag können Sie entweder einen lebenslangen „**Nießbrauch**" oder ein lebenslanges „**Wohnungsrecht**" vereinbaren.

3.1 Der Nießbrauch

Der Nießbrauch ist das klassische Vorbehaltsrecht des Übertragenden bei der lebzeitigen Übertragung eines Vermögenswertes. Die wichtigste Rechtsform des Nießbrauchs ist der sogenannte „**Vorbehaltsnießbrauch**". Hier behalten Sie sich den meist lebenslangen Nießbrauch, somit das „**wirtschaftliche**" Eigentum an dem Vermögenswert vor. Übertragen wird somit nur das „**juristische**" Eigentum. Der Vorbehaltsnießbrauch an einer Immobilie gewährleistet Ihnen, dass trotz formaler Umschreibung des Eigentums an der Immobilie auf den Empfänger Ihnen die volle wirtschaftliche Nutzung wie bisher verbleibt. Sie können somit wie bisher die Immobilie selbst bewohnen, vermieten, an- oder umbauen, renovieren, leer stehen lassen. Bei dieser umfassenden Nutzung müssen Sie nur eins berücksichtigen: Der Verkehrswert der übertragenen Immobilie darf durch Ihre Nutzung nicht verschlechtert werden. In der Praxis ist das Gegenteil meist der Fall, die Nutzungsberechtigten bringen durch Renovierungsmaßnahmen die Immobilie auf den neuesten Stand und erhöhen somit dessen Wert. Diese Werterhöhung kommt den Empfängern zugute, sie ist grundsätzlich nicht zu versteuern.

Wenn Sie Renovierungen, z.B. Einbau einer neuen Heizungsanlage, Dachdeckung, Wärmeschutzdämmung beabsichtigen, dann sollten Sie diese Maßnahmen erst **nach** der lebzeitigen Übertragung vornehmen. Erfolgen die Maßnahmen vorher, dann erhöhen Sie den Verkehrswert der Immobilie, es können höhere Schenkungsteuern anfallen. Erfolgen die Maßnahmen nach der Übertragung, dann wächst die Werterhöhung steuerfrei dem Empfänger zu. Wesentlicher Grund für die Steuerfreiheit ist, dass der Mietwert erhöht wird und Sie deshalb eine höhere Miete verlangen können, die sie als Einnahme versteuern müssen. Der Fiskus erhält somit durch die Versteuerung der höheren Mieteinnahmen seinen Anteil.

Häufig werden die Fragen gestellt, welche Nachteile die lebzeitige Übertragung unter Vorbehaltsnießbrauch hat, wer Reparaturen zu bezahlen hat, wer die Miete kassieren kann, ob der Empfänger, der in die Immobilie selbst einzieht, Miete bezahlen muss, usw. Diese Fragen beantworte ich immer wie folgt: Wirtschaftlich ändert sich bei Ihnen nichts. Wie bisher bleiben alle Nachteile und Vorteile der Immobilie bei Ihnen. Nur das **juristische Eigentum** geht auf den Empfänger über. Er wird im Grundbuch als neuer Eigentümer eingetragen, Ihr Name wird als Eigentümer im Grundbuch gelöscht, Sie behalten jedoch das wesentlich wichtigere **wirtschaftliche Eigentum**. Alle Ihre mit dem Empfänger vereinbarten Rechte, Auflagen und Bedingungen werden durch Eintragungen in Abteilung II des Grundbuchs für Sie gesichert. Ohne Ihre ausdrückliche Zustimmung kann der Empfänger die Immobilie weder ganz oder teilweise verkaufen, belasten, selbst bewohnen oder vermieten. Der Empfänger kann die Immobilie erst nach Ihrem Tod, soweit Sie nicht etwas anderes mit ihm vereinbart haben, voll nutzen wie ein Volleigentümer.

Wenn sich bei Ihnen wirtschaftlich nichts ändert, dann bedeutet dies auch, dass Sie zu der Erhaltung des Objekts in seinem wirtschaftlichen Bestand zu sorgen haben. Notwendige Reparaturen und Renovierungen obliegen Ihnen jedoch nach dem Gesetz nur insoweit, als sie zur gewöhnlichen Unterhaltung des Vermögenswertes gehören. Eine außerplanmäßige Großreparatur ist nach dem Gesetz von dem neuen Eigentümer zu tragen. Ist z.B. die Heizungsanlage nicht mehr zu reparieren oder deckt ein Sturm das Dach ab, dann hat der juristische Eigentümer die neue Heizungsanlage und das neue Dach zu bezahlen. Überwiegend wird diese gesetzliche Regelung von den Beteiligten nicht gewünscht, da die Übertragenden den Empfängern keine Lasten aufbürden wollen, nachdem diese zunächst nur einen juristischen, aber keinen wirtschaftlichen Vorteil von der lebzeitigen Übertragung haben. Deshalb empfehle ich grundsätzlich eine abweichende Lastenverteilung dahingehend zu vereinbaren, dass der Übertragende auch die außergewöhnlichen Lasten übernimmt. Aus steuerlichen Gründen ist es manchmal zu empfehlen, dass der neue Eigentümer die gesamten Lasten trägt. Dies ist dann der Fall, wenn der Übertragende die Kosten für Reparaturen und Investitionen steuerlich nicht, dagegen der Empfänger als neuer Eigentümer diese Kosten steuerlich geltend machen und hierdurch Steuern sparen kann. Wie immer bei Steuerfragen ist der neueste Stand der Steuergesetze und die hierzu ergangene Rechtsprechung zu beachten. Die Steuergesetze, Durchführungsverordnungen und die Rechtsprechung ändern sich oft so schnell, dass Vorhersagen und steuerliche Empfehlungen für die Zukunft unmöglich sind. Wenn ich steuerliche Empfehlungen gebe, dann gelten diese immer nur zum Zeitpunkt der Verfassung dieses Buchs. Dies bedeutet jedoch nicht, dass meine grundsätzlichen Empfehlungen zur Steuerersparnis keine Geltung haben. Vielmehr ist immer zu einem bestimmten Zeitpunkt zu klären, wie meine grundsätzlichen

Empfehlungen zur Steuerersparnis in die Praxis am besten umzusetzen sind. Zu diesen Grundsätzen gehört, dass ein unter Nießbrauchsvorbehalt übergebener Vermögensgegenstand steuerlich bei dem Übertragenden verbleibt. Wenn bei Vermietung die Miete auch künftig an ihn zu bezahlen ist, sind von ihm die Einkünfte aus Vermietung allein zu versteuern. Nur der Nießbraucher kann objektbezogene Aufwendungen als Werbungskosten geltend machen. Damit ergeben sich für ihn durch die lebzeitige Übertragung keine steuerlichen Probleme. Bleibt es bei der gesetzlichen Lastenverteilung, dann können außerordentliche Aufwendungen weder von dem Nießbraucher noch von dem neuen Eigentümer steuerlich geltend gemacht werden, da nach dem Gesetz die außerordentlichen Aufwendungen von dem Eigentümer zu tragen sind und er aus dem ihm übertragenen Vermögenswert keine steuerbaren Einkünfte erzielt. Nach dem Korrespondenzprinzip des Einkommensteuerrechts kann nur derjenige Werbungskosten geltend machen, der auch steuerbare Einkünfte aus dem betreffenden Vermögensgegenstand erhält. Deshalb weise ich nochmals darauf hin, dass der Vorbehaltsnießbrauch – von Ausnahmen abgesehen -vertraglich so gestaltet werden sollte, dass der Nießbraucher auch die außerordentlichen Lasten trägt und ihm damit auch die Befugnis zur Geltendmachung der AfA zusteht. Steuerliche Schwierigkeiten können nur dann auftreten, wenn Alleineigentümer nur ein Elternteil der übertragenen Immobilie ist, nach dem Übergabevertrag aber beide Eltern den Nießbrauch erhalten sollen. Dann kann der Vorbehaltsnießbrauch steuerlich nur von dem Elternteil geltend gemacht werden, der auch Eigentümer ist. Der andere Elternteil als Nichteigentümer kann nur einen zu versteuernden Zuwendungsnießbrauch erhalten. Ist jedoch gewollt, dass beide Elternteile nießbrauchsberechtigt werden, dann empfehle ich aus steuerlichen Gründen, dass nur für den Eigentümer-Ehepartner der Vorbehaltsnießbrauch bestellt wird, während der andere Ehepartner zwar ebenfalls ein Nießbrauchsrecht erhält, dieses aber aufschiebend bedingt auf den Tod des Eigentümer-Ehegatten bestellt wird. Dieses Nießbrauchsrecht entsteht somit erst, wenn der andere Ehepartner den Eigentümer-Ehepartner überlebt. Vorher ist es auch nicht erforderlich, da in der Praxis beide Ehepartner die Vorteile und Nachteile des lebenslangen Nutzungsrechts haben.

Seit dem 01.01.2009 kann der Vorbehaltsnießbrauch kapitalisiert werden, der berechnete Kapitalwert wird dann von dem Verkehrswert des übertragenen Vermögensgegenstandes abgesetzt. Dadurch wird anfallende Schenkungsteuer reduziert. Die Ermittlung des Kapitalwerts des Nießbrauchs erfolgt nach der Anlage zu § 14 I BewG. Die Berechnung erfolgt nach folgender Formel:

Jahresnettokaltmiete des zu übertragenden Vermögensgegenstandes x Kapitalwertfaktor.

Gemäß § 16 BewG kann bei der Ermittlung des Kapitalwerts der Nutzungen eines Wirtschaftsguts der Jahreswert dieser Nutzungen höchstens den Wert betragen, der sich ergibt, wenn der für das genutzte Wirtschaftsgut nach den Vorschriften des Bewertungsgesetzes anzusetzende Wert durch den Faktor 18,6 geteilt wird (Für einen Laien ist dieser Satz unverständlich, deshalb lassen Sie besser den Kapitalwert von einem Fachmann berechnen).

Der vorbehaltene lebenslange Nießbrauch stellt eine Wertposition dar, auf den im Fall der Bedürftigkeit des Übertragenden der Staat zugreifen kann. Dies kann zur Folge haben, dass für den Fall der Zahlung von Sozialleistungen an den Übertragenden die sich aus dem Nießbrauch ergebenden Mieteinnahmen bei Fremdvermietung oder der Betrag, der sich bei einer Selbstnutzung des Übertragenden nach der ortsüblichen Miete richtet, an den Sozialleistungsträger abzuführen sind. Grund hierfür ist, dass die Mieteinnahmen bei Verarmung des Übertragenden als von ihm einzusetzendes Vermögen anzusehen sind. Aufgrund des Nachranggrundsatzes hat der Sozialhilfeträger auch das Recht, für bereits erbrachte und aktuell aufgelaufene Leistungen an den bedürftigen Übertragenden dessen gesetzlichen Rückforderungsanspruch gemäß § 528 BGB auf den Staat überzuleiten. Deshalb ist es erforderlich, in dem Übergabevertrag eine Klausel aufzunehmen, nach der der Nießbrauch erlöschen soll, wenn ihn der Übertragende z.B. wegen Krankheit nicht mehr selbst ausübt. Bei einer Immobilie ist dies dann der Fall, wenn der Nießbrauchsberechtigte dauerhaft in ein Altenheim/Pflegeheim umzieht. Diese Klausel zum Erlöschen des Nießbrauchs sollte stets nach der neuesten Rechtsprechung formuliert werden. Enthält der Übertragungsvertrag keine entsprechende Klausel, dann kann der Gläubiger des Nießbrauchsberechtigten mittels Pfändungs- und Überweisungsbeschluss in den Nießbrauch vollstrecken. Wenn der Nießbrauch im Grundbuch eingetragen ist, dann ordnet das Vollstreckungsgericht dessen Verwaltung an. Der Verwalter wird dann die Nutzung des übertragenen Vermögenswertes, z.B. bei einer Immobilie die monatliche Miete, an den Sozialleistungsträger abführen.

Bei dem Vorbehaltsnießbrauch ist deshalb immer zu bedenken, dass bei späterer Sozialhilfebedürftigkeit für den Empfänger Nachteile dadurch entstehen können, dass er nach der Rechtsprechung grundsätzlich zur Vermietung und Herausgabe der Mieterträge verpflichtet ist. Diese rechtlichen und praktischen Schwierigkeiten können nur eingeschränkt bzw. vermieden werden, wenn es sich bei dem Übergabevertrag **nicht** um einen **Schenkungsvertrag** handelt. Dies kann nur erreicht werden, wenn der Empfänger Gegenleistungen an den Übertragenden erbringt, die dem Verkehrswert des übertragenen Vertragsgegenstandes zumindest sehr nahe kommen.

Durch jede **Schenkung** verzichten Sie auf einen Teil Ihrer eigenen Sicherheit dadurch, dass Sie nicht mehr ohne weiteres auf die Substanz und den Wert der verschenkten Vermögenswerte zurückgreifen können, sei es durch einen Verkauf oder als Sicherheit für die Aufnahme eines Bankkredits. Unabhängig davon, ob Sie jemals in Not geraten und staatliche Hilfe in Anspruch nehmen müssen, sollte sich der Empfänger vorsorglich dazu verpflichten, für Ihre Sicherheit zu sorgen. Dies kann nicht durch eine Schenkung, jedoch mit einem Nachfolge-Generationenvertrag oder einer Familiengesellschaft erreicht werden.

Beim **Zuwendungsnießbrauch** bestellt der Eigentümer des Vermögensgegenstands an diesem zugunsten des Berechtigten das wirtschaftliche Eigentum (Nießbrauch). Damit verliert der Eigentümer das Recht der wirtschaftlichen Nutzung, er hat dieses auf den Nießbraucher übertragen. Der Zuwendungsnießbrauch hat erhebliche steuerliche Nachteile: Der kapitalisierte Wert des Zuwendungsnießbrauchs ist von dem Berechtigten des Nießbrauchs zu versteuern.

Ein Nießbrauch kann auch an einem Miteigentumsanteil (Bruchteilsnießbrauch) bestellt werden oder sich auch nur auf einen Teil der Nutzungen beziehen (Quotennießbrauch). Da der Nießbraucher wirtschaftlicher Eigentümer ist, wird er gegen Beeinträchtigungen und Störungen seines Rechts wie ein Eigentümer geschützt.

Die Bestellung eines Nießbrauchs ohne rechtlichen Grund ist wie jedes Verfügungsgeschäft wirksam (Abstraktionsprinzip) mit dem Nachteil, dass sich dann grundsätzlich ein bereicherungsrechtlicher Rückübertragungsanspruch ergibt. Um diesen Anspruch dauerhaft auszuschließen, muss der Nießbrauchsbestellung ein von ihr zu trennendes Verpflichtungsgeschäft zugrunde gelegt werden (z.B. Kauf, Schenkung, Vermächtnis usw.).

3.2 Das Wohnungsrecht

Das zweite wichtige Vorbehaltsrecht des Übertragenden ist das „**Wohnungsrecht**". Das Wohnungsrecht gibt Ihnen das Recht, ein Gebäude oder einen Gebäudeteil unter Ausschluss des Empfängers (juristischer Eigentümer) als Wohnung zu nutzen. Mit dem Wohnungsrecht erhalten Sie das Recht, nicht das **ganze** Gebäude, sondern im Unterschied zum Nießbrauch nur **einen Teil** des Gebäudes zu nutzen. Der Nießbrauch gewährt damit ein wesentlich umfassenderes Recht, da er sich üblicherweise auf das gesamte Anwesen bezieht. Ein weiterer wesentlicher Unterschied liegt darin, dass das Wohnungsrecht sich nur auf die Eigennutzung beschränkt. Zwar haben Sie als Wohnungsberechtigter das Recht, Ihre Familie und die zu Ihrer Pflege erforderlichen Personen in die Wohnung aufzunehmen, jedoch dürfen Sie die dem Wohnungsrecht unterliegenden Räume nicht vermieten. Der dritte wesentliche Unterschied liegt darin, dass Sie das Objekt nur zu Wohnzwecken, und nicht wie beim Nießbrauch auch zum Betrieb eines Gewerbes benutzen dürfen.

Als Wohnungsberechtigter haben Sie gesetzlich das Recht zur Mitbenutzung der zum gemeinschaftlichen Gebrauch der Hausbewohner bestimmten Anlagen und Einrichtungen, also z.B. des Hauszugangs.
Wichtig ist hierbei, dass sämtliche Räumlichkeiten in dem Vertrag genau bezeichnet werden, so dass ein Unbeteiligter aus der Übertragungsurkunde zweifelsfrei ersehen kann, welche

Räume Ihrem Wohnungsrecht unterliegen. Fehlt eine genaue Bezeichnung, dann ist die Wohnungsrechtseinräumung unwirksam. Wenn Sie als Wohnungsberechtigter auch weitere Teile des Anwesens (z.B. den Garten, die Garage) **alleine nutzen** wollen, dann müssen Sie dies in dem Übertragungsvertrag festlegen. Dies gilt auch für die Mitbenutzung der dem gemeinschaftlichen Gebrauch anderer Personen dienenden Einrichtungen und Räume, wie z.B. Treppenhaus, Keller, Küche, Bad, WC, Waschküche, Heizungsraum, Garten usw. Um spätere Streitigkeiten zu vermeiden, sollten Sie eine Mitbenutzung oder Alleinnutzung ausdrücklich in dem Übertragungsvertrag einräumen lassen und zwar auch dann, wenn Ihnen gesetzlich eine Mitbenutzung zusteht.

Anders als bei dem Nießbrauch, bei dem Sie als Berechtigter nicht nur das volle Nutzungsrecht haben, sondern die auch damit im Zusammenhang stehenden Lasten tragen müssen, haben Sie als Wohnungsberechtigter nach dem Gesetz nur die Kosten für Ausbesserungen und Erneuerungen im Rahmen der **gewöhnlichen Unterhaltung** bezüglich der dem Wohnungsrecht unterliegenden Räume zu tragen. Um auch hier Streitigkeiten zu vermeiden, sollte bei der Wohnungsrechtsbestellung genau festgelegt werden, welche Instandhaltungspflichten der Eigentümer und Sie als Wohnungsberechtigter haben und wer jeweils die Kosten trägt.

In dem Vertrag über die Bestellung des Wohnungsrechts ist auch zu regeln, wer die Nebenkosten trägt und in welcher Höhe. Fehlt eine solche Vereinbarung, sind die sich aus dem Gebrauch der Wohnung ergebenden Kosten von Ihnen zu tragen. Weiterhin ist festzulegen, ob Ihnen die Wohnungsnutzung **unentgeltlich** eingeräumt wird. Hat der Wohnungsrechtsvertrag **Versorgungscharakter**, dann ist davon auszugehen, dass Sie als Berechtigter **keine** Nebenkosten tragen müssen. Trotzdem haben Sie nicht das Recht, die Wohnung zu vermieten, wenn Sie aus der Wohnung ausziehen, z.B. in ein Altenheim/Pflegeheim. Vertraglich ist auch zu regeln, ob bei einem Hausverkauf das Wohnungsrecht von dem neuen Eigentümer übernommen werden muss.

Das Wohnungsrecht darf von Ihnen als Berechtigtem nicht veräußert werden, es ist auch nicht vererblich. Unzulässig ist, die Ausübung des Wohnungsrechts einem anderen zu überlassen, es sei denn, die Überlassung ist ausdrücklich gestattet. Verstoßen Sie als Wohnungsberechtigter hiergegen, dann können Ihre Gläubiger das Wohnungsrecht pfänden.

Bei einem Übertragungsvertrag sind immer alle Möglichkeiten zu prüfen, wie Sie als Übertragender und der Empfänger vor einem Zugriff von Gläubigern, insbesondere des Staates (z.B. Finanzamt, Sozialleistungsträger) geschützt werden können. Hierbei ist insbesondere die Frage zu klären, ob für Sie der Vorbehaltsnießbrauch oder ein Wohnungsrecht besser geeignet ist. **Da der Nießbrauch grundsätzlich übertragbar ist, ist er auch pfändbar**. Damit könnte der Sozialleistungsträger (Sozialamt) in dem Fall, dass Sie staatliche Hilfe in Anspruch nehmen müssen, den Wert Ihres Nießbrauchs pfänden. **Anders ist es bei dem Wohnungsrecht: Da es nicht übertragbar ist, kann es grundsätzlich auch nicht gepfändet werden.** Besteht die Gefahr, dass Sie künftig auf staatliche Hilfe angewiesen sein werden, dann könnte statt des Vorbehaltsnießbrauchs ein Wohnungsrecht vereinbart werden.

3.3 Steuerliche Behandlung von Nutzungsrechten

Der **steuerliche Wert** eines Nießbrauchs bzw. eines Wohnungsrechtes hängt vom erbschaftsteuerlichen Wert auf der Basis der ortsüblichen Miete und dem Vervielfältiger wegen der Laufzeit des Nießbrauchs bzw. des Wohnungsrechtes (statistische Lebenserwartung) ab. Das Ergebnis ist der **erbschaftsteuerliche Kapitalwert** des Nießbrauchs bzw. Wohnungsrechtes. Die Kapitalisierung des Nießbrauchs und des Wohnungsrechtes erfolgen in der gleichen Weise.

3.4 Sicherung von Nutzungsrechten

Der Nießbrauch bzw. das Wohnungsrecht **sollte immer im Grundbuch** der übertragenen Immobilie eingetragen werden. Die Eintragung hat den Vorteil, dass die zu übertragende Immobilie zunächst weniger Wert ist, da das Nießbrauchsrecht bzw. Wohnungsrecht kapitalisiert wird und damit von der Finanzverwaltung steuermindernd berücksichtigt wird. So zahlen die Empfänger weniger Schenkungsteuer und die Übertragenden sind mit ihrem wirtschaftlichen Eigentum (Nießbrauch) bzw. ihrem Wohnungsrecht dinglich abgesichert. Zu beachten ist jedoch Folgendes:

Wird das Nießbrauchrecht bzw. Wohnungsrecht **vor dem Ableben** der Eltern bzw. der Großeltern gelöscht, weil diese z.B. in ein Alten- oder Pflegeheim umziehen, dann zählt die Löschung des Nießbrauchsrechtes bzw. Wohnungsrechtes als **erneute Schenkung** der Eltern bzw. der Großeltern an die Kinder oder Enkel. Sofern die Freibeträge der Kinder oder Enkel bereits aufgebraucht sind, fällt erneut Schenkungsteuer an (Beschluss des Bundesfinanzhofs vom 23.06.2010 – AZ: II B 32/10). Deswegen sollte ein Nießbrauchsrecht bzw. Wohnungsrecht erst **nach dem Tod** der Berechtigten gelöscht werden. Die Berechtigten können nämlich aus der übertragenen Immobilie ausziehen und das Nießbrauchsrecht bzw. Wohnungsrecht bestehen lassen, so dass es zu keiner Nachbesteuerung kommt. Entfällt das Nießbrauchsrecht bzw. Wohnungsrecht, weil die **Berechtigten verstorben** sind, wird dadurch **keine erneute Besteuerung** ausgelöst.

Wenn die Immobilie verkauft werden soll, dann ist das im Grundbuch eingetragene Nießbrauchsrecht bzw. Wohnungsrecht hinderlich. Es dürfte schwierig sein, einen Käufer zu finden, der ein Nießbrauchsrecht oder Wohnungsrecht übernimmt.

Mit Urteil vom 19.07.2011 hat der Bundesgerichtshof entschieden, dass der Beginn der in § 529 Abs. 1 alt 2 BGB normierten 10-Jahres-Frist **nicht mit dem Vollzug der Schenkung im Grundbuch, sondern schon mit dem Eingang des darauf gerichteten Eintragungsantrags bei dem Grundbuchamt beginnt.** Wenn sich der Übertragende ein **lebenslanges Nutzungsrecht** am übertragenen Vermögensgegenstand vorbehält, dann hindert dies **nicht mehr wie bisher** den Anlauf der 10-Jahres-Frist. Damit ist endlich höchstrichterlich entschieden, dass die 10-Jahres-Frist des § 529 Abs. 1 alt 2 BGB auch dann anläuft, wenn sich der Übertragende ein lebenslanges Nutzungsrecht vorbehalten hat. Dieses Nutzungsrecht kann sowohl ein Nießbrauch als auch ein Wohnungsrecht sein. Damit hat der Bundesgerichtshof festgestellt, **dass trotz Vorbehalt eines dieser möglichen Nutzungsrechte die 10-Jahres-Frist auch bei Verarmung des Übertragenden läuft.**

Rechtlich ist die Eintragung des Nießbrauchs und des Wohnungsrechts in das Grundbuch nicht erforderlich, jedoch gilt dieses Recht dann nur schuldrechtlich. Es hat dann nicht die dinglichen Wirkungen die den Nießbrauch bzw. das Wohnungsrecht wirtschaftlich und rechtlich empfehlenswert machen. Bei der Eintragung des Nießbrauchs bzw. des Wohnungsrechts im Grundbuch sollte immer darauf geachtet werden, dass es die **erste** Rangstelle erhält. Hierdurch wird der Übertragende auch für den Fall abgesichert, dass der neue Eigentümer in finanzielle Schwierigkeiten gerät und die übertragene Immobilie zwangsversteigert wird. Ist der Nießbrauch bzw. das Wohnungsrecht an erster Rangstelle im Grundbuch eingetragen, ist er somit rangbesser als das Recht des betreibenden Gläubigers, dann bleibt es auch nach der Versteigerung bestehen. Ist der Nießbrauch bzw. das Wohnungsrecht jedoch rangschlechter, dann erlischt es mit dem Ersteigerungs-Zuschlag. An seine Stelle tritt ein Anspruch auf Wertersatz aus dem Versteigerungserlös in Form einer Rente.

4. Gegenleistungen des Empfängers

4.1 Verpflichtung zu Ihrer Versorgung, Wart und Pflege

4.1.1 Allgemeines

Wohin mit Ihnen, wenn Sie zum Pflegefall werden?
Haben Sie sich hierüber schon intensiv Gedanken gemacht? Was soll geschehen, wenn Sie morgen aufgrund eines Unfalls, Krankheit oder hohen Alters nicht mehr in der Lage sind sich selbst zu versorgen? Wollen Sie dann auf jeden Fall zu Hause in Ihrer gewohnten Umgebung versorgt werden oder in einem Pflegeheim? Ist Ihnen bewusst, dass Sie Ihre Selbständigkeit und in den meisten Fällen auch Ihre Menschenwürde verlieren, wenn Sie in ein Pflegeheim umziehen?

Wir leben immer länger, und damit steigt das Risiko, im Alter ein Pflegefall zu werden. Durch die zunehmende Lebenserwartung der Menschen in Deutschland und die zurück gehenden Geburten müssen immer weniger Beitragszahler für die finanzielle Absicherung pflegebedürftiger Menschen aufkom-

men. Fast jeder zweite Mensch in Deutschland wird in seinem Leben pflegebedürftig. Dies betrifft nicht nur ältere Menschen, auch junge Menschen können durch eine Erkrankung oder einen Unfall zum Pflegefall werden. Für die anfallenden Kosten kommt die gesetzliche Pflegeversicherung nur teilweise auf.
Im Jahr 2050 werden in Deutschland ca. 5,5 Millionen Bürger über 85 Jahre alt sein. Damit wird statistisch gesehen über ein Drittel von ihnen pflegebedürftig, davon werden mehr als 2 Millionen Demenzkranke sein. Diese benötigen eine besonders intensive und teure Betreuung. Im Jahr 2015 gab es 2,6 Millionen anerkannte Pflegebedürftige, deren Zahl bis zum Jahr 2030 auf ca. 3,4 Millionen steigen wird. **Heute schon sind die Menschen, die ihre Eltern zu Hause pflegen, durchschnittlich über 61 Jahre alt.** Die überfällige Reform der gesetzlichen Pflegeversicherung wird zu Milliardenkosten und Beitragserhöhungen führen. Hinzu kommt der große Mangel an geeignetem Pflegepersonal. Die Kosten für Gesundheit und Vorsorge einer alternden und schrumpfenden Gesellschaft werden für jeden Deutschen immer höher steigen. Die Pflegeversicherung ist nur eine Teilkasko-Versicherung. Die wesentlichen Pflegekosten müssen von dem Versicherten selbst bezahlt werden. Obwohl die Kostensteigerungen vor-aussehbar waren, haben die Regierungen in den letzten Jahrzehnten dieses Thema nicht behandelt nach dem Motto: Es wird schon nicht so schlimm kommen. Allein dem Versicherten über einen Zusatzbeitrag die Kosten aufzubürden, wird der Bevölkerung kaum vermittelbar sein. Mit dem Ausbau der Pflegeheimindustrie mit immer neuen Pflegeheimen wird die Kostenexplosion nur noch vergrößert. Dagegen kann der Ausbau der **häuslichen** Pflege sowohl dem Pflegebedürftigen wie auch dem Staat viel Kosten sparen. Bei der Diskussion um die Reform der Pflegeversicherung geht es immer nur um die Kosten. Wo bleibt eigentlich der pflegebedürftige Mensch? Er sollte im Mittelpunkt der Diskussionen

stehen! Er sollte wie in den früheren Generationen in seiner Wohnung in gewohnter Umgebung versorgt und gepflegt werden können, zumal die häusliche Pflege wesentlich weniger kostet als seine Versorgung im Pflegeheim. Es kann nicht hingenommen werden, dass die Pflegeversicherung für die häusliche Pflege durch Angehörige, Nachbarn und Freunde bei Pflegegrad 2 nur einen Zuschuss von zur Zeit monatlich 316 EUR bezahlt, bei dem stationären Aufenthalt im Heim bei Pflegegrad 2 jedoch zur Zeit 770 EUR. Schon diese Differenz der Leistung der Pflegeversicherung zeigt, wie wenig der Mensch im Mittelpunkt der Pflegeversicherung steht.

Weil die staatliche Pflegeversicherung nur einen kleinen Teil der Pflegekosten bezahlt, ist bereits heute jeder vierte Pflegeheimbewohner auf das Geld vom Sozialamt angewiesen. Der Staat nimmt deshalb immer häufiger die nahen Angehörigen finanziell in Anspruch.

Früher gehörte das Versprechen von Pflegeleistungen durch den Empfänger zum Standard jeder Grundstücksübertragung im Wege der vorweggenommenen Erbfolge. Grund hierfür war das Bedürfnis des Übertragenden, rechtlich abgesichert von dem Empfänger des Vermögens versorgt zu werden. Oft höre ich von Kindern, dass sie eine solche rechtlich abgesicherte Zusage zur Versorgung, Wart und Pflege nicht benötigen, da sie schon aus moralischen Gründen diese Leistungen sowieso erbringen würden. Erfahrungsgemäß werden sich die Kinder an diese Aussage dann nicht mehr erinnern, wenn die Eltern oder ein Elternteil tatsächlich versorgungsbedürftig werden. Hier unterstelle ich keinesfalls den Kindern, dass sie dann nicht noch den guten Willen haben ihren Eltern zu helfen, jedoch können sie es in der Praxis nicht umsetzen. **Früher waren die Töchter überwiegend nicht berufstätig. Sie heirateten, blieben Hausfrau, wohnten in der Gegend der Eltern** oder lebten im elterlichen Haus. Es war dann für sie selbstverständlich, ihre Eltern zu versorgen, wenn diese sich nicht mehr selbst versorgen konnten. Diese familiären Verhältnisse haben sich in den letzten Jahrzehnten völlig geändert: **Frauen sind heute überwiegend berufstätig,** häufig auch noch dann, wenn sie verheiratet sind und Kinder haben. Oft leben sie auch nicht mehr im gleichen Ort wie die Eltern, da sie ihren Wohnsitz nach der Arbeitsstelle aussuchen. Sie sind heute bis auf wenige Ausnahmen den Männern gegenüber völlig gleichberechtigt, **wollen ihr eigenes Leben leben und nicht ihren Beruf oder ihre Familie zur Versorgung ihrer Eltern oder anderen Personen, z.B. der Tante aufgeben. Schon früher war es unüblich, dass der Sohn die Eltern versorgt. Das gleiche gilt heute für die Tochter. Auch sie will wie der Sohn ihr eigenes Leben leben und sich nicht gezwungen fühlen, ihr bisheriges Leben aufzugeben um die Eltern zu versorgen.** Hinzu kommt, dass die soziale Alterssicherung in den letzten Jahrzehnten durch die gesetzliche Rente, die Betriebsrente und private Renten wie die Riester-Rente und Verrentung von Lebensversicherungen sowie die Pflegeversicherung bei einem Großteil der Bevölkerung den Eindruck erweckt, dass eine Versorgung der pflegebedürftigen Eltern durch ein Kind nicht mehr erforderlich ist. Tatsächlich reichen die genannten Einnahmen im Alter häufig nicht mehr zur Versorgung der Pflegebedürftigen aus. Diese sind dann auf staatliche Hilfe angewiesen, wenn sie bei der häuslichen Pflege professionelle Pflegekräfte beauftragen müssen. Noch teurer wird es, wenn Pflegebedürftige zu Hause nicht mehr bleiben können und in ein Pflegeheim ziehen müssen. Dann reichen die monatlichen Einkünfte und Ersparnisse oft nicht lange aus, um die Kosten des Pflegeheims bezahlen zu können und es muss staatliche Hilfe (Sozialhilfe) in Anspruch genommen werden.

In Deutschland arbeiten laut Statistischem Bundesamt zur Zeit (2016) ca. 1 Mio. Beschäftigte in der Pflege. Es muss davon ausgegangen werden, dass allein in Deutschland im Jahr 2030 mehr als 165.000 ausgebildete Ärzte und Pfleger fehlen. Besonders kritisch dürfte die Situation in der Altenpflege werden. In diesem Bereich fehlen derzeit 39.000 Fachkräfte, im Jahr 2025 könnten es schon 152.000 sein. Ähnlich ist die Entwicklung bei den Krankenpflegern. Im Jahr 2030 könnten schon 950.000 Krankenpfleger fehlen.

Die Fachkräfte klagen über zu viele Überstunden und Überforderung. Dies ist das Ergebnis einer Umfrage der Gewerkschaft Verdi (2012) unter tausenden Auszubildenden in der Gesundheits- und Krankenpflege. In vielen Krankenhäusern müssten die Auszubildenden bei Personalmangel auf anderen Stationen aushelfen. Hierbei würden häufig viele Überstunden geleistet. In der Altenpflege gaben 38,2% der Befragten an, dass sie regelmäßig Überstunden leisten müssten, in der Gesundheits- und Krankenpflege waren es 17,4%.

Dass immer mehr Menschen pflegebedürftig werden, liegt vor allem an der alternden Bevölkerung. Ca. zwei Drittel aller Pflegebedürftigen werden derzeit noch zu Hause versorgt, allerdings nur ca. 20% mit Hilfe ambulanter Pflegedienste. Immer seltener können Angehörige sich um Menschen kümmern, die auf externe Hilfe angewiesen sind. **Deshalb muss damit in Zukunft gerechnet werden, dass zu versorgende Personen überwiegend nicht mehr zu Hause, sondern in Pflegeheimen versorgt werden müssen.**

Wenn Sie im Alter Ihren immer länger werdenden Lebensabschnitt würdig und selbstbestimmt gestalten wollen, dann müssen Sie schon jetzt dafür sorgen, dass Sie für

den Fall Ihrer Pflegebedürftigkeit zu Hause in Ihrer gewohnten Umgebung betreut und versorgt werden und zwar von denjenigen Personen, auf die Sie Vermögenswerte zu Lebzeiten übertragen oder vererben werden.

Während früher besonders im landwirtschaftlichen Bereich die Zusage des Empfängers, den Übertragenden bei Krankheit, Gebrechlichkeit oder Alter zu versorgen und zu pflegen ein wichtiger Bestandteil der Übergabeverträge darstellte, werden heute derartige Klauseln nur noch selten in Schenkungs- oder Kaufverträgen aufgenommen. Grund hierfür sind die sozialen Folgen der veränderten Lebensverhältnisse in den Industrieländern, insbesondere des Übergangs von der Groß- zur Kleinfamilie.

Umfragen haben ergeben, dass sich Kinder eher in der Pflege ihrer Eltern engagieren, wenn diese wohlhabend sind und die Kinder sich als „Gegenleistung" für die Pflege die Übertragung von Vermögen durch erben oder lebzeitige Übertragung erhoffen können. Ist die Erbschaft nicht ganz sicher, dann sollen Eltern nach der Studie eher von den Kindern gepflegt werden, um die Hoffnung auf das Erbe zu verstärken. Die Pflege durch die Kinder könnte also dazu dienen, das Familienvermögen zu erhalten und eher Nachfolger des Vermögens der Eltern zu werden. Deshalb behauptet die Studie, die Entscheidung für oder gegen die Pflege der Eltern werde nach pragmatischen und strategischen Gesichtspunkten erfolgen. Besonders die Heimunterbringung kostet viel Geld und kann das Vermögen bald aufzehren. Die Pflegebedürftigen müssen die Heimkosten aus ihrer Rente und ihrem Vermögen bezahlen, was naturgemäß das Familienvermögen schmälert.

4.1.2 Umfang der Pflegeverpflichtung

Der Umfang von Pflege- und Sachleistungen unterliegt der freien Vereinbarung und wird auch durch den Verkehrswert des zu übertragenden Vermögens beeinflusst werden. Der Empfänger wird eine geplante Zuwendung kaum annehmen, wenn seine Verpflichtungen wertmäßig höher sind als der übertragene Vermögensgegenstand. Der Empfänger sollte sich jedoch verpflichten, Ihnen auf Ihre Lebenszeit im Haushalt behilflich zu sein bis zur kompletten Führung des Haushalts. Er hat dabei für Sie alle erforderlichen Besorgungen vorzunehmen, Sie zu pflegen und zu versorgen, wenn und soweit ein Bedürfnis besteht und wenn und soweit unter Berücksichtigung der eigenen Fähigkeiten und der Aus- und Vorbildung des Empfängers keine besondere Fachkraft notwendig ist.

Diese Verpflichtung umfasst insbesondere

- Die **wirtschaftliche Betreuung,** z.B. Verwaltung von Mietobjekten, Hilfe bei Steuererklärungen, Behördengängen, Bankgeschäften, Einkaufen von Lebensmitteln, Getränken, Kleidung und sonstigen von Ihnen benötigten Waren und Gegenständen, Überwachung der Versorgung und Pflege im Krankenhaus, „Betreutes Wohnen" sowie in einem Alten- oder Pflegeheim,
- die **persönliche Betreuung,** z.B. die Zubereitung der Mahlzeiten, gegebenenfalls Diät- und Krankenkost, die Verabreichung der Mahlzeiten und Getränke, die Reinigung und Instandhaltung der Wohnung, Kleidung, Wäsche usw. sowie die Krankenpflege, auch medizinische Pflege, letzteres, soweit der Empfänger hierzu Kraft seiner Aus- und Vorbildung in der Lage ist.

Wenn Sie diese umfassenden Gegenleistungen lesen, werden viele von Ihnen sagen, diese Leistungen können meine künftigen Erben nicht erbringen. Ich will auch von ihnen diese Leistungen nicht verlangen, da ich nicht in ihr Leben eingreifen will. Sie sollen vielmehr ihr eigenes Leben wie bisher führen. Zu berücksichtigen ist auch, dass heute in der Regel erwachsene Kinder nicht mehr in der elterlichen Wohnung leben, berufstätig sind, eine eigene Familie haben und aufgrund der sich völlig geänderten familiären, sozialen und wirtschaftlichen Verhältnisse zu einer persönlichen Versorgung von Ihnen nicht in der Lage oder bereit sind. **Die eigenhändige Versorgung des Pflegebedürftigen durch die Familie wird immer mehr zur Ausnahme.**

Deshalb sieht der Nachfolge-Generationenvertrag vor, dass der Empfänger als Gegenleistung für das von Ihnen auf ihn lebzeitig übertragene Vermögen Ihre Versorgung, Wart und Pflege **nicht eigenhändig erbringen** muss, sondern die in Ihrer Wohnung zu erbringenden Dienstleistungen von **Fachpersonal** (z.B. von der Nachbarschaftshilfe, der Sozialstation) oder auch von anderen **geeigneten Personen** (z.B. Grüne Damen und Herren) erbringen lassen kann, **wenn er deren Leistungen organisiert und überwacht**.

Die Verpflichtungen des Empfängers umfassen **nur reine Dienstleistungen,** die Ihren gewöhnlichen und standesgemäßen Bedingungen entsprechen. Entstehende Sachkosten jeglicher Art sowie etwaige Kosten für außerfamiliäres Fachpersonal, insbesondere medizinisches Pflegepersonal, sowie Krankheitskosten und Kosten Ihrer Unterbringung in einem Krankenhaus, Altenheim oder Pflegeheim gehen allein zu Ihren Lasten.

Mit der Verpflichtung des Empfängers soll insbesondere sichergestellt werden, dass Sie - soweit medizinisch und wirtschaftlich möglich – in Ihrer jetzigen Wohnung in vertrauter Umgebung lebenslang versorgt und gepflegt werden, wenn Sie sich selbst nicht mehr ohne Inanspruchnahme fremder Hilfe versorgen können. Damit soll im Versorgungsfall Ihr Aufenthalt in einem Alten-/Pflegeheim vermieden werden.

Es liegt im Interesse der Vertragsbeteiligten, dass die Leistungen des Empfängers in dem Vertrag eindeutig und umfassend beschrieben werden. Sie wissen dann, welche Leistungen Sie im Versorgungsfall zu erwarten haben, der Empfänger kann seine Lebensplanung hierauf einrichten. **Finanziell soll der Empfänger durch die eingegangene Verpflichtung nicht belastet werden, sämtliche bei der Versorgung, Wart und Pflege anfallenden Kosten tragen Sie selbst.** Sie würden die finanziellen Belastungen ja auch dann tragen müssen, wenn Sie eine fremde Person oder eine Organisation mit Ihrer Versorgung beauftragen würden. Der die Verpflichtung übernehmende Empfänger soll neben einer gewissen Beeinträchtigung seiner Freizeit finanziell nicht belastet werden. Es ist mir kein Fall bekannt geworden, in dem es notwendig geworden ist, die Ansprüche aus Pflegeverpflichtungen einzuklagen, da die Empfänger ihren Verpflichtungen überwiegend hervorragend nachkommen. Eine gerichtlich erzwungene Pflegeleistung wäre für Sie auch wertlos. Dies bedeutet jedoch bei Abschluss eines Nachfolge-Generationenvertrages nicht, dass es sich bei der Pflegeverpflichtung um eine höchst persönlich zu erbringende Leistung handelt, deren Durchsetzung keinen Sinn macht, da der Empfänger die Leistungen durch Fachkräfte erbringen lassen kann, was auch in Ihrem Interesse liegt. Welche Mutter oder Vater will sich bei Pflegebedürftigkeit schon von dem Sohn, der Tochter oder dem Enkelkind füttern oder baden lassen? Diese Arbeiten sollen fremde Fachkräfte bzw. geeignete Personen übernehmen.

Den Beteiligten sollte jedoch klar sein, dass die häusliche Pflege nicht immer möglich ist. Zwar kann diese grundsätzlich auch bei Pflegegrad 5 geleistet werden, jedoch ist hierfür die 24-Stunden-Betreuung durch Fachkräfte erforderlich. Die hierbei anfallenden Kosten deutscher Fachkräfte von monatlich bis zu 12.000 EUR werden die wenigsten von Ihnen bezahlen können.

Dagegen ist die häusliche Pflege für den Fall, dass Sie Pflegegrad 2 haben, finanziell grundsätzlich möglich. Dies gilt auch noch für die Pflegegrade 3 und 4 bis zum Übergang in den Pflegegrad 5.

Der Maßstab für die maximal zu erbringende Pflege ist einerseits die Orientierung an den Voraussetzungen der fünf Pflegegrade nach dem PflegeVG oder aber eine objektive Beurteilung durch einen Dritten, z.B. Ihrem Hausarzt. Maßgebend ist der Wille und die Fähigkeit des Verpflichteten, die erforderlichen Arbeiten selbst zu erbringen oder zu organisieren und zu überwachen.

Oft muss die Frage beantwortet werden, ob und wenn ja wie lange eine häusliche Versorgung möglich ist. Diese Frage kann immer nur im Einzelfall beantwortet werden, z.B. ob Ihre Einkünfte ausreichen um professionelle Pflegekräfte auf Dauer bezahlen zu können, in welchen Pflegegrad Sie eingruppiert worden sind, ob innerhalb der Wohnung ein Raum für eine eventuell erforderlich werdende Pflegekraft vorhanden ist. Sind diese Voraussetzungen gegeben, dann können Sie auf jeden Fall bei Pflegegrad 2, meist auch noch bei Pflegegrad 3 und 4 zu Hause in Ihrer gewohnten Umgebung versorgt werden. Ist eine der genannten Voraussetzungen nicht gegeben, dann wird eine häusliche Versorgung meistens nur vorübergehend möglich sein. Deshalb ist vor einer Vereinbarung der Verpflichtung zur Versorgung immer genau zu klären, ob die Voraussetzungen für eine häusliche Versorgung gegeben sind und wenn ja wie lange. Nicht alle Versorgungsbedürftigen werden die erforderlichen Voraussetzungen für eine häusliche Pflege mitbringen, sei es dass ihre Einkünfte, insbesondere ihre Rente viel zu niedrig ist, um Pflegekräfte bezahlen zu können, sei es weil sie in einer zu kleinen Wohnung leben und keinen Raum für eine Pflegekraft zur Verfügung stellen können oder sie aufgrund schwerster körperlicher Krankheiten oder Gebrechen von vornherein in den Pflegegrad 5 fallen und schon aus diesem Grund eine häusliche Versorgung regelmäßig nicht mehr möglich ist.

In den Vertrag sollte auch aufgenommen werden, wann die Pflegeverpflichtung entfällt. Dies könnte zum Beispiel sein, wenn der Empfänger dauerhaft krank wird oder Sie in den Pflegegrad 5 kommen und deshalb aus finanziellen oder räumlichen Gründen nicht mehr zu Hause gepflegt werden können. Kein Grund für die Beendigung der Pflegeverpflichtung ist, wenn der Empfänger seinen Wohnort wechselt.

In der Literatur wird fast immer davon ausgegangen, dass die Pflegeverpflichtungen nur bei räumlicher Nähe von dem Pflegebedürftigen und dem Pflegenden erbracht werden können. Weiterhin, dass der zu Pflegende beim Abschluss des Übertragungsvertrages noch in seiner Wohnung wohnt. Diesen Auffassungen kann ich nicht zustimmen. Meiner Erfahrung nach kommt es nicht darauf an, ob der Verpflichtete in der Nähe des zu Pflegenden wohnt bzw. ob der zu Pflegende in eine andere Wohnung umzieht. Entscheidend ist vielmehr, ob der Verpflichtete gesundheitlich und technisch in der Lage ist,

Ihre Versorgung zu organisieren und zu überwachen. Selbst, wenn er dauerhaft in das Ausland verzieht, kann er seiner Verpflichtung aufgrund der heutigen technischen Möglichkeiten wie Handy, E-Mail, Fax nachkommen. Er kann an Ihrem Wohnort eine Person mit der von ihm zu leistenden Organisation der Versorgung und Pflege sowie deren Überwachung beauftragen. Mit dieser Person kann er über Handy und E-Mail in ständigem Kontakt bleiben. Mit der Einschaltung eines zuverlässigen Beauftragten, zum Beispiel einer „Grünen Dame" habe ich sehr gute Erfahrungen gemacht.

4.1.2.1 Die Nachbarschaftshilfe

Hierunter fällt die **kostenlose** Hilfe und Unterstützung durch Nachbarn. Auch soziale Gemeinschaften wählen bei der Bewältigung von individuellen oder gemeinschaftlichen Bedürfnissen, Notlagen und Krisen das Instrument der **„kostenlosen Nachbarschaftshilfe"**.

Dagegen ist die **organisierte Nachbarschaftshilfe nicht kostenlos**, zum Teil sogar teurer als private Pflegedienste. Die „organisierte Nachbarschaftshilfe" bietet alten, kranken oder behinderten Personen gegen Bezahlung Hilfe im Haushalt an. Eine Einsatzleitung leitet die Helferinnen und Helfer. Sie sind unfall- und haftpflichtversichert und unterliegen der Schweigepflicht. Sie kommen aus unterschiedlichen Alters- und Berufsgruppen und werden für ihre Einsätze bezahlt. Die Dienstleistungen der organisierten Nachbarschaftshilfe werden nach Stunden bezahlt, Fahrtkosten werden gesondert berechnet.

4.1.2.2 Die Sozialstation

ist eine Einrichtung von privaten und öffentlichen Trägern der freien Wohlfahrtspflege, zum Beispiel der Charitas, der Diakonie, des Deutschen Roten Kreuzes. Die freie Wohlfahrtspflege versorgt und pflegt betreuungsbedürftige Menschen in ihrer eigenen Wohnung gegen Entgelt. Sie übernimmt unter anderem

- Die Bestellung und Koordination von anderen lokal angebotenen Leistungen wie „Essen auf Rädern", Fahrdienste, Hauswirtschaft, die Pflegeberatung und Pflegeanleitung von Angehörigen, bei kirchlichen Sozialstationen auch die seelsorgerische Begleitung.

Die Abrechnung der von der Sozialstation erbrachten Leistungen ist in jeder Gemeinde unterschiedlich. Sie richtet sich auch danach, ob der Versorgungsbedürftige bereits die Pflegeversicherung in Anspruch nimmt oder bei welcher Krankenkasse er versichert ist.

Die Mitarbeiter der ambulanten Dienste der Sozialstation betreuen meistens mehrere Versorgungsbedürftige nacheinander. Sie erbringen Leistungen nicht nur für alte Menschen, sondern auch für chronisch kranke, behinderte Erwachsene und Kinder.

Die ambulanten Pflegedienste werden von den jeweiligen Krankenkassen oder der Pflegekasse bzw. Träger der Sozialhilfe bezahlt. Die Abrechnung richtet sich nach der Art der Hilfeleistungen, wozu gerechnet werden die häusliche Krankenpflege als Behandlungspflege sowie alle medizinischen Hilfeleistungen, die von den Krankenkassen nach ärztlicher Verordnung bezahlt werden. Besteht kein Krankenversicherungsschutz, dann werden die Rechnungen von den Sozialämtern übernommen. Der ambulante Pflegedienst übernimmt auch die **Grundpflege als sogenannte Pflegesachleistung.** Wenn der „Medizinische Dienst der Krankenkassen" (MDK) die Pflegebedürftigkeit einer Person festgestellt und sie in eine der Pflegegrade 1 bis 5 eingruppiert hat, beteiligt sich die Pflegekasse an der gesamten pflegerischen Betreuung bis zur Höhe des festgestellten Pflegegrads. Verrichtet ein Angehöriger die Pflegeleistungen, so kann er die Geldleistung der Pflegekasse auch direkt erhalten. Führt der Pflegedienst allein die Hilfeleistungen durch, dann rechnet er seine Kosten direkt mit der Pflegekasse ab.

Die erforderliche Feststellung eines Pflegegrads muss der Versorgungsbedürftige bzw. seine Vertreter bei den Pflegekassen beantragen, da sie nicht automatisch von der Pflegekasse erstellt bzw. genehmigt wird. Eine Genehmigung oder Ablehnung des Antrags auf Leistungen der Pflegekasse erfolgt immer erst vom Tage der Antragstellung an. Übersteigen die anfallenden Kosten die Leistungen der Pflegeversicherung und ist der Versorgungsbedürftige finanziell nicht in der Lage, die übersteigenden Kosten zu bezahlen, so übernimmt die Sozialhilfe im Rahmen der Hilfe zur Pflege die weiteren Kosten der Grundpflege.

4.1.2.3 Grüne Damen und Herren

sind ehrenamtlich in der stationären Krankenhauspflege, im Pflegeheim und bei der häuslichen Pflege tätig. Die Bezeichnung beruht auf der grünen Arbeitskleidung, die sie von anderen Mitarbeitern in der Kranken- und Altenbetreuung unterscheidet. Der **ehrenamtliche** Dienst der „Grünen Dame" wurde von Brigitte Schröder im Jahr 1969 gegründet. Zur Zeit sind in Deutschland über 110.000 Grüne Damen und Grüne Herren ehrenamtlich in der Krankenhaus- und Altenpflege tätig. Sie übernehmen unabhängig und in eigener Verantwortung persönliche Wünsche von Patienten und älteren Menschen und Tätigkeiten, die professionelle Pflegekräfte aus Zeitmangel nicht erfüllen können. So erledigen sie kleine Besorgungen und Hilfeleistungen, sie sprechen mit Kranken und Alten, hören ihnen zu und sind stets bemüht, ein gutes Verhältnis zu den professionellen Pflegekräften zu unterhalten. Die Arbeit von Grünen Damen und Grünen Herren kann nicht hoch genug bewertet werden. Meist handelt es sich um ältere oder alleinstehende Menschen, die anderen hilfebedürftigen Menschen helfen und nicht aus dem Alltag ausscheiden wollen. Sie sehen in der Hilfe für andere Menschen eine Möglichkeit nicht zu vereinsamen und Kontakt zu jungen und alten Menschen zu halten.

4.1.2.4 Ausländische Haushaltshilfen

Die Kosten für die häusliche 24-Stunden-Betreuung durch legale deutsche Pflegekräfte betragen je nach Pflegegrad und Aufwand zwischen 6.000 EUR und 12.000 EUR monatlich.

Eine sehr zu empfehlende Alternative sind ausländische Haushaltshilfen legal von der Arbeitsagentur (früher: Arbeitsamt) vermittelt. Sie kosten zur Zeit monatlich zwischen 1.500 EUR und 1.750 EUR. In diesem Betrag sind Steuern und Versicherungen enthalten. Kost und Logis sind von Ihnen zu tragen. Von der Pflegekasse erhalten Sie hierzu Pflegegeld bei Pflegegrad 2 in Höhe von mindestens monatlich 316 EUR und für Sachleistungen durch anerkannte deutsche Pflegekräfte monatlich mindestens 689 EUR. Kosten der medizinischen Versorgung bezahlt Ihre Krankenkasse.

Nach einer Studie des „Deutschen Instituts für angewandte Pflegeforschung" sind die meisten Pflegebedürftigen und deren Familien mit ausländischen Pflegekräften **sehr** zufrieden. Da jede zweite Hilfskraft über gute bis sehr gute, jede andere über einfache Deutschkenntnisse verfügt, gibt es relativ wenig Verständnisprobleme mit den Haushaltshilfen.

Der legale Einsatz preiswerter ausländischer Hilfskräfte ist eine empfehlenswerte Alternative zu den teuren deutschen Haushaltshilfen und Pflegekräften[1]. Die meisten Pflegebedürftigen wünschen eine individuelle häusliche Versorgung. Diese kann durch deutsche ambulante Pflegedienste aufgrund ihrer hohen Kosten oft nicht geleistet werden. Mit der Hilfe von ausländischen Haushaltshilfen und Pflegekräften kann die häusliche Pflege durch Organisation und Überwachung durch den Empfänger oder sonstigen Vertrauenspersonen preisgünstiger geleistet werden und damit die Einlieferung in ein Pflegeheim verzögern oder ausschließen.

Ohne die ambulante Versorgung durch Pflegedienste, Nachbarschaftshilfe, Verwandte oder eine ausländische Haushaltshilfe oder Pflegekraft müssten viele Pflegebedürftige in eine stationäre Einrichtung umziehen. Nach der genannten Studie sind mehr als 60 Prozent derjenigen, die die Versorgung durch eine ausländische Haushaltshilfe oder Pflegekraft nutzen, sehr zufrieden. Sie halten die Kombination von deutschen Pflegediensten mit ausländischen Haushaltshilfen bzw. Pflegekräften geradezu für ideal.

Die Behauptung vieler deutscher Pflegedienste, sie hätten Kunden durch den Einsatz ausländischer Haushaltshilfen und Pflegekräfte verloren, ist unrichtig. Erst der Einsatz von

---

[1]* Studie des „Deutschen Institut für angewandte Pflegeforschung" Auszug aus „Test" von Stiftung Warentest – Journal Gesundheit 05/2009, 05/2011 und 08/2011

preisgünstigeren ausländischen Haushaltshilfen und Pflegekräften macht es vielen Pflegebedürftigen überhaupt möglich, zu Hause in gewohnter Umgebung versorgt und gepflegt zu werden.

Grundsätzlich dürfen Haushaltshilfen und Pflegepersonal aus Ländern der EU ohne Einschränkung in Deutschland arbeiten.

4.1.3 Sicherung der Pflegeverpflichtung

Eine Pflegeverpflichtung sollten Sie nicht nur schuldrechtlich treffen, sondern bei der Übertragung von Grundbesitz durch Eintragung im Grundbuch absichern.

Grundsätzlich empfehle ich, die Pflegeverpflichtung als Reallast möglichst an erste Rangstelle in das Grundbuch eintragen zu lassen. Hierbei muss Ihnen jedoch klar sein, dass Sie dann die Immobilie in der Regel nicht mehr als Sicherheit für einen von Ihnen aufzunehmenden Kredit verwenden können, da der Kreditgeber zu seiner Sicherheit für den Kredit eine Grundschuld an erster Rangstelle verlangt. Damit müsste dann die Sie sichernde Reallast für die Pflegeverpflichtung an die nächste Rangstelle treten.

Der große Vorteil der im Grundbuch an erster Rangstelle eingetragenen Reallast zur Sicherung der Pflegeverpflichtung besteht darin, dass bei einer Zwangsversteigerung der Ersteigerer Ihrer Immobilie für die Pflegeverpflichtung auch persönlich haftet. Es ist davon auszugehen, dass der Ersteigerer diese Gegenleistung nicht mit übernehmen will und deshalb bei der Zwangsversteigerung des Grundstücks mit einer im ersten Rang stehenden Reallast als Sicherung der Pflegeverpflichtung keine Gebote abgegeben wird.

Wenn Sie beabsichtigen, **nach** der Übertragung Ihrer Immobilie auf den Empfänger noch einen Bankkredit aufzunehmen, um zum Beispiel Reparaturen, Um- oder Anbauten an der Immobilie zu finanzieren, dann müssen Sie mit dem Empfänger vereinbaren, dass sie auch **nach** der Übertragung Ihres Eigentums einen Kredit aufnehmen und diesen mit einer Grundschuld im Grundbuch der übertragenen Immobilie absichern können. Sie müssen dann aber davon ausgehen, dass auch dann der Kreditgeber einen Rangrücktritt bezüglich Ihrer Reallast verlangt. Selbst für den Fall, dass Sie mit dem Empfänger bereits im Übertragungsvertrag einen Rangrücktritt bezüglich der Reallast vereinbart haben und deshalb bei einer eventuellen Zwangsversteigerung mit der Löschung der Reallast und damit Ihres Rechts auf Versorgung, Wart und Pflege rechnen müssen, sollten Sie immer auf die Eintragung einer Reallast, notfalls an zweiter Rangstelle, bestehen. Sie haben dann noch die Möglichkeit, die Immobilie freihändig zu verkaufen und hierbei mehr Geld als bei einer Zwangsversteigerung zu erlösen.

Wenn die Reallast für die Pflegeverpflichtung als Teil eines Leibgedings in dem Grundbuch eingetragen ist, so empfehle ich dringend, keinem Rangrücktritt zuzustimmen. Ansonsten würde im Fall der Zwangsversteigerung nicht nur die Pflegeverpflichtung, sondern auch ein vereinbartes Wohnungsrecht erlöschen.

Die Leistung der Versorgung, Wart und Pflege stellt schenkungsteuerlich, zivilrechtlich und sozialrechtlich eine Gegenleistung für die Vermögensübertragung dar. Die Verpflichtung zur Versorgung, Wart und Pflege ist jedoch erst dann als Gegenleistung zu berücksichtigen, wenn der Pflegefall ganz oder teilweise eingetreten ist und die Leistung tatsächlich erbracht wird.

4.1.4 Entfallen der Pflegeverpflichtung

Ist Ihre Versorgung und Pflege in Ihrer Wohnung aus finanziellen oder räumlichen Gründen nicht mehr möglich und Ihr Umzug in ein Alten-/Pflegeheim unausweichlich, dann entfällt nach neuer Rechtsprechung des BGH die Pflegeverpflichtung des Empfängers dann, wenn eine entsprechende Vereinbarung in dem Übertragungsvertrag getroffen worden ist. Während vor dieser neuen BGH-Rechtsprechung der Pflegeverpflichtete sich an den ersparten Aufwendungen beteiligen musste, kann heute diese finanzielle Beteiligung in dem Nachfolge-Generationenvertrag ausgeschlossen werden. Hierfür ist es nicht erforderlich, dass die Pflegeverpflichtung nur dann geschuldet ist, wenn Sie in einer bestimmten Wohnung wohnen. Falls es möglich ist, dass Sie aus dem Alten-/Pflegeheim wieder zurück in Ihre Wohnung kommen können, dann sollte in den Vertrag aufgenommen werden, dass die Pflegeverpflichtung solange **ruht,** bis Sie wieder in Ihre Wohnung zurückkehren.

4.1.5 Erbrechtlicher Ausgleich für Pflegeleistungen

Jeder gesetzliche Erbe hat einen Anspruch auf einen höheren Erbteil, wenn er Pflegeleistungen für seine Eltern und Großeltern erbracht hat und zwar unabhängig davon, ob er dafür seinen Beruf aufgibt oder nicht. Das ist gerecht, weil so auch die pflegende Person einen Ausgleichsanspruch erhält, die eine Doppelbelastung von Beruf und häuslicher Pflege in Kauf nimmt.

Beispiel:
Die verwitwete kinderlose Erblasserin wird von ihrer berufstätigen Schwester gepflegt. Ihr Bruder kümmert sich nicht um sie. Die Erblasserin stirbt, sie hat kein Testament hinterlassen. Damit tritt die gesetzliche Erbfolge ein, nach der ihre beiden Geschwister je die Hälfte ihres Nachlasses erben. Der Nachlass beträgt 200.000 EUR. Hiervon würden die beiden Geschwister je die Hälfte erben. In unseren Beispiel sind die Pflegeleistungen der Schwester mit 50.000 EUR zu bewerten. Diesen Betrag kann sie vorab von dem Nachlass erhalten. Der restliche Nachlass von 150.000 EUR wird nach der Erbquote zu je 1/2 verteilt (200.000 EUR abzüglich 50.000 EUR = 150.000 EUR : 2 = 75.000 EUR), so dass jeder der beiden Geschwister 75.000 EUR erhält. Im Ergebnis erhält die Schwester somit 75.000 EUR zuzüglich 50.000 EUR = 125.000 EUR.

4.2 Versorgungszahlungen

Eine weitere Möglichkeit der Gegenleistung durch den Empfänger sind lebenslange monatliche Geldzahlungen. Sie werden **steuerlich** in „Leibrenten" und „dauernde Last" unterschieden.

4.2.1 Leibrente

Eine Leibrente ist eine Rente mit der ein **der Höhe nach fest vereinbarter Betrag auf Lebenszeit** zu bezahlen ist. Der steuerliche Wert ist von der wahrscheinlichen Lebenserwartung des Begünstigten und der jährlichen Verzinsung abhängig. Der Kapitalwert von Rentenzahlungen ist gemäß § 14 BewG zu ermitteln. Die Zahlung von anfallender Erbschaftsteuer auf Leibrenten kann in Raten erfolgen und beginnt erst nach Verbrauch des Freibetrags des Empfängers. Da Rentenzahlungen in Form einer Leibrente grundsätzlich nicht mehr bei der Einkommensteuer abgesetzt werden können, wird eine Leibrente nur noch in Einzelfällen vereinbart.

4.2.2 Dauernde Last

Eine „dauernde Last" wird in einem Übertragungsvertrag oft dann vereinbart, wenn der Empfänger als Ausgleich für den erhaltenen Vermögenswert dem Übertragenden regelmäßig einen – **abänderbaren** – Geldbetrag als Ausgleich zu zahlen hat. Die Vereinbarung einer dauernden Last bei der vorweggenommenen Erbfolge ist bei richtiger Durchführung trotz des Wegfalls steuerlicher Vergünstigungen ein gutes Gestaltungsinstrument, das die Versorgung des Übertragenden sichern kann.

Die Vereinbarung einer dauernden Last ist dann zu empfehlen, wenn

- eine Überleitung des Vermögens auf den Sozialhilfeträger nach § 93 SBG XII droht, wenn somit zu befürchten ist, dass der Übertragende in Zukunft staatliche Hilfe in Anspruch nehmen muss, zum Beispiel seine Einkünfte nicht ausreichen, um für längere Zeit ein Pflegeheim bezahlen zu können, und/oder
- der Empfänger des übertragenen Vermögens nicht nur das juristische Eigentum, sondern auch die volle Nutzung des übertragenen Vermögens, somit das Volleigentum erhält, um den Übertragenden von Aufwendungen und Ärger zum Beispiel mit Mietern, dem Finanzamt und Gläubigern zu entlasten, und/oder
- der Empfänger höhere steuerliche Vorteile hat als der Übertragende. Dies ist zum Beispiel dann der Fall, wenn der

Empfänger einer Mietwohnung zwar die Mieteinnahmen versteuern muss, anfallende Abschreibungen und Zinsen sein Gesamteinkommen aber reduzieren und er dadurch weniger Steuern bezahlt.

4.3 Verzicht auf Geldforderungen

Die Übertragung von Grundbesitz kann auch als Gegenleistung für die von dem Empfänger **bereits erbrachten** Leistungen erfolgen. Wenn das Kind z.B. bei der Errichtung des Hauses mitgeholfen hat, so kann der Wert der aufgewendeten und nachweisbaren Arbeitsstunden von dem Verkehrswert des zu übertragenden Grundbesitzes abgesetzt werden. Zu beachten ist jedoch der eventuelle Anfall von Einkommensteuer für die von dem Empfänger des Grundbesitzes in Rechnung gestellten Arbeitsstunden. Vereinbarungen über die von dem Empfänger für den Übertragenden früher erbrachte Leistungen kann erhebliche Vorteile haben, z.B. im Verhältnis zu Pflichtteilsberechtigten oder bei späterer Pflegebedürftigkeit des Übertragenden und Inanspruchnahme von Sozialhilfe. Die Vorteile ergeben sich daraus, dass der Verkehrswert des übertragenen Grundbesitzes in einen **entgeltlichen** (Geldforderungen wegen geleisteter Arbeitsstunden) und einen **unentgeltlichen** (Schenkung) Erwerb aufzuteilen ist. Der **entgeltliche Teil wird sozialrechtlich wie eine Kaufpreiszahlung** bewertet, hierauf findet die Überleitung einer Schenkung nach § 528 BGB auf den Sozialhilfeträger **nicht** statt.

4.4 Übernahme von Verbindlichkeiten

Übertragen Sie im Wege der vorweggenommenen Erbfolge eine Immobilie, die noch mit Verbindlichkeiten, z.B. einem Bankkredit belastet ist, so werden Sie nur ausnahmsweise diese Verbindlichkeiten auf den Empfänger mit übertragen.

Dies wird dann der Fall sein, wenn Sie aus wirtschaftlichen Gründen die Rückzahlung der Verbindlichkeit nicht mehr leisten können oder aber der Empfänger die Verbindlichkeiten gern übernimmt, um die anfallenden Zinsen steuerlich geltend machen zu können. Behalten Sie sich den Nießbrauch vor allem an einer vermieteten Immobilie vor und können mit den Mieterträgen die Zins- und Tilgungsleistungen an den Kreditgeber bezahlen, dann sollten auch weiterhin die Verbindlichkeiten bei Ihnen bleiben.

Übernimmt der Empfänger die Verbindlichkeiten, dann erfolgt dies entweder im Wege der **Erfüllungsübernahme** oder im Wege der **Schuldübernahme.** Steuerlich kann es oft sinnvoll sein, dass der Empfänger Ihre Verbindlichkeiten ganz oder teilweise übernimmt, vor allem dann, wenn er die Zinsen und Abschreibungen steuerlich geltend machen kann. Verpflichtet sich der Empfänger Ihnen gegenüber, Ihre Verbindlichkeiten ganz oder teilweise bei dem Gläubiger (z.B. einer Bank) anstelle von Ihnen zu erfüllen, tritt er somit an Ihre Stelle als Schuldner, so handelt es sich juristisch um eine **Erfüllungsübernahme.** Sie erwerben aus dieser Verpflichtung einen klagbaren Anspruch gegen den Empfänger, Ihr Gläubiger (z.B. die Bank) erwirbt jedoch aus dieser Vereinbarung keine Rechte. Damit wirkt die Erfüllungsübernahme nur im Verhältnis zwischen Ihnen und dem Empfänger. Dem Gläubiger gegenüber sind Sie nach wie vor aus dem mit diesem abgeschlossenen Vertrag verpflichtet. Sollte der Empfänger seiner Ihnen gegenüber eingegangenen Verpflichtung zur Zins- und Tilgungszahlung nicht ordnungsgemäß nachkommen, dann werden sie von dem Gläubiger in Anspruch genommen werden. Bei einer Erfüllungsübernahme müssen Sie daher immer davon ausgehen, dass Ihre Verpflichtung gegenüber dem Gläubiger bis zur Tilgung der Verbindlichkeiten grundsätzlich weiter besteht und

Sie nur dann nicht in Anspruch genommen werden, solange der Empfänger Zinsen und Tilgung bezahlt.

Anders ist es rechtlich bei der **Schuldübernahme.** Hier vereinbaren Sie mit dem Empfänger in dem Übertragungsvertrag, dass er Ihre Schuld übernimmt und dafür sorgt, dass der Gläubiger diese Schuldübernahme genehmigt. Der Gläubiger (z.B. die Bank) wird jedoch der Schuldübernahme des Empfängers und damit Ihrem Austritt aus dem Schuldverhältnis nur dann zustimmen, wenn der Empfänger mindestens genauso wirtschaftlich potent ist wie Sie. Aus Sicherheit wird er sich auf der Immobilie, soweit nicht schon erfolgt, eine Grundschuld eintragen lassen. Wohl kein Gläubiger wird ohne seine Zustimmung einen anderen, eventuell schlechteren Schuldner als Sie es sind, akzeptieren. Wenn Ihr Gläubiger die Schuldübernahme durch den Empfänger genehmigt, dann haftet nur noch dieser und Sie sind aus der Schuldverpflichtung frei. Vor der Vereinbarung einer Schuldübernahme in dem Übertragungsvertrag sollten Sie, und falls erforderlich auch der Empfänger, den Gläubiger fragen, ob er einer Genehmigung der Schuldübernahme zustimmt. Ohne diese Genehmigung werden Sie mit dem Empfänger nur eine Erfüllungsübernahme vereinbaren können.

Die Schuldübernahme hat gegenüber der Erfüllungsübernahme für Sie einen großen Vorteil: Sie werden nämlich dadurch auch im Außenverhältnis von der Haftung für die vom Empfänger übernommenen Verbindlichkeiten freigestellt. Damit geht das Risiko einer späteren Zahlungsunfähigkeit des Empfängers auf den Gläubiger über.

Bitte bedenken Sie, dass grundsätzlich eine valutierte Grundschuld nur ausnahmsweise konkret auf den gesicherten Kredit bezogen ist. Regelmäßig haftet die Grundschuld für **alle** Ihre gegenwärtigen und künftigen Verbindlichkeiten bei dem Gläubiger. Wenn der Empfänger mit der mit einer Grundschuld belasteten Immobilie auch Ihre Schuld übernimmt, dann könnte der Gläubiger bereits freie oder später frei werdende Grundschuldteile als Sicherung anderer Kredite von Ihnen verwenden. Übernimmt der Empfänger die Schuld, dann sollten Sie immer mit dem Gläubiger schriftlich vereinbaren, dass die Zweckbestimmung der Grundschuld sich nur auf die vom Empfänger übernommene Schuld beschränkt.

4.5 Zahlung von Gleichstellungsgeld

Haben Sie mehrere Erben und wollen Sie diese wirtschaftlich gleich behandeln, übertragen aber zu Lebzeiten nur auf einen dieser Erben einen Vermögenswert bzw. auf mehrere Erben wertmäßig unterschiedliche Vermögenswerte, dann sollten Sie vereinbaren, dass derjenige, der von Ihnen mehr erhalten hat **als Ausgleich ein „Gleichstellungsgeld"** an den anderen Erben bezahlt. Die Vereinbarung von Gleichstellungsgeldern wird in der Regel zwischen Eltern und mehreren Kindern vereinbart. Die Zahlungen können zu Ihren Lebzeiten oder nach Ihrem Tod, in einer Summe oder in Raten erfolgen. Die Bezahlung von Gleichstellungsgeldern kann durch Unterwerfung der Zwangsvollstreckung des Verpflichteten und Bestellung eines Grundpfandrechts im Grundbuch der übertragenen Immobilie zugunsten des Berechtigten abgesichert werden. Das Gleichstellungsgeld kann in seiner Höhe festgelegt werden oder aber es wird ein bestimmter Prozentsatz des Verkehrswertes des übertragenen Grundbesitzes zum Zeitpunkt der Fälligkeit vereinbart.

Die Vereinbarung der Zahlung eines Gleichstellungsgeldes wird z.B. angewendet, wenn die Eltern bzw. ein Elternteil ihrer Tochter eine Immobilie im Wert von 600.000 EUR übertragen mit der Auflage, einen **Ausgleichsbetrag** (Gleichstellungsgeld) in Höhe von 200.000 EUR an den Bruder und an dessen Kind 100.000 EUR zu bezahlen. Bezüglich dieser Ausgleichsbeträge **liegt kein entgeltliches Geschäft vor,** Schenkungsteuer fällt für diese Beträge bei dem Sohn und dessen Kind **nicht** an, der Freibetrag der Tochter von 400.000 EUR wird bei ihr nur in Höhe von 300.000 EUR verbraucht.

Bei der vorstehenden Vereinbarung der Bezahlung eines Gleichstellungsgeldes von Ihrem Kind auf sein Geschwister und auf Ihr Enkelkind wird berücksichtigt, dass bei **Schenkungen zwischen Geschwistern** diese zur Zeit nur einen Freibetrag von je **20.000 EUR** haben, während das Kind nach jedem Elternteil zur Zeit innerhalb von 10 Jahren einen Schenkungsfreibetrag von je 400.000 EUR und das Enkelkind von je 200.000 EUR Freibetrag hat. Es ist deshalb zu empfehlen, dass Sie das Gleichstellungsgeld bereits bei Abschluss des Übertragungsvertrages dem Gleichstellungsberechtigten im Wege der **Forderungsschenkung** zuwenden, der Gleichstellungsgeld-Verpflichtete praktisch **nur eine Durchgangsposition** inne hat. Steuerlich bezahlen Sie somit die Gleichstellungsgelder an die Gleichstellungsberechtigten dadurch, dass sich das den Grundbesitz erwerbende Kind zur Bezahlung dieser Beträge verpflichtet. Damit wird auch Ihr Wunsch nach wirtschaftlicher Gleichstellung der künftigen Erben erfüllt.

Beispiel:
Der Vater schenkt seinem Sohn ein Mehrfamilienhaus und verpflichtet diesen, das Gebäude in Wohnungseigentum aufzuteilen und eine Wohnung an seine Schwester zu übertragen. Die Verpflichtung des Sohnes mindert seine Bereicherung. Die spätere Übertragung der Eigentumswohnung von dem Sohn an seine Schwester ist eine **Zuwendung im Verhältnis vom Vater auf die Tochter und nicht von dem Sohn auf die Schwester.**

Rechtlich ist der Sachverhalt so zu beurteilen, als hätte der Vater das Gebäude selbst in Wohnungseigentum aufgeteilt und dann seiner Tochter **unmittelbar** die eine Wohnung übertragen. Jedes Kind hat für den auf ihn entfallenden Verkehrswert der Übertragung Schenkungsteuer zu bezahlen, soweit der Schenkungsteuerfreibetrag überschritten wird.

4.6 Altersversorgung Ihrer künftigen Erben

Ein ganz wichtiger Punkt ist heute die **Altersversorgung der jungen Generation.** Wir alle wissen, dass junge Menschen im Alter nur noch sehr wenig gesetzliche Rente erhalten werden und deshalb schon heute mit dem Aufbau einer privaten Altersversorgung beginnen sollten. Die Regierung hat dieses Problem erkannt und die sogenannte Riester-Rente eingeführt, die jedoch aufgrund ihrer Kompliziertheit bisher nur von wenigen Bürgern angenommen wird. Durch die Übertragung von Vermögen z.B. einer Immobilie auf Erben, vor allem Kinder, Nichten, Neffen aber auch Freunde können Sie wesentlich zu deren künftigen Altersversorgung beitragen, da diese später – nach Ihrem Tod - mietfrei wohnen bzw. Mieteinnahmen erzielen können.

Oft wächst mit zunehmendem Alter der Wunsch nach Entlastung. Vermögenswerte, insbesondere Grundstücke oder Unternehmen haben nicht nur Vorteile, sie belasten auch den Eigentümer finanziell und verursachen Ärger. Mit einer Übertragung z.B. von Mietgrundstücken und Unternehmen zu Lebzeiten kann der Übertragende häufig wesentlich entlastet werden.

4.7 Erbrechtliche Leistungen

Haben Sie **nur einen Abkömmling,** so bedarf es neben dem Übergabevertrag grundsätzlich keiner erbrechtlichen Maßnahmen zur Steuerung der Vermögensübertragung. Sind noch **weitere Abkömmlinge** vorhanden, soll aber die Vermögensübertragung nicht auf alle Kinder erfolgen, dann sind flankierende erbrechtliche Maßnahmen erforderlich, die Sie bereits zu Lebzeiten umsetzen sollten. Hierzu gehören unter anderem:

- der Erbverzicht,
- der Pflichtteilsverzicht,
- die Anrechnung des Pflichtteils,
- die Ausgleichungspflicht.

Bei dem Abschluss eines Nachfolge-Generationenvertrages ist zu prüfen, ob und welche dieser erbrechtlichen Gegenleistungen von dem Empfänger zu erbringen sind.

Wenn der Empfänger Vermögen übertragen erhält, dessen Wert seinem künftigen Erbe entspricht, dann sollte grundsätzlich ein Erbverzicht in den Vertrag aufgenommen werden. Hiermit wird gesagt, dass der Empfänger das Vermögen, das er erben würde, bereits zu Lebzeiten erhalten hat; im Erbfall erhält er dann nichts mehr. Verzichtet der Ehegatte oder Verwandte in dem Vertrag auf sein gesetzliches Erbrecht, dann wird der Verzichtende unmittelbar von der gesetzlichen Erbfolge ausgeschlossen. Er wird rechtlich so behandelt, als wenn er vor dem Erbfall gestorben wäre.

Es ist jedoch darauf hinzuweisen, dass durch den Erbverzicht eines Erben die Erbteile bzw. Pflichtteile der anderen Erben entsprechend erhöht werden. Hier müssen Sie sich fragen, ob diese Erhöhung auch von Ihnen gewollt ist. Wenn es Ihr Wunsch ist, dass der Empfänger aus Ihrem Nachlass auch keinen Pflichtteil erhalten soll, so ist mit ihm die Vereinbarung eines Pflichtteilsverzichts zu empfehlen. Sie können dann in Ruhe überlegen, ob Sie den Empfänger nicht zusätzlich zu dem bereits zu Lebzeiten übertragenen Vermögen auch noch als Erben einsetzen oder ihn enterben wollen. Enterben Sie ihn, so müssen Sie aufgrund seines Pflichtteilsverzichts im Übertragungsvertrag keine Pflichtteilsansprüche mehr befürchten. Der Pflichtteilsverzicht kann von dem Empfänger nur persönlich vor einem Notar erklärt werden. Die notarielle Form ist durch die Beurkundung des Übertragungsvertrags gewahrt. Wenn in dem Nachfolge-Generationenvertrag ein vertragliches Rückrufrecht vereinbart wird, dann sollte der Pflichtteilsverzicht des Empfängers nur auflösend bedingt für den Fall erklärt werden, dass der Übertragende den Rückruf erklärt. Schließlich wird der Empfänger einen Pflichtteilsverzicht nur dann abgeben, wenn er sicher ist, dass er den übertragenen Vermögenswert auch behalten kann. Wenn er ihn rückübertragen muss, dann sollte er auch wieder seinen Pflichtteilsanspruch erhalten.

Schließen Eheleute mit einem gesetzlichen Erben einen Nachfolge-Generationenvertrag, so sollte der Erbe aus steuerlichen Gründen grundsätzlich **nicht** auf seinen Pflichtteil nach dem Erststerbenden, sondern nur auf die **Geltendmachung** seines Pflichtteils verzichten. Damit verbleibt ihm der Pflichtteilsanspruch, den er später nach dem Letztsterbenden seiner Eltern geltend machen kann.

4.8 Übernahme der Beerdigungs- und Grabpflegekosten

Die Frage, wer die Kosten der Beerdigung zu tragen hat, ist sehr wichtig geworden, da die Kosten heute sehr hoch sind. Unter einem Betrag von 6.000 EUR lässt sich eine einfache Bestattung nicht mehr durchführen. Die durchschnittlichen Bestattungskosten betragen ca. 8.000 EUR.

Da die Beerdigung sehr schnell geregelt werden muss, kann nicht so lange abgewartet werden bis feststeht, wer die Kosten zu tragen hat. Deshalb hat der Gesetzgeber vorgesorgt: Nach den Bestattungsgesetzen der Länder hat die zuständige Behörde die Bestattung auf Kosten des Bestattungspflichtigen selbst zu veranlassen, wenn von diesem nicht oder nicht rechtzeitig für die Bestattung gesorgt wird. Die Bestattung muss in Deutschland grundsätzlich 96 Stunden nach dem Eintritt des Todes erfolgt sein. Hat die Behörde die Bestattung veranlasst, dann kann sie per Leistungsbescheid die erstattungsfähigen Kosten von dem oder den Bestattungspflichtigen verlangen. Dabei ist die Bestattungspflicht unabhängig von der Erbenstellung.

Nicht zu verwechseln ist die **öffentlich rechtliche Pflicht** für die Bestattung eines Verstorbenen zu sorgen mit der zivilrechtlichen Pflicht zur Bezahlung der Beerdigungskosten. Wenn ein Angehöriger öffentlich-rechtlich zur Bezahlung der Bestattungskosten in Anspruch genommen wird, dann bedeutet dies nicht zwangsläufig, dass er auch zivilrechtlich zur Bezahlung dieser Kosten verpflichtet ist. Er kann die bezahlten Beerdigungskosten zivilrechtlich von den Erben verlangen, wenn der Nachlass werthaltig ist. Zivilrechtliche Ausgleichsansprüche auf Übernahme der Bestattungskosten ergeben sich aus mehreren Bestimmungen des BGB.

Gemäß dem BGB sind die Erben verpflichtet, die Kosten für die Beerdigung des Erblassers zu tragen. Gibt es mehrere Erben, dann haften diese gemeinsam als Gesamtschuldner. Wird das Erbe ausgeschlagen, dann zahlt der Erbe aber meist trotzdem für die Beerdigungskosten, nämlich als Unterhaltsverpflichteter oder wegen einer öffentlich-rechtlichen Bestattungspflicht.

Als unterhaltspflichtig gilt, wer schon zu Lebzeiten des Verstorbenen für dessen Unterhalt aufgekommen ist. War der Verstorbene nicht unterhaltsbedürftig, weil er von einer ausreichenden Rente lebte, dann wird auch nach dem Tod niemand als Unterhaltsverpflichteter für die Kosten der Beerdigung herangezogen. Allerdings muss der Ehegatte bei bestehender Ehe für die Beerdigungskosten des verstorbenen Ehepartners aufkommen.

Bestattungspflichtig nach landesrechtlichen Bestimmungen sind immer in folgender Reihenfolge:

- der Ehegatte,
- die volljährigen Kinder,
- die Eltern und die Geschwister des Verstorbenen.

In manchen Bundesländern (z.B. Nordrhein-Westfalen) werden auch **nichtverheiratete Lebenspartner** herangezogen. Nichten und Neffen sind wohl aber nicht bestattungspflichtig. Nach dem Bestattungsgesetz von Baden-Württemberg vom 21.07.1970 in der Fassung vom 07.02.1994 haben die „Angehörigen" für die Bestattung zu sorgen. In Betracht kommen hierbei der Ehegatte, die volljährigen Kinder, die Eltern, die Großeltern, die volljährigen Geschwister und Enkelkinder des Verstorbenen und zwar in der genannten Reihenfolge. Die Bestattungs- und Kostentragungspflicht besteht auch für

nichteheliche Kinder und zwar auch dann, wenn sich der Erblasser nie um das Kind gekümmert hat.

Verstirbt der Erblasser mittellos und ist der Erbe oder der Bestattungspflichtige selbst finanziell nicht in der Lage, für die Begräbniskosten aufzukommen, dann trägt der Sozialhilfeträger auf Antrag die erforderlichen Kosten. Keinesfalls ist ein „Armenbegräbnis" hinzunehmen. Es gilt der Grundsatz, dass das Begräbnis der Würde des Menschen entsprechend ausfallen sollte. Wollte der Verstorbene ausdrücklich ein Erdbegräbnis, hat der Träger der Sozialhilfe auch diese Kosten zu tragen.

Der Bestattungspflichtige hat dann die Kosten der Beerdigung nicht zu tragen, wenn es unzumutbar ist. Dies entscheidet sich nach allgemeinen Billigkeitsgrundsätzen.

Wenn nahe Verwandte sterben, steht für die meisten Familien die Trauer im Vordergrund. Bei manchen aber war der Kontakt zum Verstorbenen seit Jahren schlecht oder ganz abgebrochen. In solchen Fällen fürchten sich die Verwandten vor hohen Begräbniskosten.

4.9 Vereinbarung von Unterhaltszahlungen

als Gegenleistung für die Vermögensübertragung mit Nachfolge-Generationenvertrag sind wiederkehrende, freiwillig vereinbarte Leistungen. Schenkungsteuerlich und ertragsteuerlich sind sie unbeachtlich, sie haben keine positiven Auswirkungen und sollten **vermieden** werden.

5. Dauer der Gegenleistungen

Beim Abschluss eines Nachfolge-Generationenvertrages müssen Sie sich mit Ihrem Vertragspartner über die Dauer der Erbringung der Gegenleistungen einigen. Dabei kann sich die Einigung immer nur auf die bei Vertragsabschluss vorhandenen und vorhersehbaren Tatsachen beziehen. Bei lebenslang vereinbarten Dienstleistungen können Sie die **amtliche Sterbetafel** für die Bewertung der Gegenleistungen zugrunde legen. Dies kann Vor- und Nachteile für Sie und den Empfänger haben: Wenn Sie länger leben als in der Sterbetafel angegeben, dann muss der Empfänger die Versorgung für Sie auch länger erbringen. Sterben Sie dagegen vor dem in der Sterbetafel angegebenen Alter, so endet die Leistungspflicht des Empfängers früher. Da bei einem Vertrag mit einer zu erbringenden lebenslangen Leistung niemals vorausgesehen werden kann, wie lang die Leistungspflicht letztlich besteht, muss das beiderseitige Risiko eingegangen werden. Auch bei dem Abschluss von Versicherungen gehen die Versicherung und der Versicherungsnehmer Risiken ein, die zum Beispiel beim Abschluss einer Unfallversicherung einen erheblichen Nachteil für die Versicherung dann bringt, wenn der Versicherungsnehmer kurz nach Abschluss der Versicherung stirbt und die Versicherung voll bezahlen muss. In besonderen Fällen ist beiden Vertragsparteien zu empfehlen, eine Versicherung abzuschließen um das Risiko zu begrenzen. Wie bei einer Lebensversicherung können Sie bei der Übertragung von Vermögenswerten im Wege der vorweggenommenen Erbfolge gegen lebenslange Rentenzahlung den Gesundheitszustand und die Lebensverhältnisse von Ihnen und dem Empfänger berücksichtigen. Leichter fällt es, wenn bei der Übernahme der Versorgung, Wart und Pflege der Versorgungsfall bereits eingetreten ist. Hier lässt sich der Wert der Gegenleistung relativ leicht bestimmen. Erhebliche Schwierigkeiten gibt es dann, wenn Sie als Berechtigter bei Abschluss des Übertragungsvertrages noch gesund sind und nicht abzusehen ist, ob Sie überhaupt jemals versorgungsbedürftig werden oder vor deren Eintritt sterben. Letztlich kann der Wert einer lebenslangen Pflegeverpflichtung nicht vor Tod des Berechtigten beziffert werden. Da die Dienstleistungen nicht sofort, sondern über einen längeren Zeitraum erbracht werden sollen, ist bei deren Bewertung eine Verzinsung zu vereinbaren. Für die Höhe der Abzinsung gibt es Tabellen, die das Alter und das Geschlecht des Übertragenden berücksichtigen.

6. Absicherung der Gegenleistungen

Übertragen Sie zu Lebzeiten eine Immobilie, dann sollten Sie sich Ihre Rechte durch Eintragung in das Grundbuch absichern. Sie können dann grundsätzlich Ihre Rechte auch dann durchsetzen, wenn der Empfänger nicht mehr Eigentümer der Immobilie ist, er gegen Ihre Auflagen und Bedingungen verstößt und Schulden nicht mehr bezahlen kann.

Wohnungsrecht und Nießbrauch können im Grundbuch eingetragen werden. Laufende Zahlungen und sonstige wiederkehrende Leistungen werden mit einer sogenannten **Reallast** im Grundbuch gesichert. Hat der Empfänger eine einmalige Zahlung zu leisten, dann sollten Sie die mit einem **Grundpfandrecht** im Grundbuch absichern. Mehrere Versorgungsrechte können Sie im Grundbuch auch zu einem **Leibgeding** zusammenfassen.

Versuchen Sie bei der Übertragung einer Immobilie immer, die von Ihnen vorbehaltenen Rechte, Auflagen und Bedingungen mit einer möglichst hohen Rangstelle im Grundbuch abzusichern, damit diese auch im Falle der Zwangsversteigerung bestehen bleiben. **Der Rang im Grundbuch gibt an, welches**

Recht sich bei einem Zugriff auf die Immobilie durchsetzt. Wenn Ihre Rechte im Rang hinter Belastungen eingetragen sind, die die Zwangsversteigerung der Immobilie ermöglichen (z.B. Grundschulden, Hypotheken, Reallasten), dann besteht die Gefahr, dass Ihre Rechte mit dem Zuschlag im Zwangsversteigerungsverfahren ersatzlos wegfallen, Sie verlieren damit Ihre Immobilie. Sehr vorsichtig sollten Sie auch sein, wenn von Ihnen ein **Rangrücktritt** verlangt wird, mit dem fremde Rechte Ihren Rechten im Rang vorgehen sollen.

7. Rückrufsrechte

Zu unterscheiden sind **gesetzliche** und **vertragliche** Rückforderungsrechte.

7.1 Das gesetzliche Rückforderungsrecht

Bei Schenkungen ist im Bürgerlichen Gesetzbuch (BGB) ein Rückforderungsanspruch des Schenkers vorgesehen.

Gemäß **§ 528 BGB** kann der Schenker nach Vollziehung der Schenkung das Geschenk zurückfordern, wenn er nach der Schenkung außerstande ist, seinen angemessenen Unterhalt zu bestreiten und seine gesetzliche Unterhaltspflicht nicht mehr erfüllen kann. Der Schenker kann dann von dem Beschenkten die Herausgabe des Geschenkes nach den Vorschriften über die Herausgabe einer ungerechtfertigten Bereicherung fordern. Der Beschenkte hat das Recht, die Herausgabe durch Zahlung des für den Unterhalt des Schenkers erforderlichen Betrags abzuwenden. Sind mehrere Beschenkte vorhanden, dann haftet der frühere Beschenkte nur insoweit, als der später Beschenkte nicht verpflichtet ist. Der Anspruch auf Herausgabe des Geschenkes ist dann ausgeschlossen, wenn der Schenker seine Bedürftigkeit vorsätzlich oder durch grobe Fahrlässigkeit herbeigeführt hat oder wenn zum Zeitpunkt des Eintritts seiner Bedürftigkeit seit der Leistung des geschenkten Gegenstandes **10 Jahre verstrichen** sind. Das Vorgesagte gilt auch dann, wenn der Beschenkte bei Berücksichtigung seiner sonstigen Verpflichtungen außerstande ist, das Geschenk herauszugeben, ohne dass sein standesmäßiger Unterhalt oder die Erfüllung seiner gesetzlichen Unterhaltspflichten gefährdet wird.

Der Schenker kann die Schenkung auch dann widerrufen, wenn sich der Beschenkte durch eine **schwere Verfehlung** gegen den Schenker oder einen seiner nahen Angehörigen **groben Undanks** schuldig gemacht hat. Das Recht zum Widerruf des Geschenks steht den Erben des Schenkers nur dann zu, wenn der Beschenkte vorsätzlich und widerrechtlich den Schenker getötet oder am Widerruf gehindert hat. Der Widerruf muss durch Erklärung gegenüber dem Beschenkten erfolgen. Der Widerruf ist dann ausgeschlossen, wenn der Schenker dem Beschenkten verziehen hat oder wenn seit dem Zeitpunkt, in welchem der Widerrufberechtigte von dem Eintritt des Widerrufs seines Rechts Kenntnis erlangt hat, ein Jahr verstrichen ist. Nach dem Tod des Beschenkten ist der Widerruf nicht mehr zulässig. Auf das Widerrufsrecht kann erst verzichtet werden, wenn der Undank dem Widerrufberechtigten bekannt geworden ist.

In der Praxis hat der Anspruch auf die gesetzliche Rückforderung nach § 528 BGB wegen Verarmung des Schenkers dann große Bedeutung, wenn der Sozialhilfeträger an den Schenker Leistungen erbringt und deshalb den Rückforderungsanspruch des Schenkers wegen seiner Verarmung auf den Staat überleitet und dann selbst geltend macht. Zwar führt der übergeleitete Rückforderungsanspruch des Sozialamtes in der Regel „nur" zu einer laufenden Geldzahlungspflicht des Beschenkten und nicht zur Rückgabe des Geschenks, dies gilt jedoch theoretisch nur solange, bis der Wert des Geschenks erschöpft ist. Ausgeschlossen ist der Anspruch des Schenkers bzw. des übergeleiteten Anspruchs des Sozialamtes erst dann, **wenn seit der Schenkung 10 Jahre vergangen sind.**

7.2 Das vertragliche Rückforderungsrecht

Beim vertraglichen Rückforderungsrecht kann der Übertragende die dem Empfänger übertragenen Vermögensgegenstände zurückfordern, wenn dieser seine Vertragsverpflichtungen nicht erfüllt. Das vertragliche Rückforderungsrecht ist eine **eigenständige vertragliche Regelung,** die im Falle der Ausübung **nicht** zu einer gesetzlich ausgestalteten Rückabwicklung führt.

Wenn Sie einen Vermögenswert, zum Beispiel Ihren Bausparvertrag oder Ihre Immobilie, einer anderen Person schenken, dann verlieren Sie diesen Vermögenswert ohne jede Einschränkung. Der Empfänger als neuer Eigentümer kann mit dem geschenkt erhaltenen Vermögenswert machen was er will, er kann die Immobilie zum Beispiel verkaufen oder verschenken, belasten oder vererben. Nach dem Grundsatz **„was weg ist, ist weg"** verlieren Sie grundsätzlich den verschenkten Vermögenswert für immer, obwohl Sie ihn vielleicht später noch dringend benötigen. Deshalb warne ich erneut davor, Vermögenswerte, die über ein Gelegenheitsgeschenk hinausgehen, zu verschenken.

Ihr vertragliches Rückforderungsrecht sollte so ausgestaltet werden, dass nicht nur jede Veräußerung, sondern auch jede Belastung Ihrer **vorherigen Zustimmung** bedarf. Diese Zustimmung sollte stets in **notarieller Form** erfolgen, damit Sie zwischen einer Zustimmung und der notariellen Beurkundung noch Zeit haben, sich die Angelegenheit zu überlegen. Ein guter Notar wird Sie auch nochmals eindringlich fragen, warum Sie entgegen dem Übertragungsvertrag jetzt doch mit einer Veräußerung/Belastung des übertragenen Vermögensgegenstandes durch den Empfänger einverstanden sind.

Erfahrungsgemäß hält diese notariell beurkundete Zustimmung die meisten Übertragenden davon ab, einer Veräußerung oder Belastung der Immobilie zuzustimmen.

Nach der herrschenden Meinung in der Literatur ist ein Verzicht auf die gesetzliche Rückforderung einer Schenkung nach **§ 528 BGB** wegen Verarmung des Schenkers oder wegen groben Undanks grundsätzlich **unzulässig**, da der Charakter die Norm als Notrecht des Übertragenden (Schenker) zur Bestreitung seines eigenen Unterhalts bzw. zur Bedienung der von ihm geschuldeten gesetzlichen Unterhaltsverpflichtungen Dritten gegenüber einen Verzicht verbietet. Es würde sich somit um einen unzulässigen Vertrag zugunsten Dritter handeln.

Anders urteilt der BGH, der folgender Auffassung ist:

„Der Übertragende (Schenker) kann auf einen Rückruf z.B. wegen Verarmung oder wegen groben Undanks verzichten, solange er sich in den Grenzen rechtsmissbräuchlichen Verhaltens (§ 138 BGB) bewegt, also z.B. die Bedürftigkeit nicht bereits eingetreten ist oder unmittelbar droht."

Damit kann nach der Rechtsprechung des BGH der Übertragende auf sein gesetzliches Rückforderungsrecht gemäß § 528 BGB verzichten und einen entsprechenden Erlassvertrag mit dem Empfänger schließen.

Nach Überleitung des Rückforderungsanspruchs des Übertragenden auf das Sozialamt kommt ein Verzicht (Erlassvertrag nach § 397 Abs. 1 BGB) nicht mehr in Betracht, da dieser nicht mehr Herr des Anspruchs (Anspruchsinhaber) ist.

Diese Rechtsprechung des BGH zur Überleitung des gesetzlichen Anspruchs des Übertragenden auf das Sozialamt ist außerordentlich wichtig für den Fall, dass das Einkommen des Übertragenden nicht ausreichend ist, um die häusliche Pflege oder bzw. die Kosten eines Pflegeheims zu bezahlen und er deshalb Sozialhilfe in Anspruch nehmen muss. Hat der Übertragende mit dem Empfänger rechtzeitig einen Erlassvertrag nach § 397 Abs. 1 BGB geschlossen, somit zu einem Zeitpunkt, bei dem seine Bedürftigkeit noch nicht eingetreten ist oder unmittelbar droht, so kann der Anspruch des Sozialamtes aus übergeleitetem Rückforderungsanspruch vermieden werden.

8. Auflagen und Bedingungen

Eine weitgehende Rückforderungsklausel enthält auf Ihre speziellen Familienverhältnisse abgestimmte Auflagen und Bedingungen. Verstößt der Empfänger gegen eine dieser Auflagen und Bedingungen, so haben Sie das Recht zur Rückforderung. Zu den Auflagen und Bedingungen sollten bei Übertragung von Privatvermögen vor allem gehören:

- Veräußerungs- und Belastungsverbot,
- Überschuldung oder Insolvenzverfahren des Empfängers,
- Versterben des Empfängers vor Ihnen,
- Dauerndes Getrenntleben oder Ehescheidung des Empfängers,
- Weigerung des Empfängers, mit seinem Ehepartner einen Erb- und Pflichtteilsverzichtsvertrag abzuschließen, in welchem modifizierter Zugewinnausgleich bzw. Pflichtteilsverzicht vereinbart wird, wonach das von Ihnen auf ihn übertragene Eigentum mit seinem jeweiligen Wert vom Zugewinnausgleich und vom Pflichtteilsrecht ausgenommen wird,
- Sie und ggfs. Ihr Ehepartner aus wichtigen persönlichen und/oder wirtschaftlichen Gründen den übertragenen Vermögenswert dringend benötigen und der Rückruf von der Finanzverwaltung als steuerfreier Rückruf anerkannt wird.

Bei der Übertragung eines Unternehmens wird die Aufnahme weiterer Bedingungen und Auflagen in die Rückrufsklausel erforderlich sein.

Achten Sie immer darauf, dass der Rückruf aufgrund Verstoßes gegen die im Vertrag enthaltenen Bedingungen und Auflagen auch steuerfrei ist. Wenn dies nicht der Fall ist, dann können Sie zwar den Vermögensgegenstand zurückrufen, Sie müssen dann aber hohe Schenkungsteuern bezahlen. Es handelt sich dann nämlich nicht um einen steuerfreien **Rückruf**, sondern um eine steuerschädliche **Rückschenkung**. dann beträgt der Steuerfreibetrag zur Zeit nur 20.000 EUR, den Restwert muss der Rückrufende nach der Steuerklasse II versteuern (zwischen 15% und 43%). Bei einem Rückruf aufgrund eines Verstoßes gegen die von mir oben aufgeführten Bedingungen und Auflagen fällt nach der Rechtsprechung keine Schenkungsteuer an.

Bei dem Rückforderungsgrund „Versterben des Empfängers vor dem Übertragenden" fällt zwar der übertragene Vermögensgegenstand zunächst an die Erben des Empfängers. Jedoch haben Sie das Recht, von den Erben den Vermögenswert herauszuverlangen. Wenn Sie dieses Rückerwerbsrecht ausüben, dann geht der Vermögenswert wieder in Ihr rechtliches Eigentum über. Üben Sie es nicht aus, dann verbleibt der Vermögenswert bei den Erben des Empfängers.

Das vereinbarte Rückforderungsrecht im Fall des Todes des Empfängers verhindert somit, dass bei einem Rückerwerb durch Sie Schenkungsteuer anfällt. Zum anderen erhalten dann keine Ihnen missliebige Erben den Gegenstand der Übertragung.

Durch die Vereinbarung von Rückforderungsrechten kann z.B. die Zwangsvollstreckung in den übertragenen Gegenstand durch Gläubiger des Empfängers, zum Beispiel auch das Sozialamt, bei Insolvenz und für den Fall des Todes des Empfängers verhindert werden.

Das vertragliche Rückforderungsrecht sollten Sie immer durch Eintragung einer Vormerkung im Grundbuch sichern. Ihre Gläubiger dürfen keine Möglichkeit haben, die Rückforderung zu umgehen. Ein Rückforderungsrecht können Sie auch zu Gunsten weiterer Personen, z.B. Enkelkindern, bestellen. Auch sollten Sie dafür sorgen, dass das Schwiegerkind den von Ihnen zu Lebzeiten auf Ihr Kind übertragenen Vermögenswert nicht erben kann. Sie müssen sonst davon ausgehen, dass der Vermögenswert in eine völlig fremde Familie kommt und damit Ihr Familienvermögen reduziert. Bei der Eintragung einer Auflassungsvormerkung im Grundbuch zur Sicherung des bedingten Rückübereignungsanspruchs verneinen Literatur und Rechtsprechung der Gerichte eine sittenwidrige Gläubigerbenachteiligung und zwar auch dann, wenn die Einleitung von Zwangsvollstreckungsmaßnahmen den Rückerwerbungsgrund darstellt, weil das Grundstück bereits mit diesem Rückerwerbsrecht belastet in das Vermögen des Empfängers gelangt ist und die Gläubiger die eingeschränkte Pfändungsmöglichkeit sogar aus dem Grundbuch ersehen können. Für Rückerwerbsrechte im Insolvenzfall werden dagegen Bedenken angemeldet, insbesondere im Hinblick auf das Wahlrecht nach § 130 InsO. Die Gerichte befassen sich immer wieder damit, ob das Rückerwerbsrecht des Übertragenden nicht durch Gläubiger gepfändet oder nach § 90 BSHG auf einen Sozialhilfeträger übergeleitet werden kann. Der BGH hat in seinem Urteil vom 20.02.2003 (IX ZR 102/02) die Pfändung eines durch eine Vormerkung gesicherten Rückauflassungsanspruch mit Einziehung für den Fall bejaht, dass der Übertragende das Grundstück „**jederzeit ohne Angabe von Gründen**" zurückverlangen kann. Um eine Pfändung des Rückforderungsanspruchs durch Gläubiger der Übertragenden zu vermeiden, muss deshalb die Rückforderung auf **bestimmte Fälle beschränkt werden**. Gleiches gilt auch für eine Überleitung des Rückforderungsanspruchs nach § 90 BSHG auf einen Sozialhilfeträger. Bevor jemand Sozialhilfe erhalten kann, hat er sein gesamtes „verwertbares Vermögen" einzusetzen. Die Verwertbarkeit kann aus wirtschaftlichen, aber auch aus rechtlichen Gründen ausgeschlossen werden. Dabei wird eine dauernde zivilrechtliche Verfügungsbeschränkung als die Verwertung hindernd angesehen. Bei der Vereinbarung eines **allgemeinen** Veräußerungs- und Belastungsverbots handelt es sich jedoch um eine Beschränkung, die gerade **nicht** „ausschließlich" den Zweck hat, zu Lasten des Sozialhilfeträgers eine ansonsten nicht bestehende Bedürftigkeit entstehen zu lassen. **Sie bezweckt vielmehr die Erhaltung des Familienvermögens, wie es das Gesetz im Rahmen der ausdrücklich gestatteten Testamentsvollstreckung bei einer Verfügung von Todes wegen auch ermöglicht.** Darin zeigt sich zugleich, dass darin auch keine Sittenwidrigkeit zur Verhinderung einer verwerflichen Gesinnung zu sehen ist. Bei den Veräußerungs- und Belastungsverboten richtet sich das legitime Interesse des Übertragenden nicht gegen den Sozialhilferegress im Besonderen, sondern allein auf die Erhaltung des übertragenen Vermögens in der Familie. Die Sachlage liegt hier nicht anders als bei dem von dem BGH anerkannten Behindertentestament: **Es kann sittlich nicht anstößig sein, wenn jemand in Voraussicht der drohenden Gefahren des Lebens Vorkehrungen dagegen trifft, dass das, was er sich unter Umständen mühselig abgespart hat, von der nächsten Generation verlebt wird.** Die Entscheidung des BGH vom 20.02.2003 ist nicht nur für Rückforderungsrechte im Verhältnis zwischen Eheleuten, sondern insbesondere auch für Rückforderungsrechte bei Übergabeverträgen von Eltern an Kinder von großer Bedeutung.

Bei einem richtig formulierten Rückrufsrecht können Sie ohne Zustimmung des Empfängers und ohne seine Anwesenheit bei dem Notar die Rückrufserklärung notariell beurkunden und an den Empfänger sowie das Grundbuchamt zusenden lassen. Nicht erforderlich für den Rückruf ist der Antrag an das Grundbuchamt auf Umschreibung des Eigentümers.

Nach der Ausübung des Rücktrittsrechts sind Sie wieder „Volleigentümer", neben dem wirtschaftlichen Eigentum werden Sie auch wieder juristischer Eigentümer und können frei über den zurückgerufenen Vermögensgegenstand, z.B. einer Immobilie, verfügen, diese z.B. verkaufen, verschenken oder vererben.

9. Ersatz von Aufwendungen und Leistungen des Empfängers

Bei Immobilien sind bei der Ausübung des Rückrufsrechts von den Übertragenden/Rückrufenden nur solche Grundstücksbelastungen zu übernehmen, welche in dem Grundbuch eingetragen oder durch den Nachfolge-Generationenvertrag begründet worden sind und solche, hinter die die Forderungsberechtigten mit ihrer Vormerkung im Rang zurückgetreten sind. Haben Sie das Nießbrauchsrecht und üben das Rückrufsrecht aus, dann sollten dem Empfänger – soweit er das Recht zur Nutzung hat – die bis dahin gezogenen Nutzungen verbleiben. Die gewöhnlichen Erhaltungskosten sind dem Empfänger für die Zeit, für die er die Nutzung hat, nicht zu ersetzen. Bei einer Rückübertragung sollten Sie aus Gründen der Gerechtigkeit, soweit vereinbart, ohne Bezahlung von Zinsen Zug um Zug gegen die Rückübereignung die von dem Empfänger auf den Vertragsgegenstand gemachten, **nachgewiesenen wertsteigernden** Aufwendungen, seines Ehegatten oder seiner Rechtsnachfolger, **soweit die Wertsteigerung noch besteht,** erstatten.

Hat der Empfänger Versorgungs-Pflegeleistungen für Sie erbracht, so sollten Sie diese bewerten und vergüten.

10. Übertragung von belasteten Immobilien

Bei der Übertragung von Grundbesitz sind häufig aus vorangegangenen Finanzierungen noch Hypotheken oder Grundschulden in Abteilung III des Grundbuchs eingetragen. Hierbei ist Folgendes zu beachten:

Sind die Hypotheken oder Grundschulden nicht mehr valutiert, das heißt liegen diesen Grundpfandrechten keine Verbindlichkeiten (z.B. Bankschulden) mehr zugrunde und werden deshalb zur Absicherung des Kreditgebers nicht mehr benötigt, dann sollten Sie die Löschung im Grundbuch verlangen. Früher war es üblich, nicht mehr valutierte Grundschulden stehen zu lassen, damit sie bei der Aufnahme eines neuen Bankkredits als Sicherheit verwendet werden können. Dies ist heute regelmäßig nicht mehr möglich, da die kreditgebende Bank die Eintragung einer neuen Grundschuld mit speziellem Inhalt verlangt. Wenn Sie mit dem Empfänger die Eintragung einer Grundschuld zur Absicherung eines von Ihnen in Zukunft aufzunehmenden Kredits vereinbaren, dann müssen Sie die im Grundbuch noch stehenden Hypotheken und Grundschulden löschen lassen, damit die neue Grundschuld an erster Rangstelle eingetragen werden kann. Die kreditgebende Bank wird nämlich fast immer zur Absicherung des Kredits die Eintragung einer Grundschuld im 1. Rang verlangen.

Wenn das Grundpfandrecht noch valutiert ist, Sie somit noch Verbindlichkeiten gegenüber dem Gläubiger, z.B. einer Bank haben, dann kann das Grundpfandrecht nicht gelöscht werden. Der Gläubiger wird nur in Ausnahmefällen einer Löschung zustimmen, wenn die Verbindlichkeit noch nicht vollständig getilgt ist. Bestehen Verbindlichkeiten, dann müssen Sie klären, wer diese zu tilgen hat. Das können zum einen Sie selbst sein und damit wie bisher die Zins- und Tilgungsraten sowie eventuell anfallende Kosten bezahlen oder der Empfänger übernimmt die Verbindlichkeit ganz oder teilweise und stellt Sie von den Zahlungsverpflichtungen gegenüber dem Gläubiger frei. Zu diesem Schuldnerwechsel bedarf es der Zustimmung des Gläubigers. Diese wird meist verweigert, wenn Sie dem Gläubiger sicherer erscheinen als der Empfänger.

11. Die Drittbegünstigtenklausel

Durch Abschluss eines Vertrages werden grundsätzlich nur die Vertragspartner berechtigt und verpflichtet. Damit sind Schuldner und Gläubiger in der Regel nur die Vertragsparteien selbst und nicht sonstige am Vertrag unbeteiligte Dritte (unbeteiligte Personen). Verträge, die Unbeteiligte berechtigen und verpflichten sollen, stehen im Widerspruch zur Privatautonomie des deutschen Rechts und sind mit dieser deshalb nicht ohne weiteres vereinbar. Zur Gründung eines nicht auf dem Gesetz beruhenden Schuldverhältnisses ist ein Vertrag zwischen den Beteiligten erforderlich. Damit sind Verträge zu Lasten anderer, nicht am Vertrag beteiligter Personen mit den Grundsätzen des Zivilrechtes nicht vereinbar; vertragliche Belastungen von Dritten sind ohne deren Mitwirkung nicht möglich.

Verfügungsgeschäfte **zu Lasten Dritter** (anderer Personen) sind grundsätzlich nicht möglich, es sei denn, der Dritte erteilt unter bestimmten Voraussetzungen seine **Einwilligung** beziehungsweise **Genehmigung** nach § 185 BGB.

Anders ist es zu beurteilen, wenn eine Person, die nicht an dem Vertrag mitgewirkt hat, nicht belastet, **sondern begünstigt wird.** Begünstigungen einer an dem Vertrag nicht mitwirkenden Person stellen zwar eine Art Bevormundung dar, da sie sich aber für diese Person lediglich vorteilhaft auswirkt, werden sie von der Rechtsordnung grundsätzlich hingenommen. Der Abschluss eines Versicherungsvertrages zeigt die Möglichkeit, eine andere Person **ohne deren Mitwirkung** zu begünstigen, weil er der üblichen Möglichkeit der Absicherung von Angehörigen entspricht.

Nach dem Rechtsverkehr liegt ein Vertrag zu Gunsten Dritter dann vor, wenn die Vertragsparteien vereinbaren, dass die Leistung von dem Schuldner **nicht an den Vertragspartner,** sondern an eine **andere Person** (der „Dritte") erbracht werden soll. Aus dem BGB ergeben sich die folgenden üblichen Bezeichnungen für die Beteiligten:

- **Versprechender** ist derjenige, der die Leistung an den Dritten erbringen soll,
- **Versprechensempfänger** ist der Vertragspartner des Versprechenden, dem die Leistung von diesem versprochen wird,
- **Dritter** ist der Leistungsempfänger.

Von der Rechtsordnung wird zwischen echten und unechten Verträgen zu Gunsten Dritter unterschieden. Bei dem **echten** Vertrag zu Gunsten Dritter erwirbt der Dritte aus dem Vertrag einen **eigenen Anspruch** gegen den Schuldner. Ein solcher echter Vertrag zu Gunsten Dritter liegt vor, wenn Sie einen Lebensversicherungsvertrag zur finanziellen Absicherung Ihres Kindes abschließen und dieses mit dem Vertrag einen **eigenen aufschiebend bedingten Zahlungsanspruch** gegen die Versicherungsgesellschaft erhalten soll.

Bei dem **unechten** Vertrag zu Gunsten Dritter ist der Versprechende zwar ebenfalls ermächtigt oder verpflichtet, an einen Dritten zu leisten, jedoch soll dieser **keinen eigenen Anspruch** auf die Leistung erhalten. Der Versprechende wird durch die Leistung an den Dritten von seiner Leistungspflicht gegenüber dem Gläubiger befreit.

Bei der in dem Nachfolge-Generationenvertrag verwendeten Drittbegünstigtenklausel handelt es sich um einen echten Vertrag zu Gunsten Dritter. Der Drittbegünstigte, meistens ein enger Angehöriger des Empfängers, soll für bestimmte Fälle, die der Übertragende und der Empfänger in dem Nachfolge-Generationenvertrag festlegen, den Vermögenswert erhalten.

Die Drittbegünstigtenklausel ist geeignet, um den mit Nachfolge-Generationenvertrag übertragenen Vermögensgegenstand **nach dem Tod des Übertragenden** für das Familienvermögen abzusichern.

> Hierzu ein **Beispiel:**
> Die Eltern übertragen auf ihre Tochter mit Nachfolge-Generationenvertrag eine Immobilie. Die Tochter verpflichtet sich, nach dem Tod der Eltern eine **Auflassungsvormerkung** in das Grundbuch zu Gunsten ihrer künftigen Erben, zum Beispiel Kinder, Geschwister oder deren Kinder, sonstige Verwandte (sogenannte „Drittbegünstigte") eintragen zu lassen. Damit wird nach dem Tod der Eltern die übertragene Immobilie vor Zugriffen von Gläubigern der Tochter geschützt, da die Gläubiger keinen Anspruch gegen die Drittbegünstigten haben. Der bzw. die Drittbegünstigte kann/können aufgrund der Auflassungsvormerkung die Eigentumsübertragung verlangen; die Immobilie geht in das Eigentum der Drittbegünstigten über und bleibt im Familienbesitz. Die Tochter hat

die Möglichkeit, **vor** der Eintragung der Auflassungsvormerkung im Grundbuch mit dem Drittbegünstigten ein Nutzungsrecht zu vereinbaren. Sie verliert zwar das Eigentum an der Immobilie, kann diese aber trotzdem lebenslang nutzen, sie bleibt lebenslang wirtschaftlicher Eigentümer.

Das Rückrufsrecht des Übertragenden schützt zu seinen Lebzeiten das übertragene Vermögen vor Zugriffen von Gläubigern des Empfängers. Mit der Vereinbarung der Drittbegünstigtenklausel wird das gleiche Ziel erreicht wie mit dem Rückrufsrecht des Übertragenden, das dieser jedoch nach seinem Tod nicht mehr ausüben kann: Die übertragene Immobilie verbleibt im Familienvermögen. Die Drittbegünstigtenklausel ist kompliziert und sollte nur von einem Fachmann formuliert werden.

12. Die Adoption

Nachdem das Vererben bzw. die lebzeitige Übertragung an Nichtverwandte hohe Steuern auslösen bei niedrigen Freibeträgen, wird häufig überlegt, zur Steuerersparnis anstelle eines leiblichen Kindes eine andere Person zu adoptieren. **Unter Adoption versteht man die Annahme eines Kindes als sein eigenes**. Nach der Adoption gilt das Adoptivkind mit den Adoptiveltern im juristischen Sinn verwandt. Die Adoptiveltern müssen einen notariell beglaubigten Antrag auf Adoption eines Kindes bei Gericht stellen. Das Gericht prüft dann, ob die Adoption bei einem **minderjährigen** Kind dessen Wohl dient und ob zu erwarten ist, dass sich zwischen den Adoptiveltern und dem Kind eine echte Eltern-Kind-Beziehung bilden kann. Bei dem Antrag, ein **volljähriges** Kind zu adoptieren wird von dem Gericht geprüft, ob die Annahme des Kindes sittlich gerechtfertigt ist und hier bereits eine echte Eltern-Kind-Beziehung gebildet wurde. Das adoptierte Kind ist dann nach dem Gesetz **erbberechtigt und pflichtteilsberechtigt.** Es erhält die Steuerklasse I, hat den höchsten Freibetrag und kann eine Immobilie bis 200 m² Wohnfläche steuerfrei erben, wenn es diese selbst zehn Jahre bewohnt. Adoptiert werden können Neffen, Nichten, entfernte Verwandte und sonstige nichtverwandte Personen, nicht jedoch Geschwister. Die Adoption hat zwar **steuerliche** Vorteile für den Adoptierten, jedoch müssen auch die **negativen Folgen** einer Adoption beachtet werden.

Bei der Adoption eines **minderjährigen** Kindes entsteht juristisch ein echtes Eltern-Kind-Verhältnis. Im Erbrecht bedeutet das, dass das Kind die Adoptiveltern und deren Eltern (Adoptivgroßeltern) gesetzlich beerbt und die **biologischen** Eltern nicht mehr gesetzlich beerben kann. Entsprechend gilt dies auch für das Pflichtteilsrecht.

Ist das Kind bei der Adoption **volljährig**, so bekommt das Kind ein zweites Elternpaar. Erbrechtlich hat es die Auswirkung, dass es sowohl die Adoptiveltern wie auch die biologischen Eltern gesetzlich beerbt. Bezüglich der Verwandten der Adoptiveltern besteht **kein** gesetzliches Erbrecht, jedoch verbleibt es bei dem gesetzlichen Erbrecht gegenüber den Verwandten der biologischen Eltern. Pflichtteilsberechtigt ist das Kind in Bezug auf die Adoptiv- und biologischen Eltern und in Bezug auf die biologischen Großeltern, aber nicht bezüglich der Adoptivgroßeltern.

Von einer Adoption nur aus steuerlichen Gründen muss dringend abgeraten werden. Eine Adoption können Sie nicht mehr rückgängig machen und zwar auch dann nicht, wenn Sie später Streit mit dem Adoptierten bekommen oder sich herausstellt, dass dieser nur die Adoption wollte um an Ihr Vermögen heran zu kommen oder um sich ein Aufenthaltsrecht in Deutschland zu erschleichen. Alle Nachteile, die Sie mit einem eigenen, blutmäßig verwandten Kind haben können, treten bei einem adoptierten Kind erfahrungsgemäß verstärkt auf.

13. Die „Nichteheliche Lebensgemeinschaft"

Eine nichteheliche Lebensgemeinschaft ist eine Gemeinschaft zwischen Lebenspartnern unterschiedlichen Geschlechts, die auf Dauer angelegt ist und daneben keine weitere Lebensgemeinschaft gleicher Art zulässt. Die Bindung beider Lebenspartner muss so eng sein, dass **ein gegenseitiges Einstehen in den Wechselfällen des Lebens erwartet werden kann.** Damit sind reine Wohngemeinschaften keine nichtehelichen Lebensgemeinschaften. Die erbrechtlichen Vorschriften des BGB gelten **nicht** für nichteheliche Lebensgemeinschaften, damit auch nicht das gesetzliche Erbrecht. Die Rechtsprechung der Gerichte hat jedoch folgende erbrechtlichen Grundsätze für die Lebenspartner entwickelt:

- Lebt der überlebende nicht verheiratete Partner zum Zeitpunkt des Todes seines Partners, dem Erblasser, mit ihm in einer gemeinsamen Wohnung und hat von ihm Unterhalt bezogen, so ist der Erbe beziehungsweise sind die Erben der Verstorbenen (Erblasser) verpflichtet, in den ersten 30 Tagen nach dem Erbfall die gleichen Leistungen an den überlebenden Partner zu gewähren, wie es der Verstorbene selbst getan hat.

- Wenn die beiden nicht verheirateten Partner in einer Mietwohnung des Erblassers zusammengelebt haben, so kann der überlebende Partner das Mietverhältnis dann fortsetzen, wenn die Wohnung der Mittelpunkt der gemeinsamen

Lebens- und Wirtschaftsführung war und die Voraussetzung für eine nichteheliche Lebensgemeinschaft vorgelegen haben.

Nicht verheiratete Partner können kein gemeinschaftliches Testament, sondern jeder kann nur ein Einzeltestament errichten. In einem Testament dem anderen Lebenspartner gemachte Zuwendungen werden in die höchste Steuerklasse eingestuft. Wenn sich die nichtehelichen Lebenspartner gegenseitig absichern wollen, dann sollten sie einen **Erbvertrag** schließen, mit dem sie z.B. die finanzielle Sicherung des Überlebenden durch eine Erbeinsetzung oder ein Vermächtnis und die Einräumung eines lebenslangen Wohnungsrechts durch ein Vermächtnis sowie eine Verpflichtung zur Versorgung, Wart und Pflege des versorgungsbedürftigen Partners vereinbaren können. Diese Verpflichtungen können auch gegen lebzeitige Gegenleistungen erfolgen. Hierzu bietet sich der **Vorsorge-Erbvertrag** oder falls schon zu Lebzeiten ein Partner Vermögen auf den anderen überträgt, der Nachfolge-Generationenvertrag an.

14. Die Patchwork-Familie

Wie ungerecht das Erbrecht bei Patchwork-Familien sein kann, ersehen Sie aus nachfolgenden Beispielen:

Beispiel 1:
Die Ehepartner haben aus ihrer Ehe das gemeinsame Kind Maria und der Ehemann hat aus einer früheren Beziehung/Ehe das Kind Anton. Die Familie wohnt zusammen in einem Haus, das der Ehemann mit in die Ehe gebracht hat. Stirbt der Ehemann, ohne eine letztwillige Verfügung errichtet zu haben, dann gilt die gesetzliche Erbfolge. Damit erbt die jetzige Ehefrau die Hälfte des im Nachlass des Ehemanns befindlichen Vermögens und damit die Hälfte des Hauses, die andere Hälfte wird auf die zwei Kinder verteilt, somit 1/4 auf Maria, 1/4 auf Anton. Stirbt später die Ehefrau, dann erbt deren hälftigen Hausanteil nur ihr leibliches Kind Maria, das von dem Ehemann in die Ehe gebrachte Kind Anton erbt von der Stiefmutter nichts. Der wesentliche Anteil an dem Haus, nämlich 3/4 Miteigentumsanteil, erhält somit das Kind Maria, obwohl der verstorbene Ehemann die Immobilie in die Ehe gebracht hat.

Beispiel 2:
Mann und Frau leben als **Lebenspartner** unverheiratet zusammen in einem Haus, welches sie gemeinsam gekauft haben. Die Frau hat eine Tochter Maria aus einer vorherigen Beziehung/Ehe. Stirbt die Frau, dann erbt allein ihre Tochter Maria die Haushälfte und das weitere Vermögen ihrer Mutter. Stirbt später die Tochter vor dem Lebenspartner ihrer verstorbenen Mutter und hat sie kein Testament errichtet, dann erbt aufgrund der gesetzlichen Erbfolge der **leibliche Vater der Tochter Maria** ihr Ver-

mögen. Damit wird der leibliche Vater von Maria zusammen mit dem Lebenspartner zu je 1/2 Eigentümer des Hausgrundstücks. Der leibliche Vater wird kein Interesse an der Aufrechterhaltung einer Erbengemeinschaft mit dem Lebenspartner der verstorbenen Mutter seines Kindes haben. Es kommt zu einer Erbauseinandersetzung, die zur Zwangsversteigerung des Hauses und damit zu einem erheblichen Vermögensverlust führen wird.

Beispiel 3:
Die Ehefrau Klara ist in zweiter Ehe verheiratet. Sie hat aus ihrer ersten Ehe die Tochter Maria in die zweite Ehe mitgebracht.
Der Ehemann Gregor ist ebenfalls in zweiter Ehe verheiratet. Er hat aus seiner ersten Ehe den Sohn Anton, der jedoch bei seiner ersten Ehefrau Sabine lebt.

Die Eheleute Klara und Gregor bekommen in ihrer jeweils zweiten Ehe die gemeinsame Tochter Felina.
Bei dieser typischen Patchwork-Familie werden im Erbfall gravierende familiäre und steuerliche Probleme auftreten.
Wenn zum Beispiel die Ehefrau Klara vor ihrem Ehemann Gregor verstirbt, dann erbt dieser nach der gesetzlichen Erbfolge einen Teil ihres Vermögens: Leben die Eheleute im gesetzlichen Güterstand der Zugewinngemeinschaft, dann beträgt der Erbteil des Ehemannes Gregor 1/2. Von der anderen Hälfte des Nachlasses der verstorbenen Ehefrau Klara erben 1/4 ihre Tochter Maria aus erster Ehe und das andere 1/4 die gemeinsame Tochter Felina.
Verstirbt der überlebende Ehemann Gregor, dann wird er beerbt zu 1/2 von seinem Sohn Anton aus erster Ehe,

die andere Hälfte erbt seine Tochter Felina aus der Ehe mit der vorverstorbenen Ehefrau Klara.

Das Kind Maria aus der ersten Ehe der verstorbenen Ehefrau Klara erbt nichts, weil sie mit ihrem Stiefvater Gregor nicht verwandt ist. Damit hat sie von dem Vermögen ihrer verstorbenen Mutter Klara nur ein 1/4 geerbt, das restliche 3/4 Vermögen ist an ihre Halbschwester Felina und an das für sie völlig fremde Kind Anton vererbt worden.

Möglich ist auch, dass die geschiedene Ehefrau von Gregor bei Versterben des gemeinsamen Kindes Anton nicht nur einen erheblichen Teil des Vermögens ihres geschiedenen Ehemannes, sondern auch noch einen erheblichen Teil des Vermögens der zweiten Ehefrau ihres geschiedenen Ehemannes erbt.

Aus den Beispielen ist zu entnehmen, dass die Eheleute einer Patchwork-Familie frühzeitig die Vermögensnachfolge regeln müssen, um bei Tod eines Ehegatten/Lebenspartner schwerwiegende Ungerechtigkeiten zu vermeiden.

15. Störung bzw. Wegfall der Geschäftsgrundlage

Wenn sich die dem Vertragsabschluss zugrunde liegenden Umstände entscheidend verändert haben und dem Vertragspartner nach Treu und Glauben ein Festhalten an einem unveränderten Vertrag nicht mehr zuzumuten ist, dann muss der andere Vertragspartner einer Vertragsänderung oder -aufhebung zustimmen. Eine Anpassung bzw. Aufhebung des Vertrages ist dann nicht möglich, wenn sie dem anderen Vertragspartner unzumutbar ist. In diesem Fall bleibt dem benachteiligten Vertragspartner jedoch ein Rücktrittsrecht.

16. Zusammenfassung

Der erbrechtlich, steuerlich, familienrechtlich, sozialrechtlich und gesellschaftsrechtlich richtig formulierte Übertragungsvertrag als Nachfolge-Generationenvertrag hat gegenüber dem Vererben und Verschenken u.a. folgende große Vorteile:

- Das hochkomplizierte Erbrecht, eine Erbengemeinschaft, Erbstreitigkeiten werden in Ihrer Familie aber auch bei einer nichtehelichen Lebensgemeinschaft bezüglich des lebzeitig übertragenen Vermögensgegenstands vermieden, da der **lebzeitig übertragene Vermögenswert nicht in den Nachlass fällt.**

- Ihr Familienvermögen bleibt zumindest in der nächsten Generation erhalten, der Vermögensübergang an Fremde, z.B. an Schwiegerkinder, wird ausgeschlossen.

- Der Zugriff des Staates auf eine übertragene Immobilie wird bei Inanspruchnahme von staatlichen Leistungen bei Pflegebedürftigkeit (Sozialhilfe) oder Arbeitslosigkeit des Empfängers (ALG II) eingeschränkt oder ganz ausgeschlossen, da die Übertragung von Immobilien mit Nachfolge-Generationenvertrag grundsätzlich keine Schenkung ist.

- Verarmungs- und Trennungsängste, im Alter auf Kinder, fremde Personen oder den Staat finanziell angewiesen zu sein und damit die finanzielle Unabhängigkeit zu verlieren werden beseitigt.

- Der Nachfolge-Generationenvertrag berücksichtigt bereits jetzt künftige Änderungen Ihrer wirtschaftlichen und familiären Verhältnisse.

- Sie bleiben lebenslang wirtschaftlicher Eigentümer Ihres übertragenen Vermögens, z.B. einer Immobilie, und können dieses jederzeit zurückrufen und damit machen was Sie wollen.

- Der Generationenvertrag kann veränderten wirtschaftlichen und familiären Verhältnissen angepasst werden.

- Mit der Drittbegünstigtenklausel kann Ihr übertragenes Vermögen, z.B. eine Immobilie, auch nach Ihrem Tod vor dem Zugriff von Gläubigern und Schwiegerkindern gesichert werden, das von Ihnen übertragene Vermögen bleibt in der Familie.

- Die Organisation und Überwachung Ihrer Versorgung und Pflege von Fachpersonal und geeigneten Personen in Ihrer Wohnung in gewohnter Umgebung durch den Empfänger vermeidet das Pflegeheim und den Zugriff des Staates auf Ihr Vermögen.

- Ausgleichszahlungen, Vorkaufsrechte, Geschwisterausgleich, Erbenausgleich werden geregelt.

- Die steuerfreie Vermögensübertragung kann genutzt werden bei der Übertragung des Familienwohnheims auf den Ehepartner.

- Vermögen kann gezielt in der „bewertungsrechtlich" **günstigsten** Form übertragen werden.

- Der gemeinsame Erwerb von Vermögenswerten in einer nichtehelichen Lebensgemeinschaft hat beim Vererben an den Lebenspartner erhebliche steuerliche (Steuersatz zwischen 30% und 50%, Freibetrag von nur 20.000 EUR) und familienrechtliche (z.B. für eheliche und nichteheliche Kinder) Nachteile, die mit einem Nachfolge-Generationenvertrag verringert oder ganz vermieden werden können.

- Die Altersversorgung der Empfänger (z.B. Kinder, Enkel, Nichten, Neffen) wird verbessert, Altersarmut wird vermieden bzw. reduziert.

- Der Ausgleich zwischen Ihren künftigen Erben wird zur Streitvermeidung schon zu Ihren Lebzeiten geregelt.

- Pflichtteilsansprüche können verringert bzw. ausgeschlossen werden.

- Sie werden entlastet bei der Verwaltung Ihres Vermögens, z.B. bei Mietgrundstücken.

- Bindung der Empfänger durch Auflagen z.B. Vermögenssicherung vor dem Zugriff von Gläubigern: Bei Verstoß gegen Auflagen können Sie die steuerfreie Rückübertragung des übertragenen Vermögens ohne Mitwirkung der Empfänger verlangen.

- Freibeträge bei der Schenkungsteuer werden optimal ausgenutzt.

- Freibeträge können zur Zeit – im Gegensatz zum Vererben - alle 10 Jahre erneut in Anspruch genommen werden.

- Ihr lebenslanges Nutzungsrecht, Ihr wirtschaftliches Eigentum (ein spezieller Nießbrauch) kann kapitalisiert und steuerlich geltend gemacht werden, anfallende Steuern werden damit reduziert.

- Die Vergütung für die Versorgung und Pflege durch einen engen Familienangehörigen ist bis zur Höhe des Pflegegeldes steuerfrei.
- Versorgen oder pflegen Ihre Angehörigen Sie kostenlos oder nur gering vergütet, dann erhalten diese vom Fiskus einen Extra-Freibetrag von 20.000 EUR und zusätzlich einen höheren Erbteil.
- die Kosten für erbrachte Betreuungs-Leistungen kann der Pflegende ohne bürokratischen Nachweis beim Fiskus geltend machen. Für den Steuerabzug muss ein Pflegegrad nicht nachgewiesen werden.
- Doppel- und Dreifachbesteuerung (z.B. durch „Berliner Testament") wird vermieden.
- Erhebliche erbrechtliche, familienrechtliche und steuerliche Probleme beim Vererben von Vermögenswerten auf Kinder aus Patchwork-Familien können beseitigt werden.
- **Bei Ihnen ändert sich wirtschaftlich und steuerlich durch die Übertragung mit Nachfolge-Generationenvertrag nichts.**

Die Übertragung von <u>Immobilien</u> mit Nachfolge-Generationenvertrag sichert:

- Ihr lebenslanges wirtschaftliches Eigentum durch einen speziellen Nießbrauch,

⇨ abgesichert durch Eintragung im Grundbuch.

- Ihre Versorgung und Pflege in Ihrer eigenen Wohnung in vertrauter Umgebung und dadurch Vermeidung des Altenheims und Pflegeheims,

⇨ abgesichert durch Eintragung im Grundbuch.

- Ihr lebenslanges Rückrufsrecht,

⇨ abgesichert durch Eintragung im Grundbuch.

Bei Rückruf der übertragenen Immobilie werden Sie auch wieder juristischer Eigentümer (Volleigentümer) wie vor der Übertragung der Immobilie.

Außer bei in Einzelfällen anfallender Schenkungsteuer hat der Empfänger Ihrer Immobilie keine steuerlichen Nachteile, sondern nur steuerliche, wirtschaftliche und familiäre Vorteile. Da es zur Zeit in Deutschland keine Vermögenssteuer gibt, hat der Empfänger auch keine Steuern aufgrund des Vermögenszuwachses zu bezahlen. Solange Ihnen das lebenslange Nutzungsrecht zusteht, fallen durch die Vermögensübertragung bei dem Empfänger keine Einkommensteuern an. Der jährliche Grundsteuerbescheid wird zwar auf den Empfänger ausgestellt, jedoch ist er vertragsgemäß – wie bisher – von Ihnen zu bezahlen. Sollte in Deutschland die Vermögenssteuer wieder eingeführt werden, so können bei der Vermögensübertragung auf mehrere Empfänger deren Freibeträge genutzt werden und dadurch erhebliche Steuern gespart werden.

Sie bleiben lebenslang wirtschaftlicher Eigentümer des übertragenen Vermögensgegenstandes, z.B. einer Immobilie, können diese jederzeit steuerfrei zurückrufen und damit wieder frei über Ihre Immobilie verfügen.

Entscheidend für Sie ist, dass sich bei Ihnen wirtschaftlich und steuerlich durch die Übertragung mit Nachfolge-Generationenvertrag nichts ändert. Ob Sie als Übertragender der Immobilie in dem Grundbuch als Eigentümer eingetragen bleiben, ist unerheblich, da Sie nach wie vor wirtschaftlicher Eigentümer sind, Ihre Rechte gegen den Empfänger durch Eintragung im Grundbuch in Abteilung II gesichert werden und Sie die Rechtslage vor Abschluss des Übertragungsvertrages durch den steuerfreien Rückruf wieder herstellen können.

Sie stehen wirtschaftlich nach Abschluss des Nachfolge-Generationenvertrages besser da als vor dem Vertragsabschluss, da Ihr Familienvermögen zumindest bis in die nächste Generation gesichert wird.

Das Familienvermögen bleibt erhalten.

Nach dem Abschluss des Generationenvertrages haben Sie die Gewissheit, alles Wichtige für sich und Ihre Familie für die Zukunft und für die Zeit nach Ihrem Tod geregelt zu haben.

IV.

Der Vorsorge-Erbvertrag

Wenn Sie sich nicht entschließen können, schon zu Lebzeiten Vermögenswerte auf Ihren künftigen Erben zu übertragen, dann empfehle ich Ihnen anstelle eines Testaments mit Ihrem Erben einen **Vorsorge-Erbvertrag** zu schließen.

Mit dem Vorsorge-Erbvertrag verpflichten Sie sich, Ihr Vermögen oder einen Teil desselben an Ihren künftigen Erben zu vererben. Ihr Erbe erhält mit diesem Vertrag die Gewissheit, nach Ihrem Tod auch sicher Erbe zu werden. Auch für den Erbvertrag gilt, dass Ihr Vertragspartner, Ihr künftiger Erbe, nur das Vermögen erben kann, das bei Ihrem Tod noch vorhanden ist.

Die Sicherheit Erbe zu werden wird mit einem Testament, das Sie ohne Begründung jederzeit ändern oder aufheben können, nicht gewährleistet.

Als **Gegenleistung für die Erbeinsetzung** verpflichtet sich Ihr Erbe, Leistungen zu Ihren Lebzeiten zu erbringen.

Die wichtigste Gegenleistung für Sie ist die **Organisation und Überwachung Ihrer Versorgung und Pflege in Ihrer Wohnung** für den Fall, dass Sie sich selbst allein nicht mehr versorgen können.

Mit dem Vorsorge-Erbvertrag kann somit grundsätzlich bis auf wenige Ausnahmen (z.B. Pflegegrad 5) sichergestellt werden, **dass Sie bis zu Ihrem Tod in Ihrer Wohnung in gewohnter Umgebung bleiben können** und nicht Ihre letzten Jahre in einem Altenheim oder in einem Pflegeheim verbringen müssen.

Auch Leistungen des Erben **nach** Ihrem Tod, z.B. die Organisation Ihrer Beerdigung und der Grabpflege, können in den Vorsorge-Erbvertrag aufgenommen werden.

Während Sie bei der Vererbung Ihres Vermögens mit einem Testament nur **einseitig** Leistungen erbringen, somit Ihr künftiger Erbe nach Ihrem Tod praktisch Ihr Vermögen ohne jegliche Gegenleistungen **„geschenkt"** erhält, erhalten Sie von Ihrem Erben mit einem Vorsorge-Erbvertrag noch zu Ihren Lebzeiten Gegenleistungen, auf die Sie dringend angewiesen sein können.

Viele wichtige Vorteile des Nachfolge-Generationenvertrages, insbesondere der **Erhalt Ihres Familienvermögens**, können zwar mit einem Vorsorge-Erbvertrag nicht erreicht werden, aber Sie können wenigstens die **Problematik Ihrer Versorgung im Alter und bei Krankheit** schon zu Lebzeiten regeln und mögliche **Quellen für Erbstreitigkeiten** durch entsprechende Vereinbarungen mit Ihrem künftigen Erben **ausschließen**.

Damit stellt der Vorsorge-Erbvertrag eine Alternative zu dem Nachfolge-Generationenvertrag und dem Testament dar für den Fall, dass Sie sich von Vermögenswerten, insbesondere von Immobilien, zu Lebzeiten nicht trennen können, trotzdem aber sicherstellen wollen, dass Sie möglichst bis zu Ihrem Tod in Ihrer Wohnung bleiben und damit ein Pflegeheim vermeiden können.

In dem Vorsorge-Erbvertrag können Sie alle Verfügungen über Ihren Nachlass treffen, die Sie sonst in einem Testament treffen würden.

Ein Testament ist damit nur noch in **Ausnahmefällen** als Ergänzung des Vorsorge-Erbvertrages erforderlich.

Es ist zu empfehlen, dass Sie sich zu Ihrer Sicherheit ein **Rücktrittsrecht** von dem Vorsorge-Erbvertrag vorbehalten, zum Beispiel für den Fall, dass Ihr künftiger Erbe Ihre Auflagen und Bedingungen zu Ihren Lebzeiten nicht erfüllt.

Für diesen Fall soll Ihr Erbe im Rahmen eines sachgerechten Interessenausgleichs eine Vergütung für bereits erbrachte Pflegeleistungen erhalten.

Obwohl der Vorsorge-Erbvertrag gegenüber einer lebzeitigen Vermögensübertragung durch Nachfolge-Generationenvertrag nur die **„kleine Lösung"** darstellt, ist er einem Testament um ein Vielfaches überlegen:

Sie haben die Sicherheit, im Alter nicht allein gelassen zu werden, der Erbe dagegen muss nicht mit dem Risiko leben, von Ihnen jederzeit ohne Begründung enterbt zu werden.

Zu empfehlen ist, den **Vorsorge-Erbvertrag** durch eine auf Sie abgestimmte **General- und Vorsorgevollmacht** sowie eine **Patientenverfügung** zu ergänzen.

Abschnitt D.

Wohin mit Ihnen, wenn Sie zum Pflegefall werden?

Dass pflegebedürftige Angehörige zur Zeit zumeist im Heim landen, ist unrichtig. Viele können sich das finanziell nicht leisten oder die Familie will dem geliebten Menschen so lange wie möglich das Leben im vertrauten Umfeld erhalten. Das Statistische Bundesamt hat das Thema zuletzt **2013** untersucht. Damals galten 2,63 Millionen Menschen als pflegebedürftig. 71% davon wurden zu Hause versorgt und von ihnen wiederum zwei Drittel ausschließlich von der Familie, ohne fremde Hilfe. Legt man die Steigerungsraten der vergangenen Jahre an, so dürfte die Zahl inzwischen auf knapp drei Millionen angewachsen sein. Experten halten bis zum Jahr 2030 einen Anstieg auf 3,4 Millionen für wahrscheinlich.

Fast ein Fünftel der Betroffenen ist inzwischen unter 65 Jahre alt. Körperlich und geistig behinderte Menschen gehören ebenso dazu wie psychisch Kranke oder von Demenz Betroffene. Jeder dritte Pflegebedürftige weist eine erheblich eingeschränkte Alltagskompetenz auf. Solchen Fällen will die Pflegeversicherung durch die jüngste Reform zum 01.01.2017 besser gerecht werden.

So gibt es z.B. in Stuttgart ca. 6000 stationäre Pflegeplätze, das ist nicht viel. Und auf dem Land sieht es noch viel schlechter aus. Da ist es völlig logisch, dass viele ältere und kranke Menschen zu Hause betreut werden. Zudem will der Gesetzgeber künftig die ambulante Pflege, weil sie billiger ist, mehr unterstützen. Dazu kommen der wachsende Personalmangel in vielen stationären Einrichtungen und die hohen Kosten. Damit bleibt vieles an den Angehörigen hängen.

Jeder fünfte Pflegebedürftige befindet sich **nicht** im Rentenalter, sondern leidet an den Folgen von Unfall oder Krankheit.

Ein großes Thema ist die Vereinbarkeit von Pflege und Beruf. Arbeitgeber gehen damit nicht offensiv um. Häufig entstehen damit verdeckte Krankheitskosten, weil Pflegende sich immer wieder krankschreiben lassen, um ihren Verpflichtungen überhaupt noch nachkommen zu können. Es wird oft vergessen, dass die Älteren von heute nicht immer die berühmten Kreuzfahrtkunden sind, sondern auch dement und pflegebedürftig werden können. Und es geht nicht nur um Senioren: 20% der Anfragen betreffen Menschen vor dem Rentenalter, z.B. durch Krebs, Schlaganfall oder einen Motorradunfall.

Pflege ist auch ein Schamthema. Die eigene Welt gerät noch mehr durcheinander, wenn fremde Leute die Not sehen. So wie bei der Frau, die 13 Jahre lang ihren Mann gepflegt hat, bis sie selbst zusammenbrach. Dabei gibt es ein breites Arsenal an Hilfsmöglichkeiten.

Laut einer Studie der Bertelsmann-Stiftung ist bereits heute fast jeder Zehnte in Deutschland als Pflegeperson oder Pflegebedürftiger vom Thema betroffen.

Das Berliner Zentrum für Qualität in der Pflege hat in einer Umfrage herausgefunden, dass zur Zeit 5% der Jugendlichen dabei helfen, Angehörige zu pflegen. Die Tätigkeiten reichen vom Einkaufen bis hin zur Hilfe beim Waschen und der Einnahme von Medikamenten. Etwa die Hälfte der 230.000 betroffenen Jugendlichen sieht sich dadurch nach eigenen Angaben nicht beeinträchtigt. Die andere Hälfte fühlt sich belastet, weil die Hilfe körperlich zu anstrengend ist, es an Freizeit oder Ansprechpartnern fehlt. Fast alle pflegenden Minderjährigen bewerten dagegen positiv, dass sie helfen können und dass die Familie oftmals durch die schwierige Situation besser zusammenhält.

Besonders schwierig ist erfahrungsgemäß die Situation, wenn kranke oder behinderte Kinder gepflegt werden. Deren Geschwister leiden besonders. Aber auch die Betreuung des dementen Vaters wirft erhebliche Probleme auf. Man verliert unbewusst den Respekt, dass erschreckt einen manchmal selbst: früher war der Papa eine Autoritätsperson, jetzt müssen wir auf ihn aufpassen.

Manchmal führt die Situation auch zu Wut. Hier darf man sich auch dem Gedanken an ein Heim nicht verschließen. Dieser Schritt könnte irgendwann die Reisleine sein, bevor die Familie zu sehr leidet und die schönen Erinnerungen angesichts der Probleme endgültig verblassen.

Die Versorgung, Wart und Pflege außerhalb Ihrer Wohnung

Sollte aus zwingenden Gründen Ihre häusliche Versorgung nicht möglich sein, so kommt für Ihre Pflege vor allem in Betracht:
- Betreutes Wohnen,
- Altenheim,
- Mehr-Generationenhaus,
- Pflegeheim.

Im Folgenden werde ich Ihnen diese Möglichkeiten darlegen:

1. Betreutes Wohnen

Im Betreuten Wohnen können Menschen unterstützt werden, die je nach Lebenssituation unterschiedliche Formen der Hilfe benötigen, z.B. Alte, psychisch Kranke, Obdachlose, Behinderte und Jugendliche. Die Betreuung erfolgt durch Sozialarbeiter, Erzieher, Pflegekräfte, Therapeuten, Ärzte oder Psychologen. Die Betreuung soll hierbei eine größtmögliche Selbständigkeit der Betreuten gewährleisten. Das „Betreute Wohnen" darf nicht mit dem Begriff der **„Betreuung"** verwechselt werden. Diese wird von dem Betreuungsgericht angeordnet, während das „Betreute Wohnen" von Menschen **freiwillig** und ohne Anordnung durch den Staat gewählt wird.

Bei den Wohnformen des „Betreuten Wohnens" sind zu unterscheiden: **ambulant Betreutes Wohnen**, das **Wohnen in betreuten Wohngemeinschaften** und das **Betreute Wohnen für Senioren**. Der im „Betreuten Wohnen" Lebende kann jederzeit von Fachkräften teilweise oder ganz versorgt werden. Der Übergang in das Pflegeheim ist fließend.

Die meisten Menschen brauchen im Alter und bei Krankheit eine häusliche Versorgung. Die einen brauchen lediglich eine Person, die ihnen Medikamente gibt, andere benötigen Hilfe beim Einkaufen, beim Kochen, beim Waschen, bei der Reinigung der Wohnung usw. Für diese Menschen ist es wichtig, dass Pflegekräfte oder andere geeignete Personen jederzeit die Versorgung und Pflege übernehmen können. Diese Hilfe muss immer erreichbar sein. Eine 24-Stunden-Pflege durch deutsche Pflegekräfte ist für die meisten versorgungsbedürftigen Personen unbezahlbar. Auch mit einer Einstufung in einen Pflegegrad wird nur ein Teil der anfallenden Kosten abgedeckt.

Jede Leistung des ambulanten Pflegedienstes wird separat berechnet, zum Beispiel die Medikamentenabgabe, die Essensabgabe, das Einkaufen. Das kann sehr teuer werden. Damit das Betreute Wohnen in der eigenen Wohnung bezahlbar ist, können ausländische Haushaltshilfen, die bei Ihnen wohnen, eingestellt werden. Weiteres zu diesem Thema finden Sie in Abschnitt C Kapitel III 4.1.2.4.

2. Das Altenheim

wird auch Seniorenheim, Altersheim, Feierabendheim, Seniorenresidenz u.ä. genannt. Es handelt sich um eine Wohneinrichtung zur Versorgung und Pflege alter Menschen, die sich in ihrer Wohnung nicht mehr allein versorgen können. Der Begriff „Altenheim" wird als Oberbegriff für jede Form der **stationären Fremdversorgung** für alte Menschen benutzt.
Bei den Bewohnern überwiegt noch das selbstbestimmte Leben. Es werden aber auch Dienstleistungen wie Putzen, Waschen, Essen angeboten und regelmäßig in Anspruch genommen. Der Bewohner des Altenheims führt somit keinen eigenen Haushalt mehr.

3. Das Mehr-Generationen-Haus
(Altenwohngemeinschaft, Generationenhaus)

wird generationenübergreifend als Wohnraum oder Treffpunkt von Personen unterschiedlichen Alters genutzt. Es ist eine langfristig angelegte Lebensform für das freiwillige Zusammenleben mehrerer unabhängiger und verschieden alter Personen in einer Immobilie.

Die Bewohner haben sich bewusst für das Miteinander und die gegenseitige Unterstützung von jungen und alten Menschen entschieden. Sie wollen gegen Formen des Generationenkonflikts zusammen leben.

4. Das Pflegeheim

Alle Hochrechnungen belegen, dass „wir immer älter werden": Eigentlich sollten wir uns hierüber freuen. Jedoch wird **länger leben** mit Worten wie **Alterslawine**, **Rentnerschwemme** und **Überalterung** bezeichnet und dadurch herabgesetzt.

Vielfältig sind die Zeichen der **Altersdiskriminierung** in unserer Gesellschaft. Es ist erstaunlich, dass manche Wissenschaftler, Fachleute oder Politiker erst jetzt davon sprechen, dass wir uns auf die epidemiologischen Veränderungen und die damit verbundenen Fragen zur Pflege von alten Menschen einstellen müssen. Altenpflegeverbände haben schon früh auf gravierende Missstände in Pflegeheimen hingewiesen. So wurde 1987 ein Berufsbekenntnis der Altenpfleger/innen „Wir wollen nicht mitschuldig werden" publiziert, welches auf der Altenpflegedemonstration in Hannover verkündet wurde. 1998 wurde die „Aktion gegen Gewalt in der Pflege" von fünf Verbänden und Vereinen gegründet, die 1999 das Memorandum „Für eine menschenwürdige Pflege" herausgegeben hat.

Selten geht ein alter Mensch freiwillig in ein Pflegeheim. Wenn ein alter Mensch **unter Betreuung steht**, ist sein Wille zwar nach dem Gesetz entscheidend, in der Praxis aber völlig unerheblich. Das gesetzlich vorgesehene den sozialpsychiatrischen Vorstellungen entsprechende Betreuungsgericht, wurde für den Betreuenden eingerichtet und nicht wie die Praxis zeigt als Gericht für die **problemlose Heimeinweisung**, notfalls mit

Zwangsmaßnahmen. **Der (auch mutmaßliche) Wille des Betreuten wird regelmäßig nicht berücksichtigt**.

Die heute übliche Praxis nach Kosteneinsparung hat dazu geführt, dass kranke alte Menschen häufig einer ineffizienten und fehlerhaften Diagnostik, einer mangelhaften und im stationären Bereich unter dem Diktat der kurzen Verweildauer liegenden Behandlung ausgesetzt und dadurch mehr als notwendig in einem Pflegeheim untergebracht werden. Die Trennung zwischen „Behandlungs-" und „Pflegefall" der verschiedenen Kostenträger (Krankenkasse, Pflegekasse) fördert dieses Vorgehen. Hierdurch sind zwischen den verschiedenen Kliniken und der stationären Altenhilfe Verschiebebahnhöfe entstanden, die zu einer rascheren Verschlechterung der Behandlung alter Menschen führen und zudem kostentreibend sind.

Nach Erwin Goffmann haben Pflegeheime die Merkmale einer „totalen Institution" die von Verordnungen, standardisierten Abläufen und Routinen bestimmt wird und nicht der Autonomie von Bewohnern und Patienten dienen; sie lassen der Wahrnehmung ihrer Menschenrechte wenig Raum.

„Es bleibt nicht aus, dass Pflegeheime von den Betroffenen häufig als Gefängnisse erlebt werden, aus denen es kein Entrinnen mehr gibt."[1]

Die meisten Pflegeheimbewohner sind Frauen, häufig alleinstehend, im hohen Alter und multimorbid. Zur Zeit ist die häufigste Ursache für den Umzug eines Menschen in ein Pflegeheim die Demenz oder eine andere schwere psychische Erkrankung. Die **Demenz** ist eine mit zunehmendem Alter fortschreitende und noch weitestgehend unheilbare Krankheit. Sie

---

[1] aus „ForumSozial" 4/2002

verursacht mentale Funktionsstörungen, insbesondere Gedächtnisverlust, Sprachstörungen, Desorientierung und Persönlichkeitsveränderungen. Der Beginn des fortschreitenden Abbaus von vormals selbstverständlichen Fähigkeiten zeigt sich bei der Alltagsbewältigung und Vernachlässigung der eigenen Person. Viele Demente behalten trotz ihrer Krankheit ihre charakteristischen Wesenszüge und persönliche Eigenarten. Da sie ihre Interessen, Bedürfnisse und Rechte nicht mehr selbst geltend machen können, sind sie von fremder Hilfe abhängig. An die Hilfspersonen werden hohe Anforderungen an die fachliche und menschliche Kompetenz gestellt. Das Verhalten von Demenzkranken wird oft als belästigend empfunden, da sie die Werte von Individualisierung, Selbstbestimmung und Selbstverwirklichung nicht mehr erfüllen können.

Die Situation in Pflegeheimen konnte bis heute nicht nachhaltig verbessert werden. Viele Angehörige haben Schuldgefühle, weil sie den Pflegebedürftigen zu Hause nicht pflegen können. Auch die Pflegekräfte fühlen sich mitschuldig, weil sie über Missstände schweigen und trotzdem glauben, nicht genug getan zu haben.

Völlig unberechtigt ist es, Pflegekräfte als Schuldige für Missstände verantwortlich zu machen. Auch die ständigen Hinweise auf die leeren Kassen der Kommunen, Wohlfahrtsverbände und Kranken- wie Pflegekassen kann die unwürdige Behandlung der Pflegebedürftigen nicht entschuldigen. **Es ist eine Schande, dass Deutschland als ein wohlhabendes Land nicht ausreichend Geld für eine würdevolle Behandlung von Pflegebedürftigen zur Verfügung stellt.**

Im Mittelpunkt muss stets die Würde des Pflegebedürftigen stehen. Sein Wohlbefinden ist mindestens genauso wichtig wie seine menschlichen Grundbedürfnisse Essen, Trinken, frische Luft, qualifizierte Pflege, Bewegung, soziale Unterstützung, Kommunikation, qualifizierte Pflege, medizinische Behandlung und hygienische Maßnahmen. Diese Grundbedürfnisse sind hinreichend bekannt. Neue Untersuchungen und Gutachten der Behörden sind deshalb nur eine Verhinderungstaktik, um wieder dringend erforderliche Verbesserungen zu verschieben.

In den meisten Pflegeheimen ist die Pflege zur **Fließbandabfertigung** der Pflegebedürftigen verkommen. Die Folge ist ein erheblicher Zeitdruck, unter dem die Pflegekräfte und besonders die Patienten leiden. Bei meinen zahlreichen Besuchen in vielen Pflegeheimen stelle ich immer wieder erschreckende Missstände fest. Daran ist vor allem die ständige Unterbesetzung, Überarbeitung und häufig fehlende Qualifikation des Pflegepersonals schuld, hervorgerufen durch das System der Pflegeversicherung und fehlendes Geld. Die meisten Pflegekräfte geben sich die größte Mühe, arbeiten oft weit über ihre Kräfte und dies bei viel zu niedrigem Lohn. Oft muss ich die Pflegerinnen und Pfleger bewundern, dass sie diese körperliche und psychisch schwere Arbeit aushalten. Tatsächlich wird bis auf wenige Ausnahmen im Pflegeheim im besten Fall **nur eine Grundversorgung** geleistet, nach dem Grundsatz „**satt und sauber**". Hiermit wird dem Pflegebedürftigen die Würde genommen.

„Wenn man einem Menschen seine Würde nimmt, dann hört er auf zu leben!"

Dunker[1] sagt zum Zustand in Pflegeheimen, der sich im Wesentlichen nicht verbessert hat:

„Die Eskimos setzen ihre Alten aus, die Indianer gehen zum Sterben in die Einsamkeit, wir sperren unsere ein, geben ihnen Zeit, mit der sie nichts anfangen können und halten sie so lange am Leben, wie es nur geht. Sie werden entsorgt, statt versorgt".

Dunker berichtet über Aussagen von Angehörigen u.a.:

„Als ich darum bat, meine Mutter zur Toilette zu führen, hieß es: „Die hat doch eine Windel, da braucht sie nicht auf die Toilette."

„Meine Großmutter, 98 Jahre alt, hatte einen wackeligen, eitrigen, schmerzhaften Zahn. Die Zahnärztin weigerte sich, zu kommen. Sie hätte keine Zeit. Das Pflegepersonal solle den Zahn ziehen."

„Meine Mutter wurde inkontinent, weil sie, da sie ständig fixiert wird, nicht auf die Toilette durfte."

„Meinem Vater wurde die Klingel zum Läuten abgebaut, da er zu viel klingeln und dies die Arbeit stören würde."

„Als ich den Arzt, der meine Mutter im Heim betreut, wegen eines Druckgeschwürs ansprach, meinte der: „Wie stellen Sie sich das vor? Natürlich bekommen die Alten Druckgeschwüre im Heim. Die Mitarbeiter haben genug anderes zu tun."

---

[1] Dunker Dietrich im ForumSozial 4/2002 S. 16-19

„Als Besucherin musste ich mit ansehen, wie ein Rollstuhlfahrer mit heruntergelassener Hose in seinem Rollstuhl im Aufenthaltszimmer saß. Er war pitschnass. Sein Gebiss lag auf der Armstütze. Niemand kümmerte sich um ihn."

„Ein Heimbewohner mit Demenz sieht, wie der Essenswagen, auf welchem Bananen liegen, kommt, und will sich eine Banane holen. Eine Mitarbeiterin schlägt ihm auf die Finger und verbietet ihm das. Dies bemerkt eine Praktikantin. Sie ist irritiert und bespricht dies mit den Mitarbeitern. Es entsteht ein Disput, der bis zur Heim- und Pflegedienstleitung dringt. Die Folge ist, dass der Praktikantin geraten wird, sich einen neuen Praktikumsplatz zu suchen."

„Eine Heimbewohnerin, die nach einem Schlaganfall eine halbseitige Lähmung hatte und nicht mehr allein auf die Toilette gehen kann, ruft:
„Schwester, ich muss auf die Toilette!" Die Schwester hört dies, eilt herbei und schreit die Bewohnerin an: „Ich habe jetzt keine Zeit! Ich muss drei Moribunde (Sterbende) betreuen."

„Eine Altenpflegerin bemüht sich, einen älteren Heimbewohner zu waschen. Dieser wehrt sich vehement, schlägt und verletzt sie dabei."

Ähnliche Aussagen von Angehörigen der Heimbewohner hört der Autor auch heute noch, wesentliche Verbesserungen sind nicht feststellbar.

Die Mängel in der stationären Pflege sind vielfältig. Sie erstrecken sich von kaum wahrgenommener Misshandlung oder Vernachlässigung bis zu offensichtlichen und schweren Pflegemängeln mit den entsprechenden Auswirkungen. Wenn Sie sich ein realistisches Bild von deutschen Pflegeheimen machen wollen, dann sollten Sie mehrmals verschiedene Pflegeheime besuchen und dort mit Heimbewohnern und deren Angehörigen, mit Mitarbeitern sowie mit dem Heim- und Pflegedienstleiter und den betreuenden Ärzten sprechen. Bewohner, Angehörige, Mitarbeiter und der Heimarzt haben Angst vor Repressalien, wenn sie Ihnen die tatsächlichen Zustände in dem Heim zeigen. Hierdurch werden Verbesserungen verhindert und die Missstände werden stabilisiert. Unterstützung von externen Kontrollen wie Heimaufsicht und dem MDK sowie manchmal auch der Justiz führen nur selten zur Abstellung von Missständen. Veröffentlichungen der Medien über Missstände in Alten-/Pflegeheimen sind manchmal „übertrieben", verdeutlichen aber die große Not und Hilflosigkeit der Betroffenen.

Nach dem 4. Pflege-Qualitätsbericht des Medizinischen Dienstes der Krankenkassen (MDS) und des PKV-Prüfdiensts vom 14.01.2015, soll sich die Versorgung in der stationären Pflege seit dem letzten Pflege-Qualitätsbericht aus dem Jahr 2012 wesentlich verbessert haben. Nach wie vor führen jedoch unzureichende aktivierende und prophylaktische Pflege zu Gefährdungen oder Schädigungen von Pflegebedürftigen. Ein gravierender Mangel ist, dass nicht ausreichend qualifiziertes Personal für behandlungspflegerische Maßnahmen eingesetzt wird. Unter anderem sind auch heute noch pflegefachliche Defizite bei der Sicherstellung einer adäquaten Nahrungs- und Flüssigkeitszufuhr sowie bei der Versorgung von Druckgeschwüren festzustellen.

Die Prüfer besuchten 12.190 Heime mit 85.237 Pflegebedürftigen und 10.021 ambulante Pflegedienste mit 61.694 Pflegebedürftigen und untersuchten deren Pflegezustand und ihre Versorgung. Bei den Untersuchungen muss jedoch beachtet werden, dass die den Prüfern genannten Daten sehr oft geschönt sind. Die im Pflegequalitätsbericht enthaltenen positiven Daten können deshalb in der Praxis leider nicht bestätigt werden.

Wesentliche Feststellungen des Prüfberichts 2015 sind:

Umgang mit Medikamenten:
- 92,6% der untersuchten Heimbewohner benötigen im Umgang mit Medikamenten Unterstützung durch das Pflegepersonal.
- Bei 86,2% dieser Bewohner war der Umgang mit Medikamenten sachgerecht, bei 13,8% war dies nicht der Fall, da z.B. falsche Medikamente verabreicht wurden (2012: 81,8% Kriterium erfüllt, 18,2% Kriterium nicht erfüllt)

Ernährung
- Insgesamt hat sich die Ernährungssituation deutlich verbessert (2012: 79,5% Kriterium erfüllt, 20,5% Kriterium nicht erfüllt).
- Bei 97,9% aller einbezogenen Bewohner war der Ernährungszustand angemessen, bei 2,1% wurde eine defizitäre Ernährungssituation festgestellt. Das ist im Vergleich zum 3. Pflegequalitätsbericht eine Verbesserung (2012: 95% angemessen, 5% nicht angemessen).

Wohlbefinden bei Menschen mit Demenz
- Seit 2009 wird erhoben, ob bei Bewohnern mit Demenz das Wohlbefinden ermittelt und daraus Verbesserungsmaßnahmen abgeleitet werden (Beobachtung von Mimik, Gestik, Verhalten, Angstanzeichen).
- Bei 63,8% der Bewohner war dieses Kriterium relevant.
- Bei 90,2% dieser Bewohner wurde das Wohlbefinden ermittelt und bei der Pflege berücksichtigt, bei 9,8% war dies

nicht der Fall (2012: 57,9% Kriterium erfüllt, 42,1% Kriterium nicht erfüllt). Die durch die Qualitätsprüfungen auf das Wohlbefinden gerichtete Aufmerksamkeit hat zu Veränderungen im Umgang mit demenzkranken Bewohnern geführt.

Wundversorgung
- Bei 6,1% der in die Prüfung einbezogenen Bewohner konnte beurteilt werden, ob die Maßnahmen zur Behandlung einer chronischen Wunde oder eines Dekubitus auf dem aktuellen Stand des Wissens erfolgte.
- Bei 79% der betroffenen Bewohner war dies der Fall, bei 21% dieser Bewohner war dies nicht der Fall und es wurden beispielsweise hygienische Standards bei der Wundversorgung nicht beachtet. (2012: 74,5% Kriterium erfüllt, 25,5% Kriterium nicht erfüllt).

Freiheitsentziehende Maßnahmen
Bei 12,5% der Bewohner wurden freiheitsentziehende Maßnahmen wie Bettgitter, Bauchgurte u.ä. festgestellt (2012: 20%).
Bei 91,9% der davon Betroffenen lagen die erforderlichen Einwilligungen oder Genehmigungen vor; in 8,2% der Fälle fehlten diese (2012: 88,8% Kriterium erfüllt, 11,8% Kriterium nicht erfüllt).

Viele der Freiheitseinschränkungen sind unbegründet.

Zwar lassen sich Fesselungen (Fixieren), Verabreichung von Psychopharmaka, Auftreten von Dekubitus (Druckgeschwür), Stürze, künstliche Ernährung oder Inkontinenz auch bei optimaler Pflege nicht völlig verhindern. Meistens sind sie jedoch auf Pflegemängel und Pflegefehler zurückzuführen. Immer wieder werden Gewalthandlungen von Pflegekräften an psychisch kranken alten Menschen bekannt. Aber auch Pflegekräfte werden oft von Altenheimbewohner angegriffen und sind verbal aggressiven Äußerungen ausgesetzt. Dies wird durch mehrere Untersuchungen bestätigt.

Der Medikamentenverbrauch in Pflegeheimen ist viel zu hoch. Bei vielen Älteren besteht eine Über-/Fehlmedikation. Untersuchungen stellen fest, dass Psychopharmaka von 25% der alten Menschen eingenommen werden, wovon nur etwa 70% der verordneten Psychopharmaka auch indiziert sind. Bei Alten-/Pflegeheimbewohnern bekommen viele im Durchschnitt ein Psychopharmakon, das in viel zu hoher Dosierung, in ungünstiger Auswahl, gefährlicher Kombination und für zu lange Zeiträume eingesetzt wird. In dem Gutachten für den deutschen Bundestag von der „Enquete-Kommission demografischer Wandel" (1997) wurde ausdrücklich vom „Arzneimittel-Missbrauch in Altenheimen" gesprochen. Diese Feststellung ist auch heute noch gültig. In dem Gutachten wurde aber auch auf Folgendes hingewiesen: „Je günstiger der Personalschlüssel, vor allem der von examiniertem Pflegepersonal, in den Pflegeheimen aussieht, desto geringer ist die Verordnungshäufigkeit von Psychopharmaka für die dort lebenden älteren Menschen".

Eine große Gefahr für die zunehmend immobiler werdenden älteren Menschen ist, einen Dekubitus zu bekommen, obwohl er meist bei ausreichender Prophylaxe verhindert werden kann. Tritt der Dekubitus auf, so weist er regelmäßig auf eine **Vernachlässigung** hin. Ein Dekubitus entsteht nicht als eine einzelne lokal umgrenzte Erkrankung. Es bedarf meist mehrerer Faktoren wie Immobilität, Mangelernährung, Multimorbidität und höheres Lebensalter. Nach wie vor ist bei älteren Menschen die Fehl-, Mangel- und Unterernährung eine der häufigsten und am wenigsten beachteten Krankheiten in Krankenhäusern, Pflegeheimen oder in der häuslichen Pflege.

Derzeit werden über 100.000 Menschen in der Bundesrepublik mit Trinknahrung oder Sonden künstlich ernährt. Über dreiviertel von ihnen leben in Pflegeheimen. Die Zahl der Anlagen von PEG-Sonden bei älteren Menschen nimmt in den letzten Jahren zu. Hierbei ist fraglich, ob einem älteren Menschen mit einer sehr fortgeschrittenen Demenz eine PEG-Sonde eher nutzt, schadet oder überhaupt keinen Einfluss auf sein Wohlbefinden hat. Es ist hinreichend bekannt, dass Hunger und gastrointestinale Probleme oft erst mit der Anlegung einer PEG beginnen. Das Wohlbefinden dieser Schwerstkranken wird häufig durch eine PEG-Sonde eher negativ, jedenfalls nicht positiv beeinflusst.

In deutschen Pflegeheimen werden tausende Menschen regelmäßig fixiert und so an der freien Bewegung gehindert. Der MDS hat in seinem dritten Pflegequalitätsbericht bei rund 12,5 Prozent der Pflegeheimbewohner sogenannte freiheitsbeschränkende Maßnahmen festgestellt. In 91,9 Prozent dieser Fälle hätten die notwendigen richterlichen Beschlüsse vorgelegen, hieß es. In 8,2 Prozent der Fälle jedoch nicht – diese Fixierung erfolgte unrechtmäßig. Tatsächlich dürfte die Zahl der gesetzwidrigen „Fixierungen" wesentlich höher liegen, da die Pflegeheime im eigenen Interesse aus Imagegründen die Zahl der Fixierungen nach unten schätzen. Betroffen sind besonders demente Menschen, die ständig weglaufen wollen, dauerhaft motorisch unruhig oder stark desorientiert sind. Sie machen bereits **mehr als 60 Prozent** der Heimbewohner aus.

An einer Fesselung sind immer mehrere Personen beteiligt, nämlich der Patient als „der Leidende", selten seine Angehörigen, oft der anordnende Arzt, aber immer die ausführenden Pflegepersonen und das Gericht. Als Fixiermittel dienen vor allem Bauchgurte, Anschnallgurte für die Extremitäten, Bettgitter, Leinentücher und die sogenannten „Geri-Stühle".

Wir sollten uns fragen, was in einem Menschen, der gefesselt wird und über längere Zeit meist ohne Ansprache fixiert bleibt, vorgeht. Er erwartet von uns Hilfe, Heilung oder Besserung, stattdessen wird er gefesselt. Die meisten alten, vor allem dementen Heimbewohner, sind völlig hilflos, verunsichert, desorientiert, voller Angst, unruhig oder leiden unter einem Gehdrang. Wenn sie manchmal aus Angst aggressiv und tätlich werden, dann kann ich sie verstehen. Betroffene verweigern oft die Nahrung, einige ziehen ihre Sonde aus dem Körper weil sie sterben wollen. Sie können nicht verstehen, dass sie von der Gesellschaft vor Schaden bewahrt werden müssen. Wie viel kann unsere Gesellschaft einem Menschen zumuten ohne ihn zu zerstören? Wurden Sie selbst schon einmal fixiert und hatten Gefühle der Hilflosigkeit, des Ausgeliefert-Seins, der Verlassenheit, des Bestraft-Werdens, paranoide Ideen und schließlich der Demütigung erlebt? **Vergessen wir niemals, dass das Schicksal eines Pflegebedürftigen, vielleicht auch mit Fixierung, jeden von uns treffen kann.**

Zwar sind freiheitsentziehende Mittel wie Festbinden des Betreuten durch einen Leitgurt am Bett oder Stuhl, Bettgitter und ähnliches mit Genehmigung des Gerichtes zulässig, aber welcher zuständige Richter geht schon zu dem Betreuten, unterhält sich mit ihm und den Pflegern, der Heimleitung und Angehörigen und entscheidet erst anschließend, ob eine Fixierung unbedingt erforderlich ist?

Wir haben in Deutschland gute Gesetze. Diese nutzen aber nichts, wenn die Voraussetzungen zur Einhaltung nicht gegeben sind. Nicht das Gesetz, sondern das Pflegepersonal muss täglich die Heimbewohner pflegen. Jede freiheitsentziehende Maßnahme, und sei sie noch so sehr vertretbar, schadet dem Patienten, den Pflegekräften, dem Alten-/Pflegeheim und damit auch unserer Gesellschaft. Gewaltmaßnahmen gegen

Hilfsbedürftige sind keine therapeutischen Maßnahmen und sie dürfen in unserer Gesellschaft nicht wie auch heute noch alltäglich sein.

Sturzprophylaxe

- Bei 80% der Heimbewohner lag ein Sturzrisiko vor.
- 86,1% dieser Betroffenen erhielten Maßnahmen zur Sturzprophylaxe, 13,9% der Betroffenen erhielten keine Maßnahmen wie Kraft- und Balanceübungen oder eine Anpassung der Medikamente (2012: 77,9% Kriterium erfüllt, 21,1% Kriterium nicht erfüllt).

Stürze können in jeder Lebensphase auftreten. Sie haben jedoch besonders für alte Menschen oft gravierende medizinische, ökonomische und soziale Konsequenzen. Ein besonders hohes Sturzrisiko haben Pflegeheimbewohner. **Es ist bekannt, dass mehr als die Hälfte der gehfähigen Heimbewohner mindestens ein Mal im Jahr stürzt.**

Die Angst vor jedem neuen Sturz kann so stark zunehmen, dass der Betroffene nicht mehr gehen kann. **Aus Angst vor Stürzen können alte Menschen oft ihre Wohnung nicht mehr verlassen.** Dies kann zu Depressionen und zu sozialem Rückzug führen. Hierdurch erhöht sich wiederum das Risiko eines Sturzes. In vielen Pflegeheimen werden Bewohner im Bett fixiert, um weitere Stürze zu vermeiden. Diese Haltung gegenüber alten Menschen ist unverantwortlich.

Inkontinenz ist bei alten Menschen sehr verbreitet. Fast ein Drittel der alten Menschen leiden unter zeitweiligem oder permanentem Kontrollverlust über Blase und/oder Mastdarm. Diese Störungen sind einer der Hauptgründe für die Heimeinweisung. Trotzdem werden sie immer noch tabuisiert. **Die**

Harn- und Stuhlinkontinenz sind eine wesentliche Ursache für den Verlust von Selbständigkeit und sozialer Kontakte. Aufgrund von Qualitätsmängel in Alten-/Pflegeheimen leiden mehr alte Menschen unter diesen Störungen als dies notwendig ist.

Ein wesentlicher Grund für Pflegemängel ist nach wie vor der wachsende Personalmangel, „Pflege nach Minutentakt", übermäßige Dokumentationspflicht, Geldmangel, schlecht ausgebildetes Personal, strukturelle Mängel, chaotische Arbeitsabläufe, unzureichende Arbeitsmittel, mangelhafte Pflegeplanung, unzureichendes Organisationsmanagement und besonders das geringe Ansehen des Pflegepersonals in unserer Gesellschaft.

Häufig wird in den Pflegeheimen vergessen, dass auch alte und kranke Menschen ein Recht auf Respekt und Anerkennung haben. Ein würdevoller Umgang mit pflegebedürftigen Menschen muss die Voraussetzung jeglicher professioneller Arbeit sein. Freundlichkeit, Höflichkeit und würdevolle Behandlung kosten kein Geld. Pflegemängel zu vertuschen, zu bagatellisieren oder zu rechtfertigen schadet nicht nur dem einzelnen Patienten, sondern auch unserer Gesellschaft. Jede Pflegekraft hat Anspruch auf Anerkennung von der Gesellschaft und endlich eine ihrer großen Leistung angemessene Bezahlung. **Keiner von uns kann ausschließen, dass er seine letzte Lebenszeit in einem Pflegeheim verbringt.** Für diese Möglichkeit sollten wir vorsorgen.

5. Private Pflegeversicherung

Die **gesetzliche** Pflegekasse übernimmt im Pflegefall nur einen Teil der anfallenden Pflegekosten. Zur Zeit haben nur ca. 3,41 Mio. Deutsche eine Pflegezusatzversicherung. Mit einer guten privaten Pflegeversicherung können Sie dafür sorgen, dass im Pflegefall Ihr Vermögen sowie das Ihrer Angehörigen durch die Pflegekosten nicht aufgebraucht werden und Sie Sozialhilfe in Anspruch nehmen müssen. Auch junge Menschen können durch einen Unfall oder eine schwere Krankheit unerwartet zum Pflegefall werden. Das Risiko, pflegebedürftig zu werden, steigt mit jedem Lebensjahr. Wenn Sie ohne Angehörige sind, ist die Gefahr, dass Sie nicht zu Hause versorgt werden können und in ein Pflegeheim abgeschoben werden, besonders groß. Sehr häufig reichen die Einkommen der Versorgungsbedürftigen zusammen mit den Zahlungen der Pflegekasse nicht aus und es muss deshalb staatliche Hilfe in Anspruch genommen werden. Haben Sie jedoch frühzeitig eine private Pflegeversicherung in richtiger Höhe abgeschlossen, dann können Sie auch zu Hause gepflegt werden, die hierbei anfallenden Kosten bezahlen und das Pflegeheim vermeiden.

Vor dem Abschluss einer Pflegeversicherung müssen Sie sich genau erkundigen, welche Leistungen die private Versicherung bezahlt. Es lohnt sich, die Angebote der privaten Pflegeversicherungen miteinander zu vergleichen und nur eine Versicherung abzuschließen, die bereits **bei dem Pflegegrad 1 eintritt** und einen ausreichenden Tagessatz (mindestens 50 EUR) bezahlt. Eine solche Versicherung ist zwar teuer, aber für viele notwendig, die nicht im Alter ein monatliches Einkommen (Rente, Zinsen, Mieteinahmen usw.) von mindestens 3.000 EUR netto haben.

6. Die staatliche Pflegeversicherung

Im Jahr 2015 bezogen ca. 2,8 Mio. Menschen Leistungen von den Pflegekassen. Davon werden ca. 800.000 in Heimen gepflegt.
Über 2,5 Mio. Menschen, die sich nicht mehr allein versorgen können, aber noch kein Geld von den Pflegekassen beziehen, müssen heute schon regelmäßig versorgt, viele auch gepflegt werden. Ca. 1,5 Mio. Pflegebedürftige erhielten im Jahr 2011 Hilfe von ambulanten Fachkräften.

In den Pflegeheimen wird Vollzeitpflege geleistet, während die häusliche Pflege zur Zeit noch überwiegend von Angehörigen und von ambulanten Fachkräften geleistet wird. Zunehmend wird auch die teilstationäre Tages- oder Nachtpflege genutzt, vor allem wenn pflegende Angehörige berufstätig oder krank sind oder Urlaub benötigen.

Den Versorgungsmodellen **Heimpflege** und **häusliche Pflege** ist eins gemeinsam: Sie haben bei anerkannter Pflegebedürftigkeit Anspruch auf **Zuschusszahlungen** von den Pflegekassen.

Jeder von uns kann Hilfe im Alltag benötigen bei Krankheit, Behinderung oder Gebrechlichkeit. Die Pflegekasse tritt jedoch nur ein, wenn die Hilfe im Alltag **mindestens für 6 Monate** gebraucht wird. Jeder Krankenversicherte gehört automatisch auch einer Pflegekasse an und muss an seine gesetzliche bzw. private Krankenkasse einen Betrag für die Pflegekasse bezahlen. Die private Krankenkasse zieht den Pflegekassenbeitrag mit dem Krankenkassenbeitrag ein und bezahlt bei Pflegebedürftigkeit die gleichen Beträge wie die gesetzlichen Kassen.

Für Leistungen der Pflegeversicherung ist stets ein formloser Antrag an Ihre Krankenkasse erforderlich. Der Antrag wird bei gesetzlich Versicherten vom Medizinischen Dienst der Krankenversicherung (MDK) und bei privat Versicherten von dem Unternehmen Medicproof geprüft. Ihr Hilfebedarf wird dann von einem Gutachter ermittelt, der Sie in eine der fünf Pflegegrade einstuft. Gegen diese Einstufung können Sie innerhalb von 4 Wochen schriftlich Widerspruch einlegen.

Die Pflegekasse ist nur ein Teilkaskoschutz. Die tatsächlichen Kosten für Pflegebedürftige liegen wesentlich höher. Die von den Pflegekassen bezahlten Beträge decken die tatsächlichen Kosten für die Heimpflege oder häusliche Pflege nicht ab. Die Restkosten müssen die Gepflegten und deren Angehörige, vor allem Ehepartner und leibliche Kinder, bezahlen. Reichen Einkommen und Vermögen des Gepflegten nicht aus, dann bezahlt zwar das Sozialamt die Differenz, holt sich jedoch die bezahlten Beträge von dem Gepflegten und dessen Angehörigen zurück.

Deshalb empfehle ich dringend den Abschluss einer Pflegezusatzversicherung. Je jünger Sie sind, umso niedriger sind die Beiträge. Spätestens ab dem 30. Lebensjahr sollten Sie eine solche Zusatzversicherung abschließen und den steigenden Pflegekosten anpassen.

Nach dem Sozialgesetzbuch, elftes Buch vom 27.12.2003, können Pflegebedürftige ein **Pflegegeld** beantragen. Der Anspruch setzt voraus, dass der Pflegebedürftige mit dem Pflegegeld die erforderliche Grundpflege und hauswirtschaftliche Versorgung durch eine Pflegeperson in geeigneter Weise selbst sicherstellt.

Das sogenannte „Pflegegeld" bekommen Sie ausbezahlt und geben es an die pflegenden Personen weiter. Dagegen werden **„Sachleistungen"** direkt an professionelle ambulante Pflegekräfte bezahlt.

Unter einer Pflegeperson versteht das Gesetz eine Person, die nicht erwerbsmäßig einen Pflegebedürftigen im Sinne des § 14 SGB XI in seiner häuslichen Umgebung pflegt. Hierbei kommt es nicht darauf an, dass es sich um einen Familienangehörigen handelt, es kann auch jede nicht erwerbsmäßig tätige Person sein wie zum Beispiel Bekannte, der Nachbar, Freunde oder eine ausländische Haushaltshilfe. Erwerbsmäßig handelt, wer gegen ein Entgelt wie ein Arbeitnehmer beschäftigt oder aber selbständig für den Pflegebedürftigen tätig ist, um hiermit seinen Lebensunterhalt zu verdienen (z.B. privater Pflegedienst). Dagegen muss die Pflegeperson nicht zwingend unentgeltlich tätig sein. Sie soll die Möglichkeit haben, das Pflegegeld zu ihrem sonstigen Einkommen dazu zu verdienen, damit die Pflegebereitschaft aufrecht erhalten werden kann. Bei Angehörigen beruht die Beziehung zu dem Pflegebedürftigen regelmäßig nicht auf einem Vertrag, sondern auf einer moralischen Verpflichtung. Pflegepersonen, die Pflegebedürftige nicht erwerbsmäßig mindestens 14 Stunden in der Woche in ihrer häuslichen Umgebung pflegen, sind in der **gesetzlichen Rentenversicherung** versicherungspflichtig. Die Pflegeperson darf neben der Pflegetätigkeit nicht mehr als 30 Stunden wöchentlich selbständig oder in einem Arbeitsverhältnis stehend erwerbstätig sein. Dieser Bürokratismus ist nicht geeignet die häusliche Pflege anstelle der Pflegeheime zu fördern.

Die Pflegeperson muss mindestens 14 Stunden in der Woche für den Pflegebedürftigen tätig sein, damit sie in die gesetzliche **Unfallversicherung** fällt. Zuständig ist der Unfallversicherungsträger im kommunalen Bereich. Das SGB III sieht vor, dass Pflegepersonen nach Beendigung ihrer Pflegetätigkeit unterstützt werden, um in ihren Beruf zurückkehren zu können.

Gemäß § 3 Nr. 36 EStG ist ein Entgelt bis zur Höhe des Pflegegelds nach § 37 SGB XI, das Angehörige oder sonstige ehrenamtlich tätige Personen aufgrund einer moralischen Pflicht für Leistungen zur Grundpflege oder zur hauswirtschaftlichen Versorgung erhalten, steuerfrei. Damit ist das Pflegegeld für Angehörige kein Einkommen, es wird nicht auf die Sozialhilfe oder auf Arbeitslosengeld bzw. Sozialgeld angerechnet. Grundsätzlich wird das Pflegegeld auch bei der Ermittlung von Unterhaltsansprüchen und Unterhaltsverpflichtungen nicht berücksichtigt.

6.1 Das Pflegestärkungsgesetz (Stand 01.01.2017)

Aus Pflegestufen werden Pflegegrade

Am 01.01.2017 sind die bisherigen **drei Pflegestufen auf fünf Pflegegrade** umgestellt worden. Dabei werden aber die Pflegegrade nicht wie bisher die Pflegestufen anhand von zeitlichem Bedarf für exemplarische Tätigkeiten ermittelt, sondern anhand eines Punktesystems.

Für Personen, die bereits am 31.12.2016 über eine Pflegestufe verfügten, gilt dieses Verfahren derzeit jedoch nicht, stattdessen werden diese automatisch in einen der fünf Pflegegrade übergeleitet.

Die automatische Überleitung geschieht durch einen sogenannten „Stufensprung". Die alte Pflegestufe wird um eine Ziffer erhöht, woraus der neue Pflegegrad resultiert. Ein Bewohner in einem Pflegeheim mit Pflegestufe II wird in den Pflegegrad 3 übergeleitet. Eine Bewohnerin mit Pflegestufe I in Pflegegrad 2.

Im Zuge der Pflegereform durch das Pflegestärkungsgesetz II wird der Demenz in Zukunft deutlich mehr Beachtung geschenkt. Dies wird insbesondere dadurch erreicht, dass bei Personen, bei denen eine eingeschränkte Alltagskompetenz festgestellt wurde (dies kann man im Pflegegutachten ersehen), ein sogenannter „doppelter Stufensprung" bei der Überleitung in die Pflegegrade erfolgt. Beispielsweise gelangen Personen mit Pflegestufe I und eingeschränkter Alltagskompetenz somit in den Pflegegrad 3 statt in den Pflegegrad 2.

Der einrichtungseinheitliche Eigenanteil (EEE)

Der ab 01.01.2017 geltende „einrichtungseinheitliche Eigenanteil" (EEE) besagt, dass jeder Bewohner in einer bestimmten Einrichtung, gleich welchen Pflegegrades, den gleichen Betrag für die die Pflege bezahlen muss.

Vereinfacht gesagt wird nach folgendem Verfahren umgestellt: Alle Pflegesätze aller Bewohner werden an alle Bewohnerinnen und Bewohner gleich verteilt.

Vergleicht man die Kosten, die der einzelne Bewohner vor und nach der Reform zu zahlen hat, ergeben sich unterschiedliche Auswirkungen dieser Durchschnittsberechnung: Während der Eigenanteil für die Bewohner in den früheren Pflegestufen 2 und 3 dadurch sinkt, werden diejenigen in der früheren Pflegestufe 1 steigen. Der Gesetzgeber hat aber versichert, dass niemand nach der Reform schlechter gestellt sein darf als vorher.

6.2 Pflege im Heim ab 01.01.2017

Auch bei der Pflege im Heim gibt es außer in Pflegestufe I und II ohne Demenz mehr Geld. Pflegebedürftige mit dieser Einstufung haben jedoch Bestandsschutz. Das heißt, sie bekommen auch zukünftig denselben Betrag von der Pflegekasse, den sie bisher in ihrer Pflegestufe erhalten haben. Erst bei einem Antrag auf Höherstufung von Pflegeleistungen wird nach den neuen Regeln begutachtet und eingestuft. Der Eigenanteil von Heimbewohnern wird unabhängig von der Pflegestufe bei 580 Euro festgeschrieben. Mit der Höhe der Pflegestufe steigt meist auch der Eigenanteil, den das Heim vom Bewohner verlangt.

Leistungen der Pflegeversicherung

	bis 31.12.2016		ab 01.01.2017
Pflegestufe	Monatliche Leistungen (Euro) im Pflegeheim	Pflegegrad	Monatliche Leistungen (Euro) im Pflegeheim
Ohne Demenz			
I	1064	2	770
II	1330	3	1262
III	1612	4	1175
Mit Demenz			
0	-	2	770
I	1064	3	1262
II	1330	4	1775
III	1612	5	2005
Härtefall*	1995	5	2005

*Der Härtefall deckt die Pflege mit außergewöhnlich hohem Pflegeaufwand mit und ohne Demenz ab.

Für die Pflege zuhause gibt es Pflegegeld für Angehörige und Hilfe von Profikräften.

Künftig gibt es Pflegegrade statt Pflegestufen. Pflegegrad 1 kommt neu hinzu.

6.3 Pflegegeld und Pflegesachleistungen bis 31.12.2016

Pflegestufe	Monatliche Leistungen ... (Euro)	
	Pflegegeld	Pflegedienst
Ohne Demenz		
I	244	468
II	458	1144
III	728	1612
Mit Demenz		
0	123	231
I	316	689
II	545	1298
III	728	1612
Härtefall *	-	1995

*Der Härtefall deckt die Pflege mit außergewöhnlich hohem Pflegeaufwand mit und ohne Demenz ab.

Pflegegeld und Pflegesachleistungen ab 01.01.2017

Pflegegrad	Monatliche Leistungen ...(Euro)	
	Pflegegeld	Pflegedienst
2	316	689
3	545	1298
4	728	1612
2	316	689
3	545	1298
4	728	1612
5	901	1995
5	901	1995

Bei den vorstehenden Tabellen weiße ich darauf hin, dass sich die Beträge künftig jährlich ändern können.

6.4 Ambulantisierung

Seit Jahren werden Bewohner von Pflegeheimen älter und zunehmend pflegebedürftig. Dem Prinzip „ambulant vor stationär" folgend ist dies politisch auch so gewünscht und entspricht dem Wunsch der meisten Menschen, ihr Lebensende zu Hause zu verbringen. Allerdings sterben die meisten nach wie vor im Pflegeheim oder Krankenhaus. Es geht aber nicht nur um die Frage von Wunsch und Wirklichkeit, sondern um die individuell bedarfsgerechte Versorgung. Es gibt bei manchen persönlichen Lebensverhältnissen und gesundheitlichen Umständen keine Alternative zur Rundumversorgung eines Pflegeheims. Jedoch sind Pflegeheimplätze teuer. Auch ökonomische Gründe legen es nahe, die Ambulantisierung voran zu treiben, gerade, wenn man den Anteil mit einbezieht, den in dem Fall pflegende Angehörige und eben nicht teure Fachkräfte leisten.

7. Unterhaltspflicht der Kinder gegenüber den Eltern

In den nächsten Jahren werden erhebliche Vermögensmassen vererbt bzw. auf die nächste Generation übertragen. Deshalb gewinnt die lebzeitige Übertragung aufgrund erhöhter Haftungsrisiken, möglicher Verarmung einzelner Familienmitglieder, Sozialleistungsbezügen, Elternunterhalt und Pflegeheimaufenthalt sowie der Überschuldung des Staates immer mehr an Bedeutung. Hierbei ist immer zu bedenken, dass in unserer Rechtsordnung nicht jedes mögliche Erblassermotiv zur Sicherung des Vermögens durchsetzbar ist. Ein gewisses Haftungsrisiko wird immer bleiben. Sowohl im SGB XII (Sozialhilfe) als auch im SGB II (Grundsicherung für Arbeitsuchende) gilt der **Grundsatz der Nachrangigkeit. Damit erhält Leistungen nach dem SGB II oder SGB XII nur derjenige,** der nicht aufgrund eigenen Einkommens oder Vermögens in der Lage ist, für sich selbst zu sorgen. Die Folge dieses Nachranggrundsatzes ist, dass der Bedürftige vor Bewilligung von Sozialleistungen zunächst ihm zustehende zivilrechtliche Ansprüche gegen Dritte durchsetzen muss. Zu diesen Ansprüchen gehören insbesondere Unterhaltsansprüche, erbrechtliche Ansprüche, der Rückforderungsanspruch aus einer Schenkung, das Wohnungsrecht, die Pflegeverpflichtung.

Nach dem BGB (§ 1601 BGB) sind Verwandte in gerader Linie verpflichtet, einander Unterhalt zu zahlen. Wenn der Sozialleistungsträger an einen Verwandten in gerader Linie bezahlt, so geht dessen Unterhaltsanspruch gesetzlich auf den Sozialleistungsträger über. Der Unterhaltsverpflichtete muss somit für das bedürftige Familienmitglied direkt an den Sozialleistungsträger zahlen.

Hierbei ist besonders der Elternunterhalt zu beachten, wenn Eltern ins Pflegeheim müssen und deren Einnahmen, z.B. die Rente, nicht ausreicht, um die Kosten des Pflegeheims zu bezahlen. **Grundsätzlich gilt hier, dass Kinder als Verwandte in gerader Linie ihren Eltern Unterhalt leisten und die Kosten tragen müssen.** Der BGH hat jedoch in ständiger Rechtsprechung klargestellt, dass die Unterhaltspflicht **für Eltern** gegenüber der Kindes- und Ehegattenunterhaltspflicht eingeschränkt ist. Damit soll das **unterhaltsverpflichtete Kind grundsätzlich keine Reduzierung seines Lebensstandards** hinnehmen.

Von den jährlichen Gesamteinkünften des Unterhaltspflichtigen sind zunächst Abzüge vorzunehmen, die sich aus den unterhaltsrechtlichen Leitlinien der Oberlandesgerichte ergeben. Von dem übrig bleibenden Betrag sind der Ehegatten- und der

Kindesunterhalt abzusetzen. Leben die Ehegatten nicht getrennt, dann bemisst sich der Ehegattenunterhalt **nicht** nach dem Halbteilungsgrundsatz, sondern die unterhaltsrechtlichen Leitlinien sehen zur Zeit (2017) einen geringeren Bedarf von derzeit 1.440 EUR vor. Für jedes unterhaltspflichtige Kind wird zur Zeit ein Selbstbehalt von 1.800 EUR angesetzt. Hierzu folgendes **Beispiel**:

> Die Mutter der einzigen ledigen und kinderlosen Tochter lebt in einem Pflegeheim. Die Kosten betragen monatlich 3.000 EUR. Die Mutter erhält von der Rentenversicherung, der Pflegeversicherung und von der staatlichen Grundsicherung monatlich insgesamt 1.700 EUR. Damit beträgt die Differenz zu den Heimkosten 1.300 EUR. Die Tochter hat ein monatliches Nettoeinkommen von 2.400 EUR. Hiervon stehen ihr 1.800 EUR als Selbstbehalt zu. Von dem darüber liegenden Betrag von 600 EUR hat sie nach den Unterhaltsrichtlinien die Hälfte, somit 300 EUR, an die Mutter als Unterhalt zu bezahlen.

Bei der Berechnung des Unterhalts ist auch das Vermögen des Unterhaltspflichtigen **teilweise** zu berücksichtigen. Nach einem Urteil des Bundesverfassungsgerichts ist dem Unterhaltspflichtigen zumindest das Schonvermögen im Sinne von § 12 SGB II und § 90 SBG XII sowie Freibeträge nach § 93 SGB XII zu belassen. Bei der Berechnung des tatsächlich aus dem Vermögen zu bezahlenden Unterhalts kommt es immer auf den Einzelfall an. Hierbei entscheiden die Sozialhilfeträger unterschiedlich. Wohnt der Unterhaltspflichtige zum Beispiel in einer in seinem Alleineigentum stehenden schuldenfreien Immobilie, dann ist das **mietfreie Wohnen** bei der Berechnung des Unterhalts zu berücksichtigen.

In besonderen Fällen muss sich nach einer Entscheidung des Bundesgerichtshofs vom 15.10.2003 auch **das Schwiegerkind an der Unterhaltszahlung indirekt beteiligen**. Hat der verheiratete unterhaltspflichtige Ehegatte kein eigenes Einkommen, so hat er gegen den gut verdienenden Ehepartner einen Anspruch auf Bezahlung von Taschengeld. Die Hälfte des ihm zustehenden Taschengelds ist bei der Berechnung des Unterhaltsanspruchs zu berücksichtigen.

Nach einem Urteil des BGH vom 07.07.2004 müssen Eltern sogar eine Minderung ihres Lebensstandards hinnehmen, da ein Kind nur das **sozialhilferechtliche Existenzminimum** der Eltern sicherstellen muss. Zum angemessenen Unterhalt der Eltern gehören die Kosten für die Wohnung, der Nahrung, der Kleidung, Aufwendungen zur Teilnahme am sozialen und kulturellen Leben, Mittel für individuelle Bedürfnisse, die Beiträge für Kranken-, Pflege- und Unfallversicherung sowie ein angemessenes Taschengeld. Angemessen sind Unterhaltskosten für ein Pflegeheim **mittlerer Art und Güte** mit einem an den örtlichen Preisen ausgerichteten durchschnittlichen Pflegesatz. Schwierigkeiten entstehen jedoch dann, wenn die Eltern aufgrund ihres bisherigen Lebensstandards Anspruch auf einen Pflegeplatz in einem guten und teuren Pflegeheim beanspruchen. Hier kann der Unterhaltspflichtige auf die Rechtsprechung des BGH verweisen, wonach die **Eltern nur Unterhalt für ein mittelmäßiges Pflegeheim** beanspruchen können.

Die Bezahlung von **Elternunterhalt** kann durch Bildung von Schonvermögen vermieden werden. Der Unterhaltspflichtige muss nämlich sein Schonvermögen nicht zu Unterhaltszwecken einsetzen, da seine eigene Altersvorsorge dem Elternunterhalt vorgeht. Mit seinem Urteil vom 30.08.2006 hat der Bundesgerichtshof entschieden, dass 5% vom Brutto-Einkommen bei der Berechnung des Elternunterhalts nicht berücksichtigt werden müssen. Deshalb ist zu empfehlen, zur eigenen Alterssicherung das „Schonvermögen" entsprechend anzulegen. Verfügt der Unterhaltsverpflichtete zum Beispiel über ein monatliches Bruttoeinkommen in Höhe von 2.000 EUR und ist voraussichtlich noch 30 Jahre berufstätig, so muss ihm nach der Rechtsprechung ein Betrag in Höhe von 36.000 EUR zuzüglich Verzinsung für die eigene Altersvorsorge verbleiben (5 % von 2.000 EUR = 100 EUR x 12 = 1.200 EUR x 30 Jahre = 36.000 EUR). Auch das selbst genutzte Haus sowie das zu Betriebs- und beruflichen Zwecken dienende Vermögen ist vor Unterhaltsansprüchen der Eltern geschützt.

8. Menschliche Probleme bei Pflegebedürftigkeit

Abgesehen von den bei Pflegebedürftigkeit auftretenden wirtschaftlichen Schwierigkeiten sind vor allem die bei den Pflegebedürftigen auftretenden menschlichen Probleme zu bedenken. Diese Probleme können nur beschränkt oder ausgeschlossen werden, wenn sich ein Familienangehöriger, Freund oder guter Bekannter als Gegenleistung für die Vermögensübertragung rechtlich verpflichtet, für den Fall der Versorgungsbedürftigkeit des Übertragenden diesem gegenüber eine Verpflichtung zur Versorgung, Wart und Pflege zu übernehmen. Kommen hierfür mehrere Personen, z.B. Geschwister in Betracht, so ist es angemessen, dass derjenige, der durch eine vorweggenommene Erbfolgeregelung am großzügigsten bedacht wird, auch an erster Stelle die Verpflichtung zur Versorgung, Wart und Pflege übernimmt.

Das mündliche oder schriftliche Versprechen von Kindern oder anderen Personen, Sie für den Fall von Krankheit oder hohen Alters in Ihrer Wohnung in gewohnter Umgebung zu versorgen und zu pflegen, erfolgt meistens aus Anstand oder moralischer Verpflichtung, manchmal auch im Hinblick auf das zu erwartende Erbe. Auf dieses Versprechen sollten Sie sich nicht verlassen, denn es ist im Ernstfall nichts wert. Wie oft höre ich von künftigen Erben, meist Kindern: „Es ist doch selbstverständlich, und auch meine moralische Pflicht, für meine Eltern später zu sorgen, dazu brauche ich keinen Vertrag."

Die Erklärung ist sehr gut gemeint, mehr aber nicht.

Wenn es Ihr Wille ist, Ihren letzten Lebensabschnitt zu Hause in Ihrer gewohnten Umgebung und nicht in einem Altenheim oder Pflegeheim zu verbringen, dann gibt es nur eine Möglichkeit: Sie müssen mit Ihren künftigen Erben einen Vertrag der vorweggenommenen Erbfolge, am sichersten als Nachfolge-Generationenvertrag schließen, in welchem die Verpflichtung zu Ihrer Versorgung ausdrücklich als Gegenleistung für die Übertragung eines Vermögensgegenstandes bezeichnet wird. Nur dann haben Sie einen rechtlich durchsetzbaren Anspruch, zu Hause versorgt zu werden, nur dann kann Ihr künftiger Erbe erhebliche Erbschaftsteuer sparen, nur dann können Sie den Zugriff des Sozialamtes aus übergeleitetem Anspruch nach § 528 BGB, § 90 BSHG, von Ansprüchen nach § 2287 BGB, von Pflichtteilsergänzungsansprüchen nach §§ 2325, 2329 BGB oder von Ansprüchen nach dem AnfG vermeiden, zumindest wesentlich vermindern.

Besteht die Gefahr, dass der Sozialhilfeträger den Schenkungswiderrufsanspruch und die vorgenannten Ansprüche auf sich, damit dem Staat, überleitet, dann müssen Übertragender und Empfänger in dem Vertrag Vereinbarungen treffen, die die Eingriffe in das übertragene Vermögen verhindern oder jedenfalls wesentlich reduzieren können. In dem Übergabevertrag sollte sich deshalb der Empfänger schuldrechtlich verpflichten, die je nach Alter und Gesundheitszustand für die Versorgung des Übertragenden und eventuell auch seines Ehegatten erforderlichen Leistungen zu erbringen. In dem Nachfolge-Generationenvertrag habe ich vorgesehen, dass die Leistungen im Auftrag des Empfängers auch von Dritten, z.B. von professionellen Pflegeeinrichtungen erbracht werden können, wenn die Leistungen von dem Empfänger **organisiert und ständig überwacht** werden.

9. Staatliche Sozialleistungen: Nachrangigkeit der Sozialhilfe, Zugriff des Sozialleistungsträgers auf Ihr Vermögen

Nach einer neuen Umfrage fühlen sich drei von vier Deutschen für den Pflegefall finanziell nicht abgesichert. Aber nur wenige haben eine Pflegezusatzversicherung als Ergänzung zur staatlichen Pflegeversicherung abgeschlossen. Bei sehr vielen Deutschen wächst die Angst im Alter zu einem Pflegefall zu werden. Hierzu gehört fast jeder Zweite der unter Dreißigjährigen, mehr als 60 Prozent der über Dreißig- bis Sechzigjährigen und mehr als 82 Prozent der über Sechzigjährigen. Fast 60 Prozent der Menschen über 60 Jahre befürchten, dass sie aus gesundheitlichen Gründen in ein Pflegeheim müssen. **Fast drei Viertel der Befragten wollen im Fall der Pflegebedürftigkeit keine Lebensverlängerung unter Einsatz aller möglichen Mittel.**

Immer wieder lerne ich Menschen kennen, die zwar Eigentümer einer Immobilie sind, die jedoch nur eine kleine Rente haben und trotz des von der Pflegekasse zu bezahlenden Pflegegeldes und von Pflegesachleistungen professionelle Pflege nicht bezahlen können. Hierzu gehört die Witwe, die nur eine monatliche Rente von unter 1.000 EUR hat, aber auch die Ehegatten, die nur monatliche Einkünfte in Höhe von 2.000

EUR haben. Wenn einer dieser Ehegatten in ein Pflegeheim kommt, dann ist er wirtschaftlich nicht in der Lage, neben den Leistungen der gesetzlichen Pflegeversicherung an das Pflegeheim monatlich mindestens 2.000 EUR zu bezahlen. Der in der Wohnung verbleibende Ehegatte muss ja auch noch seine eigenen Lebenshaltungskosten bestreiten können. Die Ersparnisse sind dann sehr schnell aufgebraucht. Sollten bei dem genannten monatlichen Einkommen beide Ehegatten in ein Alten-/Pflegeheim kommen, dann sind auch hohe Ersparnisse sehr schnell verbraucht und es muss staatliche Hilfe in Anspruch genommen werden. Der Staat wird dann auf das noch vorhandene Vermögen der Pflegebedürftigen, insbesondere den vorhandenen Grundbesitz zugreifen, das Familienvermögen ist verbraucht. Diese auftretenden wirtschaftlichen Probleme sind den wenigsten Bürgern bewusst. Bei Gesprächen höre ich oft, es könne doch nicht sein, dass 1.500 EUR oder 2.000 EUR für die künftige Versorgung nicht ausreichen sollen. Man habe das ganze Leben hart gearbeitet, Steuern und Sozialversicherungsbeiträge bezahlt, immer gespart und sich eine Immobilie auf Kredit gekauft, der über Jahrzehnte zurückbezahlt worden sei. Es sei doch ungerecht, dass alles Ersparte und die Immobilie jetzt dadurch verbraucht werden, weil die Einnahmen aus Renten und Zinsen für eine Versorgung im Alter nicht ausreichen und der Staat dann alles wegnimmt. Besonders ungerecht sei es vor allem denjenigen gegenüber, die nicht gearbeitet oder nicht gespart haben. Vor allem die Geldentwertung und die gestiegenen Lebenshaltungskosten haben den Wert der Renten so stark gemindert, dass ein erheblicher Teil der Deutschen im Alter zum Sozialfall wird. 1.500 EUR reichen kaum zur häuslichen Versorgung und Pflege aus, während dieser EUR-Betrag vor 2002 eine ordentliche Rente von 3.000 DM darstellte, mit der man auch eine Pflege bezahlen konnte und nicht Sozialhilfeempfänger wurde. Obwohl diese Entwicklung seit Jahren bekannt ist, hat der

Staat zu wenig für den Pflegefall seiner Bürger getan. Er hat versäumt, die staatliche Pflegeversicherung so auszugestalten, dass kein Bürger Angst zu haben braucht, bei Pflegebedürftigkeit ein Sozialfall zu werden. Erst jetzt beginnt der Staat, die dringend notwendigen Änderungen der Pflegeversicherung durchzuführen.

Grund für die lebzeitige Übertragung von Vermögen auf die nachfolgende Generation ist oft die Vermeidung des Zugriffs des Staates für den Fall, dass bei späterer Pflegebedürftigkeit Sozialleistungen in Anspruch genommen werden müssen.

Für das Sozialhilferecht gilt der Grundsatz der Nachrangigkeit der Sozialhilfe. Dies bedeutet, dass Ansprüche gegen den Sozialhilfeträger dann nicht gestellt werden können, wenn Sie in der Lage sind, sich aus eigenem Einkommen oder Vermögen selbst zu helfen. Zu Ihrem verwertbaren Einkommen gehören auch die Rechte, die Sie sich mit einem Übertragungsvertrag vorbehalten haben, z.B. der Nießbrauch. Können Sie diesen nicht mehr selbst nutzen, weil Sie in ein Altenheim/Pflegeheim umziehen und Sozialleistungen in Anspruch nehmen müssen, dann sind Sie grundsätzlich verpflichtet, von Ihrem Recht auf Vermietung der Immobilie Gebrauch zu machen und die Mieteinnahmen an das Sozialamt abzuführen. Haben Sie sich nicht ein Nießbrauchrecht, sondern ein Wohnungsrecht vorbehalten, das nach seinem gesetzlichen Inhalt nur Sie zur Eigennutzung berechtigt, dann kann bei entsprechender Formulierung des Wohnungsrechts ein Zugriff des Sozialhilfeträgers ausgeschlossen werden. Zwar ist ein Vertrag zu Lasten des Sozialhilfeträgers diesem gegenüber unwirksam, jedoch hat der Bundesgerichtshof in einem Urteil vom 29.01.2010 klargestellt, dass bei gleichzeitiger Vereinbarung einer Verpflichtung des Empfängers zur Versorgung, Wart und Pflege des Übertragenden kein sittenwidriger Vertrag vorliegt. Bis zu diesem

Urteil war die Vereinbarung einer Verpflichtung zur Versorgung, Wart und Pflege unter sozialhilferechtlichem Gesichtspunkt besonders gefahrenträchtig. Die alte Rechtsprechung ist nämlich davon ausgegangen, dass für den Fall, dass der Übertragende in ein Altenheim/Pflegeheim umzieht und Sozialleistungen in Anspruch nimmt, der Empfänger den Wert seiner ersparten Aufwendungen zur Wart und Pflege dem Sozialleistungsträger bezahlen muss. Sie ersehen hieraus, dass es durchaus möglich ist, den Zugriff des Sozialleistungsträgers auf Ihr Vermögen auszuschließen.

Der Sozialhilfeträger hat eine weitere Zugriffsmöglichkeit aufgrund der Bestimmung des § 528 BGB über die Verarmung des Schenkers. Gemäß dieser Vorschrift kann ein Schenker von dem Beschenkten die Herausgabe des Geschenks nach den Vorschriften über die Herausgabe einer ungerechtfertigten Bereicherung fordern, soweit er nach der Vollziehung der Schenkung außer Stande ist, seinen eigenen angemessenen Unterhalt zu bestreiten. Die Vorschrift des § 528 BGB zeigt somit die Gefährlichkeit einer Schenkung für den Fall, dass der Schenker in Not gerät und auf staatliche Hilfe angewiesen ist. Da selbst wohlhabende Schenker nicht wissen, ob sie eines Tages doch auf staatliche Hilfe angewiesen sind, sollten sie immer versuchen, die Übertragung von Vermögenswerten **als Schenkung** zu vermeiden. Der Anspruch nach § 528 BGB ist nur dann ausgeschlossen, wenn seit der Leistung des geschenkten Gegenstandes 10 Jahre verstrichen sind. Bei einer Schenkung gegen Nießbrauchsvorbehalt beginnt die 10-Jahres-Frist erst mit der Beurkundung des Übertragungsvertrages und der Auflassungserklärung.

Als Ergebnis für Sie ist festzuhalten: Wenn Sie zu Lebzeiten Vermögenswerte einer anderen Person **schenken** und innerhalb von 10 Jahren pflegebedürftig werden, dann können Sie nach § 528 BGB die Rückabwicklung der Schenkung verlangen, soweit Sie die Kosten Ihrer Versorgung, Wart und Pflege nicht bezahlen können. Ihren Anspruch kann der Sozialleistungsträger nach § 93 SGB XII auf sich überleiten und anstelle von Ihnen geltend machen und zwar auch dann, wenn Sie die Rückabwicklung selbst nicht geltend machen wollen.

Der Sozialhilferegress ist nach dem Sozialgesetzbuch derart ausgeweitet worden, dass bei jeglicher Inanspruchnahme des Staates, z.B. Arbeitslosigkeit (ALG II) oder Pflegebedürftigkeit, der Sozialhilfeträger Ihr Vermögen nach § 93 SBG XII auf den Staat überleiten kann, d.h. Ihnen Ihr wesentliches Vermögen, z.B. eine Immobilie, wegnimmt.

Nach der Rechtsprechung vollzieht sich die Rückabwicklung der Schenkung nach § 528 BGB nicht durch Rückgabe Ihres zuvor übertragenen Vermögens (z.B. einer Immobilie) „in natura". Vielmehr richtet sich Ihr Anspruch gegen den Empfänger auf laufende monatliche Geldzahlungen. Im Einzelfall kann dies bedeuten, dass diese laufenden Zahlungen den Empfänger wirtschaftlich stärker in Bedrängnis bringen können als die Rückgabe des geschenkten Vermögensgegenstands. Sie können jedoch vertraglich eine andere Regelung vereinbaren. Bei der Vertragsgestaltung haben Sie abweichend von § 528 BGB und der hierzu ergangenen Rechtsprechung die Wahl, ob Sie monatliche Zahlungen in noch festzusetzender Höhe oder aber die Immobilie zurück verlangen. Gleich welche Entscheidung Sie treffen, immer sollten Ihr Interesse und das Interesse des Empfängers gegeneinander abgewogen werden.

Das Sozialgericht Stade hat mit Urteil vom 02.12.2011 zu häufig in der Praxis vorkommenden Fällen festgestellt, dass der überlebende Ehegatte in einer Immobilie auch dann wohnen bleiben kann, wenn die miterbende Tochter staatliche Leistungen benötigt und Sozialhilfe erhält. Der **Erbanteil** der Tochter stellt zwar einen zu verwertenden Vermögenswert dar, den richtigerweise auch der Staat verlangen kann. Geht dieses Verlangen jedoch soweit, dass das eigene „Dach über dem Kopf" des überlebenden Elternteils verloren geht, dann rechtfertigt auch die Politik der leeren Kassen nicht, die Sozialleistung von diesem Verlangen abhängig zu machen. Grundsätzlich ist der Erbanteil als „Vermögensgegenstand" gemäß § 12 I SGB II anzusehen, der regelmäßig auch verwertbar ist. Damit kann die Tochter, hier die Leistungsempfängerin, gemäß § 2042 BGB die Auseinandersetzung der Erbengemeinschaft mit der Mutter verlangen. Stimmt diese der Auseinandersetzung und damit dem Verkauf der Immobilie nicht zu, weil sie ihre Wohnung nicht verlieren will, dann müsste die Teilungsversteigerung der Nachlassimmobilie betrieben werden. Am Versteigerungserlös als sogenanntes „Surrogat" setzt sich die Erbengemeinschaft fort, welche dann bei fehlender freiwilliger Mitwirkung der Mutter als Miterbin durch einen weiteren Zivilprozess auseinanderzusetzen wäre. Dieses Vorgehen stellt jedoch nach dem Urteil des Sozialgerichts Stade für die Mutter, die das Objekt selbst bewohnt, eine besondere Härte gemäß § 12 III Nr. 6 SGB II dar. Durch die Versteigerung würde sie ihr „Dach über dem Kopf" verlieren und es käme im engsten familiären Kreis zu gerichtlichen Verfahren. Damit müsste die miterbende Tochter ihre eigene Mutter praktisch „auf die Straße setzen". Durch die gerichtlichen Auseinandersetzungen würden einem nahen Angehörigen somit schwere Nachteile zugefügt. Dies widerspricht den Wertungen des SGB II. Daher sind die darlehensweisen Sozialleistungen der Sozialbehörde an die Tochter in einen Zuschuss umzuwandeln. Die Mutter bleibt somit in der Immobilie wohnen, die miterbende Tochter erhält auch weiterhin staatliche Leistungen.

Wie bereits dargelegt hat die 10-Jahres-Frist den Nachteil, dass bei einer eintretenden Sozialhilfebedürftigkeit der Staat die von Ihnen auf den Empfänger übertragene Immobilie auf sich überleiten kann. Auch für den Übertragenden ist die Überleitung sehr nachteilig, da er zur Vermietung und Herausgabe der Mieteinnahmen verpflichtet ist. Diese Überleitung auf den Staat kann durch eine entsprechende Formulierung in dem Übergabevertrag vermieden werden.

Hat sich der Empfänger gegenüber dem Übertragenden zu seiner Versorgung, Wart und Pflege verpflichtet, so kann sich dieses Versorgungsrecht bei Einzug des Übertragenden in ein Altenheim/Pflegeheim in einen Geldanspruch wandeln. Auch diesen Geldersatzanspruch kann der Sozialleistungsträger grundsätzlich auf sich überleiten. Diese Möglichkeit ist bei der Abfassung des Übertragungsvertrages zu berücksichtigen. Es muss klargestellt werden, dass bei Auszug des Übertragenden aus seiner jetzigen Wohnung der Anspruch auf Versorgung, Wart und Pflege entfällt. Möglich ist auch zu vereinbaren, dass bei Auszug des Übertragenden die Verpflichtung zur Versorgung, Wart und Pflege bis zum Wiedereinzug des Berechtigten in seine Wohnung ruht. Der BGH hat entschieden, dass bei einer solchen Vereinbarung der Empfänger sich an den Kosten der Heimunterbringung des Übertragenden grundsätzlich **nicht** beteiligen muss.

Wird in dem Übertragungsvertrag ein Wohnungsrecht vereinbart, so sollte die Ausübung des Rechts **keinem Dritten** überlassen werden. Der Sozialhilfeträger hat sonst das Recht, das Wohnungsrecht ganz oder teilweise auf sich überzuleiten. Das dingliche Wohnungsrecht wandelt sich dann in einen Vergütungsanspruch, so dass die durch die Vermietung erzielten Mieteinnahmen dem Sozialhilfeträger zustehen.

In dem Übertragungsvertrag sollte auch vereinbart werden, dass im Falle des Wegzuges oder der Heimunterbringung des Übertragenden die Pflegeverpflichtung ersatzlos entfällt oder aber bis zum Wiedereinzug in seine Wohnung ruht. Auch hier ist bei der Formulierung jeweils der Einzelfall zu berücksichtigen.

Bezieht Ihr künftiger Erbe Sozialleistungen nach dem SGB II, müssen Sie damit rechnen, dass nach Ihrem Tod der Sozialhilfeträger die dem Erben gewährten Zahlungen von ihm zurückverlangt. Diese Erbenhaftung betrifft vor allem die Fälle, bei denen der Sozialleistungsträger auf verschiedene Vermögensgegenstände als Schonvermögen nicht zugreifen konnte. Müssen Sie z. B. Sozialhilfe in Anspruch nehmen, weil Ihr Einkommen und Vermögen für die Bezahlung einer langjährigen häuslichen Pflege oder bei einem Aufenthalt im Pflegeheim nicht ausreichen, kann der Sozialleistungsträger auf Ihr Schonvermögen, z. B. die **selbstgenutzte angemessene** Immobilie **zu Ihren Lebzeiten nicht** zugreifen. Anders ist es nach Ihrem Tod, hier hat der Sozialhilfeträger das Recht, auf Ihre **vererbte** Immobilie zuzugreifen.

Damit haften Ihre Erben für die Kosten der Sozialhilfe, die innerhalb der letzten zehn Jahre vor dem Erbfall angefallen sind, allerdings beschränkt auf den Wert Ihres Nachlasses. Der Anspruch des Sozialleistungsträgers richtet sich auch gegen den Erben des Ehegatten, wenn dieser vor dem Leistungsberechtigten stirbt. Ausgenommen von der Ersatzpflicht ist die leistungsberechtigte Person, die ihren Ehegatten beerbt, da in diesem Fall das Vermögen nicht aus der Einsatzgemeinschaft heraus vererbt wird.

Eine Frage wird immer wieder gestellt: Müssen **Hartz-IV-Empfänger** auch Vermögen aus Erbschaften oder Schenkungen zum Lebensunterhalt einsetzen? Wer ein Testament zugunsten eines Hartz-IV-Empfängers oder ihm eine Schenkung machen will, sollte berücksichtigen, dass ererbtes und geschenkt erhaltenes Vermögen erst verbraucht werden muss, bevor weitere staatliche Hilfe geleistet wird. Enge Ausnahmen gelten nur für das sogenannte Schonvermögen, also z. B. die selbst bewohnte Immobilie, die jedoch eine bestimmte Größe und einen bestimmten Wert nicht überschreiten darf.

Schlägt ein Hartz-IV-Empfänger die Erbschaft aus, dann muss er mit Leistungskürzungen rechnen. Wurde er enterbt und ist damit pflichtteilsberechtigt, dann kann der Staat den Pflichtteil anstelle des Pflichtteilsberechtigten geltend machen und auf die Sozialleistungen verrechnen. Berücksichtigt werden muss auch, dass **zusätzlich** mit dem Anfall von Erbschaftsteuer zu rechnen ist.
Zur Vermeidung des Zugriffs des Sozialamts auf das vererbte Vermögen bietet sich für den Übertragenden bzw. den künftigen Erblasser die Errichtung einer Familienstiftung, die Gründung einer Familiengesellschaft, beim Vererben die sogenannte „Vor- und Nacherbschaft" und der Abschluss eines Nachfolge-Generationenvertrages an. Bei der Vor- und Nacherbschaft wird der Vorerbe rechtlich gesehen zwar echter Erbe, ist jedoch bei der Verwendung des Vermögens beschränkt. Diese Beschränkung verhindert die Verwertung des Erbes im Rahmen der Hartz-IV-Bezüge wie folgt:

- Der Vorerbe des Vermögens darf nur die Früchte (Erträge) des Vermögens für sich verwenden. Diese sind allerdings auf Hartz-IV anzurechnen. Der Vermögensstamm bleibt dagegen für den Nacherben erhalten, er ist damit Hartz-IV-sicher.
- Der Vorerbe eines Grundstücks darf das Grundstück selbst nur nutzen oder vermieten/verpachten. Die durch die Erträ-

ge oder der ersparte Eigenaufwand (Miete) ist auf Hartz-IV anzurechnen. Der Grundstücksverkauf kann jedoch von dem Sozialhilfeträger nicht erzwungen werden.
- Der Nacherbe gilt als enterbt, wenn ein Vorerbe vorgeschaltet ist. Haben die Ehegatten ein sogenanntes Berliner Testament errichtet, in dem zunächst der Ehegatte als Vorerbe und die Kinder als Nacherben eingesetzt werden, dann kann der Staat bei Hartz-IV zugreifen und den Pflichtteil der Kinder geltend machen.

Wenn der Erblasser die gesetzlichen Beschränkungen für den Vorerben ganz oder teilweise aufhebt, so dass der Nacherbe nur den Rest des nicht verbrauchten Vermögens bekommt, dann muss auf das Zugriffsrecht des Staates bei Hartz-IV-Empfängern geachtet werden.

Stellen Sie sich Folgendes vor: Sie vererben Ihre Immobilie an ein Kind. Dieses wird nach dem Erbfall ohne Verschulden arbeitslos und findet aufgrund seines Alters oder fehlender Qualifikation keine Arbeit mehr. Oder es erleidet einen Unfall und wird dauernd arbeitsunfähig. Zunächst wird Ihr Kind Arbeitslosengeld I (ALG I) beziehen, danach Arbeitslosengeld II (ALG II) beantragen. Voraussetzung für die Gewährung des Arbeitslosengeldes II ist jedoch, dass Ihr Kind bis auf das gesetzliche Schonvermögen sein eigenes Vermögen verbraucht. Das gleiche gilt, wenn ihr Kind in Hartz-IV fallen sollte. Ihrem Kind bleibt nun nichts anderes übrig, als einen wesentlichen Teil des von Ihnen geerbten Vermögens, insbesondere das von Ihnen geerbte Haus, dessen Wert über seinem Schonvermögen liegt, zu veräußern und zu verleben. Ist Ihnen dies klar wenn Sie Ihre Immobilie vererben wollen? Auch dieser Fall, der sehr häufig ist, soll Ihnen zeigen, dass das Vererben von nennenswerten Vermögenswerten nur Nachteile hat.

Abschnitt E

Steuern

I.

Erbschaft-/ Schenkungsteuer

1. Allgemeines

Von wenigen Ausnahmen abgesehen macht das Gesetz keinen Unterschied zwischen einem Erwerb von Todes wegen, somit dem Erbfall, oder einer Schenkung, also einer Übertragung von Vermögenswerten zu Lebzeiten. Es wird deshalb häufig verkürzt von Erbschaftsteuer gesprochen, gemeint wird aber auch die Schenkungsteuer. In der Regel ist es steuerlich somit unerheblich, ob ein Vermögenswert durch Erbschaft, durch Vermächtnis, aufgrund eines Pflichtteils oder durch Schenkung erworben wird. Die Besonderheit bei der Schenkung liegt darin, dass – anders als bei Erbschaften – Eltern, Groß- und Urgroßeltern zur ungünstigsten Steuerklasse II gehören. Während bei der Erbschaftsteuer auch Sonder- und Freibeträge für Hausrat oder andere persönliche Güter zu berücksichtigen sind, gibt es bei den Schenkungen lediglich die allgemeinen Freibeträge.

Unser Grundgesetz lässt es trotz der verfassungsrechtlichen Garantie des Eigentums zu, dass der Staat eine Erbschaftsteuer erhebt. Mit dieser Steuer wird der dem Erben anfallende Vermögenszuwachs und die dadurch vermittelte finanzielle Leistungsfähigkeit belastet. Die Besteuerung wird vor allem damit gerechtfertigt, dass der Empfänger den Erwerb unentgeltlich erhält.

Die Erbschaftsteuer ist eine reine Substanzsteuer. Sie besteuert den Vermögenszuwachs bei dem Empfänger. **Damit wirkt sie enteignend.** Der Staat will nicht, dass vererbtes oder geschenktes Vermögen ungeschmälert auf den Empfänger übergeht. Nach Artikel 14 Abs. 1 Satz 2 Grundgesetz ist die Erhebung der Erbschaft- und Schenkungsteuer zulässig, wenn die Besteuerung nicht willkürlich ist und die Steuer unter Berücksichtigung der Steuerfreibeträge das durch Erbschaft oder Schenkung übertragene Vermögen nicht zu stark dezimiert. Hier ist nun zu fragen, wie hoch darf die Erbschaftsteuer eigentlich sein, damit der Staat den Empfänger nicht unzulässig hoch enteignet? Einerseits ist es verständlich, wenn der Staat von den hohen Vermögenswerten, die jährlich vererbt und verschenkt werden, seinen Teil haben will mit der Begründung, dass der Empfänger **den Vermögenswert unentgeltlich** erhält, während jeder Berufstätige sein Einkommen versteuern muss. Andererseits ist es auch verständlich, dass die Erblasser und ihre Vorfahren das Vermögen, das sie sich überwiegend hart erarbeitet haben, an die nächste Generation ohne eine Teilenteignung weitergeben wollen. Richtig ist jedoch auch, dass die Vermögen von wenigen Personen immer größer werden, während der große Teil der Bevölkerung aufgrund hoher Besteuerung der Einkommen, steigender Sozialabgaben und der Inflation immer weniger in der Lage ist, Vermögen zu bilden, die Kluft zwischen arm und sehr reich wird immer größer. Eine Vermögensumschichtung von oben nach unten kann nach Auffassung vieler Politiker nur durch Teilenteignung, somit mit Substanzsteuern erfolgen. Hierzu gehören die Erbschaftsteuer und die Vermögensteuer. Es ist mit Sicherheit davon auszugehen, dass demnächst die Vermögensteuer wieder eingeführt wird. Der deutsche Staat ist völlig überschuldet, er ist praktisch pleite. Die Einkommensteuern können nach der Rechtsprechung des Bundesverfassungsgerichts nicht unbeschränkt erhöht werden, zumal die Einkommensteuer die Substanz der Vermögen nicht antastet. Keine deutsche Regierung hat bisher die Staatsschulden durch Einsparungen verringert. Der Staat gibt vielmehr immer mehr aus als er einnimmt und erhöht dadurch den Schuldenstand. Schließlich wollen die Politiker ihre Wähler nicht verärgern und wieder gewählt werden.

Die Europäische Union strebt ein einheitliches Steuerrecht in den Mitgliedsländern an. Bei den Einkommensteuern wird dies wegen der unterschiedlichen wirtschaftlichen Verhältnisse in den Mitgliedsländern sehr schwierig werden. Bei der Erbschaftsteuer wird jedoch eine Vereinheitlichung in den Mitgliedsländern ohne große Schwierigkeiten möglich sein. Dies bedeutet, dass die Bürger in EU-Mitgliedsländern mit zur Zeit sehr niedrigen Erbschaftsteuern (Deutschland) künftig höhere Steuern bezahlen müssen, während andere Mitgliedsländer mit sehr hohen Steuersätzen (z.B. Spanien) niedrigere Steuern bezahlen werden. Eine Angleichung der Freibeträge ist ebenfalls zu erwarten. Die Staatsschulden der EU-Länder sind so hoch, der Sparwille der Regierungen so niedrig, dass zur Konsolidierung der Staatshaushalte mit kräftigen Steuererhöhungen, insbesondere der Erbschaftsteuer und Einführung der Vermögensteuer zu rechnen ist, zumal diese nicht die Bevölkerungsmehrheit trifft und deshalb in den Parlamenten leichter durchzusetzen ist. Grundsätzlich ist gegen eine Besteuerung von Erbschaften und von Schenkungen und der damit verbundenen Teilenteignung von Vermögen dann nichts einzuwenden, wenn damit verhindert werden soll, dass sehr Vermögende unverhältnismäßig immer reicher werden und **im Verhältnis zu diesen** die Mehrheit des Volkes immer ärmer wird. Zur Vermeidung einer wachsenden Ungerechtigkeit wird sich deshalb auch in Zukunft eine angemessene und wirtschaftlich vertretbare Vermögensumverteilung durch Substanzsteuern nicht vermeiden lassen. Entscheidend ist jedoch, dass diese

Umverteilung keine nach dem Grundgesetz unzulässige und wirtschaftlich unsinnige Enteignung von Vermögen darstellt. Unabhängig hiervon müssen sich die Regierungen fragen lassen, warum z.B. Österreich und fast alle Kantone der Schweiz die Erbschaft- und Schenkungsteuer abgeschafft oder stark reduziert haben und diese Länder trotzdem wirtschaftlich gut dastehen. Offensichtlich sind sie auf die Einnahmen aus der Erbschaft- und Schenkungsteuer nicht angewiesen. Die Schweiz hat zwar eine relativ hohe Vermögensteuer, jedoch ist die Einkommensteuer gegenüber Deutschland sehr niedrig.

Bei der Besteuerung von Erbschaften und Schenkungen ist zu unterscheiden zwischen Privatvermögen und Unternehmensvermögen. Eine zu hohe Besteuerung von Unternehmen mit Erbschaftsteuer hätte große wirtschaftliche Nachteile für Deutschland, da sie zu Insolvenzen, Arbeitsplatzabbau und damit Verarmung der Bevölkerung führen würde.

Nun wollen Sie vielleicht wissen, welche Ansicht ich zu der Erbschaftsteuer und einer kommenden Vermögensteuer habe, da diese Steuern das Familienvermögen betreffen, das ich schützen will. Wie bereits gesagt, eine angemessene Vermögensbesteuerung, sei es durch die Erbschaftsteuer oder/und eine Vermögensteuer akzeptiere ich dann, wenn die Freibeträge so hoch sind, dass das Vermögen des Mittelstandes beim Vererben und Verschenken überwiegend erhalten bleibt. Für Deutschland würde dies bedeuten, dass die Freibeträge in der Steuerklasse I erhalten bleiben, die Freibeträge in der Steuerklasse II erheblich und in der Steuerklasse III angemessen erhöht werden. Die Steuersätze in der Klasse II sind zu hoch und müssen, da es sich bei den betreffenden Personen zum Teil um sehr enge Verwandte wie Geschwister, Nichten und Neffen handelt, erheblich gesenkt werden. Dies gilt auch für den Eingangssteuersatz bei der Steuerklasse III. Gegen die Wiedereinführung der Vermögensteuer habe ich keine Einwendungen, wenn die Freibeträge so hoch sind, dass das Vermögen des Mittelstandes nicht beeinträchtigt wird; ein Großteil der Bevölkerung würde mangels Vermögen von einer Vermögensteuer ohnehin nicht betroffen werden.

Die Garantie des Eigentums gehört zu den Grundpfeilern der Marktwirtschaft, das Interesse am Erwerb von Eigentum zu den wichtigsten Leistungsanreizen. Hohe Steuern bestraft das Sparen und die Versorgung in einem Land, in dem gleichzeitig heftig darüber diskutiert wird, wie die Kosten der Alterung bei schrumpfender Bevölkerung bewältigt werden können.

Gemäß dem Gesetz zur Reform der Erbschaft- und Schenkungsteuer vom 01.01.2009 sind alle Vermögenswerte, die vererbt oder verschenkt werden ausnahmslos nach dem **aktuellen Verkehrswert**, somit nach ihren tatsächlichen Werten zu bewerten und zu versteuern. Gleichzeitig hat das Bundesverfassungsgericht dem Gesetzgeber erlaubt, mit Verschonungsregelungen dem Steuerpflichtigen entgegenzukommen. Das heutige Erbschaftsteuerrecht sieht besonders bei dem selbstgenutzten Wohnungseigentum, den Freibeträgen und der Unternehmensübertragung Steuerprivilegien vor. Trotzdem profitiert der Staat weiter vom Tod seiner Bürger. Sein Anteil am Erbe ist ihm sicher. Geht z.B. das Erbe oder das geschenkte Vermögen an Geschwister oder Neffen und Nichten, so schlägt der Fiskus kaum gemildert durch etwas höhere Freibeträge mit Steuersätzen zwischen 15% und 43% zu. Das geht schnell an die Substanz. Einige Parteien in Deutschland sehen im Erbe eine ohne Leistung des Erben erworbenen Vermögenszuwachs, auf den der Staat **zwingend zugreifen muss**. Hierbei wird nicht berücksichtigt, dass die Erbschaftsteuer zumeist Vermögen trifft, das mindestens einmal, häufig zwei- oder dreimal versteuert worden ist. Noch schwerer wiegt jedoch, dass eine hohe Erbschaftsteuer das Privateigentum untergräbt.

Wer eine Sprache lernen will, der benötigt ein Mindestmaß an Grammatik. Ebenso ist es mit dem Recht: Die meisten Empfehlungen zur Steuerersparnis ergeben sich aus der geschickten Nutzung des Steuersystems. Zum besseren Verständnis erkläre ich Ihnen deshalb zunächst die elementaren Grundzüge der Erbschaft- und Schenkungsteuer:

Das System der deutschen Erbschaft- und Schenkungsteuer wird durch drei Merkmale geprägt:

1. Jeder Erwerb ohne Gegenleistung ist steuerpflichtig, gleichgültig ob von Todes wegen oder unter Lebenden. Von der Festsetzung von Erbschaft- und Schenkungsteuer wird nur abgesehen, wenn **im einzelnen Steuerfall Steuer von 50 EUR oder weniger anfallen** würde (vgl. § 22 Erbschaftsteuergesetz).

2. Die Erwerber werden in Steuerklassen eingeteilt, wobei sich der Steuersatz und der persönliche Freibetrag danach richten, ob und wie nahe Sie mit dem Verstorbenen oder Schenker verwandt sind.

3. Für Immobilien und Betriebsvermögen gelten besondere Bewertungsregeln.

Grundsätzlich ist somit jeder **unentgeltliche Erwerb,** also ein Erwerb, für den der Erwerber keine Gegenleistung erbringen muss, steuerpflichtig. Dies gilt auch dann, wenn der Erwerber zwar Gegenleistungen erbringen muss, diese aber nicht gleichwertig sind mit dem erworbenen Gegenstand und den Beteiligten dies bekannt ist. Man spricht dann von einer

Schenkung unter Auflagen oder von einer gemischten Schenkung. Hier ist der Vorteil zu versteuern, der dem Erwerber im Endeffekt zufließt.

Nicht steuerpflichtig sind die sogenannten „**Gelegenheitsgeschenke**":

Als übliche Gelegenheitsgeschenke im Sinne des § 13 Abs. 1 Nr. 14 ErbStG sind nach einhelliger Meinung solche Aufwendungen anzusehen, die sowohl vom Anlass her (z.B. Geburtstag, Weihnachten, Hochzeit) als auch nach ihrer Art, in der Regel bewegliche Gegenstände, und der Höhe des Wertes in überwiegenden Kreisen der Bevölkerung als Gelegenheitsgeschenke verbreitet sind. Dies hat zur Folge, dass selbst bei großem Wohlstand eine Grenze besteht, die sich aus der allgemeinen Verkehrsanschauung über die Üblichkeit von Geschenken herleitet. Letztlich ist immer auf das Gesamtbild des Einzelfalles abzustellen, wobei als Kriterien die verwandtschaftliche/persönliche Beziehung zwischen Schenker und Beschenktem, der Anlass des Geschenkes, die Vermögensverhältnisse des Schenkers und die Wiederholbarkeit des Geschenkes zu berücksichtigen sind.

Der **persönlichen unbeschränkten Steuerpflicht** bei der Erbschaft- und Schenkungsteuer unterliegen gemäß § 1 ErbStG (Erbschaftsteuergesetz):

- natürliche Personen, die im Inland einen Wohnsitz oder ihren gewöhnlichen Aufenthalt haben,
- deutsche Staatsangehörige, die sich nicht länger als fünf Jahre dauernd im Ausland aufgehalten haben, ohne im Inland einen Wohnsitz zu haben (erweiterte unbeschränkte Steuerpflicht),

- unter Umständen Auslandsbedienstete einschließlich ihrer Angehörigen,
- Körperschaften, Personenvereinigungen und Vermögensmassen, die ihre Geschäftsleitung oder ihren Sitz im Inland haben,
- Stiftungen und Vereine, die Geschäftsleitung oder Sitz im Inland haben.

Die vorbezeichneten natürlichen und juristischen Personen gelten bei der Erbschaft- und Schenkungsteuer als Inländer. Ihre Steuerpflicht umfasst alle Vermögensanfälle im In- und Ausland.

Persönlich beschränkt steuerpflichtig sind (§ 2 ErbStG) alle Personen, die nicht unter die vorgenannten Tatbestände fallen, somit keiner der Beteiligten ist Inländer, aber inländisches Vermögen wird übertragen.

Gemäß § 9 ErbStG entsteht die Erbschaftsteuer **mit dem Tod** des Erblassers und die Schenkungsteuer im Zeitpunkt des **Vollzugs** der Schenkung. Wird ein Grundstück verschenkt, dann entsteht die Schenkungsteuer nicht erst mit der Eintragung des Eigentumswechsels im Grundbuch, sondern regelmäßig mit wirksamer notarieller Beurkundung der **Auflassung und der Eintragungsbewilligung**. Ein Grundbuchantrag ist hierbei nicht erforderlich.

Relevant ist das Stichtagsprinzip für

- den Umfang der Steuerpflicht,
- die Bewertung des Vermögens,
- die Zusammenrechnung mehrerer Erwerbe innerhalb von 10 Jahren,
- die Steuerklasse des Erwerbers,
- die steuerliche Verjährung.

Hierzu ein **Beispiel:**

Der Ehegatte Anton stirbt am 06.09.2011.
Seine Ehefrau Maria ist Alleinerbin.

Im Nachlass von Anton befindet sich ein Grundstück im Steuerwert von	400.000 EUR
und Aktien im Wert von	600.000 EUR
Maria erbt somit von Anton Vermögenswerte von	1.000.000 EUR

Nachdem die Eheleute Anton und Maria im gesetzlichen Güterstand der Zugewinngemeinschaft lebten, kann Maria

1/4 Zugewinn-Pauschale geltend machen	250.000 EUR
sowie ihren Freibetrag geltend machen in Höhe von	500.000 EUR
Maria hat somit zu versteuern	250.000 EUR

Bei einem Steuersatz von 11% beträgt die angefallene Erbschaftsteuer	27.500 EUR

Zwei Monate später erfährt Maria, dass ihr Aktienpaket, das zum Stichtag des Todes von Anton 600.000 EUR wert war, stark gefallen ist und nur noch 50.000 EUR wert ist. Obwohl sich der geerbte Vermögenswert von 1 Mio. EUR auf 450.000 EUR reduziert hat, muss Maria nach dem Stichtagsprinzip den Erbschaftsteuerbetrag von 27.500 EUR bezahlen.

Deshalb **Vorsicht bei der Vererbung von Wertpapieren oder Forderungen.** Nach dem Stichtagsprinzip ist für die Bewertung der Erbschaftsteuer der Todeszeitpunkt entscheidend. Fällt danach der Wert von Wertpapieren oder ist eine Forderung später nicht mehr realisierbar, dann ist trotzdem die zum Todeszeitpunkt berechnete Erbschaftsteuer zu bezahlen. Das kann soweit führen, dass der Erbe praktisch den gesamten Wert des Nachlasses als Erbschaftsteuer an das Finanzamt bezahlen muss.

Noch schlechter ist es wenn ein Kind z.B. Aktien wie folgt erbt:
Nachlass des Vaters:

Aktien	600.000 EUR
abzüglich Freibetrag	400.000 EUR
verbleiben	200.000 EUR

zu versteuern mit 11% = 22.000 EUR.

Wenn jetzt die Aktien fallen auf z.B. 50.000 EUR, dann muss das Kind trotzdem 22.000 EUR Steuern bezahlen.

Methode für die Berechnung anfallender Erbschaft-/Schenkungsteuer

1. Ebene
Feststellung des gemeinen Wertes (aktueller Verkehrswert) des vererbten oder zu Lebzeiten übertragenen Vermögensgegenstandes.

2. Ebene
Überprüfung, ob der betreffende Vermögensgegenstand unter Verschonungsregelungen fällt, d.h. ob er bei der anfallenden Steuer begünstigt wird und wenn ja, in welcher Form.

3. Ebene
Feststelllung des persönlichen Freibetrages des Empfängers bezüglich des übertragenen Vermögensgegenstandes und Überprüfung in welchen Steuertarif der betreffende Vermögenswert fällt.

Wie wird nun der Steuerwert ermittelt, somit die Bewertung des betreffenden Gegenstandes durch das Finanzamt:

Die Antwort ist sehr komplex, denn nur im Grundsatz erfolgt die Bewertung nach dem **Verkehrswert**, also dem **Marktpreis**, nicht jedoch nach dem tatsächlich erzielten Preis, also dem **Verkaufspreis**, der weit unter dem Verkehrswert oder wesentlich höher als der **Liebhaberpreis** liegen kann.

Das Gesetz unterscheidet zwischen den einzelnen Vermögensarten, z.B. zwischen Geldvermögen, bebauten und unbebauten Grundstücken, Antiquitäten, Betriebsvermögen usw.

Vererbtes bzw. verschenktes Vermögen wird seit 01.01.2009 steuerlich wie folgt bewertet:

1. **Bargeld, Bank- und Sparguthaben:** Zum Nominalwert in Euro am Todestag zuzüglich der bis dahin angefallenen Zinsen.

2. **Börsennotierte Wertpapiere wie Aktien:** Zum Kurswert in EUR am Todestag (niedrigster am Stichtag notierter Kurs) zuzüglich der bis dahin angefallenen Kapitalerträge.

3. **Anteile an Fonds:** Zum Rücknahmepreis in Euro am Todestag zuzüglich der bis dahin angefallenen Kapitalerträge.

4. **Wiederkehrende Leistungen wie Renten und Wohnungsrecht:** Zum Kapitalwert in Euro: Jahreswert x Vervielfältiger nach Sterbetafel des Statistischen Bundesamtes.

5. **Kapitallebensversicherungen:** Bei Erbschaft: Die ausgezahlte Versicherungssumme,
bei Schenkung: Zum Rückkaufswert.

6. **Edelmetalle** wie Gold, Silber: Zum Kurswert in Euro am Todestag.

7. **Hausrat, Schmuck, Kunst, Auto, Boot usw.:** Zum Verkehrswert (entspricht dem möglichen Verkaufspreis).

8. **Immobilien:** 100 Prozent des Verkehrswertes, bei vermieteten Immobilien 10% Abschlag.

Es ist davon auszugehen, dass der Staat einen grundlegenden Umbau der Erbschaftsteuer demnächst vornehmen wird und der derzeit günstige Gestaltungsspielraum dramatisch zu Ungunsten der Erben und Beschenkten verändert wird. Zur Zeit ist es für viele Bürger noch möglich, Privatvermögen aufgrund des sehr günstigen Erbschaftsteuergesetzes steuerschonend auf die nächste Generation zu übertragen.

2. Steuerklassen

Unser Erbschaftsteuerrecht kennt drei Klassen:
In der Steuerklasse I ist es am „billigsten", in der Steuerklasse III ist es am „teuersten" etwas zu erben oder geschenkt zu erhalten.

Die Steuerklassen richten sich gemäß § 15 ErbStG nach dem verwandtschaftlichen bzw. persönlichen Verhältnis des Erwerbers zum Erblasser oder lebzeitig Übertragenden. Es werden folgende drei Steuerklassen unterschieden:

Steuerklasse I:

1. Der Ehepartner und der gleichgeschlechtliche Lebenspartner,
2. die ehelichen, nicht ehelichen und adoptierten Kinder sowie die Stiefkinder,
3. die Abkömmlinge der vorstehend unter Ziffer 2 genannten Kinder und Stiefkinder,
4. die Eltern und Voreltern (Großeltern) bei Erwerben im Todesfall.

Steuerklasse II:

1. Die Eltern und Großeltern, soweit sie nicht zur Steuerklasse I gehören,
2. die Geschwister,
3. die Abkömmlinge ersten Grades von Geschwistern (Nichten, Neffen),

4. die Stiefeltern,
5. die Schwiegerkinder (Ehepartner Ihrer Kinder),
6. die Schwiegereltern,
7. der geschiedene Ehepartner und der gleichgeschlechtliche Lebenspartner einer aufgehobenen Lebenspartnerschaft.

Steuerklasse III:

Alle übrigen Erwerber von Vermögen im Todesfall oder zu Lebzeiten sowie die Zweckzuwendungen.

Die Steuerklassen I und II Nr. 1 bis 3 gelten auch dann, wenn die Verwandtschaft durch Annahme als Kind bürgerlich-rechtlich erloschen ist (Erlöschen der Adoption).

3. Freibeträge

Deutschland räumt seinen Bürgern bei der Besteuerung von geerbtem oder geschenktem Vermögen **persönliche** Freibeträge ein. Diese sind abhängig von dem persönlichen Näheverhältnis zum Erblasser/Schenker.

Gemäß § 16 ErbStG bleibt steuerfrei der Erwerb

1. des Ehegatten und des gleichgeschlechtlichen Lebenspartners in Höhe von 500.000 EUR,
2. der ehelichen, nicht ehelichen und adoptierten Kinder, der Stiefkinder und der Kinder verstorbener Kinder und Stiefkinder in Höhe von 400.000 EUR,
3. der Kinder von ehelichen, nicht ehelichen und adoptierten Kindern und Stiefkindern in Höhe von 200.000 EUR,

4. die Eltern und Voreltern bei Erwerb durch Todesfall in Höhe von 100.000 EUR,
5. der Personen der Steuerklasse II in Höhe von 20.000 EUR,
6. der Personen der Steuerklasse III in Höhe von 20.000 EUR.

Zu den vorstehend aufgeführten Freibeträgen kommen sachliche Steuerbefreiungen. Hiernach ist der Hausrat steuerfrei, wenn dessen Wert pro Person der Steuerklasse I den Betrag von 41.000 EUR nicht übersteigt. Neben den Freibeträgen nach § 16 Abs. 1 Nr. 1 ErbStG wird dem überlebenden Ehepartner und dem überlebenden gleichgeschlechtlichen Lebenspartner ein besonderer Versorgungsfreibetrag von 256.000 EUR gewährt (vgl. § 17 Absatz 1 ErbStG). Dieser besondere Versorgungsfreibetrag wird jedoch um den Kapitalwert der nicht der Erbschaftsteuer unterliegenden Versorgungsbezüge gekürzt. Hier ist zu empfehlen, sich von einem Fachmann den Kapitalwert von Versorgungsbezügen ausrechnen zu lassen, damit Sie Ihren besonderen Versorgungsfreibetrag gegenüber dem Finanzamt geltend machen können.

Ein weiterer Freibetrag steht nach § 17 Abs. 2 ErbStG Ihren ehelichen, nicht ehelichen und adoptierten Kindern zu. Diese Freibeträge betragen

1. bei einem Alter bis zu 5 Jahren in Höhe von 52.000 EUR;
2. bei einem Alter von mehr als 5 bis 10 Jahren in Höhe von 41.000 EUR,
3. bei einem Alter von mehr als 10 bis 15 Jahren in Höhe von 30.000 EUR,
4. bei einem Alter von mehr als 15 bis zu 20 Jahren in Höhe von 20.500 EUR,
5. bei einem Alter von mehr als 20 Jahren bis zur Vollendung des 27. Lebensjahres in Höhe von 10.300 EUR.

Wenn dem Kind aus Anlass des Todes des Erblassers nicht der Erbschaftsteuer unterliegende Versorgungsbezüge zustehen, dann ist deren Kapitalwert zu berechnen und dann bei den vorgenannten besonderen Kinder-Versorgungsfreibeträgen abzusetzen. Auch hier ist zu empfehlen, von einem Fachmann den bei dem Finanzamt geltend zu machenden besonderen Versorgungsfreibetrag ausrechnen zu lassen.

Versorgungsbezüge der Hinterbliebenen sind Renten und Pensionen.

4. Erbschaft-/Schenkungsteuersätze

Die meisten Erben und Beschenkten wissen nicht, ob und in welcher Höhe sie Erbschaftsteuer bzw. Schenkungsteuer bezahlen müssen. Deshalb warten sie nach Abgabe der Steuererklärung die Zustellung des Bescheids ab. Ohne entsprechendes Fachwissen kann jedoch die Richtigkeit des Steuerbescheids nicht überprüft werden. Deshalb sollte sich jeder Steuerpflichtige bereits im Vorfeld darüber informieren, wie hoch die Forderung des Finanzamtes ausfallen kann.

Übersteigt das Erbe den gesetzlichen Freibetrag, dann hat der Empfänger für den darüber hinausgehenden Betrag Erbschaftsteuer bzw. Schenkungsteuer zu bezahlen. Die Höhe der anfallenden Steuer hängt vom jeweiligen Steuersatz ab, dessen Höhe sich wiederum an der Höhe des zu versteuernden Betrages und dem Verwandtschaftsverhältnis bzw. persönlichen Verhältnis zwischen Erblasser/Erbe und Schenker/Beschenkten orientiert. Die gesetzlichen Vorgaben sind in dem Erbschaft- und Schenkungsteuergesetz (ErbStG) enthalten.

Personen der Steuerklasse I müssen den über den Freibetrag hinaus gehenden Betrag mit 7 – 30% versteuern: Beträgt der Wert des geerbten bzw. lebzeitig erhaltenen Vermögens abzüglich des Freibetrags bis zu 75.000 EUR, dann sind 7% Erbschaft-/Schenkungsteuer zu bezahlen. Übersteigt das übertragene Vermögen abzüglich des Freibetrages 26 Mio Euro, dann wird der Höchststeuersatz von 30% zur Zahlung fällig.

Personen der Steuerklasse II müssen nach Berücksichtigung des Freibetrages mit einer Steuerlast zwischen 15% und 43% rechnen. Von Personen der Steuerklasse III verlangt das Finanzamt je nach Höhe des geerbten Vermögens zwischen 30 und 50%, sofern der Freibetrag von 20.000 EUR überschritten worden ist.

5. Bewertungsverfahren bei Grundbesitz

Eine **amtliche Bewertung** von Grundbesitz wird heute nur noch im Erbfall und im Schenkungsfall vorgenommen. **Die Besteuerung von Grundbesitz nach Einheitswerten ist schon vor Jahren abgeschafft worden.** Zwar erleichterte die Besteuerung nach den vorhandenen Einheitswerten die Berechnung der Erbschaftsteuer erheblich, jedoch war angeblich der Verwaltungsaufwand hierzu zu groß. Tatsächlich wollte der Staat nur eine Begründung für die Erhöhung der Steuer finden. Dies wird dadurch bewiesen, dass die Einheitswerte nach wie vor fortgeschrieben werden. Sie haben heute noch für die Berechnung der **Grundsteuer** Bedeutung.

Als neue Grundlage für die Berechnung der Steuer dient der Finanzverwaltung nunmehr der sogenannte **„gemeine Wert"** (Verkehrswert). Bei der Bewertung wird unterschieden nach

unbebauten und **bebauten** Grundstücken. Für unbebaute Grundstücke ist der von dem Gutachterausschuss für Grundstückswerte bei der zuständigen Gemeinde festgestellte **Bodenrichtwert** maßgeblich. Er wird auf die zu bewertende Fläche hochgerechnet. Die vor der Erbschaftsteuerreform anzusetzende pauschale Ermäßigung ist entfallen. Sie können jederzeit bei Ihrem zuständigen **Gutachterausschuss der Gemeinde** eine Auskunft über den Bodenrichtwert Ihrer Immobilien einholen, die jedoch teilweise kostenpflichtig ist.

Der gemeine Wert (Verkehrswert) von bebauten Grundstücken wird nach typisierenden Bewertungsverfahren ermittelt, nämlich

- dem Vergleichswertverfahren,
- dem Ertragswertverfahren und
- dem Sachwertverfahren.

Das **Vergleichswertverfahren** wird regelmäßig angewendet auf Wohnungseigentum, Teileigentum sowie für Ein- und Zweifamilienhäuser. Hierzu werden unter Angabe der wertbestimmenden Merkmale Anfragen beim örtlichen Gutachterausschuss der Gemeinde erforderlich, Kaufpreise für Vergleichsobjekte zu benennen. Wertbestimmende Faktoren sind z.B. Lage, Grundstücksgröße, Baujahr, Wohn-/Nutzfläche, Bauzustand.

Jede Gemeinde erfasst die Verkaufspreise in einer Liste. Diese dient unter anderem der Gemeinde für die Bewertung von Grundstücken. Voraussetzung ist hierbei, dass es sich um weitgehend **gleichartige** Immobilien handelt.

Ist das Vergleichsverfahren mangels Vergleichspreisen nicht möglich, dann ist das **Ertragswertverfahren** anzuwenden. Bei diesem wird der Steuerwert aus dem **Bodenwert und dem Gebäudeertragswert** ermittelt. Hierbei sind die Jahresrohmieten anzusetzen. Das Ertragswertverfahren findet besonders bei Mietwohngrundstücken, Geschäftsgrundstücken und gemischt genutzten Grundstücken Anwendung, für die sich marktübliche Mieten feststellen lassen.

Ist weder ein Vergleichswert noch eine marktübliche Miete feststellbar, so ist das **Sachwertverfahren** anzuwenden. Hiermit werden auch sonstige bebaute Grundstücke, die nicht unter die Rubrik Wohnungs- und Teileigentum, Ein- und Zweifamilienhäuser, Mietgrundstücke, Geschäftsgrundstücke und gemischt genutzte Grundstücke fallen, bewertet. Das Sachwertverfahren berücksichtigt den **Bodenwert und den Gebäudesachwert**. Ausgegangen wird hierbei von den Regelherstellungskosten unter Berücksichtigung der Alterswertminderung. Sie werden zusammengerechnet und multipliziert mit einer „Wertzahl".

Bei mit einem **Erbbaurecht** belasteten Grundstück sind die Werte für die wirtschaftliche Einheit „Erbbaurecht" und für die wirtschaftliche Einheit „Grundstück" gesondert zu ermitteln und zu addieren.

Bei den vorstehend genannten Verfahren ist der Nachweis eines niedrigeren Werts gesetzlich zugelassen. Wenn Ihnen der von dem Finanzamt festgestellte Wert zu hoch erscheint, dann können Sie mit einem Sachverständigengutachten einen niedrigeren gemeinen Wert nachweisen.

Nutzungs- und Rentenlasten zugunsten des Übertragenden mindern den Steuerwert des Erwerbs. Grundlage für die Berechnung des Kapitalwerts von Nutzungs- und Rentenlasten sind die jeweils aktuellen herausgegebenen Sterbetafeln des Statistischen Bundesamtes.

Nach der Feststellung des zu versteuernden Grundbesitzwertes ist zu prüfen, ob der betreffende Vermögensgegenstand unter **Verschonungsregelungen** fällt, das heißt ob er bei der anfallenden Steuer begünstigt wird und wenn ja in welcher Form.

Bei der Übertragung von **vermietetem** Grundbesitz gibt es einen **Abschlag von 10 Prozent des Verkehrswertes** als Verschonungsregelung.

Kleine Betriebe, insbesondere Handwerksbetriebe und Bauernhöfe können steuerfrei vererbt oder verschenkt werden, weil zwar die früheren Sonderfreibeträge gekürzt, die persönlichen Freibeträge aber als Ausgleich kräftig angehoben worden sind.

Nach der Feststellung des Verkehrswertes und der Verschonungsregelung des vererbten oder verschenkten Vermögensgegenstandes ist der Freibetrag des Erben bzw. Beschenkten festzustellen und anschließend die anfallende Erbschaftsteuer zu berechnen.

Besonders hinzuweisen ist auf die seit dem 01.01.2009 geltende Regelung, dass der Abzug des **Kapitalwerts des Nießbrauchs** bzw. des **Wohnungsrechts** von dem ermittelten gemeinen Wert des zu übertragenden Vertragsgegenstands zulässig ist und damit erhebliche Steuer gespart werden kann.

6. Besteuerung selbstgenutztes Wohneigentum

Eine Mogelpackung ist die Sonderregelung für die Steuerfreiheit der vererbten selbstgenutzten Immobilie unabhängig von deren Wert. Sie ist nämlich an Bedingungen geknüpft, die in den meisten Fällen von den Erben oder Beschenkten nicht erfüllt werden können.

Ehegatten, eingetragene Lebenspartner und Kinder können ein Haus oder eine Eigentumswohnung steuerfrei erben, wenn sie es **zehn Jahre selbst bewohnen**. Auf die Höhe des Verkehrswertes kommt es hierbei nicht an. Diese Regelung wird jedoch in den wenigsten Fällen Vorteile bringen. So ist gerade in der heutigen Zeit von den Arbeitnehmern große Mobilität gefragt. Wohnt z.B. das Kind neun Jahre in dem geerbten Haus oder der Eigentumswohnung und muss aus beruflichen Gründen in eine andere Stadt umziehen, so fällt die Erbschaftsteuer für die geerbte Immobilie voll an. Entweder muss das Kind den Umzug vornehmen und verliert so unter Umständen den Arbeitsplatz oder, je nach Wert des Hauses, hat es hohe Steuern zu bezahlen. In einem solchen Fall ist die Stundung der Erbschaftsteuer bis zu zehn Jahren möglich, wenn das Haus vermietet wird. Wird es verkauft, fällt die Steuer sofort an. Nur bei dem Ehegatten macht der Gesetzgeber eine Ausnahme: Muss der überlebende Ehegatte, der das Haus selbst bewohnt innerhalb der zehn Jahre in ein Pflegeheim, so fällt keine Erbschaftsteuer an. Für Kinder ist diese Ausnahmeregelung nicht vorgesehen.

Weiterhin kann die genannte Steuerfreiheit erheblichen Streit in der Familie verursachen. Erbt nämlich ein Kind das Elternhaus bzw. deren Eigentumswohnung und bewohnt diese Immobilie ohne jede Vermietung zehn Jahre, muss es keine Erbschaftsteuer bezahlen. Erbt das andere Kind des Erblassers dessen sonstiges Vermögen, z.B. Geld, Wertpapiere oder ein vermietetes Grundstück, dann muss es dieses Erbe voll versteuern.

7. Landwirte

Bevorzugt werden die **land- und forstwirtschaftlichen Betriebe** behandelt. Der Gesetzgeber hat zur erbschaftsteuerlichen Bewertung von land- und forstwirtschaftlichem Zubehör detaillierte Listen erstellt. Bei landwirtschaftlichen Betrieben wird genau bestimmt, wie jedes Nutztier mit welchem Gewicht steuerlich zu beurteilen ist. Für forstwirtschaftliche Betriebe gibt es detaillierte Listen in denen festgelegt ist, welcher Baum von welcher Größe und welcher Art erbschaftsteuerlich zu bewerten ist. Die Bewertungsrichtlinien sind so ausgestaltet, dass sie erbschaftsteuerlich immer zu einem negativen oder niedrigen Ergebnis kommen und die Landwirte damit steuerlich geschont werden.

8. Übertragungen an Schwiegerkinder verursachen hohe Steuern

Grundsätzlich sollte Vermögen an Schwiegerkinder weder vererbt noch zu Lebzeiten übertragen werden. Sollten Sie ausnahmsweise von diesem Grundsatz abweichen, so müssen Sie bedenken, dass sowohl beim Vererben wie auch bei der lebzeitigen Übertragung ein Schwiegerkind lediglich einen Freibetrag von 20.000 EUR hat. Schon aus steuerlichen Gründen ist dies ein Grund, dem Schwiegerkind einen Vermögenswert weder zu vererben, noch zu Lebzeiten zu übertragen.

9. Unternehmen-Vermögen

Ende des Jahres 2014 hatte das Bundesverfassungsgericht die bisherigen Privilegien für Betriebserben als verfassungswidrig erklärt und dem Gesetzgeber aufgegeben, bis 30.06.2016 eine Neuregelung zu finden. Das neue Gesetz trat am 09.11.2016 rückwirkend zum 01.07.2016 in Kraft. Es enthält im Wesentlichen folgende Änderungen gegenüber dem bisherigen Recht:

Wie bisher wird das begünstigte Vermögen nach Wahl des Erwerbers zu 85% (**Regelverschonung**) oder zu 100% (**Optionsverschonung**) von der Steuer befreit, wenn bestimmte Voraussetzungen erfüllt sind. Entscheidet sich der Erwerber für die Regelverschonung von 85%, dann muss er seinen Betrieb mindestens fünf Jahre fortführen. Hat der Betrieb mehr als fünfzehn Beschäftigte, muss der Erwerber zusätzlich nachweisen, dass die Lohnsumme innerhalb von fünf Jahren nach dem Erwerb insgesamt 400% der Ausgangslohnsumme nicht unterschreitet (**Mindestlohnsumme**). Wählt der Erwerber die Optionsverschonung, so beträgt die Behaltensfrist sieben Jahre und in diesem Zeitraum darf die Mindestlohnsumme von 700% nicht unterschritten werden. Betriebe mit nicht mehr als fünf Beschäftigten sind von der Lohnsummenregelung ausgenommen. Die Anforderungen nach der Mitarbeiterzahl sind wie folgt gestaffelt:

- Betriebe mit sechs mit zehn Beschäftigten dürfen bei der Regelverschonung eine Lohnsumme von 250% der Ausgangslohnsumme innerhalb des Fünf-Jahres-Zeitraums nicht unterschreiten. Bei der Optionsverschonung beträgt die Lohnsumme 500% innerhalb von sieben Jahren.

- Für Betriebe mit elf bis fünfzehn Beschäftigten gelten entsprechend Mindestlohnsummen von 300% bzw. 565%.

Bei der Zahl der Beschäftigten und bei der Lohnsumme werden Beschäftigte im Mutterschutz oder Elternzeit, Azubis, Saisonarbeiter und Langzeiterkrankte nicht mitgerechnet.

Liegt der Wert des erworbenen begünstigten Vermögens über 26 Mio. Euro (**Prüfschwelle**) dann hat der Erwerber ein Wahlrecht zwischen einer **Verschonungsbedarfsprüfung** oder einem abschmelzenden **Verschonungsabschlag**. Für die Prüfschwelle werden alle Erwerbe begünstigten Vermögens von derselben Person innerhalb von zehn Jahren zusammengerechnet.

Bei der Verschonungsbedarfsprüfung muss der Erwerber nachweisen, dass er nicht in der Lage ist, die Steuer aus seinem verfügbaren Vermögen zu bezahlen. Zu dem verfügbaren Vermögen zählen 50% der Summe aus dem bereits vorhandenen oder aus dem mit der Erbschaft oder Schenkung gleichzeitig erhaltenen nicht begünstigten Vermögen. Wenn dieses Vermögen nicht ausreicht, um die Steuer zu begleichen, dann wird der überschießende Teil der Steuer erlassen.

Wählt der Erwerber das Abschmelzmodell, dann gilt Folgendes: Ausgehend vom normalen Verschonungsabschlag von 85% oder 100% für das Vermögen unterhalb von 26 Mio. Euro sinkt der Prozentsatz des Verschonungsabschlags pro zusätzlichen 750.000,- EUR über dieser Schwelle um jeweils 1% bis zu einem begünstigten Vermögen von 90 Mio. Euro. Wenn dieser Wert überschritten wird, dann beträgt der Verschonungsabschlag 0%.

Nach dem alten Gesetz war ein Verwaltungsvermögensanteil von bis zu 50% unschädlich und ebenfalls begünstigt. Jetzt kann nur noch das begünstigte Vermögen von der Steuer verschont werden, nicht aber das Verwaltungsvermögen. Der Katalog von Gegenständen, die ausdrücklich als Verwaltungsvermögen zählen, ist erweitert worden. Hierzu gehören typischerweise der privaten Lebensführung dienende Gegenstände, die nicht Hauptzweck des Betriebes sind.

Verwaltungsvermögen wird bis zu einem Anteil von 10% des Betriebsvermögens wie begünstigtes Vermögen behandelt, wenn es mehr als zwei Jahre dem Betrieb zuzurechnen ist. Barvermögen, geldwerte Forderungen und andere Finanzmittel nach Saldierung mit den betrieblichen Schulden sind bis zu einem Anteil von 15% des Wertes des Betriebsvermögens begünstigt. Auch Verwaltungsvermögen, das ausschließlich und dauerhaft der Deckung von Altersvorsorgeverpflichtungen dient, ist begünstigt.

Nicht zu dem Verwaltungsvermögen zählen Vermögensgegenstände im Erbfall, nicht jedoch bei Schenkungen, wenn sie innerhalb von zwei Jahren nach dem Tod des Erblassers für gewerbliche Tätigkeit verwendet werden. Eine Investition in eine andere Form von Verwaltungsvermögen ist somit nicht begünstigt. Hinzu kommt, dass die Investition aufgrund eines bereits vom Erblasser vorgefassten Plans erfolgt, somit vom Erben lediglich umgesetzt wird. Sind in dem Gesellschaftsvertrag eines Familienunternehmens typische gesellschaftsvertragliche oder satzungsmäßige Beschränkungen vorhanden, dann gibt es eine Steuerbefreiung als Vorab-Abschlag von bis zu 30% auf den begünstigten Teil des Betriebsvermögens. Die Steuerbefreiung gilt jedoch nur dann, wenn die gesellschaftsrechtlichen Beschränkungen mindestens für einen Zeitraum von zwei Jahren vor bis zwanzig Jahre nach dem Vermögensübergang bestehen und auch tatsächlich praktiziert werden.

Im Erbfall, somit nicht bei Schenkungen, wird der Teil der Erbschaftsteuer, der auf das begünstigte Betriebsvermögen entfällt, auf Antrag bis zu sieben Jahren gestundet. Im ersten Jahr erfolgt die Stundung zinslos, anschließend gelten die allgemeinen Verzinsungsregelungen der Abgabenordnung für Stundungen. Voraussetzung für die Stundung ist, dass die Vorgaben zur Lohnsumme und Behaltensfrist eingehalten werden. Bei einem Verstoß endet die Stundung.

Um den Wert eines Unternehmens festzustellen, wird das Betriebsergebnis maximal mit dem Faktor 13,75 multipliziert.

Mit der gesetzlichen Regelung, dass Erben von Unternehmen künftig die Steuer auch aus ihrem Privatvermögen bezahlen müssen und dieses dem Staat offen legen müssen, wenn das geerbte Vermögen mehr als 26 Mio. Euro wert ist, wird in Deutschland teilweise wieder die Vermögenssteuer eingeführt.

10. Das gemeinsame Konto

Eheleute haben häufig ein **„gemeinsames Konto"**. Sie müssen sich hierbei im Klaren darüber sein, dass sie sich damit gegenseitig die uneingeschränkte Vollmacht einräumen, Geld von diesem Konto abzuheben. Deshalb muss derjenige, der dem anderen Kontovollmacht eingeräumt hat, im Ernstfall dafür gerade stehen, wenn der Partner das Konto überzogen hat. So kann es sinnvoll sein, ein **„Oder-Konto"** zu eröffnen, über das beide Partner ohne Zustimmung des anderen verfügen können, dabei **jedoch bestimmte Höchstbeträge nicht ohne Zustimmung** des anderen abheben können. Wesentlich sicherer, jedoch im Alltag weniger komfortabel, ist ein **„Und-Konto"**. Damit ist zwar beiden Partnern das unabhängige Abheben auch per EC-Karte möglich, sie bedürfen jedoch für sämtliche Verfügungen der Unterschrift beider Inhaber.

Der Bundesfinanzhof hat festgestellt, dass allein mit der Einzahlung auf ein **Oder-Konto** noch nichts über eine steuerbare Zuwendung ausgesagt wird. Von einer Schenkung kann erst dann ausgegangen werden, wenn der empfangende Ehegatte über das ihm Zugewandte tatsächlich frei verfügen kann. Wenn der empfangende Ehegatte im Innenverhältnis aufgrund des gemeinsamen Verständnisses zivilrechtlich zur Rückgewähr der Einzahlung an den anderen auf das Konto einzahlenden Ehegatten verpflichtet ist, dann kann er nicht bereichert sein, damit fällt auf die Zuwendung keine Schenkungsteuer an.

Damit kann der sogenannte **Güterstandwechsel** zwischen beiden Ehegatten steuerlich optimiert erfolgen und zu steuerfreien Vermögenszuwendungen über den persönlichen Ehegattenfreibetrag von 500.000 EUR führen.

II.

Steuern sparen

1. Allgemeines

In Zeiten ohne Krieg, Inflation und niedriger Verzinsung der Ersparnisse sind Steuern eine große Gefahr für den Erhalt Ihres Vermögens. Leider ist der Gesetzgeber auch bei der Neuregelung des Rechts der Erbschaft- und Schenkungsteuer dem Motto gefolgt: Hohe Steuern, viele Ausnahmen! Insbesondere für Familien mit größerem Immobilienbesitz bringt das geltende Erbschaft-/Steuer-recht erhebliche Belastungen, die das Familienvermögen substantiell gefährden. Bereits die Erbschaft eines Reihenhauses in guter Lage kann zu empfindlichen Steuerzahlungen führen.

Andererseits ist es auf keinem Gebiet des Steuerrechts so einfach, **legal** Steuern zu sparen wie bei der Erbschaft- und Schenkungsteuer. Selbst bei einem Vermögen von mehreren Millionen EUR genügen oft simple Vorkehrungen, um die Steuerlast in erheblichem Umfang zu senken. Dass eine solche Vorsorge für den Erhalt des Vermögens in der Familie dennoch häufig unterbleibt, liegt an der weit verbreiteten Scheu, sich mit dem Gedanken an den eigenen Tod zu beschäftigen. Wenn Sie diese verständliche Scheu überwinden, dann werden Sie durch das gute Gefühl entlohnt, auch für den früher oder später mit Sicherheit eintretenden Todesfall bestmögliche Vorsorge getroffen zu haben.

Das Verschweigen einer Erbschaft/Schenkung führt häufig zu strafrechtlichen Konsequenzen. Sie können davon ausgehen, dass das Finanzamt in jedem Fall von Ihrer Erbschaft erfährt. Banken und Versicherungen müssen nämlich nach dem Tod des Kontoinhabers alle wichtigen Informationen dem Finanzamt mitteilen. Auch Notare sind verpflichtet, dem Finanzamt mitzuteilen, was „für die Festsetzung einer Erbschaftsteuer von Bedeutung" sein könnte. **Der Erbe bzw. der Beschenkte muss spätestens innerhalb von drei Monaten nach Erhalt das Erbe/die Schenkung dem Finanzamt melden**, da ansonsten eine Steuerhinterziehung vorliegt.

Deshalb muss mit Nachdruck davor gewarnt werden Handlungen vorzunehmen, die allein der Steuerersparnis dienen sollen.

2. Vorschläge

Jeder Schritt Ihrer Entscheidung zum Erhalt Ihres Vermögens muss in ein wirtschaftliches, familiäres, steuerliches und rechtliches Gesamtkonzept passen. Vor diesem Hintergrund sind die nachfolgenden Gestaltungsvorschläge zu sehen. Diese Anregungen haben sich in der täglichen Beratungspraxis bewährt, jedoch müssen sie in jedem Einzelfall unter Berücksichtigung Ihrer familiären Verhältnisse auf ihre Anwendbarkeit geprüft werden.

2.1 Zuwendungen auf mehrere Empfänger verteilen

Reicht der Steuerfreibetrag eines Kindes oder mehrerer Kinder nicht aus, dann muss überlegt werden, ob nicht auch die Freibeträge von Enkeln oder anderen Verwandten genutzt werden sollten.

Haben Sie Kinder, eventuell auch Enkelkinder, dann ist es steuerlich sehr ungünstig, wenn Sie Ihr Vermögen Ihrem Ehegatten allein – z.B. mit einem „Berliner Testament" - vererben. Der Überlebende muss dann das von Ihnen geerbte Vermögen allein versteuern. Nach dem Tod des Überlebenden von Ihnen geht dann das Vermögen auf die Kinder über. Diese müssen dann auch das Vermögen, das der Überlebende von Ihnen geerbt hat, nochmals versteuern. Günstiger ist es, einen Teil Ihres Vermögens an die Kinder, eventuell auch an die Enkelkinder zu Lebzeiten zu übertragen und damit die Freibeträge der Kinder und Enkel nach dem überlebenden Ehegatten auszuschöpfen.

Steuerlich ungünstig ist es auch, Vermögen nur an ein Kind zu übertragen, wenn Enkelkinder vorhanden sind. Besser ist es, einen Teil des Vermögens auch an die Enkelkinder zu Lebzeiten zu übertragen und damit die Freibeträge der Enkelkinder zusätzlich zu nutzen.

Hierzu folgende **Beispiele:**

- Die Eheleute Reich haben eine Tochter Maria. Diese ist verheiratet und hat einen Sohn Klaus. Frau Reich ist Eigentümerin einer Immobilie im Wert von 600.000 EUR. Sie möchte, dass ihr Kind Maria im Fall ihres Todes diese Immobilie erbt. Da der Freibetrag von Maria in Höhe von 400.000 EUR nicht ausreicht, müsste sie 200.000 EUR versteuern. Die anfallende Steuer kann dadurch verhindert werden, dass Frau Reich ihrem Kind Maria vier Sechstel und dem Enkelkind Klaus zwei Sechstel von der Immobilie überträgt. Der Freibetrag des Kindes Maria von 400.000 EUR und der Freibetrag des Enkels Klaus von 200.000 EUR reichen aus, damit keine Erbschaftsteuer anfällt.

- Die Ehefrau schenkt ihrem Ehemann die Hälfte an ihrer Immobilie im Wert von 800.000 EUR, somit einen Wert von 400.000 EUR. Anschließend überträgt sie die ihr verbliebene andere Hälfte im Wert von 400.000 EUR auf ihr Kind. Der Freibetrag des Kindes in Höhe von 400.000 EUR reicht aus, es fällt keine Steuer an. Wenn später der Ehemann seinen Anteil von 1/2 Miteigentumsanteil an der Immobilie dem Kind vererbt bzw. zu Lebzeiten überträgt, dann reicht der Steuerfreibetrag des Kindes nach dem Vater in Höhe von 400.000 EUR ebenfalls aus, es fällt keine Steuer an. Das Kind muss sowohl im Erbfall wie auch bei der lebzeitigen Übertragung der Immobilie im Wert von 800.000 EUR keine Steuer bezahlen, obwohl es letztlich die zunächst im Alleineigentum der Mutter stehende Immobilie im Wert von 800.000 EUR erhält.

2.2 Gute steuerliche Gründe für die Ehe

Steuerlich sind Verheiratete gegenüber Unverheirateten erheblich im Vorteil. Ansonsten haben Unverheiratete kaum noch Nachteile gegenüber Ehepaaren. Steuerliche Nachteile zeigen sich vor allem erst bei einer Trennung oder wenn ein Partner stirbt. Wenn Sie sich gegen eine Ehe entscheiden, aus welchem Grund auch immer, sollten Sie deshalb für den Ernstfall vorsorgen. Zahlreiche Nachteile können nämlich auch Unverheiratete vermeiden.

Die Behauptung, heiraten würde sich vor allem bei der Einkommensteuer/Lohnsteuer lohnen, ist weit verbreitet. Dies stimmt jedoch nur dann, wenn die Einkünfte beider Partner unterschiedlich hoch sind. Bei dem Ehegatten-Splitting wird das Einkommen beider Partner zusammengerechnet und zu gleichen Teilen auf beide verteilt. Der mehr verdienende Ehepartner kann dadurch in eine niedrige Steuerprogressionsstufe kommen. Bei der Lohnsteuer können Ehepaare die Steuerklasse wählen. Dadurch bestimmen Sie mit, wie viel Lohnsteuer Sie jeden Monat an das Finanzamt abzuführen haben. Wenn ein Ehepartner deutlich mehr als der andere verdient, dann empfiehlt sich für ihn z.Zt. die Steuerklasse III, für den anderen die Steuerklasse V. Das ausgezahlte Nettogehalt ist dann höher als wenn sich beide Ehepartner für die Steuerklasse IV entscheiden. Dagegen ist die Kombination Steuerklasse IV/IV die erste Wahl, wenn beide Ehepartner etwa gleich viel verdienen.

Ein großer Vorteil für Verheiratete ist, dass mit der Splitting-Tabelle die zusammenveranlagten Ehegatten die Verluste des einen Ehepartners mit den Einkünften des anderen verrechnen dürfen. Hat zum Beispiel ein Angestellter regelmäßig ein festes Einkommen und der andere Ehepartner als Selbständiger einen Verlust und müsste deshalb keine Steuern bezahlen, dann senken die Verluste des Selbständigen die Steuerlast des Ehepaars. Ein solcher Verlustausgleich ist bei unverheirateten Partnern nicht möglich.

Ehepartner müssen finanziell füreinander einstehen. Wird ein Ehepartner arbeitslos oder muss Sozialhilfe in Anspruch nehmen, dann muss er von dem anderen Ehepartner mit versorgt werden. Diese gegenseitige Unterhaltspflicht besteht lebenslang. Sie erlischt auch nicht automatisch durch eine Scheidung. Wer jedoch glaubt, den Nachteil der Unterhaltspflicht kann er durch Nichteingehen einer Ehe vermeiden, der irrt: **Das Sozialamt und die Arbeitsagentur machen bei relativ festen Beziehungen der Lebenspartner keine Unterschiede zur Ehe.** Bezieht ein Lebenspartner Sozialhilfe, wird das Einkommen des anderen Lebenspartners mit berücksichtigt, wenn die Partner in einer länger dauernden Wohn- und Bedarfsgemeinschaft leben.

Einen großen „Vorteil" haben unverheiratete Partner bei einer Trennung. Haben sie keine gemeinsamen Kinder, dann gibt es zwischen ihnen keine Unterhaltsansprüche. Dagegen kann ein geschiedener Ehegatte von dem anderen grundsätzlich Ehegattenunterhalt verlangen, dessen Höhe sich nach den Verhältnissen während der Ehezeit richtet. Grundsätzlich ist dem Unterhaltsberechtigten die Aufnahme bzw. Fortführung einer Berufstätigkeit zuzumuten. Dies gilt auch dann, wenn er während der Ehe nicht berufstätig war. Sind minderjährige Kinder vorhanden, dann kommt es auf den Einzelfall an, ob der die minderjährigen Kinder zu betreuende geschiedene Ehepartner einen Unterhaltsanspruch hat. Besteht die Ehezeit nur kurz, dann kann die Unterhaltspflicht zeitlich begrenzt werden. Sie endet jedoch dann, wenn der Unterhaltsberechtigte neu heiratet oder mehr als zwei Jahre fest mit einem neuen Partner zusammenlebt.

Sind gemeinsame Kinder vorhanden, dann haben sowohl Lebens- als auch Ehepartner Unterhaltsansprüche, die jedoch unterschiedlich lang sein können.

Zunehmend leben die Menschen in Deutschland nur zusammen ohne zu heiraten. Besonders jüngere Menschen halten vom Heiraten nicht viel, oft bekommen sie auch Kinder ohne dann anschließend zu heiraten. Auch viele alte Menschen leben nur zusammen ohne zu heiraten, da sie befürchten, dass einer der Partner seinen Witwen-/Witwer-Rentenanspruch verliert, wenn geheiratet wird. Erbrechtlich und vor allem steuerlich ist jedoch ein unverheiratetes Paar sehr schlecht gestellt, nach dem Tod eines Partners kann eine steuerliche Katastrophe folgen. Die Begründung hierfür ist einfach:

Während ein Ehepartner auf den Tod des anderen Ehepartners einen Freibetrag von 500.000 EUR sowie die besonderen Versorgungsfreibeträge hat und außerdem noch eventuell einen steuerfreien Zugewinnausgleichsbetrag geltend machen kann, steht dem Überlebenden nicht verheirateten Partner nur ein Freibetrag in Höhe von 20.000 EUR zu und der **Eingangssteuersatz** beträgt 30%.

2.3 Vermögen unter Ehepartnern verteilen

Jedes Kind hat z.Zt. nach jedem Elternteil innerhalb von 10 Jahren einen Steuerfreibetrag von je 400.000 EUR. Deshalb kann dadurch Steuer gespart werden, dass jeder Elternteil einen Vermögenswert dem Kind vererbt oder besser, zu Lebzeiten überträgt. Ist z.B. der Ehemann Alleineigentümer einer Immobilie, dann sollte er hiervon 1/2 Miteigentumsanteil zunächst auf die Ehefrau übertragen. Absichern kann er sich dadurch, dass im Übertragungsvertrag für den Fall eines dauernden Getrenntlebens oder einer Scheidung die Rückübertragung des Miteigentumsanteils von der Ehefrau auf den Ehemann vereinbart wird. Stirbt der Ehemann zuerst, dann erbt die Ehefrau nur seine Hälfte, da die andere Hälfte schon in ihrem Eigentum steht. Sie muss somit nur die Hälfte des Grundbesitzwertes versteuern und nicht wie es vor der Übertragung gewesen wäre, den ganzen Grundbesitz. Diese einfache Möglichkeit der Steuerersparnis gilt auch für den Fall, dass die Eheleute Kinder haben. Stirbt der Ehemann, dann erbt auch das Kind und kann seinen Steuerfreibetrag gegen den verstorbenen Vater geltend machen. Noch mehr Steuer kann gespart werden, wenn der Ehemann als Alleineigentümer des Grundbesitzes die Hälfte hiervon seinem Kind als **Vermächtnis** vermacht. Stirbt der Ehemann vor seiner Ehefrau, dann erhält das Kind als Vermächtnis die Hälfte des Grundbesitzes, die andere Hälfte fällt in die Erbengemeinschaft Witwe/Kind. In diesem Fall kann das Kind seinen Erbschaftsteuerfreibetrag bezüglich des Vermächtnisses und seines Erbteils nach dem verstorbenen Vater geltend machen, hierdurch wird erhebliche Erbschaftsteuer gespart. Steuerlich wesentlich günstiger wird es, wenn der Vater seinen Grundbesitz auf sein Kind mit Nachfolge-Generationenvertrag überträgt. Liegt der Verkehrswert der Immobilie unter 400.000 EUR, dann fällt bei der Übertragung keine Schenkungsteuer an. Liegt der Verkehrswert der Immobilie über 400.000 EUR, dann wird in vielen Fällen auch keine Schenkungsteuer anfallen, da das Kind mit dem Nachfolge-Generationenvertrag Gegenleistungen für den Vater erbringt und das Nutzungsrecht steuerlich kapitalisiert wird. Damit fällt der Wert der Schenkung erheblich unter den Freibetrag von 400.000 EUR.

2.4 Vergütung für Versorgungs-, Wart- und Pflegeleistungen

wird grundsätzlich als Gegenleistungen des Empfängers steuerlich anerkannt.

Steuerlich ist zu unterscheiden zwischen den in den Jahren **vor** und in den Jahren **nach** der Vermögensübertragung von dem Empfänger erbrachten Versorgungs-, Wart- und Pflegeleistungen.

Werden Pflege- und Betreuungsleistungen in den Jahren **vor** der Grundstücksübertragung von dem Empfänger geltend gemacht, dann gilt Folgendes:

Eine anrechenbare Gegenleistung des Erwerbers (Vergütung) liegt nur dann vor, wenn zwischen dem Erwerber und dem Übertragenden ein **Arbeitsvertrag** geschlossen worden ist und am Tag der Grundstücksübertragung ein offener Anspruch auf **Arbeitslohn** bestand. Liegt kein Arbeitsverhältnis vor, dann wird steuerlich die Vermögensübertragung als „Belohnung" für **unentgeltlich** erbrachte Dienstleistungen angesehen. Eine Belohnung ist eine „freigiebige Zuwendung", die schenkungsteuerpflichtig ist.

Für die in den **Vorjahren** unentgeltlich erbrachten Versorgungs- und Pflegeleistungen kann zur Zeit ein Pflegefreibetrag von insgesamt bis zu 20.000 EUR gewährt werden. Für den Antrag auf Gewährung dieses Pflegefreibetrages sind die Fragebogen des Finanzamtes zu den Pflegeleistungen ausgefüllt und unterschrieben an das zuständige Finanzamt zu senden.

Für Pflege- und Betreuungsleistungen **nach** der Grundstücksübertragung gilt Folgendes:

Hat sich der Empfänger gegenüber dem Übertragenden zur Versorgung, Wart und Pflege verpflichtet, dann sind die von ihm zu erbringenden Leistungen als **anrechenbare Gegenleistungen auf den Erwerb des Grundstücks** zu berücksichtigen. Die lebenslangen Leistungen sind unter anderem mit dem sich aus der jeweilig neuesten Sterbetafel des Statistischen Bundesamtes ergebenden Vervielfältiger auf den Jahreswert anzusetzen.

2.5 Steuerfreie Übertragung des Familienwohnheims

Das „Familienwohnheim" ist dann gegeben, wenn sich in dem Haus oder in der Eigentumswohnung der **Mittelpunkt des familiären Lebens** befindet. Ferien- und Wochenendhäuser fallen nicht unter diese Regelung. Die Befreiung umfasst auch Garagen und sonstige Nebengebäude, die sich auf dem Grundstück des Familienwohnheims befinden. Eine Nutzung zu anderen als Wohnzwecken ist unschädlich, wenn sie von untergeordneter Bedeutung ist (z.B. häusliches Arbeitszimmer). Eine gewerbliche oder berufliche Mitbenutzung (z.B. durch eine Arztpraxis) ist unschädlich, wenn die Wohnnutzung insgesamt überwiegt und die Eigenart als Ein- oder Zweifamilienhaus nicht wesentlich beeinträchtigt wird. Der Begriff „Haus" umfasst in der Regel Ein- und Zweifamilienhäuser. Ein Haus mit drei oder mehr Wohnungen kann als Familienwohnheim gelten, wenn die Wohnungen **allein** von der Familie genutzt werden. Schädlich ist eine, auch nur teilweise Vermietung des Hauses oder der Eigentumswohnung.

2.6 Übernahme von Schenkung-/Erbschaftsteuern durch den Übertragenden

Durch die Übernahme der Erbschaft- oder Schenkungsteuer durch den Übertragenden oder einen Dritten kann die erbschaftsteuerliche Bemessungsgrundlage vermindert werden.

Steuerschuldner der Erbschaftsteuer ist der Empfänger, daneben auch der Übertragende. Wenn vereinbart wird, dass der Übertragende die Steuer übernimmt, so erhöht sich der Wert des übertragenen Vermögens um die zu leistende Schenkungsteuer. Dadurch wird nicht nur die Bemessungsgrundlage, sondern auch der zu leistende Betrag der Schenkungsteuer erhöht, was die Zuwendungshöhe vergrößern würde, die dann wiederum zu einer Erhöhung der Bemessungsgrundlage führen würde usw. § 10 Abs. 2 ErbStG bricht diesen Besteuerungsvorgang nach der ersten Stufe ab und verhindert, dass aus der übernommenen Steuer noch einmal Steuer entsteht und so ein höherer Steuersatz zur Anwendung kommen kann. Damit ist die Übernahme der Schenkungsteuer durch den Übertragenden bei einer Gesamtbetrachtung von Übertragendem und Empfänger **regelmäßig günstiger** als der Normalfall der Steuerschuldnerhaft des Empfängers. Die Höhe der Steuerersparnis hängt ab von der anzuwendenden Steuerklasse und von der Höhe des Verkehrswertes des übertragenen Vermögenswertes. Voraussetzung für die Nutzung dieser Steuerersparnis ist jedoch, dass der Übertragende die Steuer auch bezahlen kann. **Bei der Übertragung von Sach-Vermögen(z.B. Immobilie) kann im Übertragungsvertrag einer gemischten Schenkung der Empfänger dem Übertragenden den erforderlichen Betrag z.B. als Dienstleistung für die Bezahlung der Steuerschuld als Gegenleistung erbringen.** Generell kann festgestellt werden, dass die Übernahme der Schenkungsteuer durch den Übertragenden

nur für Vermögensübertragungen im **Privatbereich** gilt, wenn der **Steuerwert des übertragenen Vermögensgegenstandes ihrem Verkehrswert entspricht.** Bei Übertragung von Betriebsvermögen wird die Übernahme der Schenkungsteuer durch den Übertragenden regelmäßig keinen Vorteil bieten.
Bei der Planung von lebzeitigen Übertragungsverträgen, bei denen der Steuerwert dem tatsächlichen Wert des übertragenen Vermögensgegenstandes entspricht, ist somit immer auch zu prüfen, ob im betreffenden Fall durch die Übernahme der Schenkungsteuer durch den Übertragenden oder einen Dritten nicht unerhebliche Steuer gespart werden kann. Diese Prüfung sollte besonders bei einer Zuwendung an den Partner einer nichtehelichen Lebensgemeinschaft mit ungünstiger Steuerklasse und niedrigem Freibetrag geprüft werden.

2.7 Bei Nießbrauch in übertragenes Vermögen investieren

Beispiele:
Vater überträgt auf sein Kind ein Zweifamilienhaus gegen Nießbrauchsvorbehalt

Verkehrswert ca.	400.000 EUR
- Freibetrag Kind	400.000 EUR
Schenkungsteuer	0 EUR

Vater will seinem Kind zusätzlich 90.000 EUR schenken.

Er baut in das Dachgeschoss eine 3. Wohnung mit mindestens 23 qm Wohnfläche ein.
Baukosten: 90.000 EUR.
Da er in sein Nutzungsrecht investiert, fällt keine Schenkungsteuer an.

Ergebnis:
- ➢ Vater erhält höhere Mieten, nämlich von 3 Wohnungen
- ➢ Kind erhält Wertsteigerung seines Hauses um ca. 1/3, steuerfrei.

2.8 Pflichtteil als Gegenleistung

Die Erbschaftsteuer entfällt dann, wenn gegenüber dem Wert einer Vermögensübertragung, das ja praktisch eine „Schenkung" im Todesfall darstellt, eine entsprechende bewertbare Gegenleistung steht. Zum besseren Verständnis folgendes Beispiel:

Die Eheleute haben ein Berliner Testament errichtet, sich damit gegenseitig zu Alleinerben und ihr Kind als Erbe auf den Tod des Überlebenden von ihnen eingesetzt. Der Vater ist Alleineigentümer eines Einfamilienhauses. Er stirbt und die Witwe erbt das Haus allein, da die Eltern das Kind mit dem Berliner Testament enterbt haben. Das Kind hat jetzt gegen seine Mutter einen Pflichtteilsanspruch und kann ein Viertel des Verkehrswertes des Hauses in Geld verlangen. Die Witwe als Alleinerbin des Einfamilienhauses muss Erbschaftsteuer bezahlen, da ihr Freibetrag nicht ausreichend ist. Sie möchte vermeiden, dass auch ihr Kind Erbschaftsteuer bezahlt, wenn es nach ihrem Tod das Einfamilienhaus erbt und dann ebenfalls Erbschaftsteuer bezahlen muss. Was würde ich hier empfehlen? Die Witwe sollte das geerbte Einfamilienhaus zu ihren Lebzeiten mit einem Übergabevertrag auf das Kind zur Abgeltung dessen Pflichtteilsanspruchs übertragen. Der Pflichtteil ist dann eine Gegenleistung, die von dem gemeinen Wert (Verkehrswert) des Einfamilienhauses abzusetzen ist. Hierdurch kann erhebliche Steuer gespart werden.

2.9 Auf Umwegen schenken

Steht ein Vermögensgegenstand im Alleineigentum eines Ehepartners und ist beabsichtigt, diesen auf ein Kind zu übertragen und reicht dessen Freibetrag von 400.000 EUR nicht aus, dann muss überlegt werden, ob nicht zunächst die Hälfte des Vermögensgegenstandes auf den Ehepartner übertragen wird und anschließend beide Ehepartner je ihren hälftigen Miteigentumsanteil auf das Kind übertragen. Dann stehen nämlich dem Kind nicht nur einmal 400.000 EUR, sondern **zweimal** 400.000 EUR Schenkungsteuerfreibetrag zur Verfügung. Eine gleiche Situation ist dann gegeben, wenn die Eltern nicht nur ihrem Kind, sondern in einem Ausnahmefall auch dem Schwiegerkind einen Vermögenswert übertragen wollen. Letzteres hat nach den Schwiegereltern nur einen Freibetrag von je 20.000 EUR. Hier wäre nun zu überlegen, ob die Schwiegereltern den Vermögensgegenstand zum Beispiel im Wert von 800.000 EUR zuerst auf ihr Kind und dieses dann anschließend die Hälfte dieses Wertes, somit 400.000 EUR auf seinen Ehepartner (Schwiegerkind) steuerfrei überträgt, da Ehepartner gegenseitig einen Freibetrag von 500.000 EUR haben.

In beiden Fällen ist jedoch Vorsicht geboten, da eine gestaffelte Übertragung von dem Finanzamt als **Gestaltungsmissbrauch** angenommen werden kann und der Vorgang dann steuerlich so behandelt wird, als sei die Übertragung unmittelbar erfolgt, nämlich im ersten Beispiel die direkte Übertragung des Vermögensgegenstandes von den Eltern an das Kind und anschließend die direkte Übertragung des Vermögensgegenstandes an das Schwiegerkind. Um einen Gestaltungsmissbrauch von vornherein auszuschließen ist stets zu fragen, ob es sich bei der Weiterübertragung um eine **freie Entscheidung** handelt. Liegt eine solche **nicht** vor, dann erfolgt die

Besteuerung wie bei einer Direktübertragung. Bei der Übertragung einer Immobilie muss bei einer Weiterübertragung eine freie Entscheidung dann angenommen werden, wenn der Empfänger bereits **im Grundbuch eingetragen** ist oder zumindest zwischen den beiden Übertragungsverträgen eine **angemessene Zeit** vergangen ist. Auf keinen Fall darf in den ersten Übertragungsvertrag aufgenommen werden, dass der Empfänger verpflichtet ist, den ihm übertragenen Vermögensgegenstand weiter zu übertragen. Hier läge eine steuerlich unzulässige **Kettenschenkung** vor, das Finanzamt würde einen Gestaltungsmissbrauch annehmen und steuerlich so behandeln, als wenn die Übertragung ohne die Zwischenübertragung, somit unmittelbar erfolgt ist. Entscheidend ist somit immer, dass der Empfänger vor der Weiterübertragung die Möglichkeit hat, frei über den übertragenen Vermögensgegenstand zu entscheiden. Grundsätzlich anzunehmen, der Empfänger fühle sich moralisch verpflichtet, den Vermögenswert weiter zu übertragen, ist unzulässig.

Jeder Empfänger kann als Eigentümer des Vermögenswertes mit diesem machen was er will. Er könnte diesen Vermögenswert auch dauernd behalten oder verkaufen. Keine moralische Verpflichtung kann ihn zwingen, den erhaltenen Vermögenswert an eine bestimmte Person weiter zu übertragen. Auch der Einwand der Finanzverwaltung bei der Schenkung des Miteigentumsanteils an einem Grundstück, der Beschenkte sei noch nicht als Eigentümer im Grundbuch eingetragen und deshalb müsse davon ausgegangen werden, dass es sich bei der Weiterverschenkung an eine bestimmte Person um eine unzulässige Kettenschenkung handle, ist nicht nachvollziehbar. Wenn in dem Schenkungsvertrag des einen Elternteils an den anderen Elternteil bei der Beurkundung gleichzeitig auch die **Auflassung** erklärt worden ist, dann kann es nicht darauf ankommen, zu welchem Zeitpunkt die Eintragung als Eigentümer im Grundbuch erfolgt. **Die Ehepartner haben mit der Auflassungserklärung alles getan, was sie schuldrechtlich und dinglich tun können.** Auf den Zeitpunkt der Eintragung des Beschenkten als Eigentümer im Grundbuch haben sie keinen Einfluss. Deshalb liegt eine Kettenschenkung nicht vor, wenn der Elternteil zwar dem anderen Elternteil einen Miteigentumsanteil an dem Grundstück schenkt, diesen jedoch mit dem Übertragungsvertrag und der Auflassungserklärung die freie Entscheidung überlässt, mit dem geschenkten Miteigentumsanteil zu machen was er will. Wenn diese freie Entscheidung vorhanden ist, dann kann auch kein Missbrauch rechtlicher Gestaltungsmöglichkeiten im Sinne der verschärften Bestimmung des § 42 AO angenommen werden.

2.10 Zehn-Jahresfrist beachten

Hohe Schenkungsteuern können gespart werden bei **mehrfacher lebzeitiger Übertragung** und damit Ausnutzung der Freibeträge durch die 10-Jahres-Grenzen. Dagegen gibt es im Erbfall für die Erben nur **einmal** die persönlichen Freibeträge. Bei lebzeitiger Übertragung kann nach Ablauf von 10 Jahren nach der letzten Übertragung ein völlig neuer Freibetrag in Anspruch genommen werden. Deshalb empfiehlt es sich, dass Sie schon nach der Volljährigkeit Ihres Kindes oder Enkelkindes Vermögensgegenstände im Wege der vorweggenommenen Erbfolge übertragen. Wenn Sie z.B. Ihrem Kind mit Eintreten der Volljährigkeit einen Vermögensgegenstand im Verkehrswert von 400.000 EUR übertragen, dann können Sie ihm nach Ablauf von 10 Jahren nach der Übertragung einen weiteren Vermögensgegenstand von 400.000 EUR steuerfrei übertragen und nach weiteren 10 Jahren wiederum einen Vermögensgegenstand von 400.000 EUR steuerfrei übertragen usw. Damit kann Ihr Kind mehrmals steuerfreie Zuwendungen von Ihnen in erheblicher Höhe erhalten. Wenn beide Eltern diese

Möglichkeit der steuerfreien Übertragungen wahrnehmen, dann können innerhalb von 50 Jahren Vermögenswerte im Verkehrswert von über 4 Mio. EUR allein aufgrund der 10-Jahres-Grenze steuerfrei auf ein Kind, bei zwei Kindern 8 Mio. EUR übertragen werden. Allerdings ist Folgendes noch zu bedenken: Keiner weiß, ob er die 10-Jahres-Grenze überlebt. Deshalb ist es doch sicherer, sich nicht auf die 10-Jahres-Grenze zu verlassen.

2.11 Steuern reduzieren beim „Berliner Testament"

Wenn Sie trotz aller Nachteile ein Berliner Testament errichten wollen, sich gegenseitig zu Alleinerben einsetzen und damit Kinder enterben und auf den Pflichtteil setzen, dann kann für den Überlebenden anfallende Erbschaftsteuer dadurch vermindert werden, dass der Erstversterbende den Kindern Vermächtnisse in Höhe ihres gesetzlichen Erbteils zulasten des Längerlebenden aussetzt. Der Überlebende hat dann an das Kind nicht nur den Pflichtteil, sondern den doppelt so hohen Wert des Erbteils auszubezahlen. Hierdurch wird der Erbschaftsteuerfreibetrag des Kindes in Anspruch genommen, die Erbschaftsteuer des Überlebenden mindert sich entsprechend.

Ist ein solches Vermächtnis zulasten des Längerlebenden in das Berliner Testament nicht aufgenommen worden, so kann der überlebende Ehepartner mit dem Kind, das aufgrund des Testaments enterbt worden ist, einen Vertrag zur Abfindung von dessen Pflichtteilsanspruch schließen. Diese Abfindung mindert dann den Wert des Nachlasses des Überlebenden, er bezahlt deshalb weniger Erbschaftsteuer.

2.12 Schulden werden bei Erbschaft-/Schenkungsteuer berücksichtigt

Schulden des Erblassers mindern den Reinnachlass und werden bei der **Erbschaftsteuer** in **vollem Umfang** berücksichtigt.
Schulden, die zu Lebzeiten im Zusammenhang mit einem Vermögenswert übertragen werden, z.B. Schulden eines verschenkten Grundstücks, werden bei der **Schenkungsteuer nur teilweise** berücksichtigt.

III.

Ertragsteuern

Hierzu gehören **Einkommensteuer, Körperschaftsteuer, Gewerbesteuer, Solidaritätszuschlag.**

In der Praxis spielt das Ertragsteuerrecht im Recht der Unternehmensnachfolge eine wichtige Rolle, die oftmals von den Beteiligten unterschätzt wird. Ertragsteuerliche Aspekte sind im Rahmen von Regelungen der Unternehmensnachfolge immer dann zu beachten, wenn Veräußerungsgeschäfte oder teilentgeltliche Geschäfte (auch gemischte Schenkung genannt) vorliegen, die unter eine der unter § 2 Abs. 1 EStG (Einkommensteuergesetz) genannten sieben Einkunftsarten fallen, oder unentgeltliche Geschäfte/Schenkungen (unter Lebenden) im Betriebsvermögen vorliegen, die steuerlich zu Entnahmen nach § 4 Abs. 1 Satz 2 EStG führen. Auf Seiten des Unternehmers geht es um die Frage, inwieweit solche Vorgänge zur Besteuerung von stillen Reserven führen, während es auf Seiten des Unternehmensnachfolgers darum geht, wie er erhaltene Vermögenswerte steuerlich zu behandeln hat, insbesondere ob und in welcher Höhe er Anschaffungskosten hat.

IV.

Grunderwerbsteuer

Grundstücksschenkungen zu Lebzeiten sind grundsätzlich grunderwerbsteuerfrei. Erfolgt die Übertragung im Wege der vorweggenommenen Erbfolge unter einer **Auflage** oder als sogenannte **gemischte Schenkung**, dann fällt für den **Wert der Auflagen, die die Schenkungsteuer mindern**, Grunderwerbsteuer nur bei Empfängern an, die mit dem Übertragenden **nicht in direkter Linie** verwandt sind. Wenn z.B. der Onkel oder die Tante Grundbesitz an eine Nichte, Neffen oder sonstige Verwandte oder Nichtverwandte im Wege der vorweggenommenen Erbfolge gegen Auflagen, z.B. Verpflichtung zur Versorgung, Wart und Pflege, Rentenzahlung usw. überträgt, dann sind die kapitalisierten Werte dieser Gegenleistungen grunderwerbsteuerpflichtig. Voraussetzung hierfür ist jedoch, dass die Finanzverwaltung die kapitalisierten Werte der Gegenleistungen auch **tatsächlich von dem Verkehrswert der übertragenen Immobilie absetzt** und damit die anfallende Schenkungsteuer reduziert wird. In der Praxis erhält der Empfänger meistens den Grunderwerbsteuerbescheid schon zu einem Zeitpunkt, an dem der Schenkungssteuerbescheid noch nicht ergangen ist. Hier sollte umgehend **Einspruch** gegen den Grunderwerbsteuerbescheid mit **Aussetzung der Vollziehung** bis zum Vorliegen des Schenkungssteuerbescheids beantragt werden.

Anhang

Überblick über die wesentlichen Unterschiede zwischen Familiengesellschaft und Nachfolge-Generationenvertrag:

Familiengesellschaft

Vorteile:

Die Familiengesellschaft, auch Familienpool genannt, ist für einen langfristigen Erhalt eines größeren Vermögens sehr gut geeignet. Die Einbringung von Vermögenswerten ist steuerfrei. Diese sollte gegen Vorbehaltsnießbrauch erfolgen, damit das lebenslange alleinige Nutzungsrecht und Verfügungsrecht sowie Rückrufrecht bei den Gründen (z.B. den Eltern) verbleibt.

Grundlage für die Verwaltung des eingebrachten Vermögens ist die Satzung (der Gesellschaftsvertrag). Diese bestimmend auch über den Tod der Gründer hinaus, zumindest bis in die Enkelgeneration. Damit soll langfristig das Familienvermögen erhalten bleiben.

Der Zugriff von Gläubigern kann nicht auf das eingebrachte Vermögen, z.B. Immobilien, sondern nur auf die Gesellschaftsanteile erfolgen, die an Stelle des eingebrachten Vermögens treten.

Die Gründungs-Gesellschafter beteiligen andere Personen, z.B. Kinder, Enkelkinder, aber auch Fremde, an ihren Anteilen. Die Übertragung von Anteilen auf die neuen Gesellschafter sollte mit einem Nachfolge-Generationenvertrag erfolgen, bei dem die Empfänger die Gesellschaftsanteile nicht geschenkt bekommen, sondern gegen Leistungen erhalten. Auch hier erfolgt die Übertragung gegen lebenslanges alleiniges Nutzungs- und Verfügungsrecht und Rückrufrecht. Aufgrund der möglichen steuerlichen Kapitalisierung der übertragenen Anteile werden die Steuerfreibeträge der Empfänger stark erhöht und dadurch erhebliche Erbschaft-/ Schenkungssteuern gespart.

Das Gesellschaftsrecht ist steuerlich wesentlich günstiger als die einfache zivilrechtliche Übertragung durch Schenkung, da nicht der Wert der eingebrachten Vermögenswerte, sondern die Gesellschaftsanteile maßgebend für die Besteuerung sind.

Nachteile:

- Es muss eine Gesellschaft gegründet werden mit einer Person, die die Erhaltung des Gesellschaftsvertrages überwacht.
- Einkommenssteuererklärung, evtl. Bilanz des Familienpools erforderlich (kein großer Aufwand, da nur Vermögensverwaltung).

Nachfolge-Generationenvertrag

Vorteile:

- Gründung einer Gesellschaft nicht erforderlich
- Empfänger können nach dem Tod der Gründungsgesellschafter – falls gewünscht – frei über das übertragene Vermögen im Rahmen des Übertragungsvertrages verfügen
- auch hier: die Übertragung erfolgt gegen Leistungen der Empfänger, insbesondere
  - lebenslanges Nutzungs- und Verfügungsrecht der Gründungsgesellschafter
  - die Empfänger können erst nach dem Tod der Gründungsgesellschafter über das übertragene Vermögen verfügen
  - die Empfänger verpflichten sich zur Organisation und Überwachung der Versorgung der Gründungsgesellschafter für den Fall, dass diese sich nicht mehr alleine ohne fremde Hilfe versorgen können
  - umfassendes Rückrufrecht der Gründungsgesellschafter, steuerfrei, ohne große Aufwendungen
  - steuerliche Kapitalisierung des lebenslangen Nutzungsrechts der Gründungsgesellschafter möglich, hierdurch können zum Teil hohe Steuern der Empfänger gespart werden.

Nachteile gegenüber der Familiengesellschaft:

Die Familiengesellschaft ist grundsätzlich für den langfristigen Erhalt zu empfehlen, während der Nachfolge-Generationenvertrag i.d.R. das Vermögen nur bis zur Enkelgeneration erhält.

Abschnitt F

General-Vollmacht, Vorsorge-Vollmacht, Betreuungsverfügung

Allgemeines

Für den Fall, dass Sie später nicht mehr fähig sein sollten, rechtswirksame Willenserklärungen abzugeben, sollten Sie – soweit nicht schon auf **neuestem** Stand vorhanden – umgehend folgende Urkunden errichten:

- General-Vollmacht,
- Vorsorge-Vollmacht,
- Betreuungsverfügung,
- Patientenverfügung.

Die General-Vollmacht, die Vorsorge-Vollmacht und die Betreuungsverfügung können in einer Urkunde zusammengefasst werden. Die Patientenverfügung ist eine eigenständige Verfügung, die stets in einer eigenen Urkunde zu errichten ist.

1. Generalvollmacht

Mit einer Generalvollmacht erteilen Sie eine umfassende Vollmacht für alle rechtlichen Stellvertretungen, die gesetzlich und satzungsmäßig möglich sind.

Eine Generalvollmacht kann handschriftlich verfasst sein. Sie können die Generalvollmacht auch mit der Schreibmaschine schreiben oder auch einen Vordruck benutzen. Ort, Datum und Ihre vollständige handschriftliche Unterschrift dürfen auf keinen Fall fehlen.

Wird die Generalvollmacht jedoch erteilt zur **Übertragung oder Belastung von Grundbesitz**, dann ist zum **Nachweis** gegenüber dem **Grundbuchamt** eine **notarielle Beglaubigung** der Vollmacht erforderlich. Soll die Generalvollmacht zur **Übertragung** oder zum **Erwerb von Grundbesitz unwiderruflich** sein, dann bedarf sie der **notariellen Beurkundung.**

Mit der Generalvollmacht geben Sie dem Bevollmächtigten alle Rechte die Sie selbst haben. Er soll in Ihrem Interesse Sie vertreten in allen Vermögens-, Rechts- und persönlichen Angelegenheiten sowie in allen Angelegenheiten, in welchen eine Vertretung gesetzlich zulässig ist. Ihr Bevollmächtigter ist insbesondere auch inkassoberechtigt. Grundsätzlich ist zu empfehlen, dass Sie Ihren Bevollmächtigten von den Beschränkungen des § 181 BGB befreien, somit in Ihrem Interesse und mit sich selbst Geschäfte zu machen. Sie sollten ihn auch berechtigen, in Vermögensangelegenheiten Untervollmacht erteilen zu können.

Solange Sie in der Lage sind, eigenverantwortlich zu entscheiden und Ihren Willen zu äußern, können Sie eine Generalvollmacht erteilen, aufheben oder abändern. Zur Abgabe einer Generalvollmacht müssen Sie somit geschäftsfähig sein. Die Willenserklärung einer geschäftsunfähigen oder verwirrten Person ist nichtig.

Bei der Abfassung einer Generalvollmacht sollten Sie den Rat eines Rechtsanwalts oder eines Notars einholen. Dies ist besonders dann zu empfehlen, wenn Sie umfangreiches Vermögen besitzen, mehrere Bevollmächtigte einsetzen wollen oder neben der Generalvollmacht detaillierte Handlungsanweisungen erteilen wollen.

Die Generalvollmacht gilt ab ihrer Ausstellung. Haben Sie jedoch ausdrücklich oder nur stillschweigend mit dem Bevollmächtigten vereinbart, dass er von der Generalvollmacht erst Gebrauch machen darf, wenn Sie nicht mehr handlungsfähig sind, dann gilt diese Vereinbarung. Es ist jedoch zu empfehlen, diese Vereinbarung in die Generalvollmacht mit aufzunehmen.

Grundsätzlich erlischt die Vollmacht mit dem Tod des Vollmachtgebers, es sei denn, dass die Generalvollmacht **ausdrücklich über den Tod hinaus** Gültigkeit haben soll.

Wenn Sie eine Generalvollmacht widerrufen wollen, dann müssen Sie die dem Bevollmächtigen ausgehändigte Vollmacht zurück verlangen. Zwar können Sie im Innenverhältnis jede Vollmacht sofort widerrufen, jedoch gilt im Außenverhältnis die Vollmacht, solange der Bevollmächtigte Ihre Generalvollmacht vorlegen kann. Der Bevollmächtigte kann zum Beispiel, obwohl Sie bereits die Vollmacht ihm gegenüber widerrufen haben, mit Ihrer Generalvollmacht Ihr Grundstück verkaufen. Ist der Käufer gutgläubig, weiß er somit nichts von dem Widerruf der Generalvollmacht, dann kann er gutgläubiger Eigentümer Ihres Grundstücks werden. Deshalb ist es so wichtig, dass Sie bei einem Widerruf Ihrer Generalvollmacht die unverzügliche Rückgabe der Vollmachtsurkunde verlangen.

Haben Sie kein volles Vertrauen zu dem Bevollmächtigten oder wollen Sie ganz sicher gehen, dass Ihre Vollmacht nicht missbraucht wird, dann können Sie bei dem Betreuungsgericht einen **Kontrollbetreuer** bestellen lassen, der die Geschäfte des Bevollmächtigten überwacht und auch den Widerruf der Vollmacht veranlassen kann.

Oft wird eine Generalvollmacht einer anderen Person nur deshalb nicht erteilt, weil Angst vor einem Missbrauch der Vollmacht besteht. Mit einer Generalvollmacht kann nämlich der Bevollmächtigte, vor allem wenn er von dem § 181 BGB befreit ist, anstelle Ihrer Person über Ihr gesamtes Vermögen verfügen. Deshalb ist es wichtig, dass Sie nur einer Person, zu der Sie volles Vertrauen haben, eine Generalvollmacht erteilen und grundsätzlich dieser Vertrauensperson die Vollmacht nur dann aushändigen, wenn Sie selbst handlungsunfähig werden. Sie sollten dann dem Bevollmächtigten den Ort sagen, an dem Sie die Vollmacht aufbewahren. Dieser Ort muss für den Bevollmächtigten auch frei zugänglich sein, sonst nützt Ihnen die Vollmacht im Ernstfall nicht. Müssen Sie jedoch aufgrund Krankheit oder hohen Alters damit rechnen, dass der Fall Ihrer Handlungsunfähigkeit demnächst eintritt, dann sollten Sie ausnahmsweise die Vollmacht dem Bevollmächtigten gleich übergeben.

Jedem Bürger über 18 Jahre ist dringend zu empfehlen, mit einer Generalvollmacht mindestens eine Person seines Vertrauens zu bevollmächtigen. Auch jeder junge Mensch, der am Straßenverkehr teilnimmt, muss mit einem Unfall rechnen, durch den er körperlich, geistig oder seelisch behindert wird und deshalb seine Angelegenheiten ganz oder teilweise nicht mehr selbst besorgen kann. Er benötigt deshalb eine Vertrauensperson die in seinem Interesse mit einer Vollmacht für ihn tätig werden kann.

Erteilen Sie mehreren Personen Vollmacht, dann sollte jede Person einzelvertretungsberechtigt sein, aber die Bevollmächtigten sollten sich **nach Möglichkeit** bei der Ausübung der Vollmacht miteinander abstimmen. Eine Vollmacht, die Sie mehreren Personen in der Form erteilen, dass sie **nur gemeinsam** für Sie tätig werden können, ist unbrauchbar, weil erfahrungsgemäß im Ernstfall nicht alle Bevollmächtigten erreichbar sind. Wenn Sie z.B. drei Personen gemeinschaftlich die Vollmacht erteilt haben, eine Person befindet sich im Urlaub, die andere ist geschäftlich unterwegs, dann kann die Vollmacht für Sie nicht ausgeübt werden. Selbst wenn die drei Personen erreichbar sind kann es vorkommen, dass sie sich über die für Sie zu treffende Maßnahme nicht einigen können. Dann kann keiner für Sie tätig werden. Deshalb sollte in der Vollmacht immer nur der Hinweis stehen, dass sich mehrere Bevollmächtigte nach Möglichkeit über die zu treffende Maßnahme vorher abstimmen sollen. Suchen Sie sich immer nur eine Person als Bevollmächtigten aus, von der Sie wissen, dass sie stets in Ihrem Interesse handeln wird.

2. Die Vorsorgevollmacht

Haben Sie schon eine Vorsorgevollmacht? Wenn nicht, dann sollten Sie sie noch heute errichten. Ein Schlaganfall oder ein Herzinfarkt kündigen sich selten vorher an und sie können noch heute eintreten. Krankheiten wie Alzheimer, Parkinson oder Altersdemenz sind schleichend und können dazu führen, dass Sie plötzlich nicht mehr in der Lage sind, die Vorsorgevollmacht zu errichten.

Denken Sie daran, dass bei Fehlen einer Vorsorgevollmacht ein gerichtlich bestellter Betreuer (Berufsbetreuer) für Sie Entscheidungen trifft, die nicht in Ihrem Sinne oder falsch sind. Wenn der Betreuer Sie nicht gut kennt, dann kann er auch keine Rücksicht auf Ihre Wünsche oder von Ihnen früher getroffenen Absprachen nehmen. Wenn wirtschaftliche Entscheidungen zu treffen sind, gibt es nicht nur den sicheren und vorsichtigen Weg, den der gerichtlich bestellte Betreuer gehen wird. Oft sind es gerade Ihre unkonventionellen und individuellen Entscheidungen, mit dem Sie Ihr Vermögen aufgebaut und zum Erfolg geführt haben. Ein Betreuer kann Sie schon deshalb nicht ersetzen, weil er plötzlich ohne Einarbeitung für Sie handeln und Entscheidungen fällen muss.

Die Vorsorgevollmacht kann von Ihnen ohne jeglichen Bezug auf die Hilfsbedürftigkeit, wie z.B. die Ihrem Ehepartner oder Kind erteilte Bankvollmacht, erteilt werden. Sie kann aber auch erteilt werden, um eine **künftige gerichtliche Betreuung zu vermeiden**, und zwar auch noch während des Betreuungsverfahrens oder nach Anordnung der Betreuung. Anlass für die Vollmachterteilung kann Ihre derzeitige oder **künftige** Hilfsbedürftigkeit sein. In diesem Fall spricht man von einer Vorsorgevollmacht mit dem Zweck, die gerichtliche Betreuung zu vermeiden.

Eine Vollmacht, die nach ihrem Text oder sonstigen Umständen den Eintritt der Geschäftsunfähigkeit oder der Fürsorgebedürftigkeit nicht überdauert, ist unwirksam und kann deshalb die Betreuung nicht ersetzen. Solange Zweifel an der Wirksamkeit der Vollmacht bestehen, z.B. wegen Geschäftsunfähigkeit, ist eine Betreuung zulässig und erforderlich. Wurde die Vorsorgevollmacht mehreren Personen erteilt und ist fraglich, welcher Person die Vollmacht wirksam erteilt wurde, dann ist das Betreuungsgericht zur Aufklärung verpflichtet. Ist diese erfolglos, dann ist das Betreuungsverfahren durchzuführen.

Deckt eine Vollmacht nicht alle Aufgaben ab, entspricht sie nicht den Gesundheits- und Unterbringungsfällen wegen Formmangels oder mangelnder Ausdrücklichkeit, wird der Bevollmächtigte nicht tätig oder besteht Missbrauchsverdacht oder ist der Bevollmächtigte nicht voll geschäftsfähig, dann hat das Betreuungsgericht das Betreuungsverfahren durchzuführen.

In der Vorsorgevollmacht müssen Sie auch regeln, ob Sie im Falle des Verlustes der Geschäftsfähigkeit zu Hause oder in einem speziellen Heim gepflegt werden wollen. Weiterhin müssen Sie festlegen, mit welchem Geld Ihre Pflege bezahlt werden soll. Muss z.B. hierfür eine Immobilie verkauft, eine Lebensversicherung gekündigt oder Wertpapiere verkauft werden?

Entscheidend ist auch die Personenwahl. Wollen Sie nur eine Person oder mehrere Personen zu Ihren Vorsorgebevollmächtigten bestellen? Sollen mehrere Personen nur gemeinschaftlich handeln oder soll jeder alleine zur Vertretung berechtigt sein? Soll jeder Vorsorgebevollmächtigte über alles entscheiden können oder wollen Sie jedem der Vorsorge-Bevollmächtigten bestimmte Entscheidungsbereiche zuordnen? Hierbei sollten Sie darauf achten, ob bei der Bestellung Ihres Vorsorgebevollmächtigten Interessenkollisionen wirtschaftlicher oder persönlicher Art zu befürchten sind. Vertrauen ist gut, Kontrolle ist besser! Deshalb sollten Sie auch Kontrollmöglichkeiten für Ihre Vorsorgebevollmächtigten vorsehen. So können Sie anordnen, dass bestimmte Entscheidungen nur von mindestens zwei Personen getroffen werden müssen.

Es ist schwierig, fachlich kompetente Personen zu finden, die auch Ihr volles Vertrauen haben. Schon deshalb müssen Sie sich frühzeitig mit dem Gedanken vertraut machen, eines Tages nicht mehr selbst entscheiden zu können und für diesen Fall einer vertrauenswürdigen Person Vorsorgevollmacht zu erteilen. Dies können Sie nur, wenn Sie noch voll geschäftsfähig sind und nicht unter dem Druck stehen, unverzüglich entscheiden zu müssen welcher Person Sie Vorsorgevollmacht erteilen. Beginnen Sie deshalb sofort mit der Suche nach geeigneten Vertrauenspersonen und warten Sie nicht ab, bis Sie

aufgrund einer Krankheit oder hohen Alters dazu gezwungen werden.
Selbst für den Fall, dass das Betreuungsgericht trotz Ihrer Vorsorgevollmacht einen Betreuer einsetzen will, wird es regelmäßig die von Ihnen vorgeschlagene Person zum Betreuer ernennen, es sei denn, dass gewichtige Gründe dagegen sprechen.

Einerseits ist eine umfassende Vorsorgevollmacht erforderlich, damit in Ihrem Sinne gehandelt werden kann. Andererseits ist eine solche Vorsorgevollmacht auch risikoreich, weil Sie Ihrem Vorsorgebevollmächtigten nicht nur eine große Verantwortung, sondern auch eine große Macht verleihen, die auch missbraucht werden kann. Deshalb muss die von Ihnen ausgewählte Person nicht nur eine Fachkraft, sondern auch integer sein. Ihre Vorsorgebevollmächtigten dürfen keine eigenen wirtschaftlichen Interessen an der Vorsorgetätigkeit haben. Auch sollten Sie den Beginn und das Ende der Bevollmächtigung festlegen. Es reicht dabei nicht aus, dass Sie den Beginn der Bevollmächtigung auf den Tag setzen, an dem Ihre Geschäftsunfähigkeit festgestellt wird. Vielmehr sollte die betreffende Person aufgrund Ihrer Vorsorgevollmacht schon dann tätig werden können, wenn Sie bei einer sich einschleichenden Krankheit das Gefühl haben, nicht mehr allein entscheiden zu können.

Während Sie mit einer letztwilligen Verfügung oder einem Vertrag der vorweggenommenen Erbfolge nur Ihr Vermögen verteilen, geht Ihre Vorsorgevollmacht weit darüber hinaus und regelt Ihr künftiges Schicksal. Deshalb nochmals die Empfehlung: Erstellen Sie möglichst umgehend die eigene Vorsorgevollmacht detailliert, denn noch heute kann Ihr Versorgungsfall eintreten. Lassen Sie sich hierbei durch Fachleute beraten. Es reicht nicht aus, die Vorsorgevollmacht zu errichten und diese dann in die Schublade zu legen. Vielmehr sollten Sie ebenso wie bei einer letztwilligen Verfügung die Vorsorgevollmacht immer wieder dahingehend überprüfen, ob Änderungs- oder Ergänzungsbedarf notwendig ist.

Nicht nur Privatpersonen, sondern auch Unternehmern droht im Unglücksfall die Einsetzung eines vom Betreuungsgericht eingesetzten Berufsbetreuers. Deshalb ist gerade jedem Unternehmer zu empfehlen, umgehend eine Person seines Vertrauens zu bevollmächtigen, die ihn bei seiner Geschäftsunfähigkeit vertritt und damit seine Selbstbestimmung wahrt, während beim Fehlen einer Vorsorgevollmacht die Gefahr der Fremdbestimmung durch einen amtlich bestellten Betreuer besteht.

Als Unternehmer sollten Sie sich sehr genau überlegen, welchen Inhalt Ihre Vorsorgevollmacht haben soll. Zu empfehlen ist, in die Vollmacht alle Anweisungen aufzunehmen, die Sie auch Ihrem Vertreter, z.B. bei längerer Urlaubsabwesenheit oder Krankenhausaufenthalt geben würden.

Zur Aufrechterhaltung der Funktionsfähigkeit eines Unternehmens, sei es im Falle nur einer vorübergehenden oder aber einer dauernden Handlungsunfähigkeit zu Lebzeiten oder auch im Falle des Todes des Einzelunternehmers, des Geschäftsführers oder eines Gesellschafters ist eine Vorsorgevollmacht unbedingt erforderlich. Das Fehlen dieser Vollmacht kann zu schweren negativen wirtschaftlichen Konsequenzen in einem Unternehmen, selbst bis zu einer Insolvenz führen.

Bei jeder Vollmacht ist zwischen **Innen- und Außenverhältnis** zu unterscheiden. Das **Außenverhältnis** betrifft die rechtliche Vertretung nach außen gegenüber der Öffentlichkeit, das **Innenverhältnis** regelt das Verhältnis zwischen Vollmachtgeber und Vollmachtnehmer, insbesondere dessen Pflichten und Rechte. Üblich und zu empfehlen ist, die Vorsorgevollmacht mit einer Generalvollmacht zu verbinden. Hiermit wird sichergestellt, dass der Bevollmächtigte grundsätzlich alle Rechtsgeschäfte und geschäftsähnliche Handlungen, bei denen eine Vertretung zulässig ist, vornehmen kann. Mit **der General- und Vorsorgevollmacht** kann bei einer unerwartet eintretenden Geschäftsunfähigkeit oder sonstigen Verhinderung des Unternehmers, Gesellschafters, Geschäftsführers usw. die Handlungsfähigkeit des Unternehmens sichergestellt werden. Die Vorsorgevollmacht des Unternehmers ist hierbei nicht nur auf seine persönlichen Belange, sondern vor allem auf den Fortbestand des Unternehmens ausgerichtet. **Deshalb sollte der Unternehmer für seine persönlichen Belange und für die Belange seines Unternehmens getrennte General- und Vorsorgevollmachten errichten**. Die üblichen Instrumente von Prokura und Handlungsvollmachten reichen in kleinen Unternehmen für eine abschließende Vertretungsregelung nicht aus. Deshalb sollte zusätzlich eine Generalvollmacht mit eindeutigen Weisungen erteilt werden, die den Willen des Unternehmers auch bei seiner Abwesenheit umsetzt.

3. Die staatliche Betreuung

Seit dem Jahr 1992 gibt es das Betreuungsgesetz. Danach ist **einem Volljährigen, der aufgrund einer psychischen Krankheit oder körperlichen, geistigen oder seelischen Behinderung seine Angelegenheiten ganz oder teilweise nicht mehr selbst besorgen kann, von dem Betreuungsgericht ein Betreuer zu bestellen**. Diese gesetzliche Vorschrift trifft dann auf Sie zu, wenn Sie aufgrund eines Unfalls, Krankheit, Demenz oder hohen Alters nicht mehr ohne fremde Hilfe handeln können.

Das **"Betreuungsgericht"** ersetzt das frühere **"Vormundschaftsgericht"**, die **"Betreuung"** die frühere **"Vormundschaft"**. Der **"Betreuer"**, früher **"Vormund"**, vertritt den **"Betreuten"** (früher: **Entmündigten, Mündel**) in allen Angelegenheiten, die das Betreuungsgericht für erforderlich hält. Meiner Erfahrung nach wird die staatliche Betreuung viel zu häufig angeordnet und schränkt damit die Entscheidungsfreiheit vieler "Betreuter" unangemessen ein und verstößt damit gegen das Selbstbestimmungsrecht der betreffenden Person.

Die von dem Betreuungsgericht angeordnete Betreuung einer Person gehört zu den schwersten Eingriffen in das Persönlichkeitsrecht. Der eingesetzte Betreuer kann bestimmen, was mit dem Geld des Betreuten geschehen soll, in welches Heim er kommt, zu welchem Arzt er zu gehen hat, in welchem Krankenhaus er operiert wird usw. Zwar ist es die Pflicht des von dem Betreuungsgericht bestellten Betreuers dafür zu sorgen, dass die ihm anvertrauten Menschen so selbstbestimmt wie möglich Ihr Leben weiterführen können und sie haben hierzu deren Willen zu ermitteln, zu respektieren und zu erfüllen, jedoch sieht es in der Praxis in den meisten Fällen anders aus. So stellte Peter Winterstein, der Vorsitzende des Betreuungsgerichtstages, in dem Juristen, Beamte und Sozialarbeiter zusammenarbeiten unter anderem Folgendes fest: "Die rechtliche Betreuung wird entweder als Vormundschaft mit Machtbefugnissen oder als allumfassende Sorge für alle Belange und Bedürfnisse einer Person missverstanden."

Über 1,3 Mio. Deutsche werden zur Zeit von Betreuern "verwaltet". Jedes Jahr ordnen die Gerichte für ca. 240.000 Bürger die Betreuung an. Meist geschieht dies in Kenntnis der Folgen auf Antrag von Angehörigen und zwar dann, wenn Menschen sich selbst nicht mehr allein versorgen können, dement oder psychisch krank sind. Bei **einem Drittel** aller Betreuungen bestimmt das Gericht einen der 12.000 **Berufsbetreuer** in Deutschland zum Betreuer. Der große Anstieg der Betreuungsverfahren und die vom Gesetzgeber eingeführte Pauschalvergütung der Betreuer hat schwerwiegende Folgen: Durch den niedrigen festgeschriebenen Stundensatz von zur Zeit maximal 44,- EUR sind Betreuungen durch Fachleute, zum Beispiel Rechtsanwälte unattraktiv geworden. Immer mehr Berufsbetreuer versuchen, mit der Übernahme von mehr Betreuungen ihren Einkommensverlust auszugleichen. Es gibt Berufsbetreuer, die bis 100 Menschen betreuen. Eine intensive Betreuung ist dabei nicht möglich. **Das führt dazu, dass immer mehr Betreute gegen ihren Willen in Heime abgeschoben werden.** Michael Ramstätter, Vorstand der Vereinigung für Vorsorge- und Betreuungsrecht, erklärte hierzu: „**Es ist eine Schande, wie mit diesen Menschen umgegangen wird. Oft spielen auch Gerichte eine zweifelhafte Rolle**".

In der Zeitschrift „Der Spiegel", 23/2012 Seite 54 bis 57 werden folgende Fälle geschildert:

> „Die Unterschrift war schon etwas zittrig. Aber was Alwin Schmauder, 77 Jahre, im August 2005 der Stadt Aalen mitteilte, war von großer Klarheit. Er werde „weder in Zukunft noch jetzt" sein Grundstück an die Gemeinde veräußern, schrieb der ehemalige Landwirt. Die Stadtverwaltung wollte ihm ein Stück Land abkaufen, um ein Baugebiet zu erschließen. Doch Schmauder fühlte sich übervorteilt. Aalens Vertreter hätten sich „uns gegenüber ausnahmslos verhalten wie moderne Raubritter", schrieb er, „niemals, niemals bekommt ihr auch nur ein kleines Stück von uns". Wenig später ging es Schmauder gesundheitlich zunehmend schlechter.
> Erst das Herz, dann Depressionen. Ein gutes halbes Jahr später konnte er sich nicht mehr wehren. Seine Tochter Petra erzwang, dass für ihn ein amtlicher Betreuer eingesetzt wurde. Fortan konnte Schmauder nicht mehr über sein Vermögen verfügen. Und mit das erste, was der Betreuer machte: Er verkaufte das begehrte Grundstück an die Stadt. Jutta, Schmauders andere Tochter, ist davon überzeugt, dass der Deal rund 30.000,- EUR unter Marktpreis abgewickelt wurde. Im vergangenen Jahr stellte sie Strafanzeige und

klagte gegen den Betreuer sowie gegen den Notar, der ihn eingesetzt hatte".

„Der Notar hat alle Vorwürfe bestritten. Dem Gericht teilte er mit, dass er sich an die Gesetze gehalten habe. Das Gleiche behauptete auch der Betreuer, der von dem Landgericht Ellwangen in erster Instanz zu einer Zahlung von 3.000,- EUR verurteilt wurde mit der Begründung, der Betreuer sei mit dem Geld des Betreuten zu lax umgegangen."

„Derartige Fälle gibt es häufig. Sie lehren, dass Angehörige oft zu voreilig Anträge auf Betreuung stellen, dass Ärzte oft viel zu schnell Gutachten schreiben, dass oft Behörden und Richter das Schicksal der Betroffen völlig gleichgültig sind und zuletzt dass es immer wieder völlig überforderte oder aber geldgierige Betreuer gibt."

„Eine vorausschauende Frau hatte einen Freund zum Verwalter und Teilerben ihres Vermögens von rund 5 Mio. Euro bestimmt. Als die alte Dame dement wurde, ließ ein Neffe das Testament zu seinen Gunsten ändern und seine Tante unter Betreuung stellen. Die Seniorin kam in ein Heim. Der eigentliche Wille der Frau – zu Zeiten klaren Geisteszustandes schriftlich niedergelegt – wurde ignoriert. Ihr Freund hatte fortan keinen Einfluss mehr."

„Ein Mitarbeiter des Aalener Ordnungsamtes passte den ehemaligen Konstrukteur Karl K., der zeitweise unter Depressionen litt, beim Brötchen holen ab. Der Beamte sorgte dafür, dass Karl K. in die Psychiatrie eingewiesen und wenige Wochen später zu einem Notar vorgeladen wurde, der ihn unter amtliche Betreuung stellte. Betreuerin wurde die Ehefrau des Ordnungsamts-Mitarbeiters - obwohl der Bruder von Karl K. angeboten hatte, sich um dessen finanzielle Belange zu kümmern."

„Der Bruder von Karl K. beließ es nicht bei dem Beschluss des Betreuungsgerichts, sondern klagte gegen dessen Entscheidung. Der Rechtsstreit vor dem Landgericht Ellwangen dauerte fast zwei Jahre, um die Entscheidung des Betreuungsgerichts in Württemberg durch den zuständigen Notar aufzuheben. K. hat inzwischen geheiratet und lebt in seiner eigenen Wohnung".

„Der Mathematiker Herbert B. sollte unter Zwangsbetreuung gestellt werden. Herbert B. beschwerte sich leidenschaftlich bei Mitgliedern des Gemeinderates. Zwar verbot ihm der Bürgermeister daraufhin wegen seiner vorgetragenen Klage, Mitarbeiter des Rathauses zu belästigen – die angedrohte Betreuung konnte B. aber immerhin abwenden."

„Nach Ansicht des Mannheimer Betreuungsrechtsexperten Ramstätter wäre der Gerechtigkeit am besten gedient, wenn sich die Betreuungsrichter mehr Mühe geben würden, sich vor der Anordnung einer Betreuung von der Hilfsbedürftigkeit persönlich zu überzeugen. Viele Richter seien jedoch wegen Überlastung dazu nicht in der Lage: Im Bezirk des für Betreuungsrechts zuständigen Amtsgerichts in München verwalten 16 Richter 13.300 Betreuungsfälle.

Wer in die Betreuungsmaschinerie gerät, der ist oft der Willkür von Betreuungsrichtern und Betreuern ausgeliefert. **Schon ein Hinweis, dass Sie sich nicht mehr allein versorgen können, reicht für eine routinemäßige Beauftragung eines Betreuers aus**. In zu vielen Fällen nehmen Ihnen Behörden und Gerichte ohne sorgfältige Prüfung Ihre Selbständigkeit, machen Sie zu Mündeln und Sie „werden als Deperte abgestempelt, so vernichtet man Menschen" (Quelle „Der Spiegel", 23/2012, Seite 57).

„In einem Fall, der von dem Bundesverfassungsgericht im Oktober 2010 verhandelt wurde, hatten die Kinder ihre Eltern aufgefordert, ihr Haus zu räumen. Sie wollten das Grundstück verkaufen, um Schulden abzuzahlen. Als sich der Vater weigerte, sein Haus zu verlassen, veranlassten die Kinder, dass Strom, Gas und Wasser abgedreht wurden – und sie stellten einen Betreuungsantrag. Der zuständigen Behörde fiel bei einem Kontrollgang auf, dass die Wohnung unbeheizt war. Als der alte Mann bei einem zweiten Besuch in höflichem Ton erzählte, man wolle ihn umbringen, vermuteten die Prüfer eine wahnhafte Krankheit und befürworteten eine Betreuung. Irgendwann zogen die Eltern freiwillig aus dem Haus aus. Die Kinder nahmen daraufhin ihren Antrag auf Betreuung zurück. Da war es aber schon zu spät. Das Amtsgericht Wetzlar verlangte eine medizinische Untersuchung des Mannes, notfalls mit Zwangsmaßnahmen. Der Fall landete schließlich in Karlsruhe. Die Verfassungsrichter entschieden gegen die Behörden, weil dem alten Mann nicht die Chance eingeräumt worden war, sich zu äußern".

Immer wieder werden Fälle bekannt, in denen Betreute von Betreuern oder Betreibern von Pflegeheimen, manchmal auch von beiden zusammen, regelrecht ausgeplündert werden. Sie sollten deshalb **in einer Betreuungsverfügung unbedingt festlegen**, welche Person **Ihres Vertrauens** für den Fall, dass das Betreuungsgericht über Sie Betreuung anordnet, zum Betreuer von Ihnen bestellt werden soll.

Sicher wollen Sie auch grundsätzlich eine staatliche Betreuung ausschließen, was mit einer Betreuungsklausel in der

Vorsorgevollmacht bzw. in der Generalvollmacht geschehen kann. In dieser Klausel bestimmen **Sie** die Person Ihres Vertrauens, soweit zwingend erforderlich, zu Ihrem Betreuer. Zwar ist das Betreuungsgericht hieran nicht gebunden, es wird jedoch, wenn gegen Ihren Bevollmächtigten keine menschlichen und juristischen Einwendungen bestehen, Ihrem Wunsch nachkommen und ihn zu Ihrem Betreuer bestellen. Wenn Sie eine geeignete Person mit einer Generalvollmacht ausstatten, dann wird die gerichtliche Anordnung Ihrer förmlichen Betreuung in den meisten Fällen entbehrlich. **Eine ausreichende und wirksame notarielle General- und Vorsorgevollmacht wird regelmäßig einen Antrag bei dem Betreuungsgericht, für Sie einen Betreuer zu bestellen, überflüssig machen.**

Das Betreuungsgericht hat Sie „in geeigneten Fällen" auf die Möglichkeit der Vorsorgevollmacht und deren Inhalt hinzuweisen. Die Betreuungsbehörden sind verpflichtet, Aufklärung und Beratung über Vollmachten und Betreuungsverfügungen zu fördern. Hiervon machen die Betreuungsgerichte wohl aufgrund Überarbeitung sehr selten Gebrauch.

Wie wichtig für Sie eine General- und Vorsorgevollmacht zur Verhinderung Ihrer staatlichen Betreuung ist, ersehen Sie aus Folgendem:

Das Betreuungsgericht hat zu prüfen, ob eine Vorsorgevollmacht vorliegt. Zeigt sich während des Betreuungsverfahrens, dass eine vom Umfang her ausreichende und wirksame Vollmacht vorliegt, dann hat das Betreuungsgericht das Verfahren einzustellen, weil keine Betreuung mehr erforderlich ist. Dies gilt auch dann, wenn eine ausreichende und wirksame Vollmacht erst nach Anordnung der Betreuung und Bestellung eines Betreuers vorgelegt wird.

Der Bundesgerichtshof hat in mehreren Urteilen (BGH 06.07.2016 und 30.08.2017) zu der Frage Stellung genommen, ob mit einer Vorsorgevollmacht die staatliche Betreuung vermieden werden kann. Hierzu stellt der BGH unter anderem Folgendes fest:

- Wenn keine Vorsorgevollmacht vorliegt, dann kann – meist muss – das Gericht bei Vorliegen der im Gesetz genannten Voraussetzungen einen staatlichen Betreuer (Berufsbetreuer) bestellen.

- Liegt eine Vorsorgevollmacht vor, dann darf das Betreuungsgericht nur in Ausnahmefällen einen Betreuer bestellen, und zwar dann, wenn
    - der Bevollmächtigte ungeeignet ist
    - bei Gefahr im Verzug
    - das Wohl des Betreuten gefährdet ist (z.B. der Bevollmächtigte das Vermögen des Betreuten veruntreut) und/oder erhebliche Bedenken bestehen, dass der Bevollmächtigte ungeeignet und redlich ist.

Grundsätzlich reicht eine privatschriftliche Vorsorgevollmacht nicht aus, um die staatliche Betreuung zu vermeiden. Deshalb ist dringend zu empfehlen, die Vorsorgevollmacht zusammen mit einer Generalvollmacht und Betreuungsverfügung notariell beurkunden zu lassen. Zwingend ist die Beurkundung dann, wenn sich im Vermögen des Betreuten eine Immobilie befindet.

4. Die Betreuungsverfügung

Eine vom Betreuungsgericht angeordnete Betreuung („Entmündigung") durch eine für Sie fremde bzw. nicht gewünschte Person (Berufsbetreuer) können Sie nur mit einer Betreuungsverfügung vermeiden.
Jeder von uns kann unabhängig vom Alter einen Verkehrsunfall erleiden. Denken Sie nur an die zahlreichen Motorradunfälle, bei denen junge Menschen schwer verletzt werden. Mit zunehmendem Alter besteht die Gefahr eines Sturzes mit schwerwiegenden Körperschäden. Sie brauchen nicht über 90 Jahre alt zu sein um handlungsunfähig zu werden. Auch wenn Sie noch voll im Berufsleben stehen, können Sie z.B. durch einen Herzinfarkt, Schlaganfall oder Berufsunfall schnell in die Situation kommen, dass Sie nicht mehr für sich selbst handeln können und der Hilfe anderer Personen bedürfen.

Mit der Betreuungsverfügung verlangen Sie, dass für den Fall, dass Ihre Betreuung notwendig werden sollte, eine bestimmte Person Ihres Vertrauens als Betreuer bestellt werden soll. Sollte nämlich trotz Ihrer Vorsorgevollmacht die Einrichtung einer rechtlichen Betreuung zwingend erforderlich werden, so soll Ihre Vollmacht von der Bestellung eines Betreuers nicht berührt werden. Die Betreuung soll auf das unbedingt erforderliche Maß beschränkt und sobald als möglich wieder aufgehoben werden. Sie können auch festlegen, dass die Betreuung durch den von Ihnen vorgeschlagenen Betreuer, meistens Ihr Bevollmächtigter, unentgeltlich erfolgen soll.

Die amtliche Verwahrung einer Betreuungsverfügung ist bundeseinheitlich nicht vorgesehen. **Es ist jedoch zu empfehlen, Ihre Betreuungsverfügung ebenso wie Ihre Vorsorgevollmacht im Zentralvorsorgeregister der Bundesnotarkammer in Berlin registrieren zu lassen**. Der Inhalt Ihrer Betreuungsverfügung wird dort nicht gespeichert, sondern nur die Tatsache, dass Sie eine Verfügung errichtet haben und wo sie verwahrt wird, damit das Betreuungsgericht sie anfordern kann.

Einzelne Bundesländer haben die örtlich zuständigen Amtsgerichte verpflichtet, Betreuungsverfügungen gebührenfrei zu verwahren.

Der Besitzer einer Betreuungsverfügung ist verpflichtet, diese an das Betreuungsgericht abzuliefern, sobald er von der Einleitung eines Betreuungsverfahrens Kenntnis erlangt.

Sehr wichtig ist, dass die Abgabe einer Betreuungsverfügung keine Geschäftsfähigkeit voraussetzt. Es reicht völlig aus, dass der Betroffene seinen natürlichen Willen äußern kann. Der Wille muss jedoch bewusst, ernsthaft und selbständig gebildet worden sein. Der Betroffene darf nicht geisteskrank oder voll dement sein. **Somit kann auch ein Dementer, der lichte Augenblicke hat, eine Betreuungsverfügung abgeben.**

Wirksam wird die Betreuungsverfügung mit der Abgabe. Sie bleibt auch dann rechtswirksam, wenn der Betroffene nach der Abgabe geschäftsunfähig, einwilligungsunfähig oder bewusstlos wird. Gerade auch für solche Fälle soll ja die Betreuungsverfügung wirksam sein.

Sie können die Betreuungsverfügung formlos abgeben, somit schriftlich, mündlich, auf einer CD, in einem Computer usw. niederlegen. Die Betreuungsverfügung muss nicht unterschrieben werden. Damit Ihr Wille auch nachgewiesen werden kann, ist jedoch dringend zu empfehlen, die Betreuungsverfügung schriftlich abzufassen, Ort und Datum anzugeben und mit Ihrem vollen Vor- und Zunamen zu unterschreiben. Am besten für Sie ist, wenn Sie Ihre Betreuungsverfügung in eine notarielle General- und Vorsorgevollmacht aufnehmen. Damit haben Sie alles getan um eine staatliche Betreuung zu vermeiden.

Die Betreuung umfasst alle Tätigkeiten, die zu der Durchführung Ihrer Angelegenheiten erforderlich sind. Nach dem Gesetz hat der Betreuer Ihre Angelegenheiten so zu besorgen, wie es Ihrem Wohl entspricht. Danach gehört auch die Möglichkeit, im Rahmen Ihrer Fähigkeiten Ihr Leben nach Ihren eigenen Wünschen und Vorstellungen zu gestalten. Leider halten sich viele Berufsbetreuer nicht an die Vorstellungen des Betreuten. Viele Berufsbetreuer haben keine Zeit, um auf die Wünsche des Betreuten einzugehen. Dies gilt auch für Wünsche, die der Betreute **vor** der Bestellung des Betreuers geäußert hat, es sei denn, dass der Betreute an diesen Wünschen erkennbar nicht festhalten will. Nach dem Gesetz hat der Betreuer, ehe er wichtige Angelegenheiten erledigt, diese mit dem Betreuten zu besprechen. Nach dem Gesetz hat der Betreuer innerhalb seines Aufgabenkreises dazu beizutragen, dass alle Möglichkeiten genutzt werden, die Krankheit oder Behinderung des Betreuten zu beseitigen, zu verbessern, ihre Verschlimmerung zu verhüten oder ihre Folgen zu mildern. Wenn die Betreuung berufsmäßig durchgeführt wird, dann hat der Betreuer in geeigneten Fällen auf Anordnung des Gerichts zu Beginn der Betreuung einen Betreuungsplan zu erstellen. In diesem Betreuungsplan sind die Ziele der Betreuung und die zu ihrer Erreichung zu ergreifenden Maßnahmen darzustellen. Wenn dem Betreuer Umstände bekannt werden, die eine Aufhebung der Betreuung ermöglichen, so hat er dies dem Betreuungsgericht mitzuteilen. Das Gleiche gilt auch für Umstände, die eine Einschränkung des Aufgabenkreises ermöglichen oder dessen Erweiterung, die Bestellung eines weiteren Betreuers oder die Anordnung eines Einwilligungsvorbehalts erfordern. Nach den negativen Erfahrungen, die ich mit beruflich tätigen Betreuern gemacht habe, muss ich dringend empfehlen, eine Betreuungsverfügung zu errichten, mit der Sie verlangen, dass für einen nicht zu vermeidenden Fall Ihrer Betreuung **nur Ihre Vertrauensperson**, somit **Ihr Bevollmächtigter**, als Betreuer eingesetzt wird.

Abschnitt G
Die Patientenverfügung

Mit der Patientenverfügung treffen Sie eine der wichtigsten Entscheidungen in Ihrem Leben: **Sie entscheiden über Ihren Tod und über Ihr Leben**.

Am 01.09.2009 ist das sogenannte „**Patientenverfügungsgesetz**" in Kraft getreten. Erstmals regelt ein Gesetz die Zulässigkeit von in die Zukunft wirkenden Entscheidungen im Bereich medizinischer Maßnahmen. Das Gesetz wurde in die betreuungsrechtlichen Vorschriften des BGB eingefügt. Das Gesetz billigt dem entscheidungsfähigen volljährigen Bürger das Recht zu, sein Selbstbestimmungsrecht durch eine in der Zukunft wirkende vorausschauende schriftliche Willensbekundung auszuüben. Geregelt werden können medizinische Maßnahmen und zwar Untersuchungen des Gesundheitszustands, der Heilbehandlungen und der ärztlichen Eingriffe. Sie können schriftlich entscheiden, ob und in welcher Form die behandelnden Ärzte und die Pflegepersonen für Ihre menschenwürdige Unterbringung, Zuwendung, Operationen, Körperpflege, das Lindern von Schmerzen, Atemnot und Übelkeit sowie das Stillen von Hunger und Durst auf natürlichem Wege zu sorgen haben (Basisbetreuung). Sie haben auch das Recht, jede Behandlung abzulehnen und sich **nicht** in ärztliche Behandlung zu begeben. Ihnen darf dann auch keine Basisbetreuung zu Hause aufgezwungen werden. Dies gilt auch dann, wenn Sie entgegen Ihrem in der Patientenverfügung ausgedrückten Willen in ein Krankenhaus gebracht werden. Auch hier darf Ihnen keine Basisbetreuung aufgezwungen werden.

Das Gesetz sieht weiter vor, dass ein **von dem Betreuungsgericht eingesetzter Betreuer** oder **Ihr Bevollmächtigter** prüfen muss, ob der Inhalt der Patientenverfügung auf Ihre aktuelle Lebens- und Behandlungssituation zutrifft und ob sie für diese Situation Ihre Entscheidung über die anstehende medizinische Maßnahme enthält. Diese umfassende Prüfungskompetenz betrifft vor allem die Frage, ob Sie bei Ihren Festlegungen in der Patientenverfügung die aktuelle Behandlungssituation mit bedacht haben. Ergibt die Prüfung, dass Sie in Ihrer Patientenverfügung für die aktuelle, nicht ausdrücklich genannte Behandlungssituation **keine Weisung** erteilt haben, dann soll der Betreuer (oder Ihr Bevollmächtigter) von dem Inhalt der Patientenverfügung abweichen dürfen.

Ist **keine** Patientenverfügung vorhanden oder treffen die Festlegungen in Ihrer Patientenverfügung nicht auf Ihre aktuelle Lebens- und Behandlungssituation zu, dann hat der Betreuer Ihre Behandlungswünsche und Ihren **mutmaßlichen Willen** festzustellen und auf dieser Grundlage zu entscheiden, ob eine besondere ärztliche Maßnahme vorgenommen werden soll oder nicht. Ihr mutmaßlicher Wille ist aufgrund konkreter Anhaltspunkte zu ermitteln. Zu berücksichtigen sind insbesondere Ihre früheren **mündlichen oder schriftlichen Äußerungen**, ethische oder religiöse Überzeugung und sonstige persönliche Wertvorstellungen. Diese kann der Betreuer nur durch Gespräche mit Ihren Verwandten, Freunden und Bekannten erfahren. **Hier ist jedoch große Vorsicht geboten**, da in der Regel auf die Frage, ob Ihr Leben durch medizinische Technik und Medikamente verlängert werden soll, ob somit Ihr Tod durch „Anbringung von Schläuchen, Zwangsernährung, Operationen und Medikamente" hinausgezögert werden soll, fast immer geantwortet wird: „Das wollte er (Sie) auf keinen Fall, er möchte dann in Ruhe gelassen werden und sterben können." Diese Antworten habe ich bei einer Befragung von Angehörigen immer erhalten. Wenn der Betreuer sich an diese Antwort hält, dann müsste er dafür sorgen, dass der Arzt bei Ihnen alle weiteren lebensverlängernden Maßnahmen unterlässt. Das kann allerdings dazu führen, dass Sie durch die Nichteinleitung der medizinisch möglichen Maßnahmen sterben bzw. verhindert wird, dass Sie wieder gesund werden. **Ihre früheren mündlichen oder schriftlichen Äußerungen sind fast immer in einer völlig anderen Situation abgegeben worden, in der Sie sich zum jetzigen Zeitpunkt befinden.** Zwei in der Intensivmedizin tätige Ärzte haben mir erzählt, dass die meisten Patienten, die sich im Sterbezustand befinden, nicht sterben wollen, obwohl ihre Patientenverfügungen etwas völlig anderes aussagen. Von dem Patienten früher gemachte mündliche oder schriftliche Äußerungen und persönliche Wertvorstellungen können sich nach Errichtung der Patientenverfügung geändert haben und nicht mehr seinem jetzigen Willen, den er jetzt nicht mehr äußern kann, widersprechen. **Deshalb halte ich die gesetzliche Regelung in dieser Form für ethisch unhaltbar**, da anstelle von Ihren Familienmitgliedern, Freunden und guten Bekannten **ein von dem Betreuungsgericht eingesetzter Betreuer, der keine persönliche Beziehung zu Ihnen hat,** oder ein Bevollmächtigter, der von Ihnen vielleicht vor langer Zeit eingesetzt worden ist oder längere Zeit keinen direkten Kontakt zu Ihnen hatte, **über Ihr Leben oder Ihren Tod entscheiden soll**.

Das Gesetz sieht vor, dass kein Bürger zur Errichtung einer Patientenverfügung verpflichtet ist.
Alle Rechte des vom Betreuungsgericht eingesetzten Betreuers gelten auch für Ihren Bevollmächtigten entsprechend.

Der Gesetzgeber will das Betreuungsrecht für Ehepartner reformieren. Ein Ehepartner soll damit automatisch als Betreuer eingesetzt werden, wenn der andere Ehepartner aufgrund einer psychischen Erkrankung oder einer körperlichen, geistigen oder seelischen Behinderung keine Entscheidungen über Untersuchungen, Behandlungen und Operationen treffen kann. Ausgeschlossen sollen Fälle sein, in denen die Eheleute getrennt sind oder der betreffende Partner eine andere Person bevollmächtigt hat.

Vorsicht ! ! !

Nach dem Gesetz gelten Ihre Anweisungen **„unabhängig von der Art und dem Stadium Ihrer Erkrankung"**, solange Sie sich nicht gegenteilig äußern. Ihre Willenserklärungen sind nur dann ungültig, wenn Sie aktive Sterbehilfe verlangen.

Hierzu folgender Fall: Eine 36 Jahre alte Frau ist an Brustkrebs erkrankt und wird in das Krankenhaus eingeliefert. Sie ist aufgrund starker Schmerzmittel nicht mehr in der Lage, ihren Willen zu äußern. Eine General- und Vorsorgevollmacht liegt nicht vor. Sie hat eine Patientenverfügung, die sie vor zwei Jahren errichtet hat. In dieser Verfügung hat sie – wie in den meisten Patientenverfügungen zu finden – festgelegt, dass sie **keine lebensverlängernden Maßnahmen**, insbesondere Operationen, Medikamente und den Einsatz von Maschinen, wünscht. Der Betreuer und die behandelnden Ärzte sind grundsätzlich verpflichtet, sich an diese Verfügung der Patientin zu halten und zwar „unabhängig von Art und Stadium" ihrer Erkrankung (Vorliegend: Junge Frau mit Krankheits**art** Brustkrebs und in einem **Stadium**, bei der eine Operation mit dem Einsatz z.B. einer Herz-Lungen-**Maschine** von der Patientin in der Patientenverfügung abgelehnt wurde). Das Gesetz geht also nicht von einem „Endstadium" einer Erkrankung des Betreuten aus, sondern der Betreuer zusammen mit den behandelnden Ärzten können „unabhängig von **Art und Stadium** einer Erkrankung des Betreuten" entscheiden. Sie haben zwar zu prüfen, ob die Festlegungen der Patientin in ihrer Patientenverfügung „auf die aktuelle Lebens- und Behandlungssituation zutreffen", jedoch legen sie ihrer Prüfung eine Patientenverfügung zugrunde, deren Inhalt von der Patientin **wahrscheinlich heute so nicht mehr gewollt ist**. Auch hier entscheidet nicht mehr wie früher die Familie über Leben und Tod der Frau, sondern ein staatlich eingesetzter Betreuer zusammen mit Ärzten, die die Persönlichkeit der Patientin, deren religiöse Überzeugungen und sonstige persönlichen Wertvorstellungen nicht kennen. Die Frau stirbt, weil sie den Inhalt ihrer Patientenverfügung nicht rechtzeitig geändert hat. Der Pathologe stellte später fest: Hätten die Ärzte die Patientenverfügung ignoriert und hätten sie die Patientin operiert, dann würde sie heute noch leben, sie wäre wieder gesund geworden.

Das Patientenverfügungsgesetz hat keine Verbesserung gegenüber der früheren Rechtslage gebracht. Vielmehr setzt das Gesetz einen Automatismus in Gang, den der Patient, könnte er sich noch äußern, nicht immer will. Sein möglicherweise zu gesunden Zeiten vorab geäußerter Wille, sei es in einer Patientenverfügung oder sei es gegenüber nahen Angehörigen und sonstigen Vertrauenspersonen, darf nicht mit dem Willen eines sterbenskranken und nicht mehr äußerungsfähigen Menschen gleichgesetzt werden. Die große Gefahr des Gesetzes besteht doch darin, dass sich der von dem Patienten zu irgendeinem Zeitpunkt einmal geäußerte Wille gegen ihn selbst kehren kann, z.B. dann, wenn nach dem neuesten Stand der Technik bei einer Krankheit doch noch Heilungschancen bestehen. **Der grundsätzliche Ausschluss der Familie und Überbetonung des Staates durch seinen Vertreter, dem vom Betreuungsgericht eingesetzten Betreuer, bei der Entscheidung über Leben und Tod eines Patienten ist ethisch nicht vertretbar.**

Ebenso wie die beiden großen Kirchen in Deutschland bin ich der Auffassung, dass die Balance zwischen Selbstbestimmung des Bürgers und die Fürsorge des Staates nicht stimmt. Das Gesetz geht von einer **viel zu eng gefassten Vorstellung von Selbstbestimmung** aus. Der ehemalige Vorsitzende der katholischen Deutschen Bischofskonferenz, Erzbischof

Dr. Robert Zollitsch, erklärte, dass immer genau geprüft werden müsse, ob die vorab verfasste Patientenverfügung wirklich dem aktuellen Willen des Schwerstkranken entspreche und seiner individuellen Krankheits- und Sterbesituation gerecht werde. **"Nochmals betonen wir, dass Patienten im Wachkoma und Patienten mit schwerster Demenz sich nicht in der Sterbephase befinden"** (Quelle: aerzteblatt.de 19.06.2009). Die Hospizstiftung vermisst eine Pflicht, sich vor der Abfassung ärztlich beraten zu lassen.

Mehrere Ärzte bestätigten mir meine Erfahrung, dass viele Patienten mit dem **Ausfüllen eines Patientenformulars völlig überfordert sind.** Sie verstehen die medizinischen Zusammenhänge nicht und können deshalb die Reichweite ihrer Verfügungen nicht absehen.

Dr. Michael Rauch, Oberarzt der Klinik für Neurologie in Bethel erzählte in der Zeitschrift der v. Bodelschwinghschen Stiftungen Bethel – April 2010 – Folgendes: „Beispielsweise habe ein langjähriger Dialysepatient angekreuzt, dass er auf gar keinen Fall an die künstliche Niere angeschlossen werden wolle. Und in einer anderen Patientenverfügung fanden die Ärzte Aussagen, die sich widersprachen: Der Betroffene wollte im Akutfall reanimiert werden, lehnte aber eine künstliche Beatmung ab. Was er nicht weiß, bei einer Wiederbelebung muss immer künstlich beatmet werden." Nach Dr. Rauch sind solche Verfügungen für die Ärzte sehr schwer zu interpretieren. Dr. Rauch: „Wenn jemand in der Familie lebensbedrohlich erkrankt ist, befinden sich die Angehörigen im Ausnahmezustand. Trotzdem sollen sie die Patientenverfügung interpretieren und unter Umständen etwas entscheiden, hinter dem sie aus religiösen oder anderen Gründen gar nicht stehen. Dass die Angehörigen mit der Rolle als Betreuer überfordert sind, erleben die Ärztinnen, Ärzte und Pflegenden im EvKB immer wieder."

„Liegt keine schriftliche Patientenverfügung vor, gilt der mutmaßliche Wille. Der basiert auf Hinweisen und Meinungen, die der Betroffene gegenüber anderen Menschen für den Fall geäußert hat, dass er einmal schwer erkrankt und nicht mehr für sich sprechen kann. Laut Gesetz sind es wieder die Betreuer, die den mutmaßlichen Willen der Patienten festzustellen haben. **Dem Missbrauch wird Tür und Tor geöffnet**. Wenn die Behandlung richtig teuer wird und das Eigentum auf dem Spiel steht, könnten die Entscheidungen durchaus eigennützig sein, beanstandete Prof. Dr. Michael Seidel, leitender Arzt im Stiftungsbereich Behindertenhilfe der v. Bodelschwinghschen Stiftungen, die Lücken im Gesetz. Nach seiner Auffassung sollte ein unabhängiges Konsilium zusammen mit den Angehörigen über die Durchführung oder Unterlassung von lebenserhaltenden Maßnahmen entscheiden.

In der Onkologie und Palliativmedizin im EvKB machen auffallend wenig Patienten von der Möglichkeit einer Patientenverfügung Gebrauch.

Privatdozent Dr. Florian Weißinger kritisiert, dass die palliativmedizinische und hospizliche Versorgung in dem Gesetz keine Erwähnung findet. Für eine Einrichtung mit einem christlich geprägten Menschenbild sei aber besonders wichtig: Ein Sterben in Würde mitten in unserer Gesellschaft."[1]

Bei meinen erbrechtlichen Beratungen empfehle ich jedem Mandanten über 18 Jahre eine schriftliche Patientenverfügung zu errichten. Hierbei warne ich eindringlich vor der Benutzung der im Internet und von verschiedenen Organisationen herausgegebenen formularmäßigen Patientenverfügungen, die

---
[1]Quelle: DER RING, April 2010, S. 18-19, veröffentlicht im Schattenblick zum 28.05.2010

häufig weder den Mindestanforderungen des Gesetzes noch der Rechtsprechung der Gerichte entsprechen.

Auf diesen Formularen können Sie ankreuzen, ob Sie z.B. eine Beatmung, Dialyse, künstliche Ernährung oder Wiederbelebung ablehnen oder verlangen. Derartige Formulare sind zwar sehr praktisch, aber nicht sinnvoll. Sie erhalten mit einer solchen formularmäßigen Patientenverfügung keine Garantie, dass die Ärzte Ihre Anweisungen beachten. Die Angaben in den Fertig-Formularen sind nämlich überwiegend unklar formuliert und führen dazu, dass die Ärzte Sie weiter behandeln müssen, obwohl Sie es eigentlich nicht wollen, die Ärzte machen sich sonst strafbar. Wenn Sie sicherstellen wollen, im Ernstfall nur Therapien zu erhalten, die Sie auch ausdrücklich befürworten, dann benötigen Sie eine auf **Ihre persönlichen Verhältnisse und Ihre Wünsche maßgeschneiderte Verfügung.** Da Sie in der Regel das Gesetz über Patientenverfügungen vom September 2009 und die neue Rechtsprechung hierzu nicht kennen, weiterhin Sie dann auch nicht wissen, wann die behandelnden Ärzte Ihren Weisungen zu folgen haben, sollte jede Patientenverfügung zusammen mit einem auf diesem Gebiet erfahrenen Fachmann erstellt werden. Die Ärzte werden Ihren Anweisungen nur dann folgen, wenn Sie eindeutig und klar formuliert sind und Sie nicht von den Ärzten verlangen, dass **diese anstelle von Ihnen** die Entscheidungen für Sie treffen.

Es muss Ihnen klar sein, dass Sie mit einer Patientenverfügung für den Fall, dass Sie sich bei einer lebensbedrohlichen Erkrankung nicht mehr selbst äußern können, **anderen Personen Ihr Leben anvertrauen.** Ihre Patientenverfügung kann dafür sorgen, dass Sie überleben oder aber sterben. **Deshalb gehört diese Verfügung zu den wichtigsten Entscheidungen Ihres Lebens.** In der Patientenverfügung sollten Sie auch

Ihre ethischen oder religiösen Überzeugungen, sonstige persönlichen Wertvorstellungen und Ihre Lebensauffassung zum Ausdruck bringen. Da die Sie behandelnden Klinikärzte und der Betreuer Sie regelmäßig persönlich nicht kennen, Sie somit nur ein Patient unter vielen sind, sollten Sie in der Patientenverfügung unbedingt **mindestens zwei Ärzte Ihres Vertrauens** mit voller Anschrift und Telefonnummer benennen, die in eine Entscheidung der Klinikärzte und des Betreuers eingebunden werden müssen. Die Ärzte Ihres Vertrauens kennen Sie persönlich, oft auch Ihre persönlichen Wertvorstellungen und ob der Inhalt der Patientenverfügung tatsächlich noch Geltung hat. Ihre Patientenverfügung muss stets auf Ihre Persönlichkeit abgestimmt werden. Die von mir entworfenen Patientenverfügungen enthalten für alle in Betracht kommenden Situationen **mindestens zwei Alternativen**. Diese habe ich in Zusammenarbeit mit mehreren Ärzten, darunter Chefärzte von großen Kliniken, entwickelt. Hierbei haben Sie die Möglichkeit, die Alternative auszuwählen, die Ihrem Willen entspricht. Passt keine der vorgeschlagenen Alternativen, so kann eine andere von Ihnen gewünschte Alternative ausgewählt werden. Damit errichten Sie eine Patientenverfügung, die nicht nur rechtlich und medizinisch in Ordnung ist, sondern auch Ihre ethischen oder religiösen Überzeugungen und sonstigen persönlichen Wertvorstellungen entspricht. **Sollten sich diese im Laufe der Zeit ändern, so müssen Sie Ihre Patientenverfügung entsprechend abändern.** Hierzu empfehle ich Ihnen, dass Sie **Ihre Patientenverfügung jeweils Anfang eines Jahres spätestens jedoch bei einer schweren Erkrankung überprüfen.** Es ist klar, dass ich Sie vielleicht mit diesem Vorschlag überfordere, weil Sie sich bei jeder Überprüfung mit Ihrem künftigen Tod beschäftigen müssen. Aber denken Sie daran, dass Sie bei Vorliegen Ihrer Patientenverfügung auf dem neuesten Stand sicherlich ruhiger schlafen können. Sie haben nämlich dann alles getan, um für eine mit großer Wahrscheinlichkeit aufkommende Situation das für Sie persönlich Erforderliche geregelt zu haben.

Bitte beachten Sie, dass Ihre Patientenverfügung ebenso wie Ihre General- und Vorsorgevollmacht mit Betreuungsklausel jederzeit gefunden werden kann. Deshalb sollten Sie ein Kärtchen mit dem Hinweis „Ich habe eine Patientenverfügung, bitte rufen Sie an:" (hier folgen Namen und Telefonnummern Ihrer Vertrauenspersonen) immer bei sich führen (Brieftasche, Geldbörse, Handtasche, Pkw). Zu empfehlen ist, dass Sie ihre Patientenverfügung bei einer offiziellen Stelle hinterlegen oder sich als Inhaber einer Patientenverfügung in einer Datenbank registrieren lassen. Über die Konditionen und Gebühren gebe ich Ihnen folgenden Überblick (Stand 2017):

Das Bundesministerium der Justiz und Verbraucherschutz hat ihre Broschüre zur Patientenverfügung überarbeitet (Stand Mai 2017) und stellt diese kostenlos im Internet zum Download bereit.

Die aktualisierte 42-seitige Ausgabe berücksichtigt aktuelle Entwicklungen und insbesondere die jüngsten Entscheidungen des BGH zur Patientenverfügung aus den Jahren 2016 und 2017. Die Broschüre informiert über Möglichkeiten, wie eine Patientenverfügung verfasst werden kann, enthält verschiedene Textbausteine sowie Beispiele, wie eine Verfügung individuell gestaltet werden kann.

- DEUTSCHE HOSPIZ STIFTUNG (Dortmund), gemeinnützig, Hinterlegung nur für Mitglieder, Jahresbeitrag 42 EUR www.hospize.de
- HUMANISTISCHER VERBAND DEUTSCHLANDS, Bundesverband (Berlin) gemeinnützig. Hinterlegung nur für Mitglieder, Monatsspendenbeitrag mindestens 5 EUR, Aufforderung zur kostenlosen Aktualisierung alle 2 Jahre. www.patientenverfuegung.de
- DEUTSCHE VERFÜGUNGSZENTRALE AG (Dresden), Aktiengesellschaft. Verfügungen registrieren und archivieren 24 EUR im Jahr www.verfuegungsdatenbank.de
- BUNDESNOTARKAMMER (Berlin) Körperschaft des öffentlichen Rechts. Keine Hinterlegung von Schriftstücken, sondern lediglich Datenbank-Registrierung (per Internet für 15,50 EUR). Eine Patientenverfügung sollte an anderer Stelle hinterlegt werden, sie ist hier nur als Anhang einer registrierten Vorsorge-Vollmacht oder Betreuungsverfügung mit erfassbar. www.vorsorgeregister.de
- DEUTSCHES ROTES KREUZ/Ortsverein Mainz (Mainz), gemeinnützig, Hinterlegung von Vorsorgevollmachten, Patienten- und Betreuungsverfügungen für einmalig 60 EUR. Aktualisierungen sind kostenlos www.drk-mainz.de

Abschnitt H

Die Organspende

Das Thema Organspende ist sicher eines der wichtigsten Themen unter den vielen ethisch-philosophisch-wissenschaftlichen Themen, die uns heute beschäftigen.

Warum ist das Thema Organspende überhaupt umstritten? Welche Gründe gibt es, die Organspende zu verneinen?

Ein wirklich toter Mensch kann keine Organe mehr spenden, da mit Eintritt des Todes seine Organe unbrauchbar werden! Organspender leben jedoch noch – immer und ausnahmslos. Die Definition des Todes durch Transplantationsärzte meint lediglich den Tod des Gehirns, also 3% des gesamten Menschen.
Eine umfassende Aufklärung über die Diagnose „Hirntod" ist ebenso notwendig wie über den tatsächlichen Ablauf einer Organexplantation. Jeder Mensch, der einen Organspendeausweis unterschreibt, muss genau Bescheid wissen, wofür er sich mit seiner Einwilligung bereit erklärt. Genauso wie es selbstverständlich ist, dass vor jeder geplanten Operation der genaue Ablauf und die möglichen Risiken erörtert und eine entsprechende Erklärung unterschrieben werden muss, hat dies auch für die Organentnahme zu gelten.

Insbesondere die Frage, ob bei einem bloßen Verdacht auf einen Hirntod schon auf Schmerzmittel verzichtet werden darf, muss in dem Gespräch mit dem potentiellen Organspender geklärt werden. Darf denn beim bloßen Verdacht auf einen Hirntod schon auf Schmerzmittel verzichtet werden? Hat der künftige Organspender nicht mehr das Recht auf eine Behandlung, die seinem eigenen Wohl dient? Kann es medizinisch und juristisch verantwortet werden, dass es vorwiegend nur um die Logistik der geplanten Organentnahme geht? Hierzu muss klargestellt werden, dass Schmerz- und Beruhigungsmittel sowie Muskelrelaxantien im Körper des potentiellen Spenders abgebaut sein müssen, **bevor** eine Hirntoddiagnostik durchgeführt werden kann. Diese Medikamente verfälschen nämlich die Ergebnisse der Hirntoddiagnostik. Liegt keine eindeutige Hirntoddiagnostik vor, dann darf der Patient nicht für tot erklärt werden, eine Organentnahme ist dann rechtlich nicht möglich. Hier stellt sich für die behandelnden Ärzte eine schwerwiegende Gewissensfrage: Einerseits müssen Schmerz- und Beruhigungsmittel vor der offiziellen Hirntoddiagnostik abgebaut sein, andererseits scheuen sich verantwortungsvolle Ärzte bei einem bloßen Verdacht auf Hirntod aus fremdnützigen Motiven, die Schmerzmitteltherapie einzustellen. Einige Kliniken lösen diesen Konflikt sehr pragmatisch zugunsten der Organspende: So empfehlen zum Beispiel die Anästhesisten PD Dr. Marco Gruß und Prof. Markus A. Weigandt von der Universitätsklinik Gießen in den Handreichungen für das Klinikpersonal Folgendes: „Bereits ab dem **Zeitpunkt des Verdachts** auf Hirntod sollte man auf jegliche sedierende(n) Medikamente, Opiate und Muskelrelaxantien verzichten. Zur Durchführung der Hirntoddiagnostik müssen Medikamentenwirkungen (nach den Richtlinien der Bundesärztekammer) sicher ausgeschlossen sein." (Intensivmedizin up 2 date 6/2010, S. 115). Damit soll schon ein „Verdacht auf Hirntod" ausreichend sein, um den Patienten auf die Organentnahme vorzubereiten. **Dem potentiellen Spender wird damit eine auf sein persönliches Wohl ausgerichtete adäquate Behandlung verweigert.** Zählt die Fürsorge für einen komatösen Patienten im Todeskampf mehr als eine reibungslose, zeitnahe Organentnahme zugunsten des Organempfängers? Der erfahrene Hirntod-Experte Prof. Hermann Deutschmann kam zu alarmierenden Einschätzungen. Der Neurologe untersuchte im Auftrag der DSO wie treffsicher die Hirntoddiagnostik in verschiedenen Kliniken war. Das Ergebnis: „Das Team der deutschen Stiftung Organtransplantation aus Niedersachsen etwa habe bei knapp 50 Untersuchungen in 21 Fällen den Hirntod nicht sichern können." (Dt. Ärzteblatt 2006; 103 (19)). Das heißt, dass über ein Drittel der Hirntod-Diagnosen falsch waren und die potentiellen Organspender wahrscheinlich Stunden vor und nach der fehlerhaften Hirntoddiagnostik keine schmerzstillenden Medikamente mehr bekommen haben.

Nach einer Erklärung des nationalen Bioethikrates der USA im Jahr 2008 ist der Hirntod nicht der Tod des Menschen. Die amerikanische neurologische Akademie spricht dem Hirntod die wissenschaftliche Begründung für den tatsächlichen Tod eines Menschen ab.

Die „American Academy of Neurology" hat im Jahr 2010 der noch im Jahr 1995 vorgeschriebenen Hirntoddiagnostik eine fehlende wissenschaftliche Fundierung bescheinigt.

Nach einem Gutachten des US-amerikanischen „President's Council on Bioethics", zu vergleichen mit dem deutschen „Ethikrat" vom Dezember 2008 ist die bisherige Begründung dafür, den „Hirntod" mit dem wahren „Tod" gleichzusetzen, empirisch widerlegt, wonach zwischen dem „Hirntod" und der Desintegration der körperlichen Funktionen ein enger zeitlicher und naturgesetzlicher Zusammenhang bestehe; nicht das Gehirn sei der Integrator der Körperfunktionen, dies sei vielmehr eine Systemeigenschaft des Organismus selbst".
Prof. Dr. Birn von der Universität Düsseldorf, Mitglied der Zentralen Ethikkommission der Bundesärztekammer, stellte fest, dass „der Hirntod als Kriterium des organischen Todes

klarerweise ungeeignet" sei, sowie: „Bei der Explantation von Organen von Hirntoten werden ... **diese Organe einem lebenden menschlichen Individuum entnommen."**

Dem Bundesministerium für Gesundheit und auch dem Deutschen Bundestag ist bekannt, dass nach Auffassung der Bevölkerung „der Hirntod nicht der richtige Tod ist", und auch „ethische und religiöse Gründe" gegen Organentnahme aus Hirntoten bestehen, 3.2.2.2 der BT-Drucksache 16/12554 vom 01.04.2009.

Es ist unvertretbar, wie in weiten Teilen der Politik und vor allem in der Medizinwirtschaft mit der Wahrheit bei Anwendung des Begriffs vom „Hirntod" umgegangen und die wohlmeinende Bevölkerung damit in ihrem kultureigenen Verständnis vom Begriff des Todes getäuscht wird. Gegen besseres Wissen wird der Bevölkerung gesagt, dass die Organentnahme nur **„nach dem Tod"** des Menschen vorgenommen werde. Gemeint ist damit jedoch der sogenannte „Hirntod". Damit wird vorsätzlich verschwiegen, dass es sich hierbei eben nicht um den in der Bevölkerung so verstandenen biologischen und klinischen Tod handelt. Der zu explantierende Hirntote ist eben noch kein Leichnam, sondern ein Sterbender. Die Bevölkerung wird nicht über die wahre Bedeutung des „Hirntods" und die damit verbundenen wirklichen Vorgänge bei und nach der Organentnahme aufgeklärt, wohl aus der Sorge, wenn man die Gesellschaft hierüber aufkläre, dann bekomme man keine Organe mehr.

Bei der Definition und der Anwendung des Begriffs des Hirntods, die eine Voraussetzung der Organentnahme ist, ist die Frage zu stellen, ob das oberste Gebot unserer Verfassung in Artikel 1 Absatz 1 des Grundgesetzes ausreichend beachtet wird. Artikel 1 Absatz 1 des Grundgesetzes lautet: **„Die Wür-**

de des Menschen ist unantastbar. Sie zu achten und zu schützen ist Verpflichtung aller staatlichen Gewalt." Auch Artikel 2 Absatz 2 des Grundgesetzes ist von der Organentnahme betroffen. Er bestimmt: **"Jeder hat das Recht auf Leben und körperliche Unversehrtheit. Die Freiheit der Person ist unverletzlich. In diese Rechte darf nur aufgrund eines Gesetzes eingegriffen werden."**

Ein friedvolles Sterben im Beisein von nahen Angehörigen und/oder Freunden ist bei einer Organentnahme nicht möglich. Sie müssen von dem sterbenden Menschen nach Feststellung des sogenannten „Hirntods" Abschied nehmen, während er beatmet wird, sein Herz schlägt, die Haut warm ist und alle zur Organentnahme zwingend erforderlichen „Lebenszeichen" noch vorhanden sind. Die Angehörigen müssen wissen, dass der Angehörige/Freund nach Verlassen des Raumes nicht friedvoll und behütet sterben kann, sondern er durch die Organentnahme, gegebenenfalls das Ausbluten durch Schnitt in die Aorta, und das schließliche Abschalten der Geräte „getötet" wird. Die Explanteure sind keine „Sterbebegleiter". Schließlich sind sie da, um die Organe aus einem noch lebenden Menschen herauszuschneiden. Angehörige und Freunde können dann den vorhandenen Rest des Menschen allenfalls im Leichenkeller wiedersehen. Da der Anblick des Toten Entsetzen auslösen kann, raten viele Ärzte davon ab, den Angehörigen/Freund nochmal anzusehen.

Es ist zu fordern, dass Organ- und Gewebsentnahmen nur dann zulässig sein dürfen, wenn sich die davon betroffene Person nicht nur ausdrücklich schriftlich mit der Organentnahme einverstanden erklärt hat, **sondern nachdem sie über den Begriff und die wahre Bedeutung des sogenannten „Hirntods" sowie über alle Vorgänge vor, bei und nach der Organentnahme und über die medizinischen Auswir-**

kungen im Detail schriftlich im Einzelnen wahrheitsgemäß dokumentiert aufgeklärt worden ist. Die Zustimmung zur Organentnahme ohne entsprechende vorherige vollständige Aufklärung über alle vorgenannten Aspekte muss unwirksam sein.

Vor allem ist es die Pharmaindustrie, die weltweit an der Transplantationsmedizin verdient und entsprechend die Transplantationen befürwortet. „Der Empfänger einer Spenderleber benötigt im Jahr Medikamente im Wert von 150.000 EUR" (Prof. Dr. Alexandra Manzel in Berliner Zeitung vom 23.05.2012). Hinzu kommt, dass es mit „nur" einem fremden Organ oftmals nicht getan ist. „Viele Patienten bekommen ein zweites, drittes oder viertes Spenderorgan. Bekannt sind bis zu sieben Re-Transplantationen. Hinzu kommt, dass durch bessere Medikamente die Altersgrenze für Transplantationen steigt. Es ist also der Erfolg der Transplantationsmedizin selbst, der zu einem steigenden Bedarf an Organen führt. Und diese Art von „Erfolg" ist wieder mit egomanen Aspekten von Wissenschaftlern und Medizinern verknüpft, wenn sie sich diesen „Erfolg" zum Beispiel öffentlich oder insgeheim persönlich zurechnen. Hinter der neuen"Hirntod"-Definition seit Aufkommen der Transplantations-Techniken stecken deshalb auch erhebliche wirtschaftliche und sogenannte „wissenschaftliche" Interessen.

Es würde hier zu weit führen, zahlreiche Beispiele anzuführen, bei denen fahrlässige oder bewusste falsche Diagnose des Hirntods Menschen von Transplantationsärzten getötet worden sind.

Nach dem geänderten Transplantationsgesetz vom 01.08.2012 müssen Krankenhäuser mit Intensivstationen Transplantationsbeauftragte bestellen, die die Organspende koordinieren. Lebendspender werden mit Bezug auf Lohnfortzahlung, Krankengeld und Ansprüchen gegenüber der Unfallversicherung besser gestellt. Die gesetzlichen wie die privaten Krankenkassen haben alle Versicherten ab dem 16. Lebensjahr regelmäßig schriftlich zu fragen, ob sie nach ihrem Hirntod Organe spenden wollen. Die Empfänger der Briefe haben drei Möglichkeiten:

1. Sie entscheiden sich für die Spende:
In diesem Fall füllen Sie den beiliegenden Organspendeausweis aus. Sie können darin Ihre Spendenbereitschaft verbindlich erklären und wie bisher auch angeben, ob nur bestimmte Organe oder Gewebe entnommen oder von der Spende ausgeschlossen werden sollen.

2. Sie entscheiden sich gegen die Organspende:
Dies können Sie auf dem Organspendeausweis vermerken. Sie können aber auch alternativ derartige Informationen in anderen Dokumenten wie einer Patientenverfügung vermerken oder Ihrer Familie verbindlich mitteilen. Die Last der Entscheidung liegt dann bei den Angehörigen, wenn Sie als Organspender in Frage kämen. Die Erfahrung zeigt, dass die meisten Familienangehörigen damit völlig überfordert sind.

3. Sie können sich nicht über die Organspende entscheiden:
In diesem Fall müssen Sie nichts tun. Sie müssen sich jedoch selbst klar machen, dass Sie dann im Ernstfall Ihren Angehörigen die Entscheidung aufbürden.

Gleichgültig wie Sie sich entscheiden, es gibt keinen Zwang, die Schreiben der gesetzlichen und privaten Krankenkassen zu beantworten. Der Sinn des Gesetzes ist, die Deutschen durch erheblichen Druck dazu zu bringen, sich mit dem Thema Organspende auseinander zu setzen. Dieser Weg ist meines Erachtens nicht dazu geeignet, dass sich wesentlich mehr Menschen für eine Organspende entscheiden.

Zur Zeit warten etwa 10.000 Menschen in Deutschland auf eine Organspende. Aber nur ca. 900 Menschen hinterlassen im Jahr ein oder mehrere Organe. Im gleichen Zeitraum sterben 1.000 Menschen während sie auf ein Spenderorgan warten. Bei diesen Zahlen muss jedoch berücksichtigt werden, dass in Deutschland über 81 Millionen Menschen leben. Im Verhältnis zu dieser Zahl sind 10.000 Menschen, die auf eine Organentnahme warten, nicht sehr viel. Hierzu möchte ich Folgendes klarstellen: Von mir aus bestehen keinerlei Einwendungen gegen eine Organentnahme, wenn die Organspender freiwillig, ohne Druck und nach vollständiger Aufklärung über den Begriff des „Hirntods" und über alle Vorgänge vor, bei und nach der Organentnahme schriftlich wahrheitsgemäß aufgeklärt worden sind. Insbesondere muss ein potentieller Organspender damit einverstanden sein, dass ihm Organe und Gewebe aus seinem lebenden Körper entnommen werden.

Der medizinische Fortschritt hat zu einem anderen Umgang mit dem Sterben geführt. Wenn bei einem Menschen im Krankenhaus der Tod naht, dann ist es nicht mehr das Hauptgebot, ihm das Sterben friedvoll zu ermöglichen, sondern es werden in dieser Zeit, wo immer dies möglich ist, die notwendigen Maßnahmen eingeleitet, um die Entfernung seiner Organe vorzubereiten. Dies geschieht dann, während der Betroffene gerade stirbt und in dieser Phase ist er extrem schmerzempfindlich. Angehörige/Freunde werden weggeschickt, denn sie dürfen bei dem, was nun getan wird, nicht dabei sein. Was nun geschieht, kommt im Erleben des Spenders einer Art „Schlachthof" gleich. Das medizinische Spezial-Team schneidet dem Sterbenden in Eile alles heraus, was unmittelbar darauf anderen Menschen eingepflanzt werden soll. Der Sterbende erleidet unsägliche Schmerzen. Wenn dies Transplantations-Chirurgen bestreiten, dann müssen sie gefragt werden, woher sie das wissen wollen, dass ihr Opfer nicht leidet?

Völlig anders sieht es bei der Lebendspende aus. Wenn sich ein Mensch, zum Beispiel ein naher Verwandter bereit erklärt, eine Niere oder einen Teil seiner Leber einem kranken Menschen zu spenden und hierbei selbst die erhebliche Gefahr von Erkrankungen nach der Entnahme auf sich nimmt, so muss man vor einem solchen Spender Hochachtung haben. Und nochmals: Wenn ein Mensch sich entscheidet, trotz intensiver Aufklärung über den „Hirntod", den Ablauf der Organentnahme mit dem Wissen, dass er als noch Lebender von dem Chirurgen getötet wird, um einem anderen kranken Menschen zu helfen, dann verdient diese Entscheidung ebenfalls Hochachtung.

Anmerkung:
Fast in jedem anderen Land ist auch die **„Spende nach dem Herzstillstand"** erlaubt. Es ist also gestattet, einem Menschen, dessen Herz soeben aufgehört hat zu schlagen, Organe zu entnehmen. Die Chirurgen stehen dann schon operationsbereit am Bett des Sterbenden.

In Deutschland ist eine Spende nach Herzstillstand noch verboten. Es dürfen auch keine Organe verpflanzt werden, die von solchen Spendern stammen. In Österreich, Belgien, der Tschechischen Republik, in Frankreich, in den Niederlanden, der Schweiz, in Italien, Lettland, Spanien, Großbritannien, in Amerika, Japan und Australien ist die Organentnahme nach Herzstillstand erlaubt. Die Transplantationsregeln eines Landes gelten teilweise auch für Menschen, die dort zu Besuch sind.

Abschnitt I.

Schlusswort, Literaturverzeichnis

Die von mir gelieferten Informationen bilden nur die Grundlage für Ihre Entscheidungen. Erbrecht, Steuerrecht und Sozialrecht zählen zu den kompliziertesten aber auch tückischsten Rechtsgebieten. Besonders auf diesen Rechtsgebieten sollten Sie sich nicht auf Ihre Vernunft und Ihr sogenanntes „gesundes Rechtsgefühl" verlassen, schon gar nicht mit der Maxime handeln „nach mir die Sintflut". Was Sie in Jahrzehnten mühsam aufgebaut haben, darf nicht durch dilettantische Regelungen oder Nachlässigkeit aufs Spiel gesetzt werden.

Das Vererben hat fast immer nur Nachteile, dagegen hat die Übertragung zu Lebzeiten für die Beteiligten familiäre, wirtschaftliche und steuerliche Vorteile, deshalb meine Empfehlung: Wesentliches Vermögen grundsätzlich **nicht vererben** und **nicht verschenken**, sondern zu Lebzeiten mit einem auf Ihre Familienverhältnisse abgestimmten Nachfolge-Generationenvertrag, unter bestimmten Voraussetzungen mit einer Familienstiftung oder Familiengesellschaft auf Ihre Nachfolger übertragen und das restliche bei Ihnen verbleibende Vermögen mit einem familiengerechten Testament vererben.

Mit einem Nachfolge-Generationenvertrag erhalten Sie von dem Empfänger Gegenleistungen, insbesondere die Verpflichtung zu Ihrer Versorgung und Pflege in Ihrer Wohnung, die Ihre Unterbringung in ein Pflegeheim in den meisten Fällen vermeidet. Ihr Familienvermögen bleibt erhalten und Sie haben die Gewissheit, alles Wichtige für sich und Ihre Familie für die Zukunft und für die Zeit nach Ihrem Tod geregelt zu haben.

Literaturauswahl

Backhaus, Beate, Vererben und Erben, 8. Auflage 2010

Baumann, Wolfgang/Schulze zur Wiesche, Dieter, Handbuch, 6. Auflage 2001

DER SPIEGEL, Spiegel-Verlag Rudolf Augstein GmbH & Co KG, Hamburg

FAZ, Frankfurter Allgemeine Zeitung GmbH (FAZ), Frankfurt

FOCUS, Magazin Verlag GmbH, Offenburg

Gasser, Ingo, Zur Rechtsnatur des Übergabevertrages und ihren Folgen, insbesondere im Fall des unerwarteten Vorversterbens des Übernehmers, 1993

Gebel, Dieter, Betriebsvermögensnachfolge, 2. Auflage 2002

Goffmann, Erwing, Ayle, Frankfurt a.M., Suhrkamp 1973

Groll, Praxis-Handbuch Erbrechtsberatung, 2001

Hübner, Heinrich, Erbschaftsteuerreform 2009, 2009

Keller, Sabine, Pflege zu Hause, 3. Auflage 2012

Kreutziger/Lindberg/Schaffner, Bewertungsgesetz, 2002

Langenfeld, Gerrit, Die Gesellschaft bürgerlichen Rechts, 6. Auflage 2003

Langenfeld, Gerrit, Testamentsgestaltung, Einzeltestament, Ehegattentestament, Unternehmertestament, 3. Auflage 2002

Langenfeld, Gerrit, Vertragsgestaltung, Methode – Verfahren – Vertragstypen, 3. Auflage 2004

Langenfeld, Günther, Grundstückszuwendungen zur lebzeitigen Vermögensnachfolge, 5. Auflage 2005

Lisch, Ralf, Totale Institution Schiff, Berlin: Duncker und Humblot, 1976

Luckey, Günter, Unternehmensnachfolge, 1992

Mayer, Jörg, Der Übergabevertrag in der anwaltlichen und notariellen Praxis. Die Übertragung von Privatvermögen im Wege der vorweggenommenen Erbfolge, 2. Auflage 2001

Meincke, Jens Peter, Erbschaft- und Schenkungsteuergesetz, 15. Auflage 2009

Pauli/Maßbaum, Erbschaftsteuerreform 2009, 2009

Putz, Wolfgang/Steldinger, Patientenrechte am Ende des Lebens, 3. Auflage 2007

Rohlfüig, Hubertus, Erbrecht, 2. Auflage 1999

Schöner/Stöber, Grundbuchrecht, 13. Auflage 2004

Stehle, Heinz, Familienunternehmen gestalten, erhalten, vererben, 3. Auflage 1993

Stuttgarter Zeitung Verlagsgesellschaft mbH, Stuttgart

Tanck, Manuel, Checkliste Unternehmertestament, 1998

Thümmel, Dirk, Ratgeber Erben und Vererben, 2. Auflage 2003

Waldner, Wolfram, Vorweggenommene Erbfolge, 2003

Stichwortregister

A
Absicherung der Gegenleistungen 241
Adoption 255
Altenheim 275
Altersversorgung 234
Ambulantisierung 298
Anfechtung (Testament) 88
Anfechtung der Schenkung 135
Anordnung der Testamentsvollstreckung 95
Anordnung von Vor- und Nacherbschaft 93
Auf Umwegen schenken 353
Aufhebung (Testament) 86
Auflagen 92
Auflagen und Bedingungen 246
Auslegung (Testament) 88
Ausstattungsvertrag 138

B
Bedenken gegen die lebzeitige Übertragung 126
Beerdigungs- und Grabpflegekosten 237
Behindertentestament 81
Berliner Testament 111, 356
Betreutes Wohnen 274
Betreuung 362
Betreuungsverfügung 379
Bewertungsverfahren bei Grundbesitz 330

D
Dauer der Gegenleistungen 240
Dauernde Last 228
Drittbegünstigtenklausel 252

E
Ehegatten-Erbrecht 70
Ehegattentestament 84
Enterbung 94
Entfallen der Pflegeverpflichtung 226
Erbausgleichung 93
Erbrecht des Staates 73
Erbengemeinschaft 104
Erbrecht der EU 101
Erbrechtliche Leistungen 235
Erbrechtlicher Ausgleich für Pflegeleistungen 226
Erbschaft-/ Schenkungsteuersätze 329
Erbschaftsteuer 314
Erbschein 80
Erbvertrag 99
Ersatz von Aufwendungen 250
Ersatzerben 94
Ertragsteuern 358

F
Familiengesellschaft 159
Familienpool 159
Familienstiftung 155
Familienwohnheim 349
Freibeträge 327

G
Gegenleistungen 208
Geldvermögen 123
Gemeinnützige Stiftung 153
Gemeinsames Konto 339
Gemeinschaftliches Testament 84
Gemischte Schenkung 133
General-Vollmacht 362
Gesellschaftsform 165
Gesellschaftsvertrag 165
Gesetzliche Erbfolge 68

Gesetzliches Rückforderungsrecht 242
Gleichstellungsgeld 232
Grunderwerbsteuer 359
Grundsätze für die lebzeitige Vermögensübertragung 123
Grüne Damen und Herren 221
Güterstand 72

H
Handschriftliches Testament 77
Hinterlegung 80

I
Immobilien 123
Inhalt einer letztwilligen Verfügung 89

K
Kaufvertrag 131
Kettenschenkung 135

L
Landwirte 335
Leibrente 227
Letztwillige Verfügung 74
Nachteile vermeiden 104

M
Mehr-Generationenhaus 275
Menschliche Probleme bei Pflegebedürftigkeit 302
Minderjährige 148
Motive des Nachfolge-Generationenvertrages 179

N
Nachbarschaftshilfe 219
Nachfolge-Generationenvertrag 175
Nachrangigkeit der Sozialhilfe 304
Nachteile der letztwilligen Verfügung 104
nichteheliche Lebensgemeinschaft 257
Nießbrauch 196, 351
Notarielles Testament 79
Nottestament 85
Nutzungsrecht 205

O
Organspende 393
Osteuropäische Haushaltshilfen 222

P
Patchwork-Familie 115, 259
Patientenverfügung 383
Pflegeheim 276
Pflegesachleistung 297
Pflichtteil 96
Pflichtteil als Gegenleistung 352
Pflichtteilsrecht 107
private Pflegeversicherung 290

R
Rückrufrechte 242

S
Schenkung unter Auflagen 134
Schenkungsteuer 314
Schenkungsvertrag 132
Schulden 357
Schwiegerkinder 335
selbstgenutztes Wohneigentum 334
Sicherung der Pflegeverpflichtung 224
Sicherung von Nutzungsrechten 206

Sozialstation 220
Staatliche Betreuung 371
Staatliche Pflegeversicherung 291
Staatliche Sozialleistungen 304
Steuerklassen 326
Steuerliche Behandlung des Nutzungsrechts 205
Steuerliche Gründe für die Ehe 344
Steuern reduzieren 168
Steuern sparen 341
Stiftung 151

T
Testament 75

U
Übernahme der Schenkungsteuer 358
Übernahme von Verbindlichkeiten 229
Übertragung von belasteten Immobilien 251
Umfang der Pflegeverpflichtung 214
Unterhaltspflicht der Kinder 298
Unterhaltszahlungen 239
Unternehmen und Unternehmensanteile 123
Unternehmensstiftung 158
Unternehmen-Vermögen 336

V
Vergütung für Versorgung 348
Verjährung, Fristen 102
Vermächtnisse 91
Vermögen unter Ehepartnern verteilen 347
Versorgung, Wart und Pflege 208
Versorgungszahlungen 227
Vertragliches Rückforderungsrecht 243
Verwandten-Erbrecht 69
Verzicht auf Geldforderungen 229
Vollmachten 362
Vorbehaltsrechte 196

Vorsorge-Erbvertrag 268
Vorsorge-Vollmacht 366
Vorteile der lebzeitigen Vermögensübertragung 124
Vorweggenommene Erbfolge 142

W
Wegfall der Geschäftsgrundlage 261
Widerruf (Testament) 86
Wohnungsrecht 203

Z
10-Jahresfrist beachten 355
Ziele des Nachfolge-Generationenvertrages 179
Zugriff des Sozialleistungsträgers 304
Zuwendungen an Ehegatten 137
Zuwendungen verteilen 342